고기업

신능싸뚝 필기시험

경영학

공기업
전공과목 필기시험
경영학

초판 인쇄	2020년 2월 10일
개정 1판 발행	2022년 2월 11일

편 저 자	|	취업적성연구소
발 행 처	|	㈜서원각
등록번호	|	1999-1A-107호
주 소	|	경기도 고양시 일산서구 덕산로 88-45(가좌동)
교재주문	|	031-923-2051
팩 스	|	031-923-3815
교재문의	|	카카오톡 플러스 친구[서원각]
영상문의	|	070-4233-2505
홈페이지	|	www.goseowon.com
책임편집	|	김수진
디 자 인	|	이규희

Preface

청년 실업이 국가적으로 커다란 문제가 되고 있습니다. 정부의 공식 통계를 넘어 실제 체감청년 실업률은 25% 내외로 최악인 수준이라는 분석도 나옵니다. 이러한 현실에서 구직자들에게 '신의 직장'으로 그려지는 공기업에는 해를 거듭할수록 많은 지원자들이 몰리고 있습니다.

많은 공기업에서 신입사원 채용 시 필기시험을 실시합니다. 일반 대기업의 필기시험이 인적성만으로 구성된 것과는 다르게 공기업의 필기시험은 전공시험이 포함되어 있습니다.

본서는 공기업 전공시험 과목 중 경영학에 대비하기 위한 수험서로 핵심 내용을 보기 쉽게 정리하여 전공자뿐만 아니라 비전공자도 쉽게 학습할 수 있도록 하였습니다. 또한 주요 공기업의 기출문제를 분석하여 변형문제를 수록하고 이를 바탕으로 엄선한 예상문제를 구성하여 출제경향 파악 및 실전 대비가 가능하도록 하였습니다.

수험생 여러분의 합격을 기원합니다.

Structure 특·징·및·구·성

핵심이론정리

자주 출제되는 주요 개념을
체계적으로 구성하여 핵심파
악이 쉽고 학습내용에 대한
집중을 높일 수 있습니다.

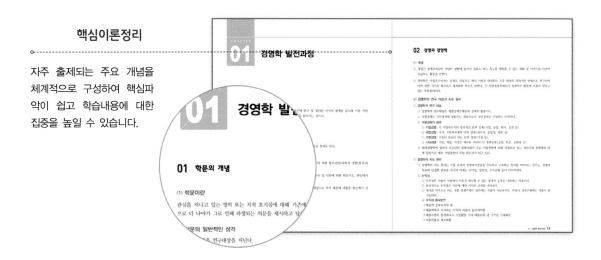

기출문제분석

최근에 시행된 각 공사공단
별 필기시험의 기출문제를
복원하여 문제풀이에 필요
한 포인트 해설과 함께 수
록하였습니다.

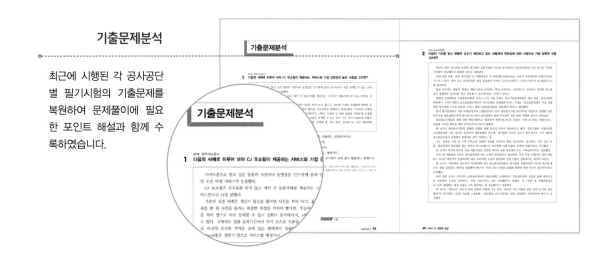

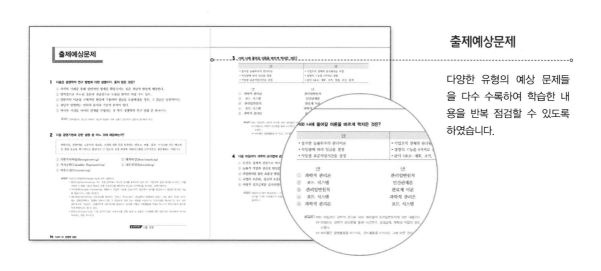

출제예상문제

다양한 유형의 예상 문제들을 다수 수록하여 학습한 내용을 반복 점검할 수 있도록 하였습니다.

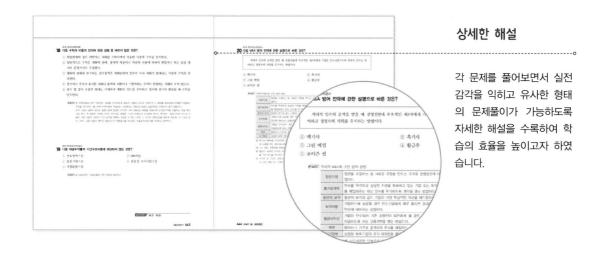

상세한 해설

각 문제를 풀어보면서 실전 감각을 익히고 유사한 형태의 문제풀이가 가능하도록 자세한 해설을 수록하여 학습의 효율을 높이고자 하였습니다.

Contents 차·례

인적자원관리

PART
V

재무관리

PART
VI

PART

I

경영학 일반

경영학 발전과정

01 학문의 개념

(1) 학문이란

관심을 지니고 있는 영역 또는 지적 호기심에 대해 기존에 연구 및 정리된 지식의 체계를 습득해 이를 기반으로 더 나아가 그로 인해 파생되는 의문을 제시하고 답을 찾아가는 것이다.

(2) 학문의 일반적인 성격

① 모든 학문은 연구대상을 지닌다.

② 학문은 과학적인 방법에 의해 진행되어야 한다.

③ 연구의 대상이 되는 주제, 현상 등에 일정한 규칙이 존재한다는 것을 전제로 한다.

(3) 학문의 체계

① 학문은 연구대상이 현실에서의 존재여부 또는 경험가능한가의 여부에 의해 형식(관념)과학과 경험(현실)과학을 구분된다.

② 형식(관념)과학은 경험여부, 현실 존재여부와는 상관없이 인간의 논리 및 사유에 의한 학문으로, 현실에서의 검증은 불가능하다.

③ 경험(현실)과학은 경험이 가능하거나 현실에 존재하는 것을 연구대상으로 하기 때문에 내용을 현실에서 검증할 수 있다.

02 경영과 경영학

(1) 개념

① 경영은 경제주체들이 사람의 생활에 있어서 필요로 하고 욕구를 채워줄 수 있는 재화 및 서비스를 만들어 공급하는 활동을 말한다.

② 경영학은 기업조직이라는 실체를 대상으로 해서 기업과 관련되는 각종 현상을 과학적인 방법으로 연구하여 이에 관한 지식을 체득하고 체계화한 학문을 말한다. 즉 개별경제주체들의 경제적인 활동에 초점을 맞추고 있는 학문분야이다.

(2) 경영학의 연구 대상과 지도 원리

① **경영학의 연구 대상**

　㉠ 경영학의 연구대상은 개별경제주체들의 경제적 활동이다.

　㉡ 개별경제는 국민경제에 상응하는 개념으로서 국민경제를 구성하는 단위이다.

　㉢ **개별경제의 형태**

　　ⓐ **기업경영** : 각 사업체로서의 영리적인 단위 경제 (기업, 공장, 회사, 상점 등)

　　ⓑ **재정경영** : 국가, 지방자치제의 단위 경제 (세무서, 중앙청, 법원 등)

　　ⓒ **가정경영** : 가정이 중심이 되는 단위 경제 (가계 등)

　　ⓓ **기타경영** : 기업, 재정, 가정을 제외한 기타의 각 개별경제 (교회, 학교, 공회당 등)

　㉣ 현대경영학에 있어서 오늘날의 경제사회가 주로 기업경영에 의해 지탱되고 있는 자본주의 경제체제 하에 있음으로 해서 기업경영이 주된 관심사가 되고 있다.

② **경영학의 지도 원리**

　㉠ 경영학의 지도 원리는 기업 조직의 경영의사결정을 주도하고 구축하는 원리를 의미하는 것으로, 경영의 목표와 밀접한 관련을 지니며 이에는 수익성, 생산성, 조직균형 등이 다루어진다.

　㉡ **수익성**

　　ⓐ 수익성은 기업이 시장에서 이윤을 획득할 수 있는 잠재적 능력을 나타내는 지표이다.

　　ⓑ 통상적으로 수익성은 자본에 대한 이익의 관계를 나타낸다.

　　ⓒ 영리를 목적으로 하는 개별 경제주체의 경우에는 적용이 가능하지만, 비영리 경제주체에는 적용이 불가능하다.

　　ⓓ **수익성 증대방안**

　　　• 매출액 증대시켜야 함

　　　• 매출액에서 차지하는 이익의 비율이 높아져야함

　　　• 매출수량이 일정하다고 가정했을 시에 매출단위 당 가격을 극대화함

　　　• 지출비용을 최소화함

ⓒ 생산성

    ⓐ 생산성은 투입물에 대한 산출물의 비율을 말한다.

    ⓑ 생산성은 노동, 자본, 원자재, 산출물의 수량, 산출물의 시장가치, 산출물의 부가가치 등의 기준에 따라 다양한 개념으로 정의된다.

    ⓒ 생산성은 비영리 경제주체에서도 적용이 가능하지만 계량화가 가능한 활동이나 성과에만 적용된다.

    ⓓ $생산성 = \dfrac{산출(산출물의\ 수량,\ 부가가치,\ 시장가치\ 등)}{투입(노동,\ 자본,\ 원자재\ 등)}$

    ⓔ 요소 생산성은 분모 쪽에 투입물로 생산요소를 각기 따로 넣은 것으로 분모에 노동이 들어가면 노동 생산성, 자본이 들어가면 자본 생산성, 원자재가 들어가면 자재 생산성이라고 한다.

    ⓕ 총 생산성이란, 분모 쪽에 투입물로 생산요소를 넣을 경우에 생산요소전체를 포함하는 것으로 통상적으로 생산요소의 단위가 다르기 때문에 생산요소는 화폐로서 환산해서 경제적인 가치를 활용한다.

    ⓖ 노동생산성의 중요성 : 관리 차원의 목적으로는 요소 생산성이 총생산성보다 중요하며, 그 중 노동 생산성이 가장 중요하다.

ⓔ 조직균형

    ⓐ 바너드가 주장한 내용으로, 기업 조직이 존속하기 위해서는 외부적으로는 기업 조직의 환경요소와 내부적으로는 기업 조직과 구성원들 간에 균형이 존재해야 한다는 것이다.

    ⓑ 기업의 사회적 책임과도 연결되는 개념이다.

    ⓒ 바너드가 주장한 기업 조직의 존속여건 : 공통목표, 공헌의욕, 의사소통

    ⓓ 영리 · 비영리 조직 모두에 적용이 가능하다.

    ⓔ 기업 조직이 균형을 이루기 위해서는 공헌에 대한 대가를 공헌보다 동일하거나 또는 그 이상으로 해주어야 한다.

03 경영학의 학문적 특성

(1) 이론 & 실천 & 현대 경영학

이론 경영학	실천경영학
• 순수과학으로서의 경영학을 의미한다. (논리와 이론을 중시)	• 실천과학으로서의 경영학을 의미한다. (결과와 현상을 중시)
• 경영의 방향에 대한 당위로서의 합리성 및 가치적인 배제를 말한다.	• 선택적 제언을 하게 되는 응용과학이다.
• 기술과학은 검증이 가능한 가설로서 이를 검증해서 새로운 이론을 다지는 학문이다.	• 실천적으로 유용한 제반관리 기술 또는 처방 등을 모색하고자 하는 경영학이다.
• 특징 -이론을 추구하는 이론적 경영학 -경영의 경험적 사실을 분석해서 경영의 새로운 법칙을 추구하고 발견하여 구축해 나가는 것을 사명으로 함 -경영의 경험적 사실을 설명하여 예측 가능한 경영 이론의 구축에 학문적 편향성이 있음	• 특징 -인간의 행동에 있어서의 실천 및 지침을 연구 -경영목적을 실천적으로 달성할 수 있는 여러 경영기술 또는 관리방법을 모색하는 것을 사명으로 함 -이론을 기반으로 한 구체적인 실천방법에 학문적인 편향성이 있음

• 현대 경영학
-현대 경영학에 있어서 그 학문적 성격상 이론 경영학이자, 실천 경영학으로서의 이론과 실천의 학문, 실천적 이론과학으로 본다.
-학문의 이론과 실천적 특성은 배타적 관계가 아닌 보완적 관계이다.
-경영학은 실증적 조사방법을 통해 경험적 지식구조를 확인하고, 탐색적 인과관계를 예측하여 일반적인 경영 이론을 제시하는 학문이다.

(2) 과학론 & 기술론

과학론	기술론	결과
• 고유의 연구대상을 지녔다는 점에서 과학으로 본다. • 이론적, 과학적 원리의 습득에 학문적 편향성이 있다.	• 실천적 이론과학의 성격상 기술면에 많은 관심을 지니고 있다. • 이론을 기반으로 한 적용범위 내에서의 기술론적 학문적 편향성이 있다.	현대경영학은 과학론과 기술론의 이중적 성격을 지니고 있는 것으로 보고 있다.

(3) 종합 및 응용과학

경영학은 인간의 행동을 연구하는 사회과학의 여러 분야에 의존하며, 이로부터 개발된 이론 및 지식을 경영학에 응용하여 학문적인 지식체계를 이루고 있다. 더불어 사회학, 심리학, 인류학 등이 중요한 지식의 기반이 되고 있으며, 정치학, 경제학, 공학, 수학, 법학, 의학 분야 등의 지식 및 이론을 경영에 응용하는 종합적인 학문으로 파악되고 있다.

丞참고 실증 경영학과 규범 경영학

실증 경영학	규범 경영학
• 현실사회에 존재하는 경영원리의 해명을 목적으로 하는 실증이론 • 경영의 현상을 있는 사실 그대로 기술하고 분석한 결과를 얻은 일련의 체계적인 지식 • 특정의 윤리적, 규범적 판단과는 상관없이 경영현상에서 발생되는 어떠한 변화가 가져오는 결과를 정확히 예측하려고 할 때에 필요한 일반적인 원리를 도출하려는 것	• 여러 경영현상을 비교해서 어느 것이 사회적 견지에서 바람직한지를 평가하며, 이의 판단기준 설정에 관한 이론 • 마땅히 있어야 할 경영상태가 무엇인가, 어떤 경영현상이 바람직 하느냐에 대한 판단을 내리는데 필요한 이론 • 어떤 경영현상이나 경영정책의 결과가 바람직한지 그렇지 않은지에 대한 문제를 다루는 것
현대에는 실증 및 규범과학으로서의 이중적인 성격을 지닌 것으로 파악되고 있음	

04 경영학의 연구 방법

(1) 일반적인 연구 방법

① 귀납적 방법

  ㉠ 각각의 사례를 관찰함으로써 이러한 사례들이 포함되는 일반적인 명제를 확립시키기 위한 추리, 다시 말해 특수한 또는 개별적인 사실로부터 일반적인 결론을 이끌어 내는 추론방법을 말한다.

  ㉡ 예 : 인과적 분석, 기술적 분석

  ㉢ 특징

    ⓐ 귀납법에 쓰이는 전제들은 상당한 신빙성을 가지고 결론을 도출할 수 있다.

    ⓑ 도출된 결론의 참됨을 완벽하게 보증하기가 어렵다.

② 연역적 방법

  ㉠ 일반적인 이론이나 법칙에서 출발해서 논리적 추론에 의해 구체적인 현상에 이를 적용해서 일정한 원리 및 결론을 도출해내는 추론방법을 말한다.

  ㉡ 특징

    ⓐ 연역법으로 유도된 원칙은 귀납적 방법에 의해 도출된 일반적인 결론과 일치해야 한다.

    ⓑ 어떠한 가설 또는 전제로부터 당위적 결론을 유도하므로 규범적 이론이 되는 경우가 흔하다.

③ **역사적 방법** : 역사적으로 보면 과거 사건들에 대한 관찰자들의 내용들을 찾아서 이를 비판적인 평가를 거쳐 어떠한 사건들이 발생했는지를 명확하게 기록하며 그러한 사건들 사이의 관계를 명확하게 규명하는 연구과정이다.

(2) 특수한 연구 방법

① **통계적 방법** : 관찰을 통해 취득한 자료를 활용하고 다루면서 이로부터 객관적인 결론에 도달할 수 있도록 하는 방법이다.

② **실험적 방법** : 변수들 사이의 함수관계를 발견하기 위해 통제된 상황 하에서 독립변수를 인위적으로 조작 또는 변화시켰을 때 그것이 종속변수에 끼치는 효과를 객관적인 방식으로 측정 및 관찰해서 파악하는 실증적 연구방법 중 하나이다. 대표적인 예로 호손실험과 테일러 시스템이 있다.

③ **사례적 방법** : 각각의 실제적 사례를 망라해서 이로부터 객관적인 일반원칙을 도출하려는 방법을 말한다.

05 경영학의 접근방법

경영학의 여러 가지 학문적인 접근방법은 학자들 사이에 끊임없는 논쟁 및 갈등을 경영이론 상의 난맥으로 파악하고, 이를 "경영이론의 정글현상"이라고 표현하였다.

(1) 쿤츠(H. D. Koontz)의 분류

1961년, "경영이론의 밀림"이라는 논문에서 6가지 접근방법을 제시하였으며, 이후 1980년에는 이를 대폭적으로 수정해서 11가지의 접근법으로 분류하고 있다. 이러한 혼란의 주요 원인으로는 용어의미상의 혼란, 선험적 가설의 상이, 경영관리관에 있어서의 상이, 상호이해 노력의 결여, 원리의 오해 등에서 기인하고 있다.

① **구분류** : 6개 학파(경험학파, 관리과정학파, 사회시스템학파, 인간행동학파, 의사결정학파, 수리학파)로 구분함으로써 경영이론의 통일화 및 체계화를 시도하였다.

② **신분류**

ㄱ **경험적 접근법** : 기업 조직의 경영자 경험을 분석해서 그 중 가장 유효한 관리방법을 체득할 수 있다는 전제 하에 관리활동 또는 방침 등을 사례연구 방식 등을 통해서 파악하는 기법이다.

ㄴ **집단행동접근법** : 이는 조직에서의 집단으로 인간의 행동을 중요시하여 사회인류학·사회심리학적 지식 등을 주로 활용한다는 측면에서 인간상호접근법과 구분된다.

ㄷ **시스템 접근법** : 하나의 전체를 이루는 상호의존적·상호결합적인 요인의 집합으로 조직의 입장에서 보면 관리를 전반적으로 이해하는데 있어 효과적이다.

ㄹ **인간상호 접근법** : 관리활동은 "인간을 통해서 무엇인가를 하게끔 하는 활동"이므로 관리에 대한 연구는 인간상호관계 지향적이어야 하며, 사회심리학적 존재로서 개인의 행동 또는 그러한 동기를 중요시하게 된다.

ㅁ **운영적 접근법** : 이는 관리활동에 있어서 능동적인 실천을 가능케 해주는 개념 또는 원리 그리고 이러한 방법을 실무에 활용함으로써 관리에 대한 적정한 지식을 체득하려 한다는 부분에서 운영과학적인 특징을 지닌다.

ⓗ **관리역할적 접근법** : 이는 기업 조직의 경영자가 취하는 현실적인 행위 등을 관찰해서 경영자가 해야 하는 실질적인 활동 또는 역할 등이 무엇인지를 결론짓는 방법이다.

ⓢ **사회기술시스템 접근법** : 이는 초반에 관리연구에 있어 사회시스템 분석에 역점을 두었으나, 후에는 기술시스템이 사회시스템에 강한 영향을 끼치고 있다는 것을 알게 되면서 두 시스템의 상호관계를 중요시하는 연구경향을 가지게 되었다.

ⓞ **컨틴전시(상황적) 접근법** : 이는 경영자들의 경영활동이 처한 환경 또는 상황 등에 의존한다는 방식이다.

ⓩ **의사결정이론 접근법** : 조직의 경영자의 주된 임무를 의사결정이라 파악하고, 관리이론은 바로 이러한 문제를 중심으로 구축된다는 신념을 기반으로 하는 방식이다.

ⓒ **수리적 또는 경영과학적인 접근법** : 관리활동은 수학적 과정 또는 수학적 모형의 체계로 파악하고자 하는 것으로 OR분석자 또는 OR연구자 등의 접근방식이다.

ⓚ **협동사회시스템 접근법** : 바너드가 대표적 학자이며, 관리직능의 탐구에서 협동사회시스템의 작동 및 유지를 중요시하게 여겼으며, 이러한 방식이 확대된 것을 조직이론이라고 하였다.

(2) 세토의 분류

세토는 쿤츠의 접근방법이 지니고 있는 한계점을 보완하고, 기존의 연구들을 통합해서 고전적 접근방법, 행동적 접근방법, 경영과학적 접근방법으로 분류하였다. 이 3가지 외에 최근에 시스템적 접근법이 따로 분류가 되고 있으며, 시스템 개념을 활용해서 전체의 입장에서 상호관련성을 추구하여 처해진 문제의 해결을 추구하고 있다.

① 고전적 접근방법

　　㉠ 경험에 근거한 것으로 기업 경영능률을 강조하며, 경영 관리자들이 생산증대를 위해 지속적으로 조직의 효율성을 제고시키기 위해 계속적인 노력을 해야 한다는 것을 주장하는 방식이다.

　　㉡ 테일러, 칸트, 페이욜, 길브레스 부부 등이 해당된다.

　　㉢ 이 방식은 인간관계의 분야 다시 말해, 리더십, 커뮤니케이션, 모티베이션 등에 소홀히 하고 있다.

② 행동적 접근방법

　　㉠ 인간에 관한 이해를 높임으로써 생산성을 증대시키려는 방식이다.

　　㉡ 예 : 호손공장 실험(전화용 계전기조립실험, 조명실험, 릴레이조립실험 등)

③ 경영과학적 접근방법

　　㉠ 시스템 운영에 있어 발생하는 문제의 해결에 수학적 기법 및 과학적 방법을 적용한 방식이다.

　　㉡ 에코프, 처치먼 등이 주장하는 방식이다.

　　㉢ 수학적 모형 및 컴퓨터를 활용한다.

④ 시스템 접근방법

    ㉠ 시스템의 개념을 활용하여 전체의 입장에서 서로 간의 상호관련성을 추구해서 처해진 문제에 대한 해결을 풀어나가는 방식이다.

    ㉡ 이 방식은 버틀란피가 창시자이다.

    ㉢ 시스템의 속성으로는 전체성, 구조성, 목적성, 기능성 등이 있다.

06 미국과 독일, 우리나라의 경영학

(1) 미국 경영학

① 미국경영학의 체제

    ㉠ 실제적으로 기업 조직에서 발생하는 문제해결을 위해 그에 따른 합리적인 도입·활용해야 하는가에 대한 실천적이면서 기술적인 문제를 중심으로 발전하였다.

    ㉡ 마셜은 경영관리학을 생산, 인사, 유통, 재무의 4대 기능을 통합하는 것이 곧 경영관리이며, 경영관리학의 학문적 체계라고 하였다.

② 미국경영학의 체계 : 미국경영학은 경영관리학 또는 경영자 경영학으로서 경영학총론과 경영학각론으로 분류된다. 경영학각론에서는 생산관리, 마케팅, 인사관리, 재무관리 등 경영의 각 기능에 대해서 다루고 있다.

(2) 독일 경영학

① 독일경영학의 체제

    ㉠ 니클리슈는 경영학 사상 최초로 1907년에 경영경제학의 체계화를 시도하였다.

    ㉡ 니클리슈는 경영경제학을 거래론과 경영론을 분류하였다.

    ㉢ 그 이후에는 자이페르트에 의해 내부조직론 및 거래론, 구조론 등으로 분류되기도 하였다.

② 경영경제학의 연구영역

    ㉠ 인간론 : 인간론은 경영의 주체로 경영자뿐만 아니라 기업이라는 조직을 형성하는 모든 인간을 대상으로 한다.

    ㉡ 구조론 : 각 개별경제의 경영형성 및 유지에 대한 일련의 경영구조 등을 주된 연구대상으로 한다.

    ㉢ 과정론 : 경영경제학의 연구영역으로서보다는 경영관리학의 연구영역으로서의 비중이 훨씬 더 높다.

    ㉣ 상품론 : 경영경제의 주체 및 객체라는 대응관계적인 관점에서 보면 그 주체로서의 인간론만큼 중요하다.

    ㉤ 거래제도론 : 타 개별경제 간의 경영 간 거래 등을 연구대상으로 한다.

③ 독일경영학의 체계 : 경영경제학으로서 경영학 총론을 다루는 일반경영경제학과, 경영학각론을 다루는 특수경영경제학으로 분류된다. 특수경영경제학에서는 생산경영, 유통경영, 소비경영경제학 등이 포함되고 있다.

④ **독일경영학의 특징**

　㉠ 상학자들의 연구를 기반으로 생성 및 발전하였다.

　㉡ 이론 중심적이고 학론적인 성격이 강하다.

　㉢ 자본과 노동의 결합관계, 자본의 운동과정 및 그 법칙 등을 연구대상으로 하였다.

　㉣ 기업자 중심의 실리추구에 앞서 생산조직으로서의 경영체의 본질을 다루었다.

　㉤ 불확실성 상황 하에서의 의사결정문제를 해결하기 위한 경영경제학으로 발전하였다.

(3) 우리나라의 경영학

국내에서의 경영학이라는 학명의 유래를 살펴보면, 실질적으로 교육기관의 과정에 도입된 것으로 비교적 최근이다. 이전에는 독일어권의 학명을 단순히 번역하는 "경영경제학"이었고, 2차 세계대전 이후에 영어권의 학명인 경영관리학이 도입되면서 혼용하여 사용하다가 현재에 와서는 "경영학"이라는 학명으로 정착되었다.

① **일제시대의 경영학**

　㉠ 이 시기에는 일본을 통해 독일의 경영학이 직수입되던 시기였다.

　㉡ 경성고등상업학교(서울대 경영학과), 보성전문학교(고려대), 연희전문학교(연세대) 등에서는 상학과가 설치되었다.

　㉢ 이 시기의 교과목은 상업학개론, 부기. 경영자본론, 경영학방법론, 은행경영론, 교통론, 보험론 등이었다.

② **8 · 15광복과 경영학**

　㉠ 광복 후에는 전문학교가 대학교로 승격되면서 각 대학에는 경제학과와 상학과가 공존하였다.

　㉡ 독일식 경영학이 미국식 경영학으로 바뀌기 시작하였으나 전공자의 부족 및 교육시설 등의 미흡으로 인해 연구가 거의 없었다.

　㉢ 1954년에 고려대 경영대학 정수영 교수의 "경영경제학"이 국내에서는 처음으로 출판된 경영학 저서였으며, 이 후에 1961년 "경영학원론"으로 개명되어 현재에 이르고 있다.

　㉣ 또한, 이 시기에는 독일식의 경제경영학이 미국식의 경영학으로 변화하던 시기였다.

③ **경영학과의 설치 및 경영대학의 창설**

　㉠ 1955년에 고려대에서 국내 최초의 경영학과를 설치했고, 상과대학을 독립시켰다.

　㉡ 1958년에는 워싱턴대학교와 교수교환계약을 체결해서 미국경영학이 도입되어 발전하게 되었다.

　㉢ 각 대학교에 경영학과가 설치되고 생산성연구원, 경영학회 등이 설치되면서 경영학에 대한 본격적 연구가 시작되었다.

④ **경영학의 진전** : 이후의 경영학은 한국적인 특성을 찾기 위한 노력이 일부 최근에는 있었지만 현재까지도 주로 미국경영학을 도입한 것으로서 우리나라의 현실을 정확하게 반영하지 못하고 있으며, 최근 들어서는 한국적인 경영이론의 개발에 대해서 각계의 목소리가 높아지고 있으며, 앞으로 국내 나름대로의 독특한 체제를 세워야 할 것이다.

07 경영학의 발전 과정

(1) 고전적 경영학(전통적 경영학)

1850년대의 산업혁명으로 경제발전의 계기가 마련되었으며, 남북전쟁 이후 급속한 공업화, 대규모 공장군의 출현으로 체계적 경영관리의 필요성 증가. 이후 프론티어 정신과 서부개척에 의한 시장 확대에 의해 공장규모가 확대되고, 노동력부족, 임금압력문제, 지역 간 격차발생 문제가 나타났으며, 대량생산체제하에서는 기존 노동력의 재취업문제, 일반미숙련공의 부족, 조직적 태업 등이 나타났다. 이러한 문제해결을 위한 시도로 과학적관리가 등장하게 되었고, 이후 실천 지향적 경영학으로 발전하게 되었다.

① 테일러(Talor)의 과학적 관리론

    ㉠ 하루의 작업량을 시간연구 및 동작연구, 작업연구를 통해서 하루의 표준 작업량을 설정하고, 할당된 과업을 초과달성한 근로자에게는 높은 임금률을 적용하고 그렇지 못한 근로자에게는 낮은 임금률을 적용함으로써 생산의 능률을 꾀하려는 방법이다.

    ㉡ 과학적 관리론 내용

        ⓐ **시간 및 동작연구** : 종업원들의 하루 작업량(표준과업)을 과학적으로 하기 위해서 시간연구, 동작연구를 하였다.

        • 시간연구 : 모든 작업에 시간연구를 적용해서 표준작업시간을 설정

        • 계획과 작업의 분리 : 계획은 경영자가 담당, 노무자는 작업. 계획은 시간, 동작연구를 통한 과학적 자료에 근거

        ⓑ **차별성과급제** : 테일러는 종업원들에 대한 임금도 작업량을 달성한 사람에게는 높은 임금을 주고, 그렇지 못한 사람에게는 낮은 임금을 적용하는 등의 능률증진을 꾀하였다.

        • 성과급제 : 임금은 생산량에 비례하며, 임금률은 시간연구에서 얻은 표준에 따라 결정

        ⓒ **종업원 선발 및 교육** : 과학적 관리론에 부합하는 근로자에 대한 선발방식 및 교육훈련 방식을 마련하였다.

        • 경영자는 작업방법을 연구하여 최선의 방법을 정해서 작업자를 교육, 훈련

        ⓓ **직능식 제도와 직장제도** : 이는 공장의 조직을 기존의 군대식에서 직능식으로 바꾸고, 직장제도를 끌어들여 종업원들과 운영자가 서로의 직책에 따라 업무하여 일을 하고, 협력할 수 있게 하였다.

        • 경영통제 : 예외원칙, 과학적 표준과의 비교를 통한 경영통제

        • 직능적 관리 : 직능별 조직에 따라서 관리의 전문화

    ㉢ 특징

        ⓐ 작업연구, 시간 및 동작연구, 표준과업량설정, 차별성과급제, 기능성의 조직

        ⓑ 기업 조직에 있어 기획과 실행의 분리를 기본으로 함

        ⓒ 인간의 신체를 기계처럼 생각하고 취급하는 철저한 능률위주의 관리이론

        ⓓ 기계적, 폐쇄적 조직관 및 경제적 인간관이라는 가정을 기반으로 함

ⓔ 과학적 관리론은 노동조합으로부터 비판적인 평가를 받음

ⓕ 테일러의 이론은 간트, 에머슨, 길브레스 부부, 바르트 등이 영향을 받음

ⓖ 이 이론은 포드에 의해서 더욱 구체화되었다.

② 포드(Ford) 시스템

ⓘ 포드는 1914년 자신이 소유하고 있던 자동차 공장에 컨베이어 시스템(Conveyor System)을 도입하여 대량생산을 통한 원가를 절감할 수 있었다.

ⓛ 포드의 컨베이어 시스템은 모든 작업을 단순작업으로 분해하여 분해된 작업의 소요시간을 거의 동일하게 하여 일정한 속도로 이동하는 컨베이어로 전체 공정을 연결하여 작업을 수행하였는데, 이렇게 컨베이어 시스템을 도입함으로 인해 대량생산이 가능하였고, 더 나아가 자동차의 원가를 절감하여 그로 인한 판매가격을 인하시킬 수 있었다.

ⓒ 유동작업을 기반으로 하는 새로운 생산관리 방식을 포드시스템(Ford System) 또는 동시관리(Management By Synchronization) 라고 한다.

ⓛ 포드의 3S : 부품의 표준화(Standardization), 제품의 단순화(Simplification), 작업의 전문화(Specialization)

ⓜ 테일러 & 포드 시스템 비교

테일러(F. W. Taylor)	포드(H. Ford)
• 과업관리(시간과 동작연구를 통한) • 차별성과급 도입 －객관적인 과학적 방법을 사용한 임률 • 표류관리를 대체하는 과학적 관리방법을 도입, 표준화를 의미	• 동시관리 －작업조직의 철저한 합리화에 의하여 작업의 동시적 진행을 기계적으로 실현하고 관리를 자동적으로 전개 • 컨베이어시스템, 대량생산
• 작업의 과학화와 개별생산관리 • 인간노동의 기계화 시대	• 공장전체로 확대 • 인간에게 기계의 보조역할 요구

③ 페이욜의 관리 5요소 및 관리원칙

ⓘ 테일러의 경우에는 주로 생산현장에서의 작업관리에만 관심을 보인 반면에, 페이욜은 기업조직의 전체적인 관리의 측면에서 관리원칙을 주장하였다. 광산회사를 경영하면서 체득한 지식 및 경험을 바탕으로 산업관리와 일반관리에 대한 자신의 생각을 정리해서 관리이론을 제시하였다.

ⓛ 관리 5요소 : 계획, 조직, 명령, 조정, 통제

ⓒ 경영의 6가지 활동과 그 기능

ⓐ 기술적 활동 : 생산, 제조, 가공 등

ⓑ 재무적 활동 : 자본의 조달 및 운용 등

ⓒ 상업적 활동 : 구매, 판매, 교환 등

ⓓ 회계적 활동 : 대차대조표, 원가, 통계, 재산목록 등

ⓔ **보전적 활동** : 재산 및 종업원의 보호 등

ⓕ **관리적 활동** : 계획, 조직, 명령, 조정, 통제 등

ⓔ 관리일반원칙 14가지

　ⓐ **분업**(Division Of Work) : 경제학자들이 노동의 효율적인 이용을 위해 필요하다고 보는 전문화(Specialization)를 말한다. 페이욜은 기술적인 작업은 물론 관리적 업무 등 모든 업무에 이 원칙을 적용하였다.

　ⓑ **권한과 책임**(Authority & Responsibility) : 페이욜은 권한과 책임이 서로 관련되어야 함을 알았다. 즉, 책임은 권한의 필연적인 결과이며 또한 권한으로부터 생겨난다고 본 것이다. 그는 책임을 관리자의 직위로부터 생겨나는 공식적인 것과 '지성, 경험, 도덕률 및 과거의 업적 등이 복합되어 있는 개인적인 요소의 결합체'라고 보았다.

　ⓒ **규율**(Discipline) : 페이욜은 규율을 준수, 적용, 활력 및 존경의 표시를 달성하고자 정해진 약속에 대한 존중으로 여기면서 어떤 계층에서든 이러한 규율이 확립되기 위해서는 훌륭한 상사가 필요하다고 하였다.

　ⓓ **명령의 일원화**(Unity Of Command) : 종업원이 한 사람의 상사에게서만 명령을 받아야 한다는 것을 의미한다.

　ⓔ **지휘의 일원화**(Unity Of Direction) : 이 원칙에 따르면 동일한 목표를 가지고 활동하는 각 집단은 한 명의 상사와 한 개의 계획을 가져야만 한다.

　ⓕ **전체의 이익을 위한 개인의 복종**(Subordination Of Individual To General Interest) : 전체의 이익과 개인의 이익이 충돌할 경우에 경영자는 이를 조정해야 한다.

　ⓖ **보수**(Remuneration) : 보수의 액수와 지불방법은 공정해야 하며, 종업원과 고용주 모두에게 똑같이 최대의 만족을 주는 것이어야 한다.

　ⓗ **집권화**(Centralization) : 권한의 집권화란 말을 사용하지 않고, 권한이 집중되거나 분산되어야 하는 정도라고 보았다.

　ⓘ **계층의 연쇄**(Scalar Chain) : 최상위로부터 최하위에 이르기까지의 '상급자의 사슬'로 보았다. 불필요하게 이 사슬로부터 이탈해서도 안 되겠지만, 이를 엄격하게 따르는 것이 오히려 해로울 때는 단축시킬 필요가 있다고 보았다.

　ⓙ **질서**(Order) : 질서를 물질적인 질서와 사회적인 질서로 나누어, '어느 것(누구)에게나 하나의 장소를, 어느 것이나(누구나) 자기 위치에'라는 격언을 따랐다. 이는 인적·물적 요소의 배치에 핵심이 되는 적재적소 조직원칙이다.

　ⓚ **공정성**(Equity) : 상사에 대한 부하의 충성 및 헌신은 부하를 공평하게 다루는 상사의 친절과 정의감이 결합함으로써 이루어지는 것이라 보았다.

　ⓛ **직장의 안정성**(Stability Of Tenure) : 불필요한 이직은 나쁜 관리의 원인이며 결과라는 것을 알았기 때문에, 페이욜은 이의 위험성과 비용을 지적하였다.

ⓜ **주도권**(Initiative) : 주도권이란 계획을 세우고 실천하는 것으로, 이것은 '지성인이 경험할 수 있는 가장 만족할 만한 것'이기 때문에 페이욜은 부하들의 주도권 실천을 권장하기 위해 경영자가 '개인적인 자만'을 버려야 한다고 권고하였다.

ⓝ **단결심**(Esprit De Corps) : 이것은 "뭉치면 힘이 나온다"라는 원리를 말한다. 또한 이는 명령의 단일화를 확대시킨 것이며, 팀워크의 중요성과 그것을 조성하기 위한 의사소통의 중요성을 강조하였다.

④ 막스 베버의 관료제

㉠ 근본적으로 베버의 관료제 이론은 권한구조에 대한 이론에 기반을 두고 있으며, 권한의 유형을 카리스마적 권한, 전통적 권한, 합리적ㆍ법적 권한으로 구분하였다.

㉡ 관료제의 특성

ⓐ 안정적이면서 명확한 권한계층

ⓑ 태도 및 대인관계의 비개인성

ⓒ 과업전문화에 기반한 체계적인 노동의 분화

ⓓ 규제 및 표준화된 운용절차의 일관된 시스템

ⓔ 관리자는 생산수단의 소유자가 아님

ⓕ 문서로 된 규칙, 의사결정, 광범위한 파일

ⓖ 기술적인 능력에 의한 승진을 기반으로 평생의 경력관리

(2) 신고전적 경영학

① 메이요의 인간관계론(Human Relations Approach)

㉠ 기존의 기업 조직의 경영은 과학적 관리론에 입각한 능률위주였으므로 노동자들은 오로지 생산을 위한 기계화 또는 부품화된 도구에 지나지 않았다. 그래서 인간의 어떠한 주체성이나 개성 등은 당연히 무시되었다.

㉡ 산업이 발달하고 기업의 대규모화가 진전되어감에 따라 능률을 위주로 한 기업의 생산성은 점차 한계점에 도달했음을 인식하게 되었고, 과학적 관리론에 대한 회의 및 불평, 불만이 일어나기 시작했으며 그것이 불안전하고 비합리적이라는 사실을 증명하기에 이르렀다. 다시 말해 기업조직 안에서 종업원 개개인의 존재는 경제 논리적인 존재가 아니라, 단지 협력체제라는 사회적 인간관의 시각에서만 인정되었으며, 이는 종업원의 사회, 심리적인 욕구를 충족시킴으로써 기업의 생산성이 상승될 수 있다는 인식을 갖게 하는 계기가 되었다.

㉢ 기업의 인간화가 곧 인간관계론의 출발점이 되었다.

ⓛ 호손실험

ⓐ 인간관계론은 미국의 시카고에 있는 호손공장에서 하버드 대학의 심리학 교수였던 메이요(Elton Mayo) 교수가 중심이 되어 실시한 호손실험(1924 ~ 1932년)의 결과를 토대로 발전되었다.

ⓑ 1차 실험(조명도 실험), 2차 실험(계전기조립 실험), 3차 실험, 4차 실험

ⓒ 특징
- 민주적 리더십을 강조하였다.
- 비공식 조직을 강조하였다.
- 기업조직은 경제적, 기술적, 사회적 시스템이다.
- 종업원 만족의 증가가 성과로서 연결된다고 보고 있다.
- 인간의 사회적, 심리적 조건 등을 중요시하였다.
- 의사소통의 경로개발이 중요시되며, 참여가 제시되었다.

ⓓ 호손실험이 경영학적인 사고에 끼친 영향
- 호손실험으로 인해 인간에 대한 관심을 높이게 되는 계기가 되었다.
- 호손실험으로 인해 인간의 감정, 배경, 욕구, 태도, 사회적인 관계 등이 효과적인 경영에 상당히 중요하다는 사실을 인지하게 되었다.
- 구성원들 상호 간 관계에서 이루어지는 사회적인 관계가 "비공식조직" 만들고, 이는 공식조직만큼이나 생산성에 영향을 미친다는 사실을 인지하게 되었다.

스코트(B. Scott) 교수는 조직이론의 발전과정을 살펴 본 결과 조직에 대한 관점과, 인간에 대한 관점을 두 축으로 해서 2 × 2 매트릭스로 조직이론을 분류하고 있다. 아래의 그림은 스코트 교수의 조직이론을 도식화한 것이다.

조직에 대한 관점

인간에 대한 관점		폐 쇄 적		개 방 적		
	합리적	1900 ~ 1930 테일러, 베버, 페이욜	고전	상황이론 적합	1960 ~ 1970 챈들러, 로렌스와 로시, 톰슨	사전규정에 의해
			제 1 상한	제 3 상한		
	사회적	1930 ~ 1960 메이요, 맥그리거, Selznick	제 2 상한	제 4 상한	1970 ~ 웨이크, 마치	분위기에 의해
			인간관계론			

① 폐쇄 – 합리적 조직이론
  ㉠ 1900-1930년대의 이론으로 조직을 외부 환경과 관계없는 폐쇄체계로 파악하고, 인간 역시 합리적으로 사고하며 행동하는 것으로 파악하였다.
  ㉡ 테일러, 베버, 페이욜, 귤릭, 어윅 등이 대표적 학자이다.
  ㉢ 오늘날의 인간공학 및 산업공학을 중심으로 한 경영과학의 학문영역을 구축하고 있다.
② 폐쇄 – 사회적 조직이론
  ㉠ 1930-1960년대의 이론으로 조직을 외부 환경과 관계없는 폐쇄체계로 파악하였지만, 조직 구성원들의 인간적인 측면을 수용하고 있는 관점이다.
  ㉡ 인간관계학파에 해당하는 이론들이 주를 이룬다.
  ㉢ 여기에는 메이요, 뢰슬리스버거와 딕슨 등이 속한다.
  ㉣ 종업원들의 업무태도, 작업집단 내 인간관계, 노조, 리더십, 커뮤니케이션 등에 대해서 관심을 두며 조직 구성원들의 사기를 생산성과 연결시켰다.
  ㉤ 외부환경에 대한 문제에 대해서는 소홀하였다.
  ㉥ 지나치게 기업 조직의 인간적, 사회적인 측면을 강조하고 있다는 비판을 받았다.
  ㉦ 오늘날의 행동과학분야 및 인적 자원관리의 발전을 위한 기틀을 제공하였다.
③ 개방 – 합리적 조직이론
  ㉠ 1960-1970년대의 이론으로 조직을 외부 환경에 대해서 개방체계로 파악하였지만, 조직구성원들에 대해서는 다시 합리적 전제로 돌아갔다.
  ㉡ 여기에는 번스와 스토커, 챈들러, 우드워드, 로렌스와 로쉬, 톰슨 등이 속한다.
  ㉢ 환경을 이론에 반영하여 기업을 외적인 힘에 의해 형성되는 것으로 보게 되었다.
  ㉣ 이는 유기체의 생존 원천에 대한 관점을 조직 내에서 조직 외부환경으로 옮겼다. ("시스템적 접근"의 근간)
  ㉤ 이러한 패러다임은 현재에 이르러서 관료제적 사고의 틀을 벗어날 수 있는 조직과 관리의 이론으로 타 환경의 요구에 대응할 수 있는 방안을 제시해주는 상황적합이론의 관점으로 정리되었으며, 이는 조직개발의 실행에 활용되고 있다.
④ 개방 – 사회적 조직이론
  ㉠ 1970년대의 이후의 이론으로 조직이 환경에 대해서 개방되었고, 구성원들이 지닌 비합리성, 비공식성 등이 수용되고 있다.
  ㉡ 웨익, 힉슨, 마치와 올슨, 페퍼와 샐린시크 등이 여기에 속한다.
  ㉢ 생존을 중요시하는 기업 조직 안에 흐르는 비합리성·비공식성에 초점을 맞춰서 기업 조직의 비합리적인 동기적 측면을 중점적으로 다루고 있다.
  ㉣ 이는 기업 조직의 목적 및 수단 등을 분류하지 못하는 비합리성을 반영하고 있다.

(3) 독일의 경영학사

1675년 프랑스인 사바리의 "완전한 상인"이 출간되기 전까지의 시대를 말하고, 이 시기에 다루어진 대부분의 내용들은 소재의 취급이 소홀하고, 어느 한 국면에만 치우친 비체계적인 것이 대부분이었다.

① 문헌사적 발달 : 상업학의 최초 문헌은 프랑스 출신의 사바리(J. Savary)의 "완전한 상인"이며, 이 책이 출간되던 1675년을 경영학사에 있어 기점이자 경영학 자체의 기원으로 보고 있다. 또한, 1675년 이전의 경영학 역사를 "경영학 전사"로 보고 있다.

② 독일 경영학의 발달

  ㉠ 상업거래에 있어 필수불가결한 요소인 금융기관, 교환수단으로서의 수표 및 어음, 복식부기 등은 모두 이탈리아에서 나타났다.

  ㉡ 페골로티(F. B. Pegolotti)의 수기에 이어 최초로 활자 인쇄된 최고문헌에는 파치올리의 "산술, 기하, 비 및 비례의 총람"이 있다. 이는 현대의 상업학 사상 획기적인 업적으로 평가되고 있다.

③ 사바리 상업학 모방시대

  ㉠ 사바리의 "완전한 상인"을 말페르거가 처음으로 번역해서 독일 상업학의 선구자가 되었다.

  ㉡ 하지만, 말페르거는 "상업교육용 사전"을 저술했으나 이는 대부분 사바리의 "완전한 상인"을 모방하는 수준이었고, 뒤이은 휘브너, 바이어 등도 책을 저술했지만 내용상으로 보면 대부분이 사바리의 상업학의 모방수준에 그치지 않았다.

④ 독일 상업학의 전환시대

  ㉠ 단순한 모방에서 벗어나 참다운 의미에서의 독일 상업학은 루도비치(K. G. Ludovici)에 의해 자리 잡게 되었다.

  ㉡ 루도비치의 "상인사전"은 상인 및 상업경영에 대한 방대한 양의 사전이지만, 단순하게 사전류에서만 그친 것이 아닌 처음으로 상업학에 대한 이론적인 전개를 시도하고 있다.

  ㉢ 사바리의 상업은 실천적인 측면이 강한 것에 반해서 루도비치의 경우에는 실천적인 측면에 이론적인 측면을 가미하였다.

⑤ 독일 상업학의 체계화시대

  ㉠ 독일 상업학은 로이크스(J. M. Leuchs)의 "상업체계"에 의해 체계화 되었다.

  ㉡ 기존의 문헌들이 대부분 상인이라는 인격에 기반을 둔 데 반해, 로이크스는 상업기관 및 상업기능 등 기타의 상업학 전체 문제를 체계적으로 다루었다.

(4) 일본의 경영학

① 일본은 제2차 세계대전을 기점으로 그 이전에는 독일의 경영경제학 이론을 직수입했으나 전후에는 미국의 관리 경영학의 직접적인 영향을 받았다.

② 1960년대부터 일본은 차차 독자적인 경영학을 모색하였다.

③ 일본계 오치(William G. Ouchi) 교수의 1981년 Z이론, 노나카의 지식경영, 데밍의 품질관리 등이 주목을 받았다.

④ 오치 교수의 Z이론은 생산성이 높은 일본 기업의 경영방식에 착안, 일본기업에서 배우자는 주장이다.

⑤ 경영관리방식은 동질성, 정착성, 집단공동성의 성격을 지니고 있다.

⑥ 상호신뢰와 인간적인 공동체집단 성격을 지니고 있다.

08 조직 문화

(1) 조직문화의 개념

한 조직의 구성원들이 공유하는 신념, 가치관, 이념, 관습, 지식 및 기술을 총칭한다.

(2) 조직문화에 대한 정의

Pettigrew	언어, 상징, 이념, 전통 등 조직체 개념의 총체적 원천
Sathe	조직 구성원들이 보편적으로 공유하는 중요한 가정
Deal + Kennedy	현재 활용되고 있는 행동양식
O'Reily	강력하고 공유된 핵심가치
Hofstede	사람에게 공유되고 있는 집합적인 심리적 프로그래밍
Bate	조직자극에 대해 합의된 지각
Ouchi	조직구성원에게 조직의 가치 및 신념 등을 전달하는 의식, 상징 등의 집합
Peters + Waterman	신화, 전설, 스토리, 우화 등과 같이 상징 수단에 의해 전달되고 지배적이면서 일관된 공유가치의 집합

(3) 조직문화의 중요성

전략수행의 영향	기업조직이 전략을 수행함에 있어 조직이 지니는 기존의 가정으로부터 벗어난 새로운 가정, 가치관, 운영방식 등을 따라야 한다.
합병, 매수 및 다각화 등에 영향	기업조직의 합병, 매수 및 다각화를 시도할 시 기업조직의 문화를 고려해야 한다.
신기술 통합에 영향	기업조직이 신기술을 도입할 경우에 조직 구성원들은 이에 대해 많은 저항을 하게 되기 때문에 일부 직종별 하위문화를 조화시키고, 더불어 일부의 지배적인 기업조직의 문화를 변경하는 것이 필요하다.
집단 간 갈등	기업조직의 전체적 수준에서 각 집단의 하위문화를 통합해주는 공통적 문화가 존재하지 못할 경우 각 집단에서는 서로 상이한 문화의 특성으로 인해 심각한 경쟁과 마찰 및 갈등이 발생하게 된다.
화합 및 의사소통에 영향	한 기업조직 내에서 서로 상이한 문화적 특성을 지닌 집단의 경우 상황을 해석하는 방법 및 지각의 내용 등이 달라질 수 있다.
사회화에 영향	기업조직에 신입사원이 들어와서 사회화되지 못한 경우에 불안, 소외감, 좌절감 등을 겪게 되고 그로 인해 이직을 하게 된다.
생산성에 영향	강력한 기업조직의 문화는 생산성을 제한하는 방향으로 흐를 수도 있고, 자신의 성장 및 기업의 발전을 동일시하는 경우는 생산성을 향상시키는 방향으로 영향을 미치게 된다.

(4) 샤인(E. Schein)의 조직문화 수준

1수준	당연하다고 생각하는 가장 기본적인 믿음으로서 외부에서 관찰이 불가능하며, 의식하지 못하는 상태에서 작용한다.
2수준	기본적인 믿음이 표출되어 인식의 수준으로 나타난 것으로 옳고 그름이 결정될 수 있는 가치관이다.
3수준	인간이 창출한 인공물, 기술이나 예술, 행동양식들로 가치관이 표출되어 나타난 것으로 관찰 가능한 것이다.

(5) 가글리아드의 조직문화 형성과정 4단계

1단계	기업조직이 형성되는 단계로 리더가 지니는 비전이 조직의 목적과 구성들에게 과업을 분배하는 데 있어 평가 및 준거의 기준으로 활용되는 단계
2단계	리더의 기본적인 신념에 의해 이루어지는 행동이 바람직한 결과를 가져왔을 때 이러한 신념은 경험에 의해 확인되고 조직의 각 구성원에 의해 공유되어 행동의 준거로 활용되는 단계
3단계	같은 결과가 연속적으로 달성됨으로 인해 조직의 구성원들은 이러한 가치를 당연한 것으로 받아들이고, 그러한 효과에서 벗어나 원인을 규명하는 데 집중하게 되는 단계
4단계	전 구성원들에 의해 의문없이 그러한 가치가 수용되고, 구성원들이 더더욱 당연한 가치로 받아들임으로 더 이상 의식적으로 그것을 인식하려 하지 않는 단계

(6) 조직문화 변화의 계기가 되는 요소들

환경적인 위기	갑작스런 경기의 후퇴 및 기술혁신 등으로 인한 심각한 환경의 변화, 시장개방 등으로 인한 위기
경영상의 위기	조직 최고경영층의 변동, 회사에 돌이킬 수 없는 커다란 실수의 발생, 적절하지 못한 전략 등
내적혁명	기업조직 내부의 갑작스런 사건 발생 등
외적혁명	신 규제조치의 입법화, 정치적인 사건 등
커다란 잠재력을 지닌 환경적 기회	신 시장의 발견, 신 기술적 돌파구의 발견, 신 자본조달원 등

※ 레윈의 변화 3단계 : 개인의 태도, 집단 및 조직 등의 태도변화에 전반적으로 적용될 수 있는 3단계 모델을 제시하였다.

1단계 해빙	한 개인의 관습, 습관, 전통, 다시 말해 어떤 일을 하는데 있어서 옛날방식을 깨뜨림으로써 새로운 대체안을 받아들일 태세를 갖도록 하는 것으로서, 그 목적은 개인이나 집단을 동기유발시켜 변화에 대한 준비를 하게끔 하는 것이다. 이는 개인에게 작용하는 여러 요인들이 이제는 변화할 필요가 있다는 것을 알 수 있도록 녹여주는 과정이다.
2단계 변화	• 순응화 - 한 개인이 다른 사물이나 집단의 우호적 반응을 얻기 위해서 또는 나쁜 반응을 회피하기 위해서 그들의 영향력을 수용할 때 발생한다. • 동일화 - 한 개인이 다른 사람이나 집단과 관계를 맺고 있는 것이 만족스럽고, 또 자기자아의 일부를 형성한다는 이유로 다른 사람이나 한 집단의 태도를 받아들일 때 발생한다. • 내면화 - 유발된 태도나 행동이 내재적으로 보상되어 한 사람의 가치체계에 부합할 때 발생한다.
3단계 재동결	새로 획득된 태도, 지식, 행위가 그 개인의 성격이나 계속적으로 중요한 정서적 관계로 통합되어 정착되는 과정을 의미한다.

(7) 조직문화의 기능

① 조직문화의 순기능

ㄱ 조직문화는 조직구성원에게 정보탐색, 해석, 전달 등을 용이하게 하고 그들에게 공통의 의사결정기준을 제공해 주는데, 그 중에서도 특히 불확실한 상황 하에서 가치와 규범으로서의 기업문화는 중요한 정보가 무엇인가를 분명히 해 준다.

ㄴ **구성원의 조화와 단합** : 조직구성원에게 조직체의 공통의 사고와 행동방식을 인식시켜 줌으로써 조직 내 갈등의 해소에 도움이 될 뿐만 아니라 일체감을 조성하여 조직구성원의 내면적 통합을 촉진한다.

ㄷ **환경적응력 강화** : 조직은 생존을 위하여 외부환경에 적응 내지 통제할 수 있어야 하고 내부적으로는 구성원의 협동과 응집력을 유지하여야 한다. 조직문화가 잘 발달되어 있는 경우 그 구성원들은 문화 구성요소를 통해 조직의 특성 및 강·약점을 잘 알고 있을 뿐만 아니라 조직과의 공감대를 가지고 있어 변화에 대한 대처 능력이 빠르다.

ㄹ **조직몰입의 강화** : 조직 구성원들이 강한 문화에 젖게 되면 그것이 몸에 배어 오랫동안 숙지해 온 자신의 문화를 더욱 신뢰함으로서 조직에 더욱 몰입하게 만들게 되며, 그로 인해 조직이 강한 조직문화를 가지고 있으면 이직률도 낮아지게 되며 조직의 정책과 비전실현에 더욱 동조하게 된다.

② 조직문화의 역기능

　㉠ 제도화 : 조직이 제도화를 겪고 마침내 제도화된 상태, 즉 조직이 생산하는 재화나 용역보다 조직 그 자체를 더욱 중요시하는 것에 도달하게 되면, 해당 조직에서 행동 및 습관들이 당연한 것으로 받아들여져서 때로는 혁신을 방해하고 조직문화 그 자체를 수단이 아닌 목적으로 인식되게끔 할 수 있다.

　㉡ 변화에 대한 장벽 : 조직 문화는 공유된 가치가 조직의 성과를 높여주는 가치와 일치하지 않을 때 부담이 될 수 있는데, 특히 조직의 환경이 역동적일 때 그리고 오랫동안 정착된 문화가 적절하지 않을 때 발생할 확률이 높다. 이렇듯 행동의 일관성은 환경이 안정적일 때는 조직의 자산이지만 환경 변화에 반응하지 못하게 하는 짐이 될 수 있다.

　㉢ 다양성에 대한 장벽 : 조직 내 개인이 지닌 다양한 행동과 독특한 장점들은 그들이 조직에 동화되면서 점차 줄어들기 때문에 강한 조직문화는 제도적인 선입견을 형성하게 되며, 다양성을 저해하게 된다.

　㉣ 인수합병에 대한 장벽 : 이전까지는 M&A 결정 시에 경영진이 고려해야 할 핵심요인은 재무적인 이점이나 제품상의 시너지 효과와 관련된 것이었다. 하지만 최근에 들어 문화적 양립성에 대한 관심이 상당히 높아지고 있으며, 이는 실제로도 인수합병의 장벽이 되고 있어 문화에 대한 정확한 이해가 필요하다.

　㉤ 저항 문제 : 강한 조직문화로 인해 변화된 새로운 전제 및 가치 등이 수용되기까지 내부적으로 조직구성원들의 많은 저항이 나타나게 된다.

(8) 조직문화의 유형

구분	집중화 · 통합화 지향	분권화 · 차별화 지향
전체시스템의 경쟁지향	• 합리문화 -현실에 대한 확실성을 높게 지각하고 즉각적으로 반응할 때 나타날 수 있는 문화유형 -생산성 및 능률을 중시 -조직 내 상급자의 권위를 인정하고 능력에 따른 권한을 부여한다.	• 개발문화 -현실에 대한 확실성을 낮게 지각하고 즉각적인 반응이 필요할 때 나타날 수 있는 문화유형 -여러 개의 기업목표 -외부의 지지와 성장을 중시 -카리스마적 권위를 인정하고, 가치를 권력의 기반으로 삼는다.
사회기술시스템 유지지향	• 위계문화 -환경적 확실성을 높게 지각하고 즉각적인 반응이 불필요한 경우에 나타날 수 있는 문화유형 -규정의 집행을 목적으로 한다. -조직 내 안정과 통제를 중시, 권위의 소재가 명확하다	• 합의문화 -현실에 대한 확실성을 낮게 지각하고 즉각적인 반응이 불필요한 경우에 나타날 수 있는 문화유형 -집단의 유지를 목적으로 한다. -사기와 응집성을 중시 -구성원의 참여 속에 의사결정이 이루어진다.

08 조직 구조

(1) 조직구조 분석을 위한 구성요소

분화	서로 다른 부문 또는 인간에게 여러 가지 활동 혹은 과업을 할당하는 것
통합	분할된 활동 혹은 과업을 조정하는 방법
권한 시스템	조직내부에 있어서 권력, 권위, 계층의 관계
관리 시스템	조직에 있어 인간의 활동과 관계를 지도하는 계획적이고 공식화된 시책, 절차, 통제 등

(2) 공식조직과 비공식조직

공식조직	계획적이면서 의도적으로 구성요소 간 합리적 관계패턴을 공식적으로 확립시키기 위해 만든 조직이다. 기능(과제)의 분화 및 지위의 형성, 직위에 대한 권한 및 책임의 한계를 명시적으로 규정화하는 것 등이 문제가 된다.
비공식조직	자연발생적으로 생겨난 조직으로 소집단의 성질을 띠며, 조직 구성원은 밀접한 관계를 형성한다. 구성원은 감정적 관계를 가지고 개인적 접촉성을 나타내며, 집단접촉의 과정에서 저마다 나름대로의 역할을 담당한다. 가치관, 규범, 기대 및 목표를 가지고 있으며, 조직의 목표달성에 큰 영향을 미친다.

① **통제의 범위**: 한 사람의 경영자가 직접 감독할 수 있는 종업원 수에 대한 한계를 의미한다. 고전이론의 연구자들은 통제를 완벽하게 하기 위해 작은 범위를 선호했다. 통제의 범위가 너무 넓으면 철저한 감독이 어렵고, 이로 인해 경영능률이 떨어지고 의사소통이 어려워진다. 반대로 통제의 범위가 너무 좁으면 상급자의 수가 많아지게 되어 많은 비용이 소요될 수 있다.

② **집권화와 분권화**: 집권화는 의사결정 권한이 조직의 한 점에 집중되어 있는 정도를 의미한다. 반대로 하위층 구성원들이 더 많은 정보와 자료를 제공하거나 의사결정의 재량권이 이들에게 실질적으로 주어졌을 경우에는 분권화되어 있다고 말한다.

기업의 형태

01 기업의 법률형태

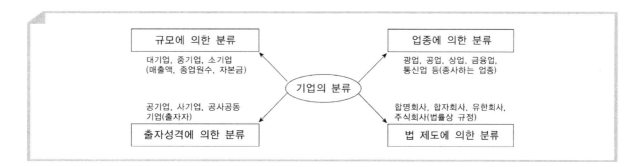

규모에 의한 분류

대기업, 중기업, 소기업
(매출액, 종업원수, 자본금)

공기업, 사기업, 공사공동
기업(출자자)

출자성격에 의한 분류

기업의 분류

업종에 의한 분류

광업, 공업, 상업, 금융업,
통신업 등(종사하는 업종)

합명회사, 합자회사, 유한회사,
주식회사(법률상 규정)

법 제도에 의한 분류

(1) 공기업

① 개념 : 국가나 지방공공단체가 법률에 의거해서 출자하고 직·간접적으로 경영하는 기업으로서 공공 내지는 행정목적을 위한 조직체이다.

② 공기업의 설립 이유
   ㉠ 재정사업 : 세제 외 국가수입의 증가를 도모하기 위해 공기업을 운영하는 것으로 국내에서는 기존에 담배 및 홍삼 등이 공영전매사업으로 된 적이 있다.
   ㉡ 공공정책 : 공익사업이 되며 전화·전신·우편·전기·철도·수도·가스 또는 항만·도로 등 사회생활의 필수적인 기반이 되는 사업이다.
   ㉢ 경제 및 사회정책 : 국토 및 지역개발, 산업의 육성 등 경제정책적인 과제와 노동자의 생활안정, 사회복지, 실업구제 등의 사회 정책적 과제를 수행하기 위해 많은 자본이 필요하지만 사기업이 담당할 수 없는 경우 공기업을 형성하게 된다.

③ 공기업의 재무
   ㉠ 독립채산제도의 실시를 위해 기업회계 제도가 도입되었다.
   ㉡ 기업예산회계법과 정부투자기관 예산회계법이 제공되어 공기업의 재무관리는 규제를 받고 있다.

(2) 사기업

① 영리기업

　㉠ 개인기업

　　ⓐ 가장 간단한 기업의 형태로서 단독출자자가 직접적으로 경영하고 이를 무한 책임지는 형태이다.

　　ⓑ 장점 : 신속성, 비밀유지, 업무집행의 열쇠 등

　　ⓒ 단점 : 타인자본조달의 곤란, 자본규모의 약소, 대외신용의 열세, 자본축적원천의 협소, 개인의 지배 관리능력의 한계, 대규모 경영에는 불리 등

　㉡ 민법상 조합

　　ⓐ 2인 이상의 당사자가 조합계약을 맺고 공동출자해서 사업경영을 하는 무한책임을 지는 형태이다.

　　ⓑ 조합원 전체가 업무 사업의 과도형태, 주식 또는 공사채 인수기반의 마련 등에 활용된다.

　㉢ 익명 조합

　　ⓐ 상법에 의거해서 익명조합원이 영업자의 영업을 위해 출자, 영업자는 그 이익을 배분할 것을 약정함으로써 계약이 성립된다.

　　ⓑ 중세 콤멘다에서 비롯된 것으로서 합자회사와 비슷하다.

　　ⓒ 사회적인 신용 등을 취득할 수 있는 능력이 약하다.

　　ⓓ 합자회사의 경우는 법인이지만 익명조합은 법인이 아니다.

　　ⓔ 익명조합원의 법률상 지위는 1개 채권자에 불과하므로 조합의 사업은 영업자 단독기업과 동일하고 조합재산은 영업자의 단독재산이 된다.

　　ⓕ 자본은 있지만 경영능력이 없는 경우, 경영능력은 있지만 자본이 없는 경우, 신분관계상 영업 등에 참가할 수 없는 경우, 익명으로 기업에 참가하고자 하는 경우 등에 활용된다.

　㉣ 회사 기업

　　• 회사란 상법의 제3편 회사법에 의해 설립된 영리사단법인을 말하고 이러한 회사의 기본조건에는 사단성, 영리성, 법인성 등이 있다. 국내의 경우 회사기업으로 합명회사, 합자회사, 유한회사, 주식회사 등이 인정된다.

> **묘 참고 회사기업**
>
> ① 합명회사
>
> 　㉠ 2인 이상의 사원이 공동으로 출자해서 회사의 경영에 대해 무한책임을 지며, 직접 경영에 참여하는 방식이다.
>
> 　㉡ 무한책임 형태로 구성되어 있어서 출자자를 폭넓게 모집할 수 없다.
>
> 　㉢ 가족 내에서 친척 간, 또는 이해관계가 깊은 사람으로 회사 설립이 많다.
>
> 　㉣ 지분 양도 시에는 사원총회의 승인을 받아야 한다.
>
> ② 합자회사
>
> 　㉠ 중세 콤멘다에서 유래되었고, 무한책임사원 및 유한책임사원으로 이루어진다.
>
> 　㉡ 합자회사의 업무진행은 기본적으로 무한책임사원만이 맡는다.
>
> 　㉢ 합명회사의 단점을 보완한 형태의 회사이다.
>
> 　㉣ 지분 양도 시에는 무한책임사원 전원의 동의를 필요로 한다.

ⓜ 무한책임사원의 경우에는 회사의 경영 및 채무에 대해서 무한책임을 지며, 유한책임사원의 경우에는 출자한 금액에 대해서만 책임을 지며 경영에 있어서는 참여하지 않는다.

　③ 유한회사
　　　㉠ 전출자자가 유한책임사원으로 구성되어 있지만 출자자를 공모할 수는 없다.
　　　㉡ 자본결합이 상당히 폐쇄적인 관계로 중소규모의 기업형태에 알맞다.
　　　㉢ 기관으로는 이사, 사원총회, 감사 등이 있지만 감사의 경우에는 의무기관이 아니다.
　　　㉣ 유한회사는 인적회사 및 물적 회사의 중간 형태를 지니는 회사이다.
　　　㉤ 사원의 수가 제한되어 있으며, 지분의 증권화가 불가능하다.

　④ 주식회사
　　　㉠ 주식회사는 주주라는 불특정 전문경영자에 의한 운영이 가능하다.
　　　㉡ 대규모 경영에 대한 양산체제 다수인으로부터 거액의 자본조달이 가능하다.

ⓗ 주식회사
　ⓐ 사기업인 영리기업에 해당한다.
　ⓑ 주주와 회사 간 관계가 비인격적이므로 물적 회사 또는 자본회사의 성격을 지니게 된다.
　ⓒ 대규모 경영에 대한 양산체제를 특징으로 하는 현대산업사회의 전형적인 기업형태라 할 수 있다.

묘참고　주식회사의 기관

① 주주총회
　㉠ 주주총회는 주식회사의 최고의사결정기관으로 주주로 이루어진다.
　㉡ 주주총회는 회사 기업에서 영업활동의 신속성 및 업무내용의 복잡성으로 인해 그 결의사항을 법령 및 정관에서 정하는 사항만으로 제한하고 있다.
　㉢ 주주의 결의권은 1주 1결의권을 원칙으로 하고 의결은 다수결에 의한다.
　㉣ 주주총회의 주요 결의사항으로는 자본의 증감, 정관의 변경, 이사·감사인 및 청산인 등의 선임·해임에 관한 사항, 영업의 양도·양수 및 합병 등에 관한 사항, 주식배당, 신주인수권 및 계산 서류의 승인에 관한 사항 등이 있다.

② 감사
　㉠ 감사는 이사의 업무집행을 감시하게 되는 필요 상설기관이다.
　㉡ 감사는 주주총회에서 선임되고 이러한 선임결의는 보통 결의의 방법에 따른다.

③ 이사회 및 대표이사
　㉠ 이사회는 이사 전원으로 구성되는 합의체로 회사의 업무진행상의 의사결정기관이다.
　㉡ 이사는 주주총회에서 선임되고, 그 수는 3인 이상이어야 하며, 임기는 3년을 초과할 수 없다.
　㉢ 대표이사는 이사회의 결의사항을 집행하고 통상적인 업무에 대한 결정 및 집행을 맡음과 동시에 회사를 대표한다.
　㉣ 이사회의 주요 결의사항으로는 대표이사의 선임, 주주총회의 소집, 이사와 회사 간의 소(訴)에 관한 대표의 선정, 지배인의 선임 및 해임, 신주의 발행, 이사와 회사 간 거래의 승인, 채권의 발행 등이 있다.

④ 검사인
　㉠ 검사인은 회사의 계산의 정부, 업무의 적법여부 등을 조사하는 권한을 지니는 임시기관이다.
　㉡ 검사인은 법원에서 선임하는 경우, 주주총회 및 창립총회에서 선임하는 경우가 있다.
　㉢ 법정 검사인의 경우 임시로 선임된다.

ⓓ 주식회사의 설립단계

- 발기인 인원수 : 발기인의 인원수에 대해 「상법」에 규정이 없어 그에 대해서는 제한이 없으므로, 발기인이 1명이어도 회사설립 사무를 담당할 수 있다.

  - 제1단계 : 발기인의 정관작성 등

    발기인은 회사의 설립목적 및 명칭을 정하고 정관을 작성하며 회사설립 시 발행하는 주식에 대해서 그 종류와 수 및 액면금액을 결정한다.

  - 제2단계 : 주식회사 설립방법 결정

    발행한 주식을 인수할 대상자를 결정하여 주식회사 설립방법(발기설립 또는 모집설립)을 결정한다.

    - 발기설립은 회사 설립시에 발행하는 주식 전부를 발기인들이 인수하는 경우에 설립하는 절차를 말하고, 모집설립은 회사 설립 시에 발행하는 주식 일부는 발기인이 인수하고 나머지는 주주들을 모집하여 그들이 인수하는 경우에 설립하는 절차를 말한다.

  - 제3단계 : 주식회사 설립등기 등

    발기인이 주식의 총수를 인수하여 출자를 이행한 후 또는 발기인이 주주를 모집하여 창립총회가 종결한 때에는 회사 본점소재지를 관할하는 법원등기소에 주식회사 설립등기를 하면 주식회사가 성립한다.

    - 회사 성립 전에 회사의 명의로 영업을 한 사람에게는 회사설립의 등록세 배액에 상당한 과태료를 부과받기 때문에, 회사설립 등기를 해야 회사 명의로 영업을 할 수 있다.

  - 설립등기를 한 후 납세지 관할세무서장에게 법인설립신고 및 사업자등록을 해야 한다.

② 비영리 기업

  ㉠ 개념 : 출자자인 구성원에게 기업의 이윤을 분배할 것을 목적으로 하지 않는 기업형태로 각종 협동조합과 상호보험회사 등이 이에 속한다.

  ㉡ 협동조합 : 1844년 영국 맨체스터 지방의 로치델에서 28명의 직조공들이 소비조합 결성한데서 유래되었으며, 경제적인 약소자로서의 생산자, 소비자, 소상인, 민간인 등의 보호를 위한 상부상조기관이다. 또한, 협동조합은 사단법인으로 인정을 받으며, 협동조합에 행하는 사업은 기업으로서의 성격을 지닌다.

  ㉢ 상호보험회사 : 상호보험회사는 사원 상호 간 보험을 목적으로 한 특수한 형태의 법인으로 회사 기업이지만 영리사업을 목적으로 한 상법상의 협의의 회사와는 성격이 다르다. 우리나라에는 존재하지 않는다.

표참고 **회사의 장·단점**

구분	장점	단점
개인기업 (Sole proprietoship)	• 전이익의 소유권자에의 귀속 • 개인적 참여 • 기업의 단순성 • 소유권자 과세 • 단독의사결정자 • 해산의 용이성	• 비영속성 • 무한자본조달책임 • 소유자의 전관리부담 • 확장자금조달의 곤란성

합명회사 또는 합자회사 (Partnership)	• 개인적 참여 • 기업에 대한 약간의 제한 • 소유권자 과세 • 파트너의 자금과 재능의 풀링 (Pooling) • 합자회사가 합명회사보다 자금력 및 전문화 기회가 크다.	• 비교적 영속성 • 개인적 불화의 잠재 • 극한적 투자 • 무한과 공동자본조달책임
주식회사 (Corporation)	• 장기수명 • 자본조달능력의 증대 • 소유권이전의 용이성 • 소유권자의 유한자본조달책임 • 분리와 법적 엔티티(Entity)	• 설립의 복잡성과 비용성 • 특수와 이중적 과세 • 업무활동에 있어 비밀의 결여 • 정부규제와 보고요구

(3) 기업결합의 유형

① 카르텔(Kartell)

㉠ 가맹기업 간 협정, 카르텔 협정 등에 의해 성립되며 가맹기업은 이러한 협정에 의해 일부 활동에 대해 제약을 받지만 법률적인 독립성은 잃지 않는다.

㉡ 통상적으로 카르텔은 가맹기업의 자유의사에 의해 결성되지만, 국가에 의해 강제적으로도 결성되는 경우도 있다.

㉢ 카르텔은 국민경제발전의 저해, 경제의 비효율화 등에 미치는 폐해가 크므로 각 국에서는 금지 및 규제하고 있다

② 신디케이트(Syndicate)

㉠ 동일한 시장 내 여러 기업이 출자해서 공동판매회사를 설립, 이를 일원적으로 판매하는 조직을 의미한다.

㉡ 참가기업의 경우 생산 면에서 독립성을 유지하지만 판매는 공동판매회사를 통해 이루어진다.

③ 트러스트(Trust)

㉠ 기업합동은 카르텔보다 강한 기업집중의 형태로 이는 시장독점을 위해 각 기업체가 개개의 독립성을 상실하고 합동하는 것을 의미한다.

㉡ 고전적 트러스트 외 기업합동의 형태로는, 기존 여러 기업의 주식 중 지배 가능한 주식을 매수함으로써 지배권을 집중화하는 지주회사 형식, 기존 여러 기업이 일단 해산한 후 자산을 새로 설립된 기업에 계승시키는 통합형식, 또는 어떠한 기업이 타 기업을 흡수·병합하는 형식 등이 있다.

④ 콤비나트(Kombinat)

㉠ 일정 수의 유사한 규모의 기업들이 원재료 및 신기술의 활용을 목적으로 사실상의 제휴를 하기 위해 근접한 지역에서 대등한 관계로 결성하는 수평적인 기업집단을 의미한다.

㉡ 국내의 경우 공업단지가 이와 비슷한 형태이다.

⑤ 컨글로머릿(Conglomerate)

    ㉠ 생산 공정 또는 판매과정 등의 분야에서 상호 간 관련이 없는 다양한 이종 기업을 합병 및 매수해서 하나의 거대한 기업체를 형성하는 기업결합 형태를 말한다.

    ㉡ 이를 구성하는 목적으로는 경영의 다각화, 경기변동에 의한 위험분산, 이윤의 증대, 외형상의 성장, 조직의 개선 등이 있다.

⑥ 콘체른(Concern)

    ㉠ 이는 법률적으로 독립성을 유지하면서 경제적으로는 불대등한 관계의 서로 관련된 복수 기업들의 기업결합 형태를 말한다.

    ㉡ 본래는 거대독점자본인 금융기관의 존재형태 및 기업소유형태와 깊은 관련이 있으나 국내 및 일본에서는 기업형태상 콘체른에 속하는 기업집단을 동족적 집단이라는 의미에서 재벌이라고 한다.

(4) 기업합병

① 법률적으로 독립적인 복수의 기업이 법률적으로 단일조직이 되는 형태이다.

② 피합병기업은 완전히 독립성을 상실하게 된다.

③ 기업합병에는 흡수합병 및 신설합병이 있다.

    ㉠ 흡수합병 : 어떠한 하나의 회사 기업이 타 회사기업을 흡수하는 것을 말한다.

    ㉡ 신설합병 : 합병을 당하는 회사 기업이 모두 해산 · 소멸함과 더불어 신회사기업이 설립되는 것을 말한다.

(5) 기업의 국제화(Internationalization)

① 기업의 국제화 개요 : 기업의 국제화에 있어서 기업조직 자체의 의사결정이 주도적인 역할을 수행하지만, 정부도 이에 대해 직 · 간접적인 역할을 수행한다.

    ※ 기업의 세계화(Globalization) : 기업의 국제화가 심화되어 기업이 특정국가에 속한다는 인식이 없고 전세계를 통합된 하나의 시장으로 파악하고, 기업활동을 국경을 초월하여 효율적으로 수행하는 것이다.

② 기업의 국제화 과정

상품의 수출입 단계	간접수출입 단계 및 직접수출입 단계
자본의 수출입 단계	자본 대여 및 자본 투자
기술정보의 수출입 단계	기술제휴에 의한 특정 기술, 상품 또는 관리상의 노하우거래 사용료의 지불
인적자원의 교환 단계	노동력 및 경영 인력의 교류
현지사업 단계	플랜트 수출입
현지진출 단계	현지 자회사의 법인화

③ 다국적 기업

    ㉠ 개념 : 통상적으로 2개국 또는 그 이상의 국가에서 직접적으로 기업 활동을 전개하는 모든 기업체로, 특정국가의 이익을 초월하여 범세계적인 시야에서 경영활동을 수행한다. 즉, 다수국에 직접투자를 행하는 모회사와 자회사로 구성된 기업집단으로 여러 국가에 직접투자한 관계회사와 기술, 자금, 정보, 신용, 상표 등 기업자원을 공동 활용하며 공동전략을 추구하면서 생산활동을 하는 세계 지향적 국제기업이다.

    ㉡ 특징

        ⓐ 경영활동의 세계지향성

        ⓑ 기업조직구조의 분권화

        ⓒ 기업소유권의 다국적성

        ⓓ 인적 구성의 다국적성

        ⓔ 국제협력체제의 실행

        ⓕ 이윤의 현지기업에 대한 재투자성

    ㉢ 문제점

        ⓐ 산업정책의 효과감소

        ⓑ 세계적인 독과점체제의 파급

        ⓒ 투자국 국내고용의 감퇴에 대한 영향

        ⓓ 연구개발 및 기술독점 등의 본국집중(독점)에 의한 수입국 기술진보의 저해

        ⓔ 각국의 세제차이를 활용한 과세의 회피

        ⓕ 국제투자를 위한 수입국과 투자국의 마찰문제

(6) 기업의 사회적 책임(Corporate Social Responsibility : CSR)

① 기업의 사회적 책임의 중요성

    ㉠ 이해관계자들을 개별적으로 접근하지 않고 통합된 하나의 차원으로 접근하는 것이 특징이다.

    ㉡ 장기적이고 지속적인 기업경쟁력의 원천이 된다.

    ㉢ 사회적 형평성을 제고하는데 기여한다.

    ㉣ 사회경제 전체의 효율성을 향상시켜 경제적으로도 이득이 된다.

    ㉤ 경제적 이익 동기만을 우선시하는 황금만능주의적 사고를 탈피하여 경제적 동기와 사회적 동기가 균형을 이룰 수 있다.

② 데이비스에 의한 긍정론의 주요 논거 : 기업에 대한 공공기대의 변화, 보다 좋은 기업환경, 공공의 이미지, 정부에 의한 규제의 회피, 사회문화규범, 책임과 권력의 균형, 사회관심을 구하는 시스템의 상호의존성, 주주의 관심, 기업에 맡기는 것이 효율적, 기업은 자원을 보유하고 있다는 점, 사회문제는 이윤이 될 수 있다는 점, 예방은 치료보다 효과적인 점

③ 데이비스에 의한 부정론의 주요 논거 : 이윤극대화, 사회관여의 기업비용, 사회적 책임의 사회비용, 사회기술의 결여, 기업의 주요 목적에 대한 위협, 국제수지의 악화, 기업은 충분한 사회 권력을 보유, 변명의무의 결여, 광범한 지지의 결여 등

※ 사회적 책임과 사회적 반응 비교

구분	사회적 책임	사회적 반응
주요 관심사	윤리성	실용성
초점	목적	수단
강조	의무	반응
의사결정 기간	장기	중단기

※ 지속가능경영 : 기업의 모든 경영 활동 과정을 경제적 수익성, 환경적 건전성, 사회적 책임을 바탕으로 통합 추진해 지속가능한 발전을 추구하는 경영 패러다임을 의미한다. 경제적인 성과 창출뿐만 아니라 사회적인 측면에서 투명한 경영을 바탕으로 환경 자원을 보존하고, 인류의 보편적인 가치를 추구하는 사회적 책임까지 수행하는 경영 방식으로 이해할 수 있다.

경제적 수익성	지역 사회 경제에 기여, 기업 투명성, 공정 경쟁, 혁신
환경적 건전성	청정 생산, 전과정 관리, 기후변화대응, 환경 리스크 관리, 생물 다양성 보호, 제품의 서비스화
사회적 책임성	사회 공헌 활동, 준법 경영, 인권 경영, 안전 보건 활동

(7) 기업경영조직의 형태

① 민츠버그의 분류

　㉠ 단순구조(Simple Structure)

　　ⓐ 전략상층부와 업무핵심층으로만 구성되어 있는 조직으로써, 사업의 초기단계에서 많이 나타나는 형태이다.

　　ⓑ 가장 단순하며, 의사소통이 원활하다.

　㉡ 기계적 관료제(Machine Bureaucracy)

　　ⓐ 기업규모가 어느 정도 대규모화됨에 따라 점차 그 기능에 따라 조직을 구성하게 되고, 테크노스트럭처와 지원 스태프가 구분되어 업무 핵심층에 대한 정보와 조언, 지원을 담당하는 형태이다.

　　ⓑ 조직환경이 단순하며 안정적이고 표준화된 절차 및 규칙에 의해 업무가 수행된다.

　　　이러한 조직의 예로는 교도소, 은행, 우체국 등이 있다.

　㉢ 전문적 관료제(Professional Bureaucracy)

　　ⓐ 기능에 따라 조직이 형성된다는 점은 기계적 관료제의 특성과 같지만, 업무핵심층이 주로 전문직들이라는 것이 이 조직의 특징이다.

　　ⓑ 이러한 조직의 예는 병원이라든지, 대학 등으로 의사나 교수 등이 핵심 업무층을 담당하고 있다.

ⓔ 사업부제(Divisionalized Form) 조직

    ⓐ 기능조직이 점차 대규모화함에 따라 제품이나, 지역, 고객 등을 대상으로 조직을 분할하고 이를 독립 채산제로 운영하는 방법이다.

    ⓑ 사업부는 기능조직과 같은 형태를 취하고 있으며, 회사 내 회사라고 볼 수 있다.

ⓜ 애드호크라시(Adhocracy)

    ⓐ 임시조직 또는 특별조직이라고 할 수 있으며, 평상시에는 조직이 일정한 형태로 움직이다가 특별한 일이나 사건이 발생하면 그것을 담당할 수 있도록 조직을 재빨리 구성하여 업무 처리가 이루어지는 형태이다.

    ⓑ 업무처리가 완성되면 나머지 부문은 다시 사라지고 원래의 형태로 되돌아가는 조직으로 변화에 대한 적응성이 높은 것이 특징이다.

    그 예로는 재해대책본부 등이 있다.

② **일반적 분류** : 기업 조직의 기본적 형태는 라인조직·기능식 조직·라인과 스태프조직, 집권화 및 분권화를 기준으로 하는 사업부제 조직, 집권식 기능조직과 분권적 조직의 결합인 매트릭스 조직 등으로 분류한다.

    ⊙ 라인조직 : 라인의 권한체계에 기반한 조직의 형태이다. 이는 단일라인조직, 복수라인조직, 스태프라인조직으로 구분된다.

      ⓐ 단일 라인조직

        • 한 사람의 의사 및 명령이 하부에 직선적으로 전달되는 형태의 조직이다. 또한, 군대식 조직과 같이 지휘명령권이 명확하며, 계층원리 또는 명령일원화원리에 의해서 설계된 조직형태이다.

        • 특징

        −모든 조직의 기본형태이다.

        −소규모의 기업경영형태에서 볼 수 있다.

        −의사결정이 신속하며, 하급자의 훈련이 용이하다.

        −업무의 과다한 집중으로 인한 비효율성이 야기된다.

      ⓑ 복수 라인조직

        • 명령권자 및 수령라인이 복수인 조직형태로, 이 같은 조직의 시작은 테일러이다.

        • 특징

        −감독의 전문화가 이루어진다.

        −명령의 이원화에 따른 문제발생의 소지가 있다.

ⓒ 스태프 라인조직

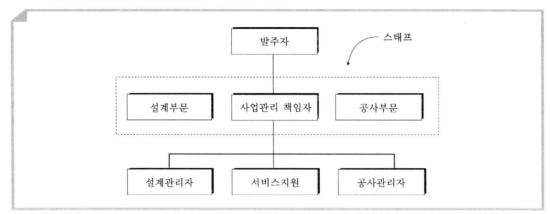

- 복수 기능식 라인조직의 결함을 보완하고, 단일 라인조직의 장점을 살릴 수 있는 혼합형 조직형태 이다. 또한, 라인이 명령권을 지니며, 스태프는 권고, 조언, 자문 등의 기능을 지닌다.
- 특징
  - 라인 및 스태프의 분화에 의한 전문화의 이점을 살릴 수 있다.
  - 라인 및 스태프 간 갈등발생이 우려된다.
ⓓ 사업부제 조직

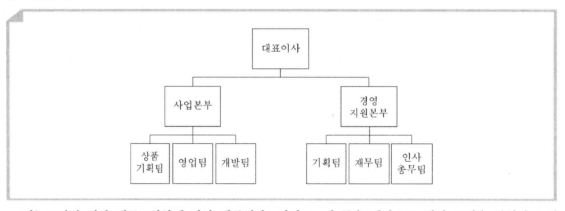

- 기능조직이 점차 대규모화함에 따라 제품이나, 지역, 고객 등을 대상으로 해서 조직을 분할하고 이를 독립채산제로 운영하는 방법이다. 그러므로 사업부는 기능조직과 같은 형태를 취하고 있으며, 회사 내의 회사라고 볼 수 있다.
- 내용
  - 사업부제 조직은 챈들러의 "구조는 전략에 따른다"라는 명제를 낳게 하였다.
  - 사업부제 조직의 형태로는 제품별 사업부제, 지역별 사업부제, 고객별 사업부제의 형태 등이 있다.

ⓔ 매트릭스 조직

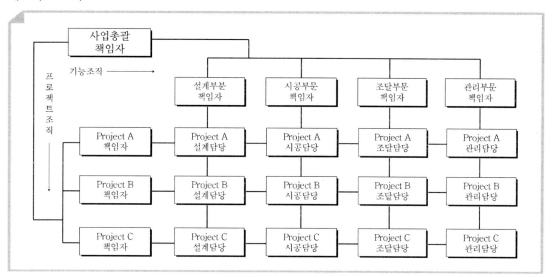

- 기존의 조직체계에서 특정 사업(프로젝트)을 수행하거나 특정 업무가 하나의 조직단위에 국한되지 않고 각 조직 단위에 관계되는 경우 이렇게 관계된 조직의 단위로부터 대표자를 선정해 새로운 조직체를 형성하는 조직형태를 말한다.
- 내용
- 이 조직은 통상적으로 추진한 사업이 종료되면 해산하게 된다. 하지만 문제가 반복성을 띠게 되면 계속 존속하게 된다.
- 이 조직은 신축성 및 균형적 의사결정권을 동시에 부여함으로써 경영을 동태화 시키지만, 조직의 복잡성이 증대된다.
- 매트릭스 조직이 필요한 경우
  - 2가지 이상의 전략부문에 대한 동시적, 혁신적인 목표가 존재할 시
  - 경영체의 인적, 재무적 자원이 제약될 시
  - 환경변화에 대한 고도의 정보처리가 불확실할 시

ⓕ 태스크 포스조직(task force organization)

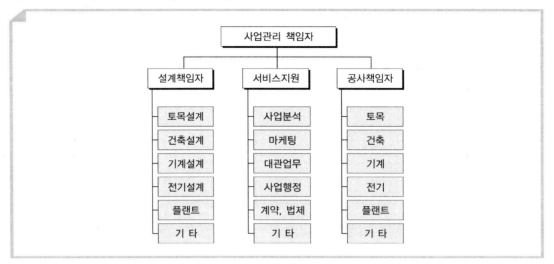

- 사업의 성격이 구체적이고 분명. PM을 필두로 각 분야의 전문가들이 모여 사업수행 기간 동안 운영되는 한시적 조직을 의미한다.
- 태스크 포스 조직은 조직이 해결해야 할 과업의 성격이 그 조직의 사활을 좌우할 만큼 중요한 것이라든지, 정해진 기준에 따라 일정기간 내에 완수해야 하는 경우 또는 상호 의존적인 기능을 요하는 경우에 효과적인 역할을 한다.
- PM의 강력한 리더십을 바탕으로 각 분야 담당 전문가들이 사업에 대한 높은 이해력, 창의력, 업무수행능력을 묶어서 사업팀의 업무수행능력을 극대화시키는 데 장점이 있다.
- 긴밀한 협조가 이루어지지 않는 경우 오히려 일반 조직보다 낮은 효율을 초래할 수 있는 문제점이 있다.
- 사업책임자의 강력한 리더십이 조직관리의 성공요인이다.

CHAPTER 03 경영전략

01 경영전략

(1) 경영전략

① **경영전략의 개념** : 변화하는 기업환경하에서 기업조직의 존속 및 성장을 도모하기 위해 환경의 변화에 대해 기업조직의 활동을 전체적이면서 계획적으로 적응해 나가는 것을 말한다.

② **경영전략의 구성요소**

앤소프 전략	제품·시장분야, 성장백터, 경쟁상의 이점, 시너지 등
호퍼와 센델의 전략	전략영역, 자원전개, 경쟁우위, 시너지 등

③ **제품의 표준화 전략**

포드 시스템	• 포드의 생산전략은 제품의 표준화, 부품 등의 호환성 제고, 이를 가능하게 하는 부품의 집중생산 및 컨베이어 시스템을 활용한 흐름작업화 등을 의미한다. • 생산전략에 있어 공통적 사항은 표준화, 단순화, 전문화 등이 있으며, 확대전략의 특징을 지니고 있다.
확대 전략	• 제품의 개발 : 기존제품을 대신할 신제품 개발을 위해 제품수명주기를 고려해야 한다. • 계열화 : 포드에 의해 시작된 것으로 주로 수직적인 계열화이고 각기 다른 생산공정단계 및 생산영역을 하나의 경영시스템하에 둔 것이다. • 확대 : 현존 제품의 시장지위를 높이는 전략이다.
생산성 전략	제조전략의 기반이 되고 있지만, 제조 공정의 원가절감 및 작업자 만족, 제품의 품질향상이라는 상호배반적 측면이 있으므로 최적화에 다다르는 과정이 쉽지 않다.

※ 포드 시스템의 비판

동시작업 시스템의 문제	한 라인에서 작업이 중지될 경우 전체 라인의 작업이 중지되어 이는 제품생산에 큰 차질을 빚게 된다.
인간의 기계적 종속화	컨베이어 시스템 등의 생산기계에 이상이 있을 시에 생산은 중단되고 사람은 아무런 일도 하지 못하게 된다.
노동착취의 원인 제공	생산라인에서 사람은 쉬지 못할 뿐만 아니라 떠날 수도 없는 생산과정으로 이는 노동의 과부하를 불러일으킬 수 있다.
제품의 단순화, 표준화	효율적이지만 갖가지 욕구충족에는 역부족이다.

④ 앤소프(H. I. Ansoff)의 성장 백터 : 앤소프는 제품의 생산지향적 전략에서 시장지향적 전략으로서의 과정에서 필연적으로 나타나는 제품전략으로 제품개발, 시장침투, 시장개발 등의 전략을 확대전략으로 파악하고 이와 대비되는 전략을 다각화 전략으로 보았다.

	기존 제품	신제품	
신시장	시장 개발 (Market Development)	다각화 (Diversification)	↑ 위험도
기존시장	시장 침투 (Market Penetration)	제품 개발 (Product Development)	

위험도 →

시장침투(시장진입)전략	기존 상품으로 기존 시장에 진입 – 이미 존재하는 상품을 가지고 더 깊고 체계적으로 시장에 침투하는 방법, 시장점유율을 높여 경쟁자의 시장점유율을 빼앗거나 기존 고객들의 구매를 늘리기 위해 노력해야 함
제품개발 전략	기존 시장에 신제품으로 진입 – 기존 고객들의 욕구를 충족시키고 브랜드에 대한 충성도가 높은 기업에게 유리한 전략
시장개발 전략	새로운 시장에 기존제품으로 진입 – 기존 시장이 포화되어 다른 지역이나 고객군을 공략하며, 시장침투보다 위험이 큰 전략, 따라서 신제품 개발에 혁신과 차별화를 두어야 함
다각화 전략	신제품으로 새로운 시장 진입 – 위험이 큰 전략, 성공적으로 진출하기 위해서는 기업이 다각화했을 때 기존 기업이 가지고 있는 역량이 새로운 사업에 얼마나 도움을 주는지를 나타내는 개념인 시너지를 생각해야 함

> **참고 거래비용이론**
>
> 윌리암슨은 거래과정에서 발생하는 재화와 용역의 가격을 제외한 모든 비용을 총칭하여 거래비용이라고 규정하면서, 시장에서 기업과 기업 사이에서 뿐만 아니라 내부에서 한 부서로부터 다른 부서로 재화나 용역이 이동할 때에도 거래비용이 발생하게 된다고 보았다. 보다 구체적으로 거래비용이란 상품의 거래에 통상적으로 지불되는 화폐적 비용과는 별도로 경제적 거래를 수행하는데 발생하는 비화폐적 비용을 포함한다.
>
> | 탐색비용 | 적절한 거래 상대를 찾기 위한 비용 |
> |---|---|
> | 모니터링 비용 | 상대방이 제공하는 정보의 진위나 상품의 가치를 파악하고 상대방이 계약을 충실하게 이행하는지 평가하기 위한 비용 |
> | 협상비용 | 서로 유리한 조건에서 거래를 수립하기 위해 밀고 당기는 비용 |
> | 계약비용 | 서로 유리하게 계약조건을 결정하고 불확실성이 없도록 정확한 계약서를 작성하는 비용 |
> | 이행비용 | 계약이 계약서에 쓰인 대로 충실하게 실천되도록 하는 비용 |

⑤ 마이클 포터의 경쟁전략

㉠ 경쟁요소별 경쟁적 지위를 창출하기 위해 공격적 도는 방어적인 행동을 취하는 것을 의미한다.

㉡ 경쟁전략을 수립하기 고려해야 할 5가지 경쟁요인(5 forces) : 잠재적 진입자, 산업 내 경쟁자, 공급자, 구매자, 대체품)

㉢ 본원적 경쟁전략

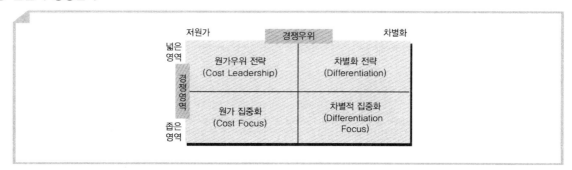

원가우위 전략	비용요소를 철저하게 통제하고 기업조직의 가치사슬을 최대한 효율적으로 구사하는 전략
차별화 전략	소비자들이 가치가 있다고 판단하는 요소를 제품 및 서비스 등에 반영해서 경쟁사의 제품과 차별화한 후 소비자들의 충성도를 확보하고 이를 통해 가격 프리미엄 또는 매출증대를 꾀하고자 하는 전략
집중화 전략	메인 시장과는 다른 특성을 지니는 틈새시장을 대상으로 소비자들의 니즈를 원가우위 또는 차별화 전략을 통해 충족시켜 나가는 전략

㉣ 산업구조 분석모델

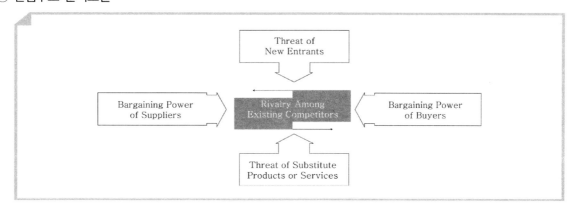

ⓐ 신규 진출 기업의 위험(잠재적진입자) : 진입장벽과 신규 기업에 대한 기존 기업의 보복에 대한 분석 등

ⓑ 기존 경쟁자간 경쟁(산업 내 경쟁자) : 성장률이 낮고, 고정비 비중이 높으며, 철수 장벽이 높을 때 경쟁이 더 치열하다.

ⓒ 대체재의 위협 : 대체재의 가격과 효율이 좋을수록, 교체비용이 없을수록 대체재의 위협이 크다.

ⓓ 구매자의 교섭력 : 구매량이 크고, 후방통합능력, 정보 등이 많은 구매자일수록 교섭력이 높다.

ⓔ 공급자의 교섭력 : 공급량이 크고, 제품 차별화, 대체품 없음, 전방통합 가능 시 공급자의 교섭력이 높다.

02 포트폴리오(Portfolio) 전략

① 개념

    ㉠ **포트폴리오 분석** : 사업의 전략적인 경영을 위해 유지·구축해야 할 사업과 포기해야 할 사업을 결정하고자 실시하는 분석, 자산의 리스크 관리를 위해 위험부담을 줄일 수 있도록 분산투자 하는 것을 말한다.

    ㉡ **포트폴리오 전략** : 조직의 환경위험을 분석해서 이에 적응할 수 있는 조직의 잠재능력, 경쟁자와의 경쟁관계에 있어서 자기 조직의 잠재력을 개발하기 위한 전략을 의미한다.

② **포트폴리오 전략의 특징**

    ㉠ 전략요소인 경험곡선에 의한 비용체감법칙과 PIMS모형에 의한 시장점유율과 투자수익률의 결정법칙등을 결합하여 현재의 잠재력 있는 전략적 사업단위(SBU)를 발견하고 이에 대해 투자 또는 환수를 결정하는 전략이다.

        ⓐ **학습곡선** : 어떤 제품의 생산에 필요한 제품 1단위당 직접 노동량의 투입량이 누적생산량의 증가에 따라 일정한 비율로 감소한다는 경험적인 사실을 표현하는 곡선이고, 이러한 현상을 학습효과라 한다.

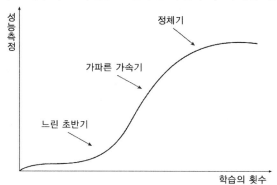

        ⓑ **경험곡선** : 제품의 단위당 실질 코스트는 누적경험량(누적생산량 또는 판매량)이 증가함에 따라 20%~30%의 비율로 저하된다.

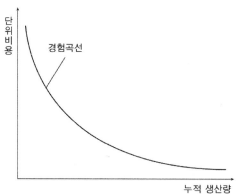

ⓛ 복수사업단위로 구성된 조직을 대상하며 안전성·수익성 등을 기준으로 현재 및 장래의 사업을 판단하고 전략계획을 수립함으로써 시너지 효과를 높인다.

③ 포트폴리오 전략 유형

㉠ BCG 매트릭스(성장·점유 포트폴리오)

ⓐ 보스턴 컨설팅 그룹에서 고안한 것으로, 경험곡선과 PIMS모형을 이용하여 제품 또는 사업단위에 대해 시장성장률과 상대적 시장점유율 두 전략요인을 포트폴리오 차원으로 선정하여 만든 2×2 매트릭스를 말한다.

시장성장률	균형 포트폴리오를 수립하는데 고려해야 할 외부환경으로부터의 기회와 위협을 반영한다. 시장성장률을 분석함으로써 급격히 성장하는 시장에서는 기업이 생산을 높임으로써 높은 이윤을 얻을 수 있는 기회가 존재하고, 수요가 정체된 산업에서는 유휴설비의 존재로 수익률이 하락하게 되는 등의 기회와 위협을 평가할 수 있다.
상대적 시장점유율	산업 내에서 가장 큰 경쟁회사가 가지는 시장점유율과 자사가 갖는 시장점유율간의 비율을 의미한다. 전략사업단위가 경쟁사에 비해 시장에서 어느 정도의 위치를 차지하는지를 평가할 수 있다. 상대적 시장점유율이 1 이상일 경우, 이는 자사가 시장에서 시장점유율이 1위라는 것을 의미하고, 반대로 상대적 시장점유율이 1 이하일 경우, 이는 자사의 시장점유율이 시장 내에서 1위가 아니라는 것을 의미한다. 이것이 상대적 시장점유율의 기준을 1로 설정하는 이유이다.

ⓑ 수평축에는 시장점유율을, 수직 축에는 시장성장률을 표시하여 전체를 4개의 사업집단으로 구분하며 원의 크기는 각 사업부의 매출액 규모를 나타낸다.

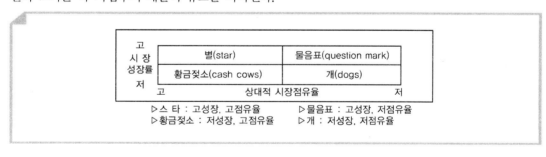

▷스 타 : 고성장, 고점유율 ▷물음표 : 고성장, 저점유율
▷황금젖소 : 저성장, 고점유율 ▷개 : 저성장, 저점유율

별(Star)사업부	• 시장성장률도 높고 상대적 시장점유율도 높은 경우에 해당하는 사업이다. • 이 사업부의 제품들은 제품수명주기상에서 성장기에 속한다. 이에 속한 사업부를 가진 기업은 시장내 선도기업의 지위를 유지하고 성장해가는 시장의 수용에 대처하고, 여러 경쟁기업들의 도전에 극복하기 위해 역시 자금의 투하가 필요하다. 별 사업부에 속한 기업들이 효율적으로 잘 운영된다면 이들은 향후 Cash Cow가 된다.
젖소(Cash Cow) 사업부	• 시장성장률은 낮지만 높은 상대적 시장점유율을 유지하고 있다. • 이 사업부는 제품수명주기상에서 성숙기에 속하는 사업부이다. 많은 이익을 시장으로부터 창출해낸다. 그 이유는 시장의 성장률이 둔화되었기 때문에 그만큼 새로운 설비투자 등과 같은 신규 자금의 투입이 필요없고, 시장내에 선도 기업에 해당되므로 규모의 경제와 높은 생산성을 누리기 때문이다. • Cash Cow에서 산출되는 이익은 전체 기업의 차원에서 상대적으로 많은 현금을 필요로 하는 Star나 Question Mark, Dog의 영역에 속한 사업으로 자원이 배분된다.
물음표(Question Mark) 사업부	• 다른 말로 문제아 사업부라고도 한다. • 시장성장률은 높으나 상대적 시장점유율이 낮은 사업이며, 제품들은 제품수명주기상에서 도입기에 속하는 사업부이다. • 시장에 처음으로 제품을 출시한 기업 이외의 대부분의 사업부들이 출발하는 지점이 물음표이며, 신규로 시작하는 사업이기 때문에 기존의 선도 기업을 비롯한 여러 경쟁기업에 대항하기 위해 새로운 자금의 투하를 상당량 필요로 한다. • 기업이 자금을 투입할 것인가 또는 사업부를 철수해야 할 것인가를 결정해야 하기 때문에 Question Mark라고 불리고 있다. 한 기업에게 물음표에 해당하는 사업부가 여러 개이면, 그에 해당되는 모든 사업부에 자금을 지원하는 것보다 전략적으로 소수의 사업부에 집중적 투자하는 것이 효과적이라 할 수 있다.
개(Dog) 사업부	• 시장성장률도 낮고 상대적 시장점유율도 낮은 사업부이다. • 제품수명주기상에서 쇠퇴기에 속하는 사업이다. 낮은 시장성장률 때문에 그다지 많은 자금이 소요를 필요로 하지는 않지만, 사업활동에 있어서 얻는 이익도 매우 적은 사업이다. 이 사업에 속한 시장의 성장률이 향후 다시 고성장을 할 가능성이 있는지 또는 시장내에서 자사의 지위나 점유율이 높아질 가능성은 없는지 검토해 보고 이 영역에 속한 사업들을 계속 유지할 것인지 아니면 축소 내지 철수할 것인가를 결정해야 한다.

※ 바람직한 자금의 이동 : 별(Star)은 현금유입이나 유출도 많기 때문에 결국 유입이나 유출도 동시에 적은 개(Dog)와 마찬가지로 많은 현금 유출은 기대할 수 없다. 또한 물음표(Question Mark)는 일반적으로 막대한 투자를 필요로 한다. 이렇게 보면 다각화를 하였다 하더라도 호황이나 불황에 관계없이 실제로 현금을 창출할 수 있는 사업은 현금젖소(Cash Cow) 뿐이다. 현금젖소는 자금수요가 큰 다른 사업 부문에 현금을 제공하는 역할을 하고 있다. 이와 같이 기업은 현금젖소를 많이 확보하고 여기에서 발생한 자금을 사용하여 다음 세대의 현금젖소를 키우는 것이 성공의 관건이 된다. 이를 위해서는 현금젖소에서 나온 자금을 물음표에 투자하여 성장성이 높을 때에 이것을 별로 만들거나 또는 연구개발에 투자하여 직접 별을 만드는 두 가지 방법 밖에 없다.

※ 바람직한 포트폴리오상의 이동 : 현금 젖소의 자금을 이용하여 물음표 사업을 별 사업으로 육성하고, 별(Star)로 오랜 기간 머물다가 시장의 성장률 감소와 더불어 현금젖소로 이동하는 것이 가장 이상적인 포트폴리오상의 이동이다.(제품수명주기와 이동방향 : 물음표(도입기) → 별(성장기) → 현금젖소(성숙기) → 개(쇠퇴기))

ⓛ GE 매트릭스(맥킨지 매트릭스) : BCG기법의 문제점과 한계사항을 극복하기 위해 같은 맥락에서 더욱 개량된 대체적인 포트폴리오 기법 중의 하나로 기업의 경쟁우위와 시장매력도를 각각 고, 중, 저 이러한 3가지 수준으로 나누어 구분한다. 따라서 두 가지 유사성을 지니고 있는데 매트릭스에 의해 접근되며, 모두 외적인 측면과 내적인 측면을 축으로 한다는 점이다.

산업매력도	고	우위 사수	성장투자(리스크 감수)	선택적 성장
	중	이익 극대화 리스크 최소화	현상유지	선택투자 선택철수
	저	이익 창출	선택적 수확 리스크 배제	철수 손실 최소
		고	중	저
			사업단위경쟁력	

ⓒ 공공영역에서의 이슈포트폴리오 매트릭스 : BCG매트릭스를 행정기획부문에서의 이슈관리에 적용할 수 있는데 이때는 시장성장률과 상대적 시장점유율을 각각 취급용이성과 제3자의 지지로 대체한다. 취급용이성이란 이슈가 조직에 의해 성공적으로 착수되는 전망을 의미하며, 제3자의 지지는 요구를 가진 사람들을 도와주기 위한 기관의 행동에 의해 영향을 받게 될 사람들의 태도를 말한다.

취급용이성	고	앉은 오리/현상유지 전략	다크호스/확대전략
	저	성난 호랑이/수확전략	패배한 개/회수전략
		고 관련된 제3자의 지지 저	

▷앉은 오리 : 높은 취급용이성, 높은 공공의 지지   ▷성난호랑이 : 낮은 취급용이성, 높은 공공의 지지
▷다크 호스 : 높은 취급용이성, 낮은 공공의 지지   ▷패배한 개 : 낮은 취급용이성, 낮은 공공의 지지

ⓔ 포트폴리오 전략의 장·단점

구분	장점	단점
BCG 매트리스	• 기업의 전반적인 건강상태, 자금조달 능력을 한눈에 알 수 있다. • 기업 경영자에게 각 사업단위의 자원배분에 대한 지침을 제공하며, 존속시킬 사업, 처분해야 할 사업, 기업의 목표를 달성해 줄 수 있는 사업 등 이상적인 균형 상태를 알 수 있게 해준다.	• 기업의 전략선택에 영향을 주는 요인이 시장점유율 외에도 더 많이 있을 수 있다. • 특정한 전략적 사업단위의 시장점유율과 시장성장률을 측정하기가 어렵다. • 모든 사업들을 4개의 사업으로 분류하기가 어렵다. 즉, 중간에 위치하는 사업에 대한 고려가 없다. • 시장점유율의 증대가 반드시 수익성 증대로 연결되는 것은 아니다.
GE(맥킨지) 매트릭스	포괄적이고 다양한 변수를 사용하여 각 사업 단위들의 현재 상황을 파악하고 전략을 제시해 준다.	많은 변수들이 경영자의 주관적 판단에 의해 평가되므로 완전한 객관성을 확보할 수 없다.

03 SWOT 분석

① 개념

    ㉠ 외부환경의 기회와 위협을 파악하고 조직내부의 강점과 약점을 인식하여 전략적 도전 방법을 찾아내어 문제를 분석하고 기업의 전략을 수립하기 위해 사용하는 분석기법이다.

    ㉡ Strength(강점), Weakness(약점), Opportunities(기회), Threats(위협)의 약자를 합성한 말로, 과거와 달리 기회와 위협이 불연속적으로 오는 환경에서 충격과 놀라움의 원인과 반응을 전략적으로 분석해서 미리 대비할 뿐 아니라 나아가 위협을 극복하고 기회를 포착하는 분석 방법으로, 내부환경분석과 외부 환경분석으로 나눌 수 있다.

        ⓐ 내부환경 분석 : 자신이 속한 조직을 경쟁자와 비교했을 때의 강점과 약점

        ⓑ 외부환경 분석 : 자신을 제외한 모든 기회와 위협

② SWOT 분석를 사용하는 이유

    ㉠ 환경기회 : 환경요인들의 변화를 통해 창출할 수 있는 기회(Environmental Opportunities)

    ㉡ 기업기회 : 각 조직의 목적이나 강/약점에 따라 환경기회와 부합되는 자원과 능력을 갖춘 기업들이 갖는 차별적 우위(Company Opportunities)

    ㉢ 두 가지 기회는 내부환경과 외부환경에 따라 다르기 때문에 가장 적합한 분석으로 SWOT 분석을 활용해야 한다.

③ SWOT 분석의 방법

    ㉠ SWOT 분석은 매트릭스를 활용해서 문장을 짧고 명료하게 나타내어 한 눈에 쉽게 분석이 가능토록 기술해야 한다.

    ㉡ 전략 도출 방법

구분	Opportunity(기회)	Threat(위협)
Strength(강점)	SO 전략	ST 전략
Weakness(약점)	WO 전략	WT 전략

        ⓐ SO전략(maxi-maxi) : 내부강점을 가지고 외부기회를 살리는 전략 (확대 전략, 공격적 전략)

        ⓑ ST전략(maxi-mini) : 내부강점을 가지고 외부위협을 회피하거나 최소화하는 전략 (안정성장 전략, 다양화전략)

        ⓒ WO전략(mini-maxi) : 외부기회는 포착하되 내부약점을 보완하여 기회를 살리는 전략 (우회, 방향전환 전략, 개발전략)

        ⓓ WT전략(mini-mini) : 외부위협에 약점을 보완하면서 동시에 위협을 회피하거나 최소화하는 전략 (축소, 철수 전략, 방어적 전략)

ⓒ 중심전략 선정(의사결정) : 위의 네 가지를 비교 후 목적달성의 중요성, 실행가능성, 차별성, 적합성 등을 고려해서 결정

④ SWOT 분석의 장·단점

　ⓐ 장점

　　ⓐ 광범위한 적용 가능성(기능·부문별 : 마케팅, 생산 및 판매 등/ 사업 단위별 : 팀-그룹단위 등)

　　ⓑ 내부와 외부의 면들을 동시에 판단 가능

　　ⓒ 문제점 파악에 용이

　ⓑ 단점

　　ⓐ 제반사항에 관한 충분한 지식 필요(강점과 약점, 기회와 위협의 간단명료한 기술)

　　ⓑ 기술된 내용의 정확한 이해와 설명이 요구됨

04 전략경영

① **전략경영의 개념** : 경영관리상의 전 범위를 포괄하며, 전략경영시스템은 계획활동뿐만 아니라 기업조직의 활동·동기부여·통제 등 전국면을 포괄하는 특징을 지닌다.

② **호퍼와 센델의 전략경영 형성 단계**(7단계)

　전략의 식별→환경의 분석→자원의 분석→갭의 분석→전략적 대체안→전략의 평가→전략의 선택

③ **마일즈와 스노우의 전략·구조 유형**

　ⓐ **방어형 전략**(안정 및 능률)

　　ⓐ 광범위한 분업 및 공식화의 정도가 높은 기능별 조직구조를 취하는 경향

　　ⓑ 집권화된 통제 및 복잡한 수직적 정보시스템

　　ⓒ 단순한 조정메커니즘과 계층경로를 통한 갈등 해결

　ⓑ **탐사형 전략**(유연성)

　　ⓐ 분업의 정도가 낮으며, 공식화의 정도가 낮은 제품별 조직구조를 취하는 경향

　　ⓑ 분권화된 통제 및 단순한 수평적 정보시스템

　　ⓒ 복잡한 조정메커니즘과 조정자에 의한 갈등 해결

　ⓒ **분석형 전략**(안정 및 유연성)

　　ⓐ 기능별 구조 및 제품별 구조를 결합한 느슨한 조직구조를 취하는 경향

　　ⓑ 중간 정도로 집권화된 통제

　　ⓒ 극도로 복잡하면서 고비용의 조정메커니즘을 가지고 있다. 어떠한 갈등은 제품관리자에 의해 해결하고, 어떠한 갈등은 계층경로를 통해 해결된다.

05 경영전략의 수준

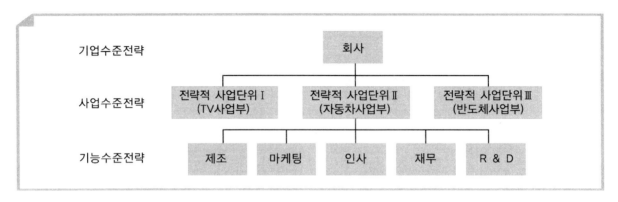

① **전사적 전략**(기업수준 전략)
- ㉠ 전사적 전략은 사업의 영역을 선택하고, 이를 기반으로 사업을 어떻게 효과적으로 관리할 것인가의 문제를 다루는 단계이다.
- ㉡ 기업의 사업 분야를 기업 전체의 관점에서 어떻게 효과적으로 운영할 것인가에 초점을 맞춘다. 수직적 통합이나 전략적 제휴, 사업의 다각화, 인수합병 등의 문제를 다룬다.

② **사업부 전략**(사업수준 전략) : 사업부 전략에서는 특정한 사업 영역 내에서 타사에 비해 어떻게 경쟁우위를 확보하고, 이를 효과적으로 유지해 나가는지에 대한 문제를 다룬다.

③ **기능 전략**(기능수준 전략)
- ㉠ 기능 전략은 사업부 전략으로부터 도출되고, 상위의 전략을 효과적으로 실행하기 위한 하나의 수단으로서 그 역할을 한다.
- ㉡ 기업의 생산, 마케팅, 재무, 인사 등 경영의 주된 기능 내에서 기업에게 주어진 자원을 효과적으로 이용할 수 있는 방법에 대한 문제를 다루는 역할을 한다.

06 경영계획과 경영통제

① 경영계획

　㉠ **경영계획의 개념** : 기업조직의 장래 관리활동코스에 대한 의사결정 및 그 과정을 말한다. 경영계획은 경영자가 수행하는 최초의 경영관리 과정이면서 더불어 경영관리의 최종적 과정인 경영통제의 전제조건이다. 그리고 경영계획은 관리활동의 출발점으로 기업조직이 지향해야 할 목표를 제시한다.

　㉡ **경영계획의 필요성**

　　ⓐ 미래의 불확실성 및 변화에 대처하기 위하여 경영자가 경영목표에 주의 및 관심을 집중하도록 한다.

　　ⓑ 비생산적이거나 비경제적인 노력을 배제함으로써 경제성 및 효율성을 높일 수 있다.

　　ⓒ 통제에 있어서 필수 불가결하다.

　㉢ **경영계획의 원칙(쿤츠)**

합목적성의 원칙	모든 계획의 기본적인 목적은 기업조직의 목표를 용이하게 달성하도록 공헌하는데 있다.
계획우선의 원칙	계획이 목적을 달성하기 위한 활동코스를 제시하는 것이 모든 관리활동에 우선해야 한다.
보편성의 원칙	계획은 기업조직 내 어느 특정한 계층에서만 수행되는 활동이 아닌 전계층에서 수행되어야 하는 관리활동이다.
효율성의 원칙	계획은 주어진 비용으로 최대의 산출을 발생시킬 수 있어야 한다.

② 경영통제

　㉠ **경영통제의 개념** : 경영관리과정에서 수립된 목표·계획 등과 실제로 수행된 결과 사이에 괴리가 존재할 경우 이를 조정해서 기업조직의 목표 달성을 가능하게 해야 하는데, 이러한 관리활동을 나타내는 것이 경영통제이다. 통제는 목표 또는 계획과 성과 사이의 측정 및 그러한 편차 수정이라는 내용을 기본적으로 내포하고 있다.

　㉡ **경영통제 과정**

표준의 설정	표준은 기업조직의 경영목표에 의해 수립되는 일종의 계획에 준하는 경영통제의 기준이라 할 수 있으며, 이는 실제적인 성과의 측정을 위한 기반이 된다.
성과의 측정	통제의 중심부를 차지하는 단계라 할 수 있으며, 통상적으로 성과측정은 기업조직의 규모가 커질수록 복잡해진다. 이를 해결하기 위해서는 정형적 성과의 측정은 하위계층에 일임하고, 최고경영층에서는 비정형적인 성과의 측정만을 담당하는 예외의 원칙을 활용하거나 또는 스태프 조직을 활용하는 것이 필요하다.
편차의 수정	표준과 성과의 편차를 수정하는 단계이며, 편차 수정을 위해서는 내·외부 조건을 조정하거나 또는 하급자들의 감독·훈련 및 선발 등을 재검토할 필요가 있다.

07 경영정보시스템(Management Information System : MIS)

① **경영정보시스템의 개념** : 기업조직의 목표를 달성하기 위해 정보, 업무, 조직원 및 정보기술 등이 조직적으로 결합된 것을 의미한다.

※ **킨(P. Keen)** : 기업조직의 정보시스템을 효율적으로 설계하고 설치 및 활용하는 것이라고 정의한다.

㉠ **자료** : 어떠한 현상이 일어난 사건, 사실 등을 있는 그대로 기록한 것으로 주로 기호·숫자·음성·문자·그림·비디오 등의 형태로 표현한다.

1차 자료	조사자가 현재 수행중인 조사 목적을 달성하기 위해 조사자가 직접 수집한 자료
2차 자료	현재의 조사 목적에 도움을 줄 수 있는 기존의 모든 자료

㉡ **정보** : 개인 또는 조직이 효과적인 의사결정을 하는데 있어 의미가 있으면서 유용한 형태로 처리된 자료를 의미한다.

- 정보의 특징 : 정확성, 완전성, 경제성, 신뢰성, 관련성, 단순성, 적시성, 입증가능성, 통합성, 적절성, 누적가치성, 매체의존성, 결과지향성, 형태성을 가지고 있다.

㉢ **시스템** : 조직, 체계, 제도 등 요소들의 집합 또는 요소와 요소 간의 유기적인 집합이며, 지정된 정보 처리 기능을 수행하기 위해 조직화되고 규칙적으로 상호 작용하는 방법, 절차, 경우에 따라 인간도 포함하는 구성요소들의 집합을 의미한다.

- 구성 요소 : 입력(Input), 처리(Process), 출력(Output) 등
- 특징 : 개개요소가 아닌 하나의 전체로 인지되어야 하며, 상승효과를 동반하고 계층적 구조의 성격을 지니고 있어야 한다. 또한 통제되어야 하고 투입물을 입력받아서 처리 과정을 거친 후에 출력물을 밖으로 내보낸다.

※ **정보의 가치에 영향을 미치는 요인**

적합성	관리자가 의사결정을 해야 하는 상황에서 제공되는 정보가 얼마나 적절한가, 의사결정 내용과 얼마나 연관되어 있는가에 관한 것
정확성, 증거성	정보에 오류가 어느 정도 포함되어 있는지, 정보의 정확성을 확인할 수 있는 정도
적시성	정보가 필요한 시기에 얼마나 제때에 공급되는지의 정도
형태성	의사결정자의 요구에 정보가 얼마나 부합되는 형태로 제공되는지에 관한 정도

※ **정보시스템** : 정보를 수집, 처리, 가공, 저장, 공급함으로써 한 조직의 활동과 의사결정, 통제 활동을 지원하는 구성 요소들의 집합이다.

※ **정보시스템의 구성 요소**

사람 + 하드웨어 + 소프트웨어 + 데이터베이스

② 거래처리 시스템(TPS) : 기업조직에서 일상적·반복적으로 수행되는 거래를 쉽게 기록·처리하는 정보 시스템으로 기업 활동의 가장 기본적인 역할을 지원한다. 다량의 데이터를 신속·정확하게 처리하기 위함이며, 제품의 판매 및 구매와 예금의 입출금·급여계산·물품선적·항공예약과 같은 실생활에서 가장 일상적이면서 반복적인 기본적 업무를 컴퓨터를 활용해서 효율적으로 신속·정확하게 처리하여 DB에 필요한 정보를 제공한다.

③ 경영정보 시스템의 기본 형태

경영정보 시스템	• 기업조직에서 활용하는 효율적인 정보시스템의 개발 및 사용을 의미하며 구조화되어 있으며, 요약된 보고서를 관리자에게 제공하는 정보시스템이다. • 기업조직에서 발생하는 경영활동의 실적 추적정보 및 조직 내 부서 간의 업무협조를 공고히하는데 필요한 정보를 생성해 낸다.
의사결정지원 시스템	• 반구조적 또는 비구조적 의사결정을 지원하기 위해 의사결정자가 데이터와 모델을 활용할 수 있게 해주는 대화식 시스템이다. • 의사결정자와 시스템간의 대화식 정보처리가 가능하도록 설계되어야 하며, 그래픽을 활용해서 해당 정보처리 결과를 보여주고 출력하는 기능이 있어야 한다. • 여러 가지 원천으로부터 데이터를 획득해서 의사결정에 필요한 정보처리를 할 수 있도록 설계되어야 하며, 의사결정이 이루어지는 과정 중에 발생 가능한 환경의 변화를 반영할 수 있도록 유연하게 설계되어야 한다.
사무자동화 시스템	기업조직내 일상의 업무소통 및 정보처리 업무 등을 지원하는 시스템을 의미하며, 조직원 개인의 생산성 향상뿐만 아니라 구성원들의 사고 및 의사소통 등 새로운 방식의 업무수행 방법을 제시하는 역할도 수행한다.
최고경영자 정보시스템	• 조직의 최고 경영층에게 주요 성공요인과 관련된 내·외부 정보를 손쉽게 접할 수 있도록 해주는 컴퓨터 기반의 시스템이다. • 다량의 자료를 사용자가 원하는 방식으로 요약한 정보를 의미하며, 사용자의 입장에서는 알고 싶은 정보에 대한 상세함의 정도에 따라 갖가지 형식으로 그림 또는 표 등의 선택이 가능하다.

※ 기능별 정보시스템

인적자원정보시스템	종업원의 모집, 배치, 개발, 평가, 보상 등 인사관리기능을 지원하는 시스템
생산정보시스템	생산 시스템의 운영 및 통제 활동을 지원하는 정보시스템
마케팅정보시스템	마케팅 활동의 조정 및 통제 등의 활동을 지원하는 정보시스템
재무정보시스템	투자활동과 자금조달 등 재무 활동을 지원하는 정보시스템
회계정보시스템	분개에서 전기, 결산에 이르는 회계의 제반 업무 및 이와 관련된 업무를 처리하는 시스템

④ 시스템 개발 과정

정보요구사항 결정 단계	프로젝트 팀 구성→문제 정의→구체적인 정보요구사항 결정→타당성 조사→경영자 승인 획득
시스템 개발 단계	정보요구사항 결정→선택안 평가→설계→구현
선택안 평가	선택안 파악 후 손익분석 및 주관적인 평가
설계	하드웨어에 대한 구체적인 사항 및 프로그램, 자료, 절차, 사람, 경영자의 승인 획득
구현	구축(하드웨어 및 프로그램 설치, 파일 구축, 절차의 문서화, 운영요원 선발 및 교육)→검사(구성요소의 개별검사 및 시스템 검사)→선택안 평가(일시, 병행, 파일럿, 단계적 설치)

⑤ 기업 연계 시스템

전사적 자원관리 (ERP)	기업의 제조 및 생산, 재무 및 회계, 판매 및 마케팅 그리고 인적자원관리 등 비즈니스 프로세스들을 하나의 소프트웨어 시스템으로 통합하기 위한 것이다.
고객관계관리 (CRM)	기업들은 고객과의 관계를 관리하기 위해 고객관계관리를 활용한다. 수익과 고객 만족, 그리고 고객 유지를 최적화할 수 있도록 고객과 관련된 판매, 마케팅, 서비스 부문의 모든 비즈니스 프로세스들을 조정하는데 필요한 정보를 제공한다.
공급사슬관리 (SCM)	기업들은 공급업체와의 관계 관리를 지원하기 위해 공급사슬관리를 이용한다. 공급업체, 구매기업, 유통업체, 물류회사들의 주문, 생산, 재고수준, 제품과 서비스의 배송에 관한 정보를 공유하도록 하여 제품과 서비스를 효율적으로 구매, 생산, 배송할 수 있도록 지원한다.
지식관리시스템 (KMS)	어떤 기업들은 우수한 지식을 활용하여 제품이나 서비스를 개발, 생산, 배송함으로써 다른 기업들보다 더 좋은 성과를 낸다. 이러한 지식은 모방하기 어렵고 독특하여 장기적으로 전략적 이점을 제공할 수 있다. 조직들이 지식과 전문기술의 획득 및 적용을 위한 프로세스들을 보다 잘 관리할 수 있도록 한다.

※ 전략정보시스템의 유형
- 진입장벽을 구축하는 시스템
- 전환비용을 유발시키는 시스템
- 경제기반을 변화시키는 시스템
- 연관기업과의 관계를 개선하고 이익을 주는 시스템

⑥ 클라우드 컴퓨팅 : 흔히 IT 아키텍처 구성도에서 인터넷을 구름으로 표현하던 것에서 유래되었다. 클라우드 컴퓨팅 사용자는 인터넷에 연결된 서비스 제공자의 클라우드 데이터 센터(CDC)에 접속하여, 어플리케이션, 스토리지, OS, 보안 등 필요한 IT 자원을 원하는 시점에 필요한 만큼만 골라서 사용하면 된다. 정리하면 "빌려 쓰고, 자신이 사용한 만큼만 대가를 지불"하는 컴퓨팅 환경이라 할 수 있다.

○ 클라우드 컴퓨팅 특징

자원의 공유	클라우드 컴퓨팅 제공자는 컴퓨팅 자원의 풀을 형성하고, 다수의 고객들이 이를 공유하고 필요한 만큼 나누어 쓰게 된다. 이를 위해 하나의 물리적 서버 컴퓨터에 하나의 운영체제만을 사용하는 통상적인 방식을 벗어나 여러 개의 운영체제를 가상 서버로 동작시킬 수 있도록 하는 가상화 기술이 이용된다.
광범위한 네트워크를 통한 접속	언제 어디에서든지 기기의 종류에 상관없이 인터넷을 통하여 접속이 가능하다. 이렇게 네트워크를 통해서 클라우드에 접속하여 사용자들은 가상화된 서버를 관리하기도 하며, 웹기반의 다양한 서비스를 제공받기도 한다.
빠른 탄력성	사용자의 요구에 따라 컴퓨팅 자원(가상 서버의 개수)이나 데이터 저장소의 크기를 빠른 시간내에 확장, 축소할 수 있는 탄력성이 있다. 이런 기능은 사용자의 요구 사항의 변화에 신속하게 대처하기 위해 수분에서 수초 내에 이루어지며, 대부분 서비스 공급자의 관여가 필요없이 자동으로 진행된다.
서비스 용량의 측정	사용자는 필요한 만큼만 컴퓨팅 자원을 사용하고, 사용량에 따라 요금을 지불하는 방식을 따르게 된다. 흔히 전기, 가스, 수도 등 유틸리티를 사용하는 방식과 유사하다고 하여 유틸리티 컴퓨팅이라고도 부른다.
주문형 셀프서비스	클라우드 제공업자는 사용자에게 아무런 요구를 하지 않으며 단지 가능한 서비스 항목을 카페테리아 식당의 메뉴처럼 제시할 뿐이다. 이러한 다양한 서비스들은 고객들이 직접 자신들의 구미에 맞게 요청하고 이에 따라서 제공되는 셀프서비스 형식을 따른다.

○ 클라우드 컴퓨팅 이용 분야

단기간 필요한 서비스	한정된 짧은 기간 동안만 필요한 어플리케이션의 배포에 적합하다. 하드웨어 장비를 살 필요가 없어지면 단기간의 운영비만 필요하게 된다.
규모 및 부하의 변화가 큰 서비스	사용되는 서버나 저장 공간의 규모가 시간에 따라 크게 변하는 IT서비스에 적합하다.
비전략적, 범용 어플리케이션	기업의 핵심분야보다는 비전략적이고 조직적 가치가 비교적 낮은 어플리케이션에 적합하다.

⑦ **그리드 컴퓨팅** : 최근 활발히 연구가 진행되고 있는 분산 병렬 컴퓨팅의 한 분야로 원거리 통신망(WAN)으로 연결된 서로 다른 기종의 컴퓨터들을 묶어 가상의 대용량 고성능 컴퓨터를 구성하여 고도의 연산 작업 혹은 대용량 처리를 수행하는 것을 말한다. 즉, 여러 컴퓨터를 가상으로 연결해서 고도의 연산 작업을 쉽게 하는 것을 의미한다. 그리드 상 관련된 모든 컴퓨터의 계산능력을 결합하여 가상의 슈퍼 컴퓨터를 구축하기 위해 지리적으로 멀리 떨어진 컴퓨터를 하나의 네트워크로 연결하는 것이다.

⑧ **빅데이터** : 통상적으로 사용되는 데이터 수집, 관리 및 처리 소프트웨어의 수용 한계를 넘어서는 크기의 데이터를 의미한다. 빅데이터의 사이즈는 단일 데이터 집합의 크기가 수십 테라바이트에서 수 페타바이트에 이르며, 그 크기가 끊임없이 변화하는 것이 특징이다. 즉 데이터의 양(Volume), 데이터 생성 속도(Velocity), 형태의 다양성(Variety)을 의미한다. 최근에는 가치나 복잡성을 덧붙이기도 한다. 이처럼 다양하고 방대한 규모의 데이터는 미래 경쟁력의 우위를 좌우하는 중요한 자원으로 활용될 수 있다는 점에서 주

목받고 있다. 대규모 데이터를 분석해서 의미있는 정보를 찾아내는 시도는 예전에도 존재했다. 그러나 현재의 빅데이터 환경은 과거와 비교해 데이터의 양은 물론 질과 다양성 측면에서 패러다임의 전환을 의미한다.

⑨ 보안 및 해킹 관련 용어

랜섬웨어 (ransomware)	몸값(Ransom)과 소프트웨어(software)의 합성어이다. 시스템을 잠그거나 데이터를 암호화해 사용할 수 없도록 만든 뒤 이를 인질로 금전을 요구하는 악성 프로그램을 의미한다.
스푸핑 (spoofing)	사전적 의미는 "속이다"이다. 스푸핑은 속임을 이용한 공격을 의미한다. 네트워크에서 MAC주소, IP주소, 포트 등 네트워크 통신과 관련된 모든 것이 속임수가 될 수 있다. 예를 들어 IP스푸핑이란 IP자체의 보안 취약성을 악용한 것으로 자신의 IP주소를 속여서 접속하는 공격을 의미한다.
스니핑 (sniffing)	디지털 네트워크나 네트워크의 일부를 통해 전달되는 트래픽을 가로채거나 기록할 수 있는 컴퓨터 프로그램 또는 컴퓨터 하드웨어를 의미한다.
신원도용	다른 누군가로 가장하기 위해 그 사람의 주민번호, 운전면허증번호, 신용카드번호 등 개인 핵심정보를 빼내는 범죄를 의미한다.
피싱 (phishing)	전자우편 또는 메신저를 사용해서 신뢰할 수 있는 사람 또는 기업이 보낸 메시지인 것처럼 가장함으로써 비밀번호 또는 신용카드 정보와 같이 기밀을 요하는 정보를 부정하게 얻으려는 Social Engineering의 한 종류이다.
서비스 거부 공격	시스템을 악의적으로 공격해 해당 시스템의 자원을 부족하게 하여 원래 의도된 용도로 사용하지 못하게 하는 것이다. 특정 서버에게 수많은 접속 시도를 만들어 다른 이용자가 정상적으로 서비스 이용을 하지 못하게 하거나, 서버의 TCP연결을 바닥내는 등의 공격이 이 범위에 포함된다.

⑩ 정보시스템 개발

폭포수 모델 개발	요구분석 → 설계 → 디자인 → 코딩 → 개발 순으로 순차적으로 이어지는 흐름이 마치 폭포수처럼 아래로 이어지는 개발 방식을 의미한다.
애자일 개발	전체적인 플랜을 짜고 문서를 통해 주도해 나가던 과거의 방식(폭포수 모델)과 달리 앞을 예측하며 개발하지 않고, 일정한 주기를 가지고 끊임없이 프로토타입을 만들어 내며 필요할 때마다 요구사항을 더하고 수정하여 커다란 소프트웨어를 개발해 나가는 방식이다. 경험적 프로세스 제어 모델로 개발을 관리한다.

2018. 한국가스공사

1 다음의 사례로 미루어 보아 CJ 오쇼핑이 제공하는 서비스와 가장 관련성이 높은 사항을 고르면?

> 스마트폰으로 팔고 싶은 물품의 사진이나 동영상을 인터넷에 올려 당사자끼리 직접 거래할 수 있는 모바일 오픈 마켓 서비스가 등장했다.
>
> CJ 오쇼핑은 수수료를 받지 않고 개인 간 물품거래를 제공하는 스마트폰 애플리케이션 '오늘 마켓'을 서비스한다고 14일 밝혔다.
>
> 기존의 오픈 마켓은 개인이 물건을 팔려면 사진을 찍어 PC로 옮기고, 인터넷 카페나 쇼핑몰에 판매자 등록을 한 뒤 사진을 올리는 복잡한 과정을 거쳐야 했다면, 오늘마켓은 판매자가 휴대전화로 사진이나 동영상을 찍어 앱으로 바로 등록할 수 있고 전화나 문자메시지, e메일, 트위터 등 연락 방법을 다양하게 설정할 수 있다. 구매자는 상품 등록시간이나 인기 순으로 상품을 검색할 수 있고 위치 기반 서비스(LBS)를 바탕으로 자신의 위치와 가까운 곳에 있는 판매자의 상품만 선택해 볼 수도 있다. IOS용으로 우선 제공되며 Android용은 상반기 안으로 서비스될 예정이다.

① 정부에서 필요로 하는 조달 물품을 구입할 시에 흔히 사용하는 입찰방식이다.

② 소비자와 소비자 간 물건 등을 매매할 수 있는 형태이다.

③ 홈뱅킹, 방송, 여행 및 각종 예약 등에 활용되는 형태이다.

④ 정보의 제공, 정부문서의 발급, 홍보 등에 주로 활용되는 형태이다.

⑤ 원재료 및 부품 등의 구매 및 판매, 전자문서교환을 통한 문서발주 등에 많이 활용되는 형태이다.

NOTE C2C(Customer to Customer)는 인터넷을 통한 직거래 또는 물물교환, 경매 등에서 특히 많이 활용되는 전자상거래 방식이다. "수수료를 받지 않고 개인 간 물품거래를 제공하는 스마트폰 애플리케이션 '오늘 마켓'을 서비스 한다"는 구절을 보면 알 수 있다.

○ answer 1.②

2 다음의 기사를 읽고 현병언 교수가 제언하고 있는 내용과의 연관성에 관한 사항으로 가장 잘못된 것을 고르면?

대규모 물류 인프라를 보유한 대기업이 유통시장을 사실상 잠식하면서 중소물류업체 10곳 중 6곳 이상의 수익성이 지난해보다 하락한 것으로 나타났다.

국내 대표 유통·물류 대기업인 CJ 대한통운은 약 66만평(218만1818㎡) 규모의 물류센터와 복합터미널을 거느리고 있다. 반면 중소 물류업체의 평균 물류센터 면적은 CJ의 815분의 1 수준(0.12%)인 810평(2677㎡)에 불과하다.

물류 인프라는 유통의 생명인 '배송시간'을 단축하는 핵심 요인이다. 상대적으로 인프라가 열악한 중소업체가 경쟁력을 높이려면 '물류 공동화'가 필수적이라는 지적이 나온다.

현병언 숭실대학교 IT유통물류학과 교수는 17일 서울 여의도 중소기업중앙회에서 열린 유통·물류산업위원회에서 '스마트기반의 중소공동물류센터의 비즈모델과 운영방안'이라는 주제로 "중소물류업체가 시장 경쟁력을 얻으려면 수도권 대규모 스마트 종합 공동물류센터를 설립해야 한다"고 제언했다.

앞서 중기중앙회가 지난 10월23일부터 11월13일까지 전국 물류중소기업 310개사를 대상으로 진행한 '물류중소기업 애로실태조사'에 따르면 65.5%의 중소업체의 올해 수익성이 전년 대비 악화한 것으로 나타났다.

물류중소기업들은 최대 경영 애로사항으로 '물류단가 하락'(49.7%)를 들었다. 가장 요구되는 역량으로는 '공급망 가시성 확보를 위한 IT인프라'(19.4%)가 꼽혔다.

현 교수도 물류줄소기업의 경쟁력 강화를 위해 인프라 투자가 필요하다고 봤다. 물류기업이 사업모델을 고도화하려면 기본 설비인 인프라가 뒷받침돼야 하는데, 대기업의 인프라 규모가 압도적으로 크기 때문에 중소물류업체가 시장에서 경쟁력을 갖기 어렵다는 것.

그는 "물류는 가격 및 고객 서비스의 경쟁력 격차를 가져오는 핵심 요인임에도 불구하고, 전국 중소 유통·물류업체의 물류센터 평균 면적은 약 810평으로 대기업에 비해 턱없이 부족한 상황"이라고 지적했다.

현 교수의 연구에 따르면 목표 배송시간을 단축할 때마다 필요 물류센터 수는 기하급수적으로 상승했다.

특히 1일 배송률을 75%로 끌어올리려면 최소 12개의 물류센터가 필요한데, 최신 유통 트렌드인 '당일 배송' 또는 '6시간 배송'까지 달성하려면 평균 1500억원 수준의 물류센터 설립 비용이 필요하다는 계산이 나온다.

현 교수는 "자본력과 인프라가 비교열위에 있는 중소물류업체들이 대기업과 경쟁하려면 수도권 인근에 대규모 '종합 공동물류 센터'를 설립해야 한다"며 "적정 규모 산정과 효율화 방안에 대한 연구가 필수적"이라고 조언했다.

이어 일본 소시오 쿠마가이 공동물류센터의 성공사례를 소개하면서 "공동물류센터 운영을 통해 배차시간을 10분에서 10초로 단축하고, 피킹 처리시간도 24% 단축했다"고 말했다. 또 "보관 및 작업효율성은 20~30% 향상됐고 용차 비용도 17% 절감하는 데 성공했다"고 덧붙였다.

현 교수는 "제주도도 2011년 물류 공동화 작업에 나선 결과, 2018년 기준 비용을 전년 대비 50.98% 절감했다"며 "대기업의 △물류 자동화 △공동화 △정보화를 중소기업계는 '물류 공동화'로 따라잡아야 한다"고 강조했다.

① 물류비를 줄일 수 있고 수배송 효율이 향상된다.

② 운송차량의 감소로 인해 교통체증이 줄어들고 환경문제도 줄일 수 있다.

③ 배송조건이 유사하면서도 표준화가 용이할 경우 공동화가 어렵게 수행된다.

④ 대상 화물의 형태가 균일한 것이 공동화에 유리하다.

⑤ 물류서비스가 안정적으로 공급되며, 동시에 서비스 수준이 향상된다.

> **NOTE** 지문에서 보면 현병언 교수는 "17일 서울 여의도 중소기업중앙회에서 열린 유통·물류산업위원회에서 '스마트기반의 중소 공동물류센터의 비즈모델과 운영방안'이라는 주제로 "중소물류업체가 시장 경쟁력을 얻으려면 수도권 대규모 스마트 종합 공동물류센터를 설립해야 한다"고 제언했다."에서 알 수 있듯이 물류공동화에 대한 중요성을 주장하고 있다. ③의 경우 배송조건이 유사하면서도 표준화가 용이할 경우에는 불필요한 작업 등을 하지 않고 곧바로 작업이 가능하므로 공동화 또한 쉽게 수행된다.

2019 한국남동발전

3 오늘날 기업이 당면한 경영환경은 매우 복잡하고 변화가 빠르기 때문에 기업이 어떤 사안의 의사를 결정하려면 다양한 변수를 고려해야 한다. 하지만, 기업은 현실적으로 정보의 부족과 시간제약으로 완벽한 의사결정을 할 수 없고, 결국 제한된 정보와 시간제약을 고려해 실무상 실현 가능한 해답이 필요하다. 이 같은 내용을 아래의 내용에 비추어 보았을 때, 제시된 글에서 이야기하고 있는 것은 무엇인가?

> 원모는 이번에 새로 입사한 회사에서 회식을 하게 되어 팀 동료들과 식사를 할 만한 곳을 알아보고 있다. 그러나 사회초년생인 원모는 회사 회식을 거의 해 본 경험이 없었고, 회사 밖의 많은 선택 가능한 대안(회식장소) 중에서도 상황 상 주위의 가까운 팀 내 선배들이 강력하게 추천하는 곳을 선택하기로 했다.

① 사전편집식 기법

② 휴리스틱 기법

③ 보완적 평가 기법

④ 결합식 기법

⑤ 순차식 기법

> **NOTE** 휴리스틱 기법은 여러 가지 요인을 체계적으로 고려하지 않고 경험, 직관에 의해서 문제해결과정을 단순화시키는 규칙을 만들어 평가하는 것을 의미한다. 다시 말해, 어떠한 문제를 해결하거나 또는 불확실한 상황에서 판단을 내려야 할 때 정확한 실마리가 없는 경우에 사용하는 방법이다.

answer 2.③ 3.②

4 아래의 그림을 보고 추론 가능한 내용으로 가장 바르지 않은 것을 고르면?

Aztec   DataMatrix   QR

① 손상된 데이터의 바코드에 대한 복원이 가능하다.

② 고밀도 데이터를 표현하기 때문에 표현공간이 적다

③ 한글, 일어, 한자, 특수문자의 표현이 가능하다.

④ 정보표현의 제약이 없으며, 이진법 데이터의 사용이 가능하다.

⑤ 소량의 데이터를 초고속으로 읽을 수 있다.

📖NOTE 위 그림들은 2차원 바코드이다. 이들은 대량의 데이터를 초고속으로 읽을 수 있다는 특징이 있다. 더불어서 1차원 바코드에 비해 수 배 이상의 많은 정보를 저장할 수 있다.

5 아래의 그림과 같은 커뮤니케이션 네트워크 유형에 대한 설명으로 가장 바르지 않은 것은?

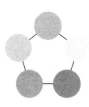

① 문제해결 속도는 느린 편에 속한다.

② 단순한 문제일 경우 높은 정확성을 보이지만, 문제가 복잡해질수록 정확성이 낮아진다.

③ 구성원들의 만족감은 대체적으로 높은 편이다.

④ 리더 등장 가능성이 없다.

⑤ 집단 구성원 간에 뚜렷한 서열이 없는 경우에 나타나는 형태이다.

📖NOTE 제시된 네트워크 유형은 원형으로, 문제의 성격과 상관없이 정확성이 낮다.

🟠 answer 4.⑤ 5.②

6 아래의 사례는 가치사슬 전반에 걸쳐 있는 정보의 흐름을 관리하는 정보시스템을 도입하여 성공한 사례를 발췌한 내용이다. 아래의 사례를 참조하여 해당 기업이 경쟁력을 확보하기 위해 선택한 정보시스템으로 가장 적절한 것을 고르면?

> 월마트와 P&G는 경쟁우위를 달성하기 위해 전략적 제휴와 동시에 정보기술을 도입하여 성공적인 결과를 낳고 있다. 월마트 고객이 P&G 제품을 구매하면, 이 시스템은 P&G 공장으로 정보를 보내고, P&G는 제품 재고를 조정한다. 이 시스템은 또한 월마트 유통센터에서 P&G의 재고가 일정 수준 이하가 되면 자동으로 발주를 하도록 되어있다.
> P&G는 이러한 실시간 정보를 이용하여 창고의 재고를 낮추면서 월마트의 요구사항을 효과적으로 충족시켜, 시스템을 통해 시간을 절약하고 재고를 줄이며 주문처리 비용의 부담을 줄일 수 있었고, 월마트도 제품을 할인된 가격으로 납품받을 수 있게 되었다.

① Enterprise Resource Planning

② Decision Support System

③ Supply Chain Management

④ Customer Relationship Management

⑤ Business Intelligence

NOTE 공급사슬관리(Supply Chain Management)는 이제까지 부문마다의 최적화, 기업마다의 최적화에 머물렀던 정보·물류·자금에 관련된 업무의 흐름을 공급사슬 전체의 관점에서 재검토하여 정보의 공유화와 비즈니스 프로세스의 근본적인 변혁을 꾀하여 공급사슬 전체의 자금흐름(cash flow)의 효율을 향상시키려는 관리개념이다.

◆ answer 6.③

7 (가)~(다)에 해당하는 각각의 용어를 바르게 나열한 것을 고르면?

(가) 사용자는 인터넷에 연결된 서비스 제공자의 데이터 센터에 접속하여 필요한 시점에 원하는 자원을 골라서 사용한다. 빌려 쓰고, 자신이 사용한 만큼의 대가를 지불하는 컴퓨팅 환경이라고 할 수 있다.

(나) 통상적으로 사용되는 데이터 수집, 관리 및 처리 소프트웨어의 수용 한계를 넘어서는 크기의 데이터를 의미하며, 그 크기가 끊임없이 변화하는 것이 특징이다.

(다) 원거리 통신망으로 연결된 서로 다른 기종의 컴퓨터들을 묶어 가상의 대용량 고성능 컴퓨터를 구성하여 고도의 연산 작업 혹은 대용량 처리를 수행하는 것을 의미한다.

	(가)	(나)	(다)
①	전사적 자원관리	지식관리시스템	스니핑
②	전사적 자원관리	빅데이터	스니핑
③	전사적 자원관리	지식관리시스템	그리드 컴퓨팅
④	클라우드 컴퓨팅	빅데이터	그리드 컴퓨팅
⑤	클라우드 컴퓨팅	지식관리시스템	그리드 컴퓨팅

📑NOTE | (가) 클라우드 컴퓨팅, (나) 빅데이터, (다) 그리드 컴퓨팅

- 전사적 자원관리(ERP) : 기업의 비즈니스 프로세시들을 하나의 소프트웨어 시스템으로 통합하기 위한 것이다.
- 지식관리시스템(KMS) : 조직이 지식과 전문기술의 획득 및 적용을 위한 프로세스들을 보다 잘 관리할 수 있도록 한다.
- 스니핑 : 디지털 네트워크나 네트워크의 일부를 통해 전달되는 트래픽을 가로채거나 기록할 수 있는 컴퓨터 프로그램 또는 하드웨어를 의미한다.

answer 7.④

8 다음은 기업에서 흔히 발생할 수 있는 의사결정의 예를 나타낸 것이다. 기업을 운영, 관리, 전략계층으로 구분해 볼 때, 다음의 의사결정 사례는 각기 어느 계층에서 일어날 수 있는지 가장 적절하게 짝지어진 것을 고르면?

⊙ 오늘 물류창고관리부서의 직원이 몇 명 병가를 냈는가?

ⓒ 오늘 어떤 종류의 제품을 몇 개 창고에서 매장으로 보내야 하는가?

ⓒ 새로운 세법 때문에 기업이 준비해야 할 것은 무엇인가?

ⓔ 매월 예상 판매량과 실제 판매량 간의 차이는 얼마나 있는가?

ⓜ 판매점별 가장 우수한 판매자는 누구인가?

---

① ㉠-운영 ㉡-관리 ㉢-전략 ㉣-관리 ㉤-운영

② ㉠-운영 ㉡-운영 ㉢-전략 ㉣-전략 ㉤-관리

③ ㉠-운영 ㉡-운영 ㉢-관리 ㉣-관리 ㉤-운영

④ ㉠-운영 ㉡-운영 ㉢-전략 ㉣-관리 ㉤-관리

⑤ ㉠-운영 ㉡-관리 ㉢-관리 ㉣-관리 ㉤-운영

NOTE 운영은 어떠한 대상을 관리하며 운용하여 나아가는 것을 말하는데 ㉠에서는 해당 부서의 직원, ㉡에서는 해당 종류의 제품을 관리하고 운용하는 것을 말하며, 전략은 사회적 활동을 하기 위해 필요로 하는 일종의 책략을 의미하는데 ㉢에서는 바뀐 세법으로 인해 기업에서 적절히 대응해 나가기 위해 필요로 하는 것을 말하며, 관리는 시설·제품·인간 등을 감독 또는 보살피는 것을 의미하는데 ㉣에서는 제품 판매량에 대한 관리이고, ㉤에서는 사람에 대한 관리를 각각 말하고 있다.

ⓞ answer 8.④

9 아래의 내용과 가장 연관성이 높은 것을 고르면?

김정은 북한 노동당 제1비서 암살을 소재로 한 미국 영화 〈인터뷰〉가 온오프라인에서 총 3600만 달러(약 396억 원)의 수익을 내며 '흥행 대박'을 기록하고 있다. 해킹, 테러 위협, 개봉 취소 등의 우여곡절이 B급 코미디 영화를 화제작으로 끌어올렸다. 온라인 판매 수익은 3100만 달러를 넘어 소니픽처스 영화 중 온라인에서 가장 흥행한 영화로 기록됐다. 온라인 개봉 뒤 첫 4일간 수익만 1500만 달러였던 것으로 알려졌다. 이와 별도로 〈인터뷰〉를 상영 중인 미국 전역의 독립영화관 558곳을 통해서도 소니픽처스는 500만 달러 이상의 수익을 냈다. 〈인터뷰〉는 김 제1비서와 인터뷰를 하게 된 미국 토크쇼 진행자들이 CIA로부터 '김정은 암살' 지령을 받은 뒤 벌어지는 사건들을 그린 코미디 영화다. 당초 이 영화는 미국 전역 3000개 극장에서 개봉될 예정이었지만 소니픽처스가 테러 위협 등을 이유로 개봉을 전면 취소했다가 다시 상영을 결정하는 우여곡절을 거치며 개봉관 규모가 대폭 축소됐다. 수준 미달의 영화였다는 혹평도 쏟아졌다. 그럼에도 영화가 흥행에 성공한 것은 개봉 전 영화를 둘러싼 갖가지 논란이 오히려 소비자들에게 더 많은 궁금증을 자아내도록 작용했기 때문이다. 지난해 말 상영 취소가 결정되자 미국에서는 "위협에 굴복해 표현의 자유라는 가치를 무너뜨려서는 안된다"는 여론이 빗발쳤다. 결국 일부 독립영화관에서 영화 상영이 결정되자 버락 오바마 대통령은 "우리는 표현의 자유와 예술적 표현의 권리를 수호하는 나라에 살고 있다"며 환영했다. 이 같은 논란 끝에 〈인터뷰〉는 사람들의 관심을 끌어모았고, 연말연시 미 극장가의 최고 화제작이 됐다

① 고객의 기분과 정서에 영향을 미치는 감성적 동인을 통해 브랜드와 고객 간의 유대 관계를 강화하는 마케팅 기법이다.

② 시장의 빈틈을 공략하는 새로운 상품을 잇달아 시장에 내놓음으로써, 다른 특별한 제품 없이도 셰어(share)를 유지시켜 가는 마케팅 기법이다.

③ 네티즌이 이메일이나 다른 전파 가능한 매체를 통해 자발적으로 어떤 기업이나 기업의 제품을 홍보하기 위해 널리 퍼뜨리는 마케팅 기법이다.

④ 위 내용은 자신들의 상품을 각종 구설수에 휘말리도록 함으로써 소비자들의 이목을 집중시켜 판매를 늘리려는 마케팅 기법이다.

⑤ 온라인상에서 다수의 불특정 타인과 관계를 맺을 수 있는 서비스이다.

📖 **NOTE** | 위 사례는 노이즈 마케팅에 관한 내용이다. 노이즈 마케팅은 음이나 잡음을 뜻하는 노이즈를 일부러 조성해 그것이 긍정적인 영향을 미치든 부정적인 영향을 미치든 상관없이 그 상품에 대한 소비자들의 호기심만을 부추겨 상품의 판매로 연결시키는 판매기법이다.

⊙ answer 9.④

10 아래의 기사를 읽고 글상자에 제시된 회의방식에 관련한 설명으로 가장 옳지 않은 것을 고르면?

> 정선군이 공직자들의 소통과 협업을 위한 브레인스토밍 실무회의를 지속적으로 개최해 큰 성과를 거두고 있다.
>
> 정선군에 따르면 각 부서별 실무자들을 대상으로 브레인스토밍 실무회의를 지속 개최해 지역의 현안으로 대두되고 있는 공공도서관을 비롯한 기록관, 행정지원센터(가칭) 설치 등 다양한 사업에 대해 해결방안을 모색하고 있다.
>
> 이에 앞서 지난해 5차례에 걸쳐 내부소통 실무회의를 열어 당초예산 편성 관련 주요 현안사항을 잡음 없이 처리했고, 의료복합단지 조성사업을 비롯한 군립병원 장례식장 운영, 성장촉진지역 재지정 대응전략 마련 등에 대한 대응전략을 마련해 왔다.
>
> 그 결과 지난달 국가균형발전특별법에 따른 성장촉진지역으로 군이 재지정되는 성과를 거두며 앞으로 5년간 2,100억 원 상당의 국비 지원 사업에 응모할 수 있는 자격을 갖추게 됐다.
>
> 최도현 정선군 기획실장은 "소통과 토론의 조직문화를 확산해 군정 현안의 합리적인 방향 설정의 교두보 역할을 할 수 있도록 적극 활용해 나갈 것"이라고 말했다.

① 한 사람보다 다수인 쪽이 제기되는 아이디어가 많다.
② 아이디어의 양은 최대한 적게 제시되어야 하는 것이 관건이다.
③ 통상적으로 아이디어는 비판이 가해지지 않으면 많아지게 된다.
④ 엉뚱한 주장이나 비논리적인 답변 및 타당하지 않은 해결책 모두를 환영한다.
⑤ 회의에는 리더를 두고, 구성원 수의 경우에는 대략 10명 내외를 한도로 한다.

> ✍NOTE 위 내용의 회의방식은 브레인스토밍 방식을 언급하고 있다. 브레인스토밍은 주어진 주제에 관해 회의형식을 채택하고, 구성원들의 자유발언을 통한 아이디어의 제시를 요구하여 발상을 찾아내려는 방법을 의미한다. 그러므로 가능한 한 많은 양의 아이디어를 모아 그 속에서 해결책을 찾는 방법이며 자유로이 제시되는 아이디어의 발상이므로 질보다 양이 더 중요하다.

⊙ answer ⟩ 10.②

11 아래의 내용을 읽고 이에 대한 설명을 한 것으로 옳지 않은 것은?

> ㉠ 테일러는 '과학적 관리론'의 시조로서 산업관리에 대한 그의 이론은 사실상 근대산업의 발전에 막대한 영향을 미쳤다. 1875년 필라델피아에 있던 엔터프라이즈 유압공장에 견습공으로 들어가 모형제작일과 기계공 작업을 배웠다. 3년 후 미드베일제강회사에 입사한 그는 기계공장 노동자로 출발하여 주임기사 자리에까지 올랐다. 1881년 25세의 그는 미드베일 공장에 시간동작연구를 도입했다. 이 연구계획의 성공으로 시간동작연구가 전문적인 연구 분야로 확립되었으며, 테일러 경영학 이론의 기초가 되었다. 그 이론은 본질적으로 개별 작업자를 주의 깊게 감독함과 동시에 조업 중 발생하는 시간과 동작의 낭비를 줄임으로써, 작업장이나 공장에서 생산성을 향상시킬 수 있음을 제시한 것이었다. 이러한 테일러의 경영체계가 극단적으로 실행되자 노동자들이 항의와 분노를 일으켰지만, 이 이론이 대량생산기술의 발전에 미친 영향력은 매우 컸다.
>
> ㉡ 인간관계론이 독자적인 학파로 인정을 받게 된 것은 1920년대에 있었던 미국의 엘턴 메이요(Elton Mayor)의 호손(Hawthorne)공장에서 행한 실험 이후의 일이다. 그 후 1940년대에 있었고, 우리 학계에 그다지 알려지지 않았으나 레빈(Kurt Lewin) 등이 행한 세 가지 실험을 통하여 인간관계론은 조직이론에 있어서 새로운 계보를 형성하기에 이르렀다. 또한, 인간행위는 외적인 여건에 의하여 결정되기도 하지만, 근본적으로는 내부적인 요소에 의하여 결정된다는 것이다. 인간관계론에 관한 중요한 실험은 1927년에 시작해서 1932년에 끝난 호손 실험을 들 수 있다. 이 실험은 메이요 교수가 이끄는 대학의 연구팀이 생산 공장에 들어가 인간의 행태를 실험적으로 분석할 수 있었다는 점이다. 또한 리피트(R. Lippit), 화이트(Ralph White), 레빈 등 세 사람에 의하여 이루어진 리더십 유형에 관한 연구와 1940년대 초에 레윈이 여자적십자회원을 대상으로 행한 연구, 그리고 코크(Lester Coch)와 프렌치(John R. P. French, Jr)가 잠옷을 만드는 공장에서 일하는 여직공들을 대상으로 행한 실험 등이 그 중요한 것이다.

① ㉠의 경우에는 기업 조직에 있어 기획과 실행의 분리를 기본으로 한다.

② ㉠은 인간의 신체를 기계처럼 생각하고 취급하는 철저한 능률위주의 관리이론이다.

③ ㉠은 사회적 인간관이라는 가정을 기반으로 하고 있다.

④ ㉡에서 종업원 개개인의 감정 및 태도를 결정하는 것은 사회적 환경, 개인적 환경이나 종업원이 속한 비공식적조직의 힘 등이다.

⑤ ㉡의 경우에는 기업 조직 내의 비공식조직이 공식조직에 비해서 생산성 향상에 있어 주요한 역할을 한다.

🖪NOTE ㉠은 테일러의 과학적 관리론에 관한 내용으로 기계적·폐쇄적 조직관 및 경제적 인간관이라는 가정을 기반으로, 기업 조직의 기술주의 사고방식을 뿌리내리게 하고 이를 확대 적용시킴으로서 권위주의적인 조직관으로의 이행을 촉진시켰다는 비판을 받고 있다.

🔹answer 11.③

12 앤소프의 성장 백터에 대한 설명으로 옳지 않은 것은?

① 시장개발의 경우 시장침투보다 위험이 큰 전략이므로, 신제품의 개발보다는 기존 제품으로 시장 점유율을 우선 확보해야 한다.

② 신시장, 신제품의 경우 위험도가 가장 높으므로 다각화 전략이 필요하다.

③ 제품개발 전략의 경우 브랜드에 대한 고객의 충성도가 높은 경우 유리하다.

④ 기존시장에 기존 제품을 판매하는 것은 시장침투 전략에 해당한다.

⑤ 제품개발, 시장침투, 기장개발 등의 전략을 확대전략으로 파악하고, 다각화를 이와 대비되는 전략으로 보았다.

📄NOTE 시장개발의 경우 새로운 시장에 기존제품으로 진입할 때 사용하는 전략이다. 따라서 신제품 개발에 혁신과 차별화를 두어야 한다.

13 Quick Response는 조기발주 및 납품 등을 목적으로 하는 시스템으로써 소매업에 있어서 판매정보를 제조업 및 도매업에 전달하고, 그 상품의 추가 폴로를 조기에 행한다. 각 점포, 지역으로의 대응이 빠르게 이루어져 낭비가 생략된다는 이점을 지니고 있다. 이 때 아래의 내용 중 Quick Response에 관한 내용으로 옳은 것만을 바르게 모두 묶은 것을 고르면?

> ㉠ 서로 떨어져 있는 기업과 부서간의 물류정보가 실시간으로 전달된다.
> ㉡ 시장수요에 신속하게 대응하여 기업경쟁력을 향상시킨다.
> ㉢ 공급사슬에서 재고를 쌓이게 하는 요소를 제거한다.
> ㉣ 품질을 증가시킬 수 있는 정보를 조기에 획득할 수 있다.
> ㉤ QR을 사용함으로써 누적 리드타임이 감소하게 된다.
> ㉥ 고객요구에 대한 반응시간을 길게 만드는 요인을 제거한다.

① ㉠, ㉡, ㉢, ㉣

② ㉠, ㉡, ㉤, ㉥

③ ㉡, ㉢, ㉤, ㉥

④ ㉡, ㉢, ㉣, ㉤

⑤ ㉢, ㉣, ㉤, ㉥

📄NOTE 신속대응시스템(QR ; quick response)은 소비자 위주의 시장 환경 하에서 신속히 대응하기 위한 시스템으로 생산에서 유통까지 표준화된 전자거래체제를 구축하고 기업과의 정보공유를 통해, 원료조달로부터 최종제품에 이르기까지 납기 단축과 재고의 감소, 상품기획과 소재기획의 연계 등을 계산하여 가격의 인하, 국내 생산거점의 유지를 도모하고자 하는 유통구조 개혁의 하나이다. QR 시스템은 상품을 공급함에 있어서 소비자들이 원하는 시간에 맞추어 공급하고, 불필요한 재고를 없애서 비용을 감소시키는 것을 원칙으로 한다.

ⓞ answer 12.① 13.③

14 BPR(Business Process Reengineering or Restructuring)은 기업의 활동과 업무 흐름을 분석화하고 이를 최적화하는 것으로, 반복적이고 불필요한 과정들을 제거하기 위해 업무상의 여러 단계들을 통합하고 단순화하여 재설계하는 경영혁신 기법을 의미하는데, 다음 중 이러한 BPR 순서가 올바르게 나열되어 있는 것을 고르면?

㉮ 사업의 비전과 업무 목표의 설정
㉯ 필요한 정보기술의 확인/획득
㉰ 현재 프로세스의 이해와 분석
㉱ 혁신대상 프로세스의 선정
㉲ 프로세스 모델(prototype)의 설계 및 구축
㉳ 결과의 측정 및 평가

---

① ㉮ → ㉲ → ㉱ → ㉯ → ㉰ → ㉳
② ㉮ → ㉰ → ㉱ → ㉯ → ㉲ → ㉳
③ ㉮ → ㉯ → ㉰ → ㉱ → ㉲ → ㉳
④ ㉮ → ㉱ → ㉰ → ㉯ → ㉲ → ㉳
⑤ ㉯ → ㉰ → ㉱ → ㉮ → ㉳ → ㉲

> **NOTE** BPR(Business Process Reengineering or Restructuring)은 기업경영혁신을 의미하는데, 이는 마이클 해머(M. Hammer)가 주장한 개념으로써 비용, 품질, 서비스, 속도와 같은 핵심적 성과에서 극적인 향상을 이루기 위하여 기업 업무 프로세스를 근본적으로 다시 생각하고 혁신적으로 재설계 하는 것을 의미한다. 이러한 BPR은 사업의 비전과 업무목표의 설정에서 시작되어 혁신대상 프로세스를 선정하고, 현재 프로세스를 이해하고 분석한 후, 필요한 정보기술을 획득하고, 프로세스 모델을 설계하고 구축한 후 결과를 측정하고 평가하는 등의 순으로 이루어진다.

ⓞ answer 14.④

15 경영전략은 변동하는 기업환경 하에서 기업의 존속 및 성장 등을 도모하기 위해 환경의 변화에 대하여 기업 활동을 전체적 · 계획적으로 적응시켜 나가는 전략을 의미한다. 아래의 내용은 전통적 전략 및 가치혁신의 전략을 비교 설명한 것이다. 이 중 옳지 않은 내용을 고르면?

분류	항목	전통적 전략	가치혁신 전략
㉠	업종에 대한 가정	주어진 경영조건 및 경영환경에 최선을 다함	산업조건을 초월하여 경쟁과 무관하게 전략 성공을 위한 아이디어와 기회를 모색하여 신시장 창출
㉡	전략적 초점	단순히 경쟁사와 싸워 이기고 앞서는 데 초점	경쟁사들과 직접 경쟁하기 보다는 새로운 가치를 창출하여 차별적 우위를 확보
㉢	고객 초점	고객의 드러난 욕구를 충족하며 고객 기반을 확대	고객이 가치를 두는 특성에 내포된 강력한 공통성을 기반으로 전략수립
㉣	자산 및 능력	만약 새롭게 시작하며 어떨까 하는 방법을 연구	현재 가지고 있는 것으로 최대한 성과를 개선할 있는 방법을 연구
㉤	제품 및 서비스의 제공	그 산업이 전통적으로 제공하는 제품 및 서비스에 의해 정의되며, 명확하게 설정된 한계 내에서 제품 및 서비스를 실현	구매자들이 원하는 문제의 총체적 해결측면을 고려하고, 해당 산업이 고객에게 강요해 온 불편한 점을 극복

① ㉠

② ㉡

③ ㉢

④ ㉣

⑤ ㉤

📑NOTE 전통적 전략에서 자산과 능력을 현재 가지고 있는 것으로 최대한 성과를 개선할 수 있는 방법을 연구하고 가치혁신 전략에서는 새롭게 시작하면 어떠할지 방법을 연구한다.

🟠 answer 15.④

16 다음 내용은 데이터마이닝 기법의 하나인 연관 규칙 분석에 대한 사례이다. 이 사례의 결과가 의미하는 내용으로 가장 옳은 것은?

> 맥주를 구매하는 고객이 동시에 오징어를 구매하는지에 대해 연관 규칙 분석을 실시하여, 맥주와 오징어와의 연관 규칙이 '지지도 = 40%', '신뢰도 = 80%'의 결과를 도출하였다.

① 전체 고객 중에 맥주와 오징어를 동시에 구매한 고객은 40%이며, 맥주 구매 고객의 80%는 오징어를 구매한다는 것이다.

② 전체 고객 중에 맥주와 오징어를 동시에 구매한 고객은 80%이며, 맥주 구매 고객의 40%는 오징어를 구매한다는 것이다.

③ 전체 고객 중에 맥주와 오징어를 동시에 구매한 고객은 80%이며, 오징어 구매 고객의 40%는 맥주를 구매한다는 것이다.

④ 전체 고객 중에 맥주와 오징어를 동시에 구매한 고객은 40%이며, 오징어 구매 고객의 80%는 맥주를 구매한다는 것이다.

⑤ 전체 고객 중에 맥주와 오징어를 동시에 구매한 고객은 80%이며, 맥주 구매 고객의 40%는 오징어를 구매하지 않았다는 것이다.

> 📖 NOTE | 지지도 = 40% → 전체 고객 중에 맥주와 오징어를 동시에 구매한 고객은 40%
> 신뢰도 = 80% → 맥주 구매 고객 중 오징어를 구매하는 고객은 80%

● answer 16.①

2018 한국산업인력공단

17 포드 시스템에 대한 비판으로 적절하지 않은 것은?

① 생산과정에서 노동의 과부하를 불러일으킬 수 있다.

② 생산기계에 문제가 발생하면 생산이 중단되고, 사람은 아무런 일을 하지 못하게 된다.

③ 한 라인의 작업에 문제가 생길 경우 전체 라인의 작업이 중지된다.

④ 사람들의 다양한 욕구를 충족시키지는 못한다.

⑤ 대량생산으로 인해 품질이 낮은 물품이 생산된다.

📝NOTE 포드 시스템의 비판
- ㉠ 동시작업 시스템의 문제 : 한 라인의 작업이 중지될 경우 전체 라인의 작업이 중지되어 제품생산에 차질을 빚게 된다.
- ㉡ 인간의 기계적 종속화 : 컨베이어 시스템 등 생산기계에 이상이 있을 시, 생산은 중단되고 사람은 아무런 일을 하지 못한다.
- ㉢ 노동착취의 원인 제공 : 생산라인의 사람은 쉬지 못할 뿐 아니라 떠날 수도 없는 생산과정으로 이는 노동의 과부하를 불러일으킬 수 있다.
- ㉣ 제품의 단순화, 표준화 : 효율적이지만 사람들의 다양한 욕구충족에는 역부족이다.

2017 한국가스기술공사

18 다음의 내용을 읽고 괄호 안에 들어갈 말을 순서대로 바르게 나열한 것을 고르면?

(㉠)은/는 상품이나 유통과 관련된 자료를 컴퓨터로 전송하는 데 있어 효과적인 데이터 전송 기술이다. 우리나라는 EAN에 가입하여 제조업체의 공동상품코드인 (㉡)을/를 사용하고 있다. 국내에서 사용되는 표준형은 (㉢)자리 숫자와 막대 표시로 구성되어 있다. 표준형의 첫 세 자리는 우리나라 국가코드인 (㉣)을/를 사용한다.

	㉠	㉡	㉢	㉣
①	VAN	QR code	11	978
②	ITF	QR code	13	808
③	VAN	UN/EDIFACT	8	880
④	EPC	KAN	11	978
⑤	바코드	KAN	13	880

📝NOTE 바코드는 상품이나 유통과 관련된 자료를 컴퓨터로 전송하는 데 있어 효과적인 데이터 전송기술이다. 우리나라는 EAN에 가입하여 제조업체의 공동상품코드인 KAN을 사용하고 있다. 국내에서 사용되는 표준형은 13자리 숫자와 막대 표시로 구성되어 있다. 표준형의 첫 세 자리는 우리나라 국가코드인 880을 사용한다.

🅐answer 17.⑤ 18.⑤

19 SCM은 제품과 정보가 생산자로부터 도매업자, 소매상인, 소비자에게 이동하는 전 과정을 실시간으로 한눈에 볼 수 있으며, 이를 통해 제조업체는 고객이 원하는 제품을 적시에 공급하고 이로 인해 재고를 줄일 수 있는 방식이다. 아래에 글 상자에 나타난 내용을 읽고 SCM의 추진유형을 옳게 짝지은 것은?

㉠ 1985년 미국의 패션 어패럴 산업에서 공급체인의 상품흐름을 개선하기 위하여 소매업자와 제조업자의 정
보공유를 통해 효과적으로 원재료를 충원하고, 제품을 제조하고, 유통함으로써 효율적인 생산과 공급체
인 재고량을 소화시키려는 전략

㉡ 제조업자로부터 유통업자에 이르는 상품의 물류체계를 신속하게 유지되도록 하기 위해 EDI, 바코드, 스캐
닝 기술을 통하여 자동화된 창고관리 및 재고관리를 지원하여 물류 및 조달체제의 합리화를 도모하는 전략

---

① ㉠ 효율적 소비자 반응(ECR)　　　㉡ 신속한 보충(QR)

② ㉠ 신속한 보충(QR)　　　　　　　㉡ 크로스도킹(CD)

③ ㉠ 공급자 주도 재고관리(VMI)　　㉡ 크로스도킹(CD)

④ ㉠ 효율적 소비자 반응(ECR)　　　㉡ 공급자 주도 재고관리(VMI)

⑤ ㉠ 공급자 주도 재고관리(VMI)　　㉡ 신속한 보충(QR)

📝 NOTE | Quick Response는 조기발주 · 납품을 목적으로 하는 시스템으로 정확한 납기로 인해 각 점포, 지역으로의 대응이 빠르게
이루어져 낭비가 생략된다는 장점이 있다. Cross Docking은 물류 센터로 입고되는 제품을 물류 센터에 일일이 보관하는
개념이 아닌 분류 또는 재포장의 과정을 거쳐 곧바로 다시 배송하게 되는 물류 시스템을 의미한다.

20 경영정보는 경영 관리에 필요한 정보, 경영진을 위한 정보나 관리 기능 수행 목적의 정보를 의미하는데, 아래 표에 제시된 협의의 MIS(Management Information System)와 ERP(Enterprise Resource Planning)에 대한 비교설명으로 가장 옳지 않은 것을 고르면?

	분류	MIS	ERP
①	업무중심	TASK	PROCESS
②	업무처리형태	부문 최적화	전체 최적화
③	업무가치기준	내부통제	고객중심
④	DB 구조	파일시스템	원장형
⑤	전산처리형태	분산처리구조	중앙집중식

📝 NOTE | ERP 시스템은 웬만한 일은 대부분 클라이언트 수준에서 처리를 하게 되는 C/S에 기반한 대표적인 분산처리의 형태에서
등장한 패키지라고 할 수 있다.

🔵 answer　19.② 20.⑤

21 MIS의 하위 시스템인 거래처리시스템은 컴퓨터를 이용하여 제품의 판매 및 구매와 예금의 입출금·급여계산·항공예약·물품선적 등과 같은 실생활에서 일상적이면서 더불어 반복적인 기본 업무를 능률적으로 신속하고, 정확하게 처리해 데이터베이스에 필요한 정보를 제공해 주는 역할을 수행한다. 아래의 그림은 경영계층별 정보시스템의 구조를 나타낸 것이다. 이를 참조하여 가장 하위에 있는 거래처리시스템에 대한 내용을 유추한 것 중 가장 옳지 않은 것을 고르면?

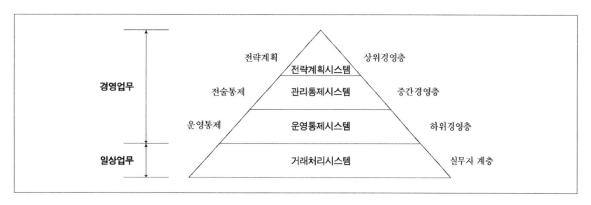

① 조직의 일상적인 거래 처리를 행한다.

② 문제해결이나 의사결정을 지원하지 않는다.

③ 대부분 실시간으로 처리해야 하기 때문에 비교적 짧은 시간에 많은 양의 자료를 처리한다.

④ 기업의 운영 현황에 관한 정보를 관리한다.

⑤ 시스템 구축 목적에 맞게 드릴다운 기법과 같은 정보제공 기능이 반드시 지원되어야 한다.

> **NOTE** 거래처리 시스템은 기업 조직에서 일상적이면서 반복적으로 수행되는 거래를 쉽게 기록 및 처리하는 정보 시스템으로서 기업 활동의 가장 기본적인 역할을 지원하는 시스템을 말한다. 반면에 중역정보시스템은 DSS의 특수한 하나의 형태로서 조직 내 상위 경영층을 지원하는 데 활용되어진다.

answer 21.⑤

22 아래의 내용을 주장한 학자와 그에 대한 설명으로 옳은 것은?

> ㉠ 안정적이면서 명확한 권한계층　　　　　㉡ 태도 및 대인관계의 비개인성
> ㉢ 과업전문화에 기반한 체계적인 노동의 분화　　㉣ 규제 및 표준화된 운용절차의 일관된 시스템

① 메이요 - 호손실험으로 인간에 대한 관심을 높이는 계기를 마련하였다.
② 테일러 - 기계적, 폐쇄적 조직관 및 경제적 인간관이라는 가정을 기반으로 과학적 관리론을 제시하였다.
③ 페이욜 - 기업조직의 전체적인 관리의 측면에서 관리원칙을 주장하였다.
④ 막스 베버 - 권한구조에 대한 이론에 기반을 둔 관료제 이론을 제시하였다.
⑤ 민츠버그 - 기업경영조직의 형태를 단순구조, 기계적 관료제, 전문적 관료제, 사업부제, 애드호크라시로 구분하였다.

📑NOTE 위의 내용은 막스 베버의 관료제 특성 중 일부이다.
　　※ 막스 베버의 관료제 특성
　　　㉠ 안정적이면서 명확한 권한계층
　　　㉡ 태도 및 대인관계의 비개인성
　　　㉢ 과업전문화에 기반한 체계적인 노동의 분화
　　　㉣ 규제 및 표준화된 운용절차의 일관된 시스템
　　　㉤ 관리 스태프진은 생산수단의 소유자가 아님
　　　㉥ 문서로 된 규칙, 의사결정, 광범위한 파일
　　　㉦ 기술적인 능력에 의한 승진을 기반으로 평생의 경력관리

2018 한국가스공사
23 쿤츠가 제시한 경영계획의 원칙이 아닌 것은?

① 보편성의 원칙　　　　　　② 계획우선의 원칙
③ 인간존중의 원칙　　　　　④ 효율성의 원칙
⑤ 합목적성의 원칙

📑NOTE 쿤츠의 경영계획의 원칙
　　㉠ 합목적성의 원칙 : 모근 계획의 기본 목적은 기업조직의 목표를 용이하게 달성하도록 공헌하는 것이다.
　　㉡ 계획우선의 원칙 : 목적 달성을 위한 활동코스를 제시하는 것이 모든 관리활동에 우선해야 한다.
　　㉢ 보편성의 원칙 : 계획은 전계층에서 수행되어야 하는 관리활동이다.
　　㉣ 효율성의 원칙 : 주어진 비용으로 최대의 산출을 발생시킬 수 있어야 한다.

● answer　22.④　23.③

2017 대구환경공단

24 호손실험(The Hawthorns Studies)의 주요 결론에 관한 설명 중 바르지 않은 것은?

① 작업자의 생산성은 임금, 작업시간, 노동환경의 함수이다.

② 비공식 집단이 자연적으로 발생하여 공식조직에 영향을 미칠 수 있다.

③ 노동환경과 생산성 사이에 반드시 비례관계가 존재하는 것은 아니다.

④ 심리적 요인에 의해 생산성이 좌우될 수 있다.

⑤ 의사소통의 경로개발이 중요시되며, 참여가 제시되었다.

🗐NOTE ① 테일러의 과학적 관리법에 해당하는 설명이다.

2017 한국도로공사

25 테일러 시스템과 포드 시스템의 비교 중 설명이 바르지 않은 것은?

① 테일러 시스템은 개별생산공장의 생산성을 향상시키고, 포드 시스템은 표준화를 가져왔다.

② 테일러 시스템은 일급제, 포드 시스템은 성과제로 임금을 지급한다.

③ 테일러 시스템은 과업관리, 포드 시스템은 동시관리를 수행한다.

④ 테일러 시스템은 고임금 저노무비를 포드 시스템은 저가격 고임금을 추구한다.

⑤ 테일러 시스템은 인간 노동의 기계화시대, 포드 시스템은 인간에게 기계의 보조역할을 요구한다.

🗐NOTE ② 테일러 시스템은 목표 달성시 고임금을 주는 성과제이며, 미달성시에는 근로자에게 책임을 추궁한다.

2017 신용보증기금

26 다음 중 페이욜의 관리 5요소에 해당하지 않는 것은?

① 계획   ② 조직

③ 명령   ④ 분배

⑤ 조정

🗐NOTE 페이욜의 관리 5요소 … 계획, 조직, 명령, 조정, 통제

ⓞ answer   24.①   25.②   26.④

2017 한국서부발전공사

27 카르텔보다 강한 기업집중의 형태로 시장독점을 위해 각 기업체가 개별의 독립성을 상실하고 합동하는 기업결합 유형은 어느 것인가?

① 트러스트 ② 콤비나트
③ 콘체른 ④ 신디케이트
⑤ 컨글로머릿

> NOTE ② 콤비나트: 일정 수의 유사한 규모의 기업들이 원재료 및 신기술의 활용을 목적으로 사실상의 제휴를 하기 위해 근접한 지역에서 대등한 관계로 결성하는 수평적인 기업집단을 의미한다.
> ③ 콘체른: 법률적으로 독립성을 유지하면서 경제적으로는 불대등한 관계의 서로 관련된 복수 기업들의 기업결합 형태를 의미한다.
> ④ 신디케이트: 동일한 시장내 여러 기업이 출자해서 공동판매회사를 설립, 이를 일원적으로 판매하는 조직을 의미힌다.
> ⑤ 컨글로머릿: 생산 공정 또는 판매과정 등의 분야에서 상호간 관련이 없는 다양한 이종 기업을 합병 및 매수해서 하나의 거대한 기업체를 형성하는 기업결합 형태를 의미한다.

2018 전력거래소

28 다음 기업 또는 경영자의 사회적 책임에 대한 설명 중 바르지 않은 것은?

① 기업에 관련된 여러 이해자 집단간의 이해관계조정에 대한 책임
② 공해방지와 생활환경의 보호를 위한 책임
③ 재화와 용역의 제공을 통해 소비자들의 생활수준을 향상시켜야 하는 경제적 책임
④ "결과는 수요를 정당화시키다."라는 신조를 갖고, 수익성을 높여 기업을 유지, 발전시키는 책임
⑤ 기업의 대형화는 당해 기업의 영향력과 직결되는 책임

> NOTE ④ 경영자의 사회적 책임과는 거리가 멀다.

2018 신용보증기금

29 다음 중 마이클 포터가 제시한 산업구조 분석의 5요소가 아닌 것은?

① 공급자의 교섭력 ② 구매자의 교섭력
③ 가치사슬 활동 ④ 대체재의 위협
⑤ 신규진입자의 위협

> NOTE ③ 마이클 포터의 산업구조 분석 5요소는 궁긍적으로 산업의 수익 잠재력에 영향을 주는 주요 경제, 기술적 세력을 분석하는 것으로 신규진입자(잠재적 경쟁자)의 위협, 공급자의 교섭력, 구매자의 교섭력, 대체품의 위협 및 기존 기업 간의 경쟁이다. 5가지 요소의 힘이 강할 때는 위협이 되고, 약하면 기회가 된다.

answer 27.① 28.④ 29.③

30 다음 조직문화 변화의 계기가 되는 요소에 대한 설명 중 바르지 않은 것은?

① 외적혁명 : 기업조직 내부의 갑작스런 사건의 발생

② 환경적인 위기 : 갑작스러운 경기의 후퇴 및 기술혁신 등으로 인한 심각한 환경의 변화

③ 경영상의 위기 : 조직의 최고경영층의 변동, 회사에 돌이킬 수 없는 커다란 실수의 발생

④ 내적혁명 : 기업조직 내부의 갑작스런 사건의 발생

⑤ 커다란 잠재력을 지닌 환경적 기회 : 신 시장의 발견, 신 기술적 돌파구의 발견, 신 자본조달원 등

🄑NOTE │ ① 외적혁명 : 신 규제조치의 입법화, 정치적인 사건 등

31 호퍼와 센델의 전략경영 형성 단계에 맞게 순서대로 나열한 것은?

㉠ 전략의 식별	㉡ 전략의 선택
㉢ 갭의 분석	㉣ 환경의 분석
㉤ 전략의 평가	㉥ 전략적 대체안
㉦ 자원의 분석	

① ㉣→㉦→㉠→㉡→㉢→㉥→㉤

② ㉠→㉣→㉦→㉢→㉥→㉤→㉡

③ ㉦→㉣→㉢→㉠→㉡→㉤→㉥

④ ㉣→㉠→㉡→㉢→㉦→㉥→㉤

⑤ ㉡→㉦→㉣→㉠→㉥→㉢→㉤

🄑NOTE │ 호퍼와 센델의 전략경영 형성 단계 … 전략의 식별 → 환경의 분석 → 자원의 분석 → 갭의 분석 → 전략적 대체안 → 전략의 평가 → 전략의 선택

◎ answer 30.① 31.②

32 다음 내용에 해당하는 BCG 매트릭스 영역에 해당하는 것은?

> 재투자로 인해 자금 유출 리스크가 있으며 가격인하, 제품개선, 시장범위 확대 등을 통해 시장점유율을 유지하거나 확대해야 한다.

① 스타(Star)

② 물음표(Question Mark)

③ 현금젖소(Cash Cow)

④ 개(Dog)

⑤ 문제아

> NOTE ① 스타(Star) 사업은 점유율과 성장률 모두 좋은 성장사업이며, 매출이 빠른 속도로 발생하며 그에 따른 설비 확장과 자금 투입이 필요하다. 또한 자금 유출 리스크가 있으며 가격인하, 제품개선, 시장범위 확대 등을 통해 점유율을 유지하거나 확대해야 한다.

33 다음 민츠버그의 조직구조에 대한 설명 중 바르지 않은 것은?

① 애드호크라시에서 조정기제는 상호조절이다.

② 단순조직구조에서의 조직구성부분을 보면, 최고경영층이 제일 중요한 위치이며, 관리계층의 규모는 낮은 수준이다.

③ 대형지부조직에서의 상황적 요인은 조직의 존속기간은 짧으며, 규모는 작다고 한다.

④ 기계 관료제조직에서 조정기제는 작업과정에 있어서의 표준화이다.

⑤ 전문 관료제조직에서 상황적 요인을 보면 기술 및 환경은 복잡하고, 권력은 전문가들에게 집중되는 현상을 보인다.

> NOTE ③ 민츠버그는 조정기제, 조직의 구성부분, 상황적 요인을 기준으로 조직유형을 단순구조조직, 기계 관료제조직, 전문 관료제조직, 대형지부조직, 애드호크라시의 5가지로 분류했다. 대형지부조직에서의 상황적 요인은 조직의 존속기간은 길며, 규모는 크다.

answer 32.① 33.③

34 다음 중 사업부 수준의 전략에 해당하는 것은?

① 사업의 다각화

② 전략적 제휴

③ 인수합병

④ 경쟁우위 확보

⑤ 자원의 활용방안

> 📄NOTE | ①②③은 전사적 전략(기업수주누 전략), ⑤는 기능 전략(기능수준 전략)이다.

2018 한국수자원공사

35 다음 BCG 매트릭스에서 상대적 시장점유율이 높고 시장성장률이 낮은 경우와 상대적 시장점유율이 낮고 시장성장률이 높은 경우를 각각 어떤 사업 분야로 분류하는가?

① 물음표(Question Mark 또는 문제아)와 별(Star)

② 물음표(Question Mark 또는 문제아)와 개(Dog)

③ 젖소(Cash Cow)와 물음표(Question Mark 또는 문제아)

④ 젖소(Cash Cow)와 별(Star)

⑤ 별(Star)와 개(Dog)

> 📄NOTE | ③ 물음표(Question Mark) = 문제아

고 시 장 성장률 저	별(star)	문제아(?)
	황금젖소(cash cows)	개(dogs)
고	상대적 시장점유율	저

▷스 타 : 고성장, 고점유율   ▷문제아 : 고성장, 저점유율
▷황금젖소 : 저성장, 고점유율   ▷ 개 : 저성장, 저점유율

◑ answer 34.④ 35.③

36 다음 테일러의 과학적 관리법에 관한 설명 중 바르지 않은 것은?

① 작업연구를 중심으로 한 생산성 향상과 노무관리에 중점을 두고 있다.

② 노동자들의 조직적 태업을 방지하고 공장생산의 능률을 향상시키는 것이 주요 내용이다.

③ 생산작업에 시간연구를 적용하여 표준 시간을 설정하였다.

④ 저임금, 저노무비에 의한 이윤추구가 목적이다.

⑤ 차별적 성과급제도를 도입하였다.

> **NOTE** ④ 과학적 · 객관적인 표준작업량을 설정하여 고임금 · 저노무비로 노사 쌍방의 만족을 도모하였다.

37 다음 균형성과표(BSC)의 네 가지 관점이 아닌 것은?

① 사회적 관점
② 고객 관점
③ 기업 내부프로세스 관점
④ 재무적 관점
⑤ 학습과 성장 관점

> **NOTE** 균형성과표에서 제시하는 독창적인 네 가지 관점은 재무적 관점, 고객 관점, 내부프로세스(업무처리) 관점, 학습 및 성장 관점으로 분류된다. 이 가운데 앞의 두 가지는 조직 환경에 속하는 주주와 고객의 외부적 시각을 반영하고, 뒤의 두 가지는 조직 내부의 시각을 대표한다.
> ㉠ 재무적 관점: 순이익, 매출신장률, 시장점유율, 원가절감률, 자산 수준 등을 종합적으로 파악하여 기업의 성과를 나타내는 지표를 말한다.
> ㉡ 고객 관점: 재무적으로 성공하기 위해서 기업이 고객들에게 어떻게 받아들여지고 또 그들에게 무엇을 제시하여야 하는가를 다룬다. 고객만족도, 고객유지율, 신규고객증가수, 고객 불만 건수, 고객확보율 등이 주요 성과측정지표에 해당한다.
> ㉢ 내부프로세스(업무처리) 관점: 고객과 주주가 원하는 목표를 달성하고 프로세스와 서비스의 질을 높이기 위해 기업 내부의 업무처리를 어떤 방식으로 할 것인가를 다룬다. 기업의 전략에 부합하는 계획과 생산 및 판매 등 일련의 비즈니스 과정에서 나타나는 신뢰성 또는 신속성 등을 말한다. 조직 전체의 차원에서 통합적으로 이루어지는 업무절차를 중시하며, 전자결재율, 고객 대응 시간, 업무처리시간, 반품률, 불량률 등이 주요 지표이다.
> ㉣ 학습 및 성장 관점: 네 가지 관점들 가운데 최하부구조에 해당한다. 바꿔 말하면, 나머지 세 가지 관점의 목표달성을 위한 가장 기본적인 토대를 제공하는 관점이라고 할 수 있다. 조직이 지속적으로 가치를 창출할 수 있는 방안, 그리고 구성원의 만족도와 역량증진 등 주로 인적자원의 성과를 다룬다. 대표적으로 업무숙련도, 조직원들의 사기 및 의욕, 정보시스템 활용능력, 교육훈련 및 투자 등이 이에 해당한다. 전통적인 재무적 관점에서는 단순한 비용으로 취급될 수 있는 요소들이 여기에서는 장기적이고 전략적인 차원에서 결과적으로 재무적 성과의 증대로 이어질 수 있다.
> ※ 균형성과표는 이상 네 가지 관점들을 종합하여 균형잡힌 성과측정과 관리를 도모한다. 요컨대 재무적 관점 뿐 아니라 비재무적 관점까지 아울러 조직의 성과를 판단, 평가하고, 이를 토대로 장기적인 전략을 도모하는 전략적 성과평가시스템의 일환이라고 할 수 있다. 즉, 재무적-비재무적 관점 간의 균형, 단기적-장기적 목표 간의 균형, 과정-결과의 균형, 내부-외부적 관점의 균형 등을 중시하는 성과관리시스템이라고 할 수 있다. 균형성과표를 통해 조직은 보다 거시적인 관점에서 장기적인 성과증진을 도모할 수 있으며, 시스템적 관점에서 업무효율을 극대화하고, 외부환경의 변동이나 새로운 수요에 능동적으로 대응할 수 있는 발판을 마련할 수 있다.

answer 36.④ 37.①

38 다음 집권화와 분권화에 관한 설명 중 바르지 않은 것은?

① 조직이 처한 환경이 급격히 변화할 때 집권화가 촉진된다.

② 업무수행장소가 지역적으로 떨어져 있는 경우에 분권화가 촉진한다.

③ 이익에 의해 각 부서를 통제할 경우에 분권화가 촉진된다.

④ 조직이 선택한 기술에 따라서 분권화가 달라진다.

⑤ 집권화된 조직구조는 최고의사결정권한이 최고경영자 또는 상위의 관리계층에게 대부분 집중되어 있는 상태에서 관리가 이루어지는 조직을 의미한다.

> **NOTE** ① 조직이 처한 환경이 급격히 변화할 때 분권화가 촉진된다.
> 집권화의 장점은 경영자가 개인적인 리더십 행사를 용이하게 할 수 있으며, 경영활동을 집중화하고 통합하는데 효과적이다. 또한 행위의 통일성을 촉진하고 긴급사태에 대응하는 조직으로서 유효하며, 단순·반복적이고 획일적인 업무에 유리하다.

39 다음 기업의 사회적 책임(CSR)에 관한 설명 중 바르지 않은 것은?

① 기업이 사회적 목적이나 가치에 비추어 스스로 바람직한 정책을 세우고, 결정을 하며, 행동하는 것을 의미한다.

② 기업의 지나친 이윤추구는 환경파괴는 물론 국민 전체의 복지를 해치는 상황을 초래하기도 한다.

③ 기업의 이윤추구를 제한하는 것은 정부만의 역할이다.

④ 현대에 와서 기업이 자발적으로 사회적 책임을 수행하는 것은 매우 중요한 의무라고 볼 수 있다.

⑤ 기업이윤을 사회에 환원하는 게 기업의 전통적인 사회적 책임(CSR)이었다면, 이제는 기업의 다양한 경영활동과 지역사회의 이익을 직접적으로 연관시키는 공유가치창출(CSV)이 2011년 마이클 포터가 처음 주장한 이래 기업사회 공헌활동의 대세로 자리잡고 있다.

> **NOTE** ③ 기업의 이윤추구를 제한하는 것은 정부만의 역할이 아니다.

answer 38.① 39.③

40 아래의 내용이 설명하는 조직 형태는?

> 사업의 성격이 구체적이고 분명할 경우에 각 분야의 전문가들이 모여 수업수행 기간동안 운영되는 한시적 조직을 의미한다.

① 태스크 포스 조직
② 사업부제 조직
③ 스태프 라인조직
④ 단순구조 조직
⑤ 매트릭스 조직

📓 NOTE ② 사업부제 조직 : 기능조직이 점차 대규모화함에 따라 제품이나, 지역, 고객 등을 대상으로 해서 조직을 분할하고 이를 독립채산제로 운영하는 방법이다.
③ 스태프 라인 조직 : 복수 기능식 라인조직의 결함을 보완하고, 단일 라인조직의 장점을 살릴 수 있는 혼합형 조직형태 이다.
④ 단순구조 : 전략상층부와 업무핵심층으로만 구성되어 있는 조직으로, 사업의 초기단계에서 많이 나타나는 형태이다.
⑤ 매트릭스 조직 : 기존 조직체계에서 특정 사업을 수행하거나 특정 업무가 하나의 조직단위에 국한되지 않고 각 조직 단위에 관계되는 경우, 이렇게 관계된 조직의 단위로부터 대표자를 선정해 새로운 조직체를 형성하는 조직형태이다.

answer 40.①

2017 신용보증기금

41 다음 소유와 경영의 분리에 관한 설명 중 옳은 것은?

① 출자자와 경영자의 분리를 의미한다.

② 일반경영자와 전문경영자의 분리를 의미한다.

③ 기업과 경영의 분리를 의미한다.

④ 자본가와 종업원의 분리를 의미한다.

⑤ 기업지배의 문제와 관련되어 있으며, 이는 기업의 경영자에게 공장, 기계, 토지 등의 물적 구성물과 기업활동을 통한 이윤의 지배권을 인정하는 대신, 기업의 경영활동은 소유자의 지배로 귀속하는 것을 의미한다.

📄 NOTE │ ① 기업의 소유자인 출자자와 기업을 경영하는 경영자의 분리로서, 자본 소유와 경영 기능의 분리를 의미한다.

● answer ╱ 41.①

출제예상문제

1 다음은 경영학의 연구 방법에 대한 설명이다. 옳지 않은 것은?

① 각각의 사례를 통해 일반적인 명제를 확립시키는 것은 귀납적 방법에 해당한다.

② 연역법으로 유도된 결론과 귀납법으로 도출된 원칙은 다를 수도 있다.

③ 일반적인 이론을 구체적인 현상에 적용하여 결론을 도출해냈을 경우, 그 결론은 당위적이다.

④ 귀납적 방법에는 인과적 분석과 기술적 분석이 있다.

⑤ 역사적 사건들 사이의 관계를 규명하는 것 역시 경영학의 연구 방법 중 하나이다.

> 🖹 NOTE │ 연역법으로 유도된 원칙은 귀납적 방법에 의해 도출된 일반적인 결론과 일치해야 한다.

2 다음 경영기법에 관한 설명 중 어느 것에 해당하는가?

> 인원삭감, 권한이양, 노동자의 재교육, 조직의 재편 등을 함축하는 말로서, 비용·품질·서비스와 같은 핵심적인 경영 요소를 획기적으로 향상시킬 수 있도록 경영 과정과 지원시스템을 근본적으로 재설계하는 기법이다.

① 리엔지니어링(Reengineering) ② 벤치마킹(Benchmarking)

③ 가치공학(Valuable Engineerring) ④ 네트워킹(Networking)

⑤ 아웃소싱(Outsourcing)

> 🖹 NOTE │ 리엔지니어링(Reengineering)에 관한 설명이다.
> • 벤치마킹(Benchmarking) : 어느 특정 분야에서 우수한 상대를 표적으로 삼아 자기 기업과의 성과 차이를 비교하고, 이를 극복하기 위해 그들의 뛰어난 운영 프로세스를 배우면서 부단히 자기혁신을 추구하는 경영기법이다.
> • 가치공학(Valuable Engineering) : 제품이나 공정의 기능을 감소시키지 않으면서 원가를 절감하거나 일정한 원가로 기능을 향상시키는 것을 의미한다.
> • 네트워킹(Networking) : 네트워크를 형성하는 것이다. 현대사회의 기업경영의 입장에서 정보는 사람, 물건, 돈에 뒤지지 않는 경영자원이다. 경영에 있어서 점점 더 중요하게 되어 있는 정보를 수집하거나 전국지점에 확산하기도 하는 것이 네트워크의 기능이다. 효율적으로 네트워크를 형성하고 정보를 어떻게 기업활동에 연결시키느냐가 현대기업의 중요한 전략과제라고도 할 수 있다.
> • 아웃소싱(Outsourcing) : 기업 업무의 일부 프로세스를 경영 효과 및 효율의 극대화를 위한 방안으로 제3자에게 위탁해 처리하는 것을 의미한다.

ⓞ answer 　1.② 2.①

3 (가)와 (나)에 들어갈 이론을 바르게 짝지은 것은?

(가)	(나)
• 철저한 능률위주의 관리이론 • 작업량에 따라 임금을 결정 • 작업별 표준작업시간을 설정	• 기업조직 전체의 관리원칙을 주장 • 경영의 기능을 6가지로 설명 • 관리 5요소 : 계획, 조직, 명령, 조정, 통제

	(가)	(나)
①	과학적 관리론	관리일반원칙
②	포드 시스템	인간관계론
③	관리일반원칙	관료제 이론
④	포드 시스템	과학적 관리론
⑤	과학적 관리론	포드 시스템

> NOTE (가)는 테일러의 과학적 관리론, (나)는 페이욜의 관리일반원칙에 대한 내용이다.
> (가) 테일러는 과학적 관리론을 통해 시간연구, 성과급제, 계획과 작업의 분리, 과학적 작업, 경영통제, 직능적 관리를 주장하였다.
> (나) 페이욜은 경영활동을 6가지로, 관리활동을 5가지로, 그에 따른 관리 활동의 일반적 규칙을 14가지로 제시했다.

4 다음 테일러의 과학적 관리법에 관한 설명 중 바르지 않은 것은?

① 인간을 경제적 관점으로 바라보고 있으며 인간에 대한 배려는 하지 못하였다.

② 능률적 작업과 생산성 향상을 주된 목표로 하였다.

③ 과업관리를 통한 효율성 향상으로 종업원에게 높은 임금을 지급하는 고임금 · 저노무비 시스템이다.

④ 과업의 표준화, 생산의 표준화, 현장 생산 중심 등의 특징이 있다.

⑤ 차별적 성과급제를 실시하였다.

> NOTE 테일러시스템의 특징으로는 단속생산공정, 과업의 표준화, 고임금 · 저노무비, 현장생산 중심 등이 있다. 반면 이동조립법, 인간을 기계의 부속품으로 취급하고, 저가격-고임금의 원리, 생산의 표준화, 봉사 목적에 입각한 경영철학은 포드의 경영철학이다.

o answer 3.① 4.④

5 다음의 내용은 기업결합의 유형 중 어느 것에 대한 것인가?

> 생산은 독립성을 유지, 판매는 공동판매회사를 통해 이루어진다.

① 카르텔(Kartell)
② 트러스트(Trust)
③ 콤비나트(Kombinat)
④ 신디케이트(Syndicate)
⑤ 콘체른(Concern)

📝NOTE | 신디케이트(Syndicate)에 대한 설명이다.

※ 기업결합의 유형

카르텔	법률적, 경제적으로 독립성을 유지하며 협약에 의해 결합하며, 상호경쟁을 제한하면서 시장통제를 목적으로 한다.
신디케이트	동일 시장 내 여러 기업이 출자해서 공동판매회사를 설립, 이를 일원적으로 판매하는 조직을 의미한다.
트러스트	시장독점을 위해 각 기업체가 개개의 독립성을 상실하고 합동한다.
콤비나트	다각적인 결합 공장이란 뜻으로, 기술적 측면에서 유기적으로 결합된 다수기업의 집단을 의미한다.
컨글로머릿	이종기업 간의 다각적 결합을 의미하는데, 대게 기존 기업의 주식을 매입하여 형성된다.
콘체른	수 개의 기업이 법률적으로 형식상 독립성을 유지하면서 주식의 소유, 자본의 대부와 같은 금융관계를 통해 결합하는 형태이다.

6 조직설계의 두 차원은 분화(differentiation)와 통합(integration)이다. 이 중 조직의 수직적 통합을 위한 조정기제(mechanism)로 볼 수 없는 것은?

① 권한(authority)
② 규정과 방침
③ 태스크포스(taskforce)
④ 계획 및 통제시스템
⑤ 명령의 일원화

📝NOTE | ③ 태스크포스는 조직이 어떤 사업 계획을 달성하기 위하여 기존 부서와는 별도로 설치하는 임시조직으로, 구성원 간의 커뮤니케이션과 조정을 쉽게 하고 밀접한 협동관계를 형성하여 직위의 권한보다 능력이나 지식의 권한으로 행동한다. 조직의 수평적 통합을 위한 조정기제에 해당한다.

7 GE/Mckinsey Matrix에 대한 내용으로 옳지 않은 것은?

① BCG 매트릭스보다 좀 더 세분화된 분석으로 산업의 매력도와 사업 강점을 축으로 하여 상중하로 분류한 것이다.

② 산업의 매력도와 개별산업단위의 강점이라는 두 차원에서 전략사업단위를 평가하는 기법이다.

③ 자금의 투입, 산출 측면에서 사업이 현재 처해있는 상황을 파악하여 상황에 알맞은 처방을 내리기 위한 분석도구이다.

④ 사업 강점에는 품질역량, 기술역량, 원가우위, 유통력, 브랜드 인지도 등을 들 수 있다.

⑤ 9개의 포지셔닝에 대한 방향 설정이 쉽지 않으며, 비교적 복잡하다.

🖹NOTE ③ BCG매트릭스에 대한 설명이다.

8 포드가 주창한 경영관리의 합리화 방식에 해당하지 않는 것은?

① 노동조합 육성

② 이동조립법(컨베이어벨트 시스템) 도입

③ 제품 표준화

④ 부품 규격화

⑤ 전용기계의 이용

🖹NOTE 포드시스템은 생산의 표준화와 이동조립법(moving assembly line)을 내용으로 하는 생산 시스템으로, 이를 위해 제품의 표준화, 부품의 규격화(호환성), 전용기계의 이용을 전제로 하였다.
① 포드시스템은 기계에 의해서 인간의 작업을 좌우하며, 단순노동을 증가시켜 인간을 기계의 일부로 만들었다는 비판을 받는다.

9 다음 마이클 포터의 본원적 경쟁전략 관한 설명에 해당하는 것은?

> 소비자들이 가치가 있다고 판단하는 요소를 제품 및 서비스 등에 반영해서 경쟁사의 제품과 차별화한 후 소비자들의 충성도를 확보하고, 이를 통해 가격 프리미엄 또는 매출증대를 꾀하고자 하는 전략

① 원가우위전략

② 집중화전략

③ 기술고도화전략

④ 차별화전략

⑤ 전문화전략

📄NOTE 차별화전략에 관한 설명이다.
- 원가우위 전략 : 비용요소를 철저하게 통제하고 기업조직의 가치사슬을 최대한 효율적으로 구사하는 전략이다.
- 집중화전략 : 메인 시장과는 다른 특성을 지니는 틈새시장을 대상으로 해서 소비자들의 니즈를 원가우위 또는 차별화 전략을 통해 충족시켜 나가는 전략이다. 또한 경쟁자와 전면적 경쟁이 불리한 기업이나 보유하고 있는 자원 또는 역량이 부족한 기업에게 적합한 전략이다.

10 BCG(Boston Consulting Group) 매트릭스에 대한 설명으로 옳은 것으로만 묶은 것은?

> ㉠ 시장성장률이 높다는 것은 그 시장에 속한 사업부의 매력도가 높다는 것을 의미한다.
> ㉡ 매트릭스 상에서 원의 크기는 전체 시장규모를 의미한다.
> ㉢ 유망한 신규사업에 대한 투자재원으로 활용되는 사업부는 현금젖소(Cash Cow) 사업으로 분류된다.
> ㉣ 상대적 시장점유율은 시장리더기업의 경우 항상 1.0이 넘으며 나머지 기업은 1.0이 되지 않는다.

① ㉠, ㉡

② ㉠, ㉢

③ ㉡, ㉣

④ ㉢, ㉣

⑤ ㉡, ㉢

📄NOTE ㉠ BCG 매트릭스는 각 사업부의 시장성장률과 상대적 시장점유율을 기준으로 경쟁사 대비 성과를 계산해 4분위면에 표시하는 방법이다. 시장성장률은 사업부가 위치한 산업의 성장이 고성장인지 저성장인지를 가려낸다. BCG 매트릭스의 변형인 GE 매트릭스는 시장성장률과 시장점유율 대신 시장매력도와 기업의 강점을 기준으로 사업부의 경쟁적 위치를 파악한다.
㉡ 매트릭스 상에서 원의 크기는 매출액 규모를 의미한다.

⊙answer 9.④ 10.④

11 기업의 형태에 대한 각 설명 중 옳지 않은 것은?

① 개인기업의 출자자는 1명이며, 소유와 경영의 합일체이다.

② 합자회사. 익명조합, 협동조합은 모두 법인으로 인정을 받는다.

③ 유한회사의 경우 사원의 수가 제한되어 있고, 지분의 증권화가 불가능하다.

④ 영리사단법인의 기본 조건에는 사단성, 영리성, 법인성 등이 있다.

⑤ 합자회사에서 지분을 양도할 때에는 무한책임사원 전원의 동의가 필요하다.

🖪NOTE 익명조합은 법인이 아니다.

12 다국적기업은 글로벌 전략 수립에 있어 글로벌화(세계화)와 현지화의 상반된 압력에 직면하게 된다. 다음 중 현지화의 필요성을 증대시키는 요인은?

① 유통경로의 국가별 차이 증가

② 규모의 경제 중요성 증가

③ 소비자 수요 동질화

④ 무역장벽 붕괴

⑤ 미디어의 발달

🖪NOTE ① 유통경로의 국가별 차이가 증가할 경우 각 국가의 유통경로에 적합하도록 현지화의 필요성이 증대된다.
②③④⑤는 글로벌화의 필요성을 증대시키는 요인이다.

●answer 11.② 12.①

13 기업전략에서 고려하는 지속가능성(sustainability)에 대한 설명으로 가장 옳은 것은?

① 지속가능 기업전략에서는 이해관계자와 관계없이 주주의 이익을 우선시한다.
② 지속가능성 평가 기준의 일종인 삼중선(triple bottom lines)은 기업의 경제, 사회, 정부 차원의 책무를 강조한다.
③ 사회적 책임이 포함된 기업전략을 수립하는 것에 대해 모든 기업이 동의한다.
④ 기업의 이익을 넘어 사회의 이익을 제공할 수 있는 전략을 수립한다.
⑤ 기업 자체에 대해서 단기적이고 일시적인 기업경쟁력의 원천이 된다.

> NOTE ① 지속가능 기업전략에서는 주주는 물론 모든 이해관계자를 고려하여 이익을 창출하고자 한다.
> ② 지속가능성 평가 기준의 일종인 삼중선(triple bottom lines)은 기업 이익, 환경지속성, 사회적 책임이라는 세 가지 기준을 강조한다.
> ③ 사회적 책임이 포함된 기업전략을 수립하는 것에 대해 모든 기업이 동의한다고 단정할 수 없다. 일부 기업은 사회적 책임을 외면한 채 기업 이익만을 추구하기도 한다.
> ⑤ 기업 자체에 대해서 장기적이고 지속적인 기업경쟁력의 원천이 된다.

14 다음 중 다국적기업에 대한 특징으로 옳은 것을 모두 고르면?

┌───┐
│ ㉠ 국제협력체제의 실행   ㉡ 기업조직구조에서의 집권화 │
│ ㉢ 물적구성의 다국적성   ㉣ 경영활동에 있어서의 세계지향성 │
│ ㉤ 이윤의 현지 기업에 대한 재투자성 │
└───┘

① ㉠㉢㉣   ② ㉠㉣㉤
③ ㉡㉢㉣   ④ ㉡㉣㉤
⑤ ㉢㉣㉤

> NOTE ㉠㉣㉤ 외에도 인적구성의 다국적성, 기업소유권의 다국적성 등이 있다.

15 보스턴 컨설팅 그룹에서 고안한 포트폴리오 매트릭스의 각 사업부와 해당 전략을 알맞게 짝지은 것은?

	사업부	투자	마케팅
①	Cash Cow	확대	최소화
②	Dog	현상유지	선별적 확대
③	Question Mark	축소	최소화
④	Cash Cow	현상유지	제한적 확대
⑤	Question Mark	확대	공격적 확대

> **NOTE**
>
> | 사업부 | 투자 | 마케팅 |
> |---|---|---|
> | 별(Star) | 확대 | 공격적 확대 |
> | 현금젖소(Cash Cow) | 현상유지 | 제한적 확대 |
> | 물음표(Question Mark) | 선별적 확대 | 선별적 확대 |
> | 개(Dog) | 축소 / 철수 | 최소화 |

16 〈보기〉의 경영이론에 대한 설명 중 옳은 것을 모두 고른 것은?

> 〈보기〉
> ㉠ 테일러(Taylor)의 과학적 관리이론에서 과업관리 목표는 '높은 임금과 높은 노무비의 원리'이다.
> ㉡ 포드 시스템(Ford system)은 생산의 표준화를 전제로 한다.
> ㉢ 페이욜(Fayol)의 관리이론 중 생산, 제작, 가공활동은 관리활동에 해당한다.
> ㉣ 메이요(Mayo)의 호손연구(Hawthorne Studies)에 의하면 화폐적 자극은 생산성에 영향을 미치지 않는다.

① ㉠, ㉡   ② ㉠, ㉣

③ ㉡, ㉢   ④ ㉡, ㉣

⑤ ㉠, ㉢

> **NOTE** ㉠ 테일러는 과학적 관리이론에서 노동자에게는 높은 임금을, 자본가에게는 높은 이윤을 제공하고자 '고임금, 저노무비의 원리'를 제시하였다.
> ㉢ 관리활동은 계획, 조직, 지휘, 조정, 통제이다. 생산, 제작, 가공은 기술활동에 해당한다.

⊙ answer 15.④ 16.④

17 M. Porter의 산업구조분석모델에서 제시한 산업 내 경쟁 상태에 영향을 주는 요인이 아닌 것은?

① 구매자 · 공급자 교섭력
② 대체제의 위협
③ 시장의 성장률
④ 잠재적 진입자
⑤ 산업 내 기존 기업과의 경쟁

🅑NOTE 시장의 성장률은 경쟁상태에 영향을 주는 요인이 아니다.

18 마일즈와 스노우가 말하는 전략-구조 유형에 대한 내용 중 방어형 전략에 해당하는 것으로 볼 수 없는 것은?

① 기능별 구조 및 제품별 구조를 결합한 느슨한 조직구조를 취하는 경향을 보이고 있다.
② 안정 및 능률을 목표로 하는 전략이다.
③ 광범위한 분업 및 공식화의 정도가 높은 기능별 조직구조를 취하는 경향을 보이고 있다.
④ 단순한 조정메커니즘과 계층경로를 통한 갈등 해결을 하고자 한다.
⑤ 집권화된 통제 및 복잡한 수직적 정보시스템이다.

🅑NOTE ①은 분석형 전략에 해당하는 것으로 안정 및 유연성을 목표로 하고 있는 전략이다.

ⓞanswer 17.③ 18.①

19 대기업과 중소기업의 관계에 대한 설명으로 옳지 않은 것은?

① 대기업이 분사(分社)를 통해 사실상의 자회사를 만들어 중소기업 영역에서 직접 운영하는 경우, 경제력이 분산되어 사회적 폐해가 줄어든다.

② 하도급계약 불이행은 대표적 불공정거래의 하나이고, 이로 인해 중소기업의 경영난이 가중된다.

③ 대기업 위주의 경제정책은 부작용과 경제적 불균형을 초래할 수 있으므로 중소기업 육성정책이 지속적으로 확대되어야 한다.

④ 대기업에 비하여 우리나라 중소기업 경쟁력이 저하된 중요한 이유 중 하나는 중소기업에 대한 사회의 경시풍조이다.

⑤ 대기업으로의 기술유출 또한 중소기업을 어렵게 하는 요인 중 하나로 꼽히고 있다.

> **NOTE** ① 대기업이 분사를 통해 사실상의 자회를 만들어 중소기업 영역에서 직접 운영하는 경우, 경제력이 집중되어 사회적 폐해가 증가한다.

20 네트워크형 조직의 특성으로 옳지 않은 것은?

① 네트워크에 참여한 기업들은 자사가 보유한 핵심역량 강화에 주력한다.

② 네트워크 내 서로 다른 핵심역량을 보유한 기업들과 적극적이고 효율적인 제휴가 중요하다.

③ 네트워크형 조직은 가상조직 또는 모듈조직 등으로 불리기도 한다.

④ 수직적으로 연계된 구조와 사람 및 정보를 중시하고, 자기관리에 의한 통제방식을 주요한 관리 수단으로 활용한다.

⑤ 네트워크형 조직은 필요한 정보를 중심으로 연결되므로 상황에 따라 변형된다.

> **NOTE** 네트워크는 필요한 정보를 중심으로 연결되므로 상황에 따라 변형되며, 필요에 따라 추가·제휴가 자유로운 특성이 있다. 즉, 형식이 유연하고 엄격한 상하부 구조를 갖지 않는다. 네트워크를 구성하는 각 개인 또는 팀들이 동등한 입장에서 경영과 기술자원을 분담하고 협력한다.
> ④ 네트워크형 조직은 수평적으로 연계된 구조와 사람 및 정보를 중시한다.

answer 19.① 20.④

21 다음의 보기 중 테일러와 관련한 설명으로 보기 가장 어려운 것은?

① 기업 조직의 운영에 있어 기획이나 실행의 분리를 기본으로 하고 있다.

② 전체 작업에 있어 시간 및 동작연구를 적용하고 표준작업시간을 설정하고 있다.

③ 직능적 조직에 의해 관리의 전문화를 꾀하고 있다.

④ 차별성과급제를 도입하였다.

⑤ 컨베이어 시스템을 도입하여 대량생산을 가능하게 하였다.

> NOTE 포드 시스템에 대한 설명이다. 포드는 자신의 자동차 공장에 컨베이어 시스템(Conveyor System)을 도입하여 대량생산을 통한 원가를 절감할 수 있었다.

22 매트릭스 조직에 대한 설명으로 옳은 것은?

① 이중적인 명령 체계를 갖고 있다.

② 시장의 새로운 변화에 유연하게 대처하기 어렵다.

③ 기능적 조직과 사업부제 조직을 결합한 형태이다.

④ 단일 제품을 생산하는 조직에 적합한 형태이다.

⑤ 조직의 복잡성이 감소한다.

> NOTE 매트릭스 조직은 구성원이 원래의 종적 계열에 소속됨과 동시에 횡적 계열이나 프로젝트 팀의 일원으로서 임무를 수행하는 형태이므로 이중적인 명령 체계를 가진다.
> ② 시장의 새로운 변화에 유연하게 대처할 수 있다.
> ③ 기능적 조직과 프로젝트 조직을 결합한 형태이다.
> ④ 단일 제품을 생산하는 조직에는 적합하지 않다.
> ⑤ 조직의 복잡성이 증대된다.

answer 21.⑤ 22.①

23 파스칼&피터스의 7S 모형에 대한 설명으로 옳지 않은 것은?

① 7S는 공유가치, 구조, 제도, 전략, 구성원, 기술, 복지를 의미한다.
② 전략은 조직의 장기적 목표를 결정한다.
③ 조직의 유효성이 높아지기 위해서는 요소 간 연결성이 높아야 한다.
④ 공유가치는 조직문화형성에 가장 중요한 영향을 미친다.
⑤ 각 요소 간 상호연결성이 높을수록 조직문화는 뚜렷하다.

> **NOTE** | 파스칼(Pascale)&피터스(Peters)의 7S
> ㉠ 공유가치(Shared Value) : 구성원들이 공유하고 있는 핵심가치, 조직문화의 형성에 가장 중요한 영향
> ㉡ 구조(Structure) : 전략 수행에 필요한 틀, 구성원의 역할과 그들의 관계를 지배하는 공식적인 요소
> ㉢ 제도(System) : 의사결정의 틀, 경영관리제도·절차
> ㉣ 전략(Strategy) : 중·장기적인 계획과 자원배분과정, 조직의 장기적 목표와 방향을 결정
> ㉤ 구성원(Staff) : 구성원의 기술, 역량, 기술, 전문성, 욕구 등, 조직문화 형성의 주체
> ㉥ 기술(Skill) : 생산 및 정보처리과정, 기업경영에서 사용되는 각종 기법
> ㉦ 리더십스타일(Style) : 관리자가 구성원의 행동에 영향력을 행사하는 방법

24 자동차 부품회사와 자동차 완제품 회사가 이를 결합하고자 하는 경우에 해당하는 것은?

① 수평적 결합
② 수직적 결합
③ 구조적 결합
④ 통합적 결합
⑤ 자본적 결합

> **NOTE** | 수직적 결합은 한 기업이 수직적으로 연관된 두 개의 활동 분야를 동시에 운영하는 것을 말한다. 즉, 기업이 전방 또는 후방으로 자신의 가치활동을 확대하는 것이다. 자동차 부품회사와 자동차 완제품 회사가 이를 결합하고자 하는 경우도 수직적 결합에 해당한다.

25 단위생산과 대량생산에 알맞은 조직구조는 무엇인가?

① 기계적 조직 – 기계적 조직
② 기계적 조직 – 유기적 조직
③ 유기적 조직 – 기계적 조직
④ 유기적 조직 – 유기적 조직
⑤ 기계적 조직 – 혼합형 조직

> **NOTE** | ③ 단위 생산의 가장 효과적인 구조는 유기적 조직, 대량생산은 기계적 조직과 연관성이 있다. 단위생산은 숙련된 기술자가 작업을 실시하며 여러 가지 상황 변화에 효과적으로 대응하기 위해 의사소통을 많이 하기 때문에 유기적 조직 형태가 나타난다. 대량생산은 일상적이어서 예외가 잘 일어나지 않기 때문에 기계적 조직형태가 나타난다.

○ answer 23.① 24.② 25.③

26 다음 중 주식회사에 대한 설명으로 옳지 않은 것은?

① 투자자로부터 거액의 자본을 조달하는 것이 가능하다.

② 주주의 위험이 다수의 주주에게 분산된다.

③ 주식회사는 소유자가 경영을 담당하므로 소유와 경영이 일치한다.

④ 주주는 회사의 채권자에 대해 직접적으로 책임을 지지 않는다.

⑤ 주식회사는 사기업인 영리기업에 해당한다.

> 🗒NOTE ③ 주식회사는 소유와 경영이 일치하지 않고 분리되어 있다.

27 다음 중 기업의 사회적 책임과 직접적인 관련이 가장 적은 것은?

① 중소기업 벤처투자   ② 지역투자

③ 기업의 지배구조   ④ 위해요인 기업투자 철회

⑤ 환경보호

> 🗒NOTE 기업의 지배구조 자체는 기업의 사회적 책임의 문제가 아니다.

28 스코트(B. Scott)교수의 조직이론 중 폐쇄-사회적 조직이론에 대한 설명으로 바르지 않은 것을 고르면?

① 조직에서의 경제적, 기계적인 측면을 강조한다는 비판을 받기도 하였다.

② 구성원들에 대한 업무의 태도, 소통, 리더십 등에 대해 관심을 두었다.

③ 행동과학 분야의 발전에 대해 기틀을 제공하였다.

④ 조직은 외부환경과 관계없는 폐쇄체제로, 조직 구성원은 합리적인 인간으로 파악하였다.

⑤ 조직 구성원들에 대한 사기를 작업의 생산성과 연결시켰다.

> 🗒NOTE 조직을 외부의 환경과는 관계가 없는 폐쇄체계로 파악을 했지만, 구성원들의 인간적 측면은 수용하고 있는 관점이다.
> 조직을 폐쇄체계로 파악하고, 인간 역시 합리적으로 사고하여 행동하는 것으로 파악한 것은 폐쇄-합리적 조직이론이다.

● answer   26.③ 27.③ 28.④

29 의사결정지원시스템에 대한 설명 중 잘못된 것은?

① 의사결정지원시스템은 관련성 있는 데이터를 포함하고 있는 데이터베이스에의 접근을 용이하게 해주는 기능을 수행한다.

② 의사결정지원시스템은 정형적인 의사결정을 지원하는 기능만을 수행한다.

③ 의사결정지원시스템을 통한 효과적인 문제해결은 사용자와 시스템 간의 대화를 통해 향상된다.

④ 의사결정지원시스템은 기업경영에 당면하는 여러 가지 문제를 해결하기 위해 복수의 대안을 개발하고, 비교 평가하여 최적안을 선택하도록 하는 시스템이다.

⑤ 병원의 진단, 은행의 신용 대출 가능성 판단, 기업의 엔지니어링 프로젝트 입찰 평가 등 다양한 분야에 활용된다.

> 🖪NOTE 초창기 의사결정지원시스템은 정형적인 의사결정을 지원하였으나, 현재에는 비정형적인 의사결정을 지원할 수 있는 수준까지 발전되어 있다.

30 경영전략을 수립함에 있어서 환경상의 기회와 위협에 대한 분석 및 기업 역량에 대한 강점과 약점을 분석하는 기법은?

① 가치사슬 분석

② 시장침투 전략

③ 사업포트폴리오 전략

④ SWOT 분석

⑤ 푸시 전략

> 🖪NOTE SWOT 분석은 외부 환경의 기회(O)와 위협(T), 기업 내부역량의 강점(S)과 약점(W)을 분석하는 기법이다.

ⓞanswer 29.② 30.④

31 SWOT 분석에 대한 다음의 설명 중 옳은 것을 모두 고르시오.

> ㉠ 문장을 상세하게 기술하여 이해가 쉽도록 해야 한다.
> ㉡ 조직 내외부의 면들을 동시에 판단할 수 있다.
> ㉢ SO전략에는 안전성장, 다양화 전략이 해당한다.
> ㉣ WO전략에는 우회, 방향전환, 개발 전략이 해당한다.

① ㉠, ㉡   ② ㉠, ㉢

③ ㉡, ㉢   ④ ㉡, ㉣

⑤ ㉢, ㉣

📝NOTE ㉠ 문장을 짧고 명료하게 나타내어 한 눈에 쉽게 분석이 가능하도록 기술해야 한다.
㉢ 안전성장, 다양화는 ST전략에 해당한다.

32 아래의 내용이 설명하는 용어는 무엇인가?

> 디지털 네트워크나 네트워크의 일부를 통해 전달되는 트래픽을 가로채거나 기록할 수 있는 컴퓨터 프로그램 또는 컴퓨터 하드웨어를 의미한다.

① 피싱

② 랜섬웨어

③ 스푸핑

④ 그리드 컴퓨팅

⑤ 스니핑

📝NOTE ① 피싱 : 전자우편이나 메신저를 이용해서 신뢰할 수 있는 사람이 보낸 것처럼 가장하여 기밀을 요하는 정보를 부정하게 얻으려는 것
② 랜섬웨어 : 시스템을 잠그거나 데이터를 암호화해 사용할 수 없게 한 뒤 이를 인질로 금전을 요구하는 악성 프로그램
③ 스푸핑 : 네트워크 토인과 관련된 모든 것을 악용해 속임으로서 공격하는 것
④ 그리드컴퓨팅 : 분산 병렬 컴퓨팅의 한 분야로 그리드 상의 모든 관련 컴퓨터의 계산능력을 결합하여 가상의 슈퍼 컴퓨터를 구축하기 위해 각각의 컴퓨터를 하나의 네트워크로 연결하는 것

● answer / 31.④ 32.⑤

33 마이클 포터의 본원적 전략에 대한 설명으로 잘못된 것은?

① 소기업이 집중화전략을 쓰는 경우 저원가전략은 고려하지 않아도 된다.

② 소기업이 집중화전략을 사용하는 경우 차별화 전략은 고려할 수 있다.

③ 시장점유율이 높은 기업은 원가우위전략을 통하여 시장지배력을 강화할 수 있다.

④ 시장점유율이 낮은 기업은 차별화전략을 통하여 시장점유율의 확대를 모색할 수 있다.

⑤ 틈새시장을 공략하는 전략은 집중화 전략이다.

📖NOTE 포터의(M. Porter)의 본원적 전략에서 집중화전략은 원가우위(저원가)전략과 차별화전략 모두 사용할 수 있다.

34 국제경영에 대한 설명으로 옳은 것은?

① 라이센싱계약은 해외시장에 이미 진입해 있는 자신의 자회사와는 이루어질 수 없다.

② 프랜차이징을 통해 해외 지역의 빠른 성장을 위한 자원 확보가 가능하며, 상대적으로 많은 비용이 든다.

③ 계약생산은 외국의 기업과 계약을 맺어 생산을 한 뒤 마케팅과 판매를 해당 외국 기업에서 직접 담당하도록 하는 것을 말한다.

④ 전략적 제휴는 2개 이상의 기업이 장기적인 관점에서 협력을 유지하는 경우이다.

⑤ 기업의 세계화는 전 세계를 세분화된 여러 시장으로 파악하는 것이다.

📖NOTE ① 라이센싱계약은 해외시장에 이미 진입해 있는 자신의 자회사와도 이루어질 수 있다.
② 프랜차이징을 통해 해외지역의 빠른 성장을 위한 자원확보가 가능하며, 상대적으로 비용이 적게 든다.
③ 계약생산은 외국의 기업과 계약을 맺어 생산을 한 뒤 마케팅과 판매를 해당 자국 기업에서 직접 담당하도록 하는 것을 말한다.
⑤ 기업의 세계화는 전 세계를 통합된 하나의 시장으로 파악하는 것이다.

35 다음의 설명들 중에서 가장 옳지 않은 것을 고르면?

① 공식조직은 계획적이고 의도적으로 구성요소 간 합리적 관계패턴을 공식적으로 확립시키기 위해 만든 조직이라 할 수 있다.

② 공식조직을 구성함에 있어서는 기능의 분화와 지위의 형성, 직위에 대한 권한 및 책임의 한계 등을 명시적으로 규정화하는 것 등이 문제가 된다.

③ 비공식 조직은 소집단의 성질을 띠며, 조직 구성원들은 서로 밀접한 관계를 형성한다.

④ 비공식 조직의 구성원들은 이성적 관계 및 단체적 접촉이다.

⑤ 비공식 조직에서는 비공식적인 가치관, 규범, 기대 및 목표를 가지고 있으며, 조직의 목표달성에 큰 영향을 미친다.

📋NOTE 비공식 조직의 구성원들은 감정적 관계 및 개인적 접촉이다.

36 다음 중 사업부제 조직의 특징으로 보기 어려운 것은?

① 사업부제 조직은 조직이 대형화됨에 따라 제품, 지역 및 소비자를 대상으로 조직을 분할하고 일종의 독립채산제로 운영하는 방식을 취하는 조직이다.

② 제품별로 명확한 업적평가가 가능하다.

③ 자원에 대한 배분 및 통제 등이 용이하다.

④ 전문직 상호 간 커뮤니케이션의 저해를 불러일으킨다.

⑤ 분권화에 의한 새로운 부문 이기주의의 발생이 없으며, 사업부 이익의 부분이 극대화된다.

📋NOTE 사업부제 조직에서는 분권화에 의한 새로운 부문 이기주의의 발생과 사업부 이익의 부분 극대화를 이루게 된다.

ⓞ answer 35.④ 36.⑤

37 다음 그림을 참조하여 설명된 내용 중 가장 옳지 않은 것을 고르면?

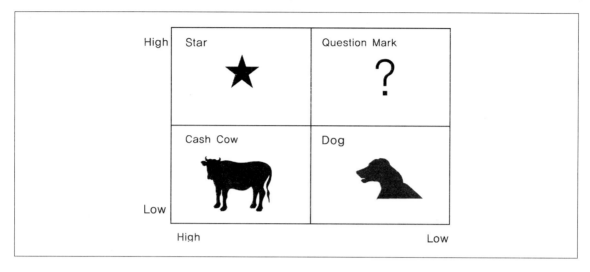

① 위 그림의 경우 세로축을 상대적 시장점유율을 두고, 가로축은 시장성장률로 두어 2×2 매트릭스의 형태를 취하고 있다.

② 별 사업부의 경우 유입되는 현금과 유출되는 현금이 많으므로, 제품수명주기 상에서 성장기에 해당한다.

③ 해당 포트폴리오의 바람직한 이동방향은 '물음표 → 별 → 현금젖소 → 개'이다.

④ 물음표 사업부는 고성장 저점유율의 형태로, 제품수명주기 상에서 도입기에 속한다.

⑤ 모든 사업을 4개의 사업부로 분류하기 어렵다는 한계점이 있다.

> 🅑NOTE BCG Matrix는 세로축에 시장성장률, 가로축에 상대적 시장점유율을 두어 2×2 매트릭스의 형태를 취하고 있다.

ⓞ answer 37.①

38 조직문화에 대한 다음의 설명 중 바르지 않은 것은?

① 샤인(E. Schein)은 조직문화의 수준을 1~3수준으로 나누었고, 1수준은 강연한 믿음으로서 외부에서 관찰이 불가능한 수준이다.

② 순응화, 동일화, 내면화는 레윈의 3단계 모델 중 해빙에 해당한다.

③ 순응화, 동일화, 내면화는 레윈의 모델 중 해빙에 해빙 단계에 해당한다.

④ 합의문화의 경우 분권화와 차별화, 사회기술시스템의 유지를 지향한다.

⑤ 강한 조직문화로 인해 새로운 전제, 가치 등이 수용되기까지 내부적으로 조직구성원의 저항이 나타날 수 있다.

> NOTE 순응화, 동일화, 내면화는 2단계 변화에 해당한다.
> ※ 레윈의 변화 3단계 … 레윈은 개인의 태도, 집단 및 조직 등의 태도 변화에 전반적으로 적용될 수 있는 3가지 모델을 제시하였다.
> ㉠ 1단계 해빙 : 개인이나 집단의 동기를 유발시켜 변화에 대해 준비를 하게끔 하는 것이 목적
> ㉡ 2단계 변화
> • 순응화 : 우호적 반응을 받기위해 혹은 부정적 반응을 피하기 위해 다른 이들의 영향력을 수용할 때 발생
> • 동일화 : 타인과의 관계가 만족스럽고 자아의 일부를 형성한다는 이유로, 그들의 태도를 수용할 때 발생
> • 내면화 : 유발된 태도나 행동이 내재적으로 보상되어 한 사람의 가치체계에 부합할 때 발생
> ㉢ 3단계 재동결 : 새로 획득된 태도, 지식, 행위가 그 개인의 성격이나 정서적 관계로 통합되어 정착되는 과정

39 다음 중 인간관계론에 대한 설명으로 바르지 않은 것은?

① 인간관계론의 경우 공식적 조직보다는 비공식 조직의 역할에만 더욱 관심을 보였다.

② 구성원들의 귀속감과 집단사기를 상당히 중요시하였다.

③ 기업 조직의 내부적 환경 요소를 배제하였다.

④ 인간의 감성만을 중요시한 나머지 조직 능률의 저해를 초래하였다.

⑤ 민주적이면서 참여적인 관리 방식을 추구하는 이론이다.

> NOTE 인간관계론은 기업 조직의 외부적 환경 요소를 배제하였다.
> ※ 인간관계론 호손실험
> ㉠ 조명실험 : 조명의 변화가 공장 내 종업원들의 생산성에 미치는 영향을 알아보기 위해서 실시하였지만, 이 경우에는 특별하게 작업능률에 있어 큰 영향을 미치지 못했다.
> ㉡ 계전기 조립실험 : 종업원들에 대한 휴식시간이나 임금인상 등이 그들의 작업조건에 있어생산성에 미치는 효과를 알아보는 실험이다.
> ㉢ 면접실험 : 상급자의 감독방법이나 작업 환경 등에 따른 종업원들의 불만을 조사하였다.
> ㉣ 배선관찰실험 : 종업원들에 대한 면접 및 관찰을 통한 작업장에서의 여러 가지 사회적 요소를 분석한 것이다.

⊙ answer 38.② 39.③

실험 명칭	실험 주체	실험 시간	실험 내용
조명실험	호손공장	1924–27	조명도가 생산성에 미치는 정(+)의 영향
계전기 조립실험	메이요 팀	1927–29	조면도 이외의 작업요인(작업시간, 임금, 휴식시간, 작업환경 등)과 작업조건(사기, 감독방법, 인간관계 등)이 생산성에 미치는 영향
면접 실험	"	1928–30	작업자의 심리적 요인이 작업자의 태도와 생산성에 미치는 영향
배전기 권성실험	"	1931–32	작업장의 사회적 요인으로 작용하는 비공식적조직과 비공식 규범 분석

40 다음 중 메이요의 호손실험에 관련한 내용을 잘못 설명한 것을 고르면?

① 호손실험은 메이요 교수가 중심이 되어 8년간 4단계에 걸쳐서 이루어진 실험이다.

② 경제적 인간관의 가정과 밀접한 관련이 있다.

③ 조직 내에서 비공식적 조직이 공식적 조직에 비해 구성원들의 생산성 향상에 큰 역할을 기여하고 있다고 보고 있다.

④ 민주성의 확립에 기여하는 계기가 되었다.

⑤ 구성원들의 태도, 감성 등의 심리적 요인이 중요하다고 보고 있다.

📖 NOTE 메이요의 호손실험으로 인해 인간의 가치, 감성 등이 중요시 되었으며 더 나아가 사회적 인간관의 가설과 형성에 있어 많은 영향을 끼치게 되었다. 경제적 인간관은 인간을 기계처럼 취급하는 과학적 관리론과 일맥상통하는 내용이다.

※ 과학적 관리론 및 인간관계론의 비교

차이점		공통점
과학적 관리론	인간관계론	• 외부환경의 무시(보수성/정태적 환경관)
직무중심	인간중심	• 생산/능률 향상이 궁극적 목적 : 관리기능적 접근(정치행정이원론, 공사행정일원론)
공식적 구조관	비공식적 구조관	
능률성과 민주적 목표와의 조화가 이루어지지 못함	능률성과 민주적 목표가 조화됨	• 관리층을 위한 연구 : 작업계층만을 연구대상으로 하고 관리자는 제외
인간을 기계의 부품화 ※ 정태적 인간관	인간을 감정적 존재로 인식 ※ 동태적 인간관(역학관계)	• 조직목표와 개인목표간 교환관계 인정(조화가능성은 인정) : 다만, 과학적관리론은 대립요인만 제거되면 쉽게 일치되나(X이론), 인간관계론은 쉽게 일치되지 않으므로 의도적인 노력이 필요(조직목표와 개인목표의 양립을 위한 Y이론 필요)
합리적/경제적 인간(X이론)	사회적 인간(Y이론)	
기계적 능률성	사회적 능률성	
경제적 동기(물질적 자극)	비경제적/인간적 동기	• 인간행동의 피동성 및 동기부여의 외재성 중시 : 인간은 목표달성의 수단이며 관리자에 의한 동기부여 강조, 스스로 동기부여를 해나가는 자아실현인(독립인)이 아님
시간, 동작연구 등	호손 실험	
1930년대 이전부터 강조	1930년대 이후 강조	
능률증진에 기여	민주성의 확립에 기여	• 욕구의 단일성 중시
과학적 원리 강조	보편적 원리에 치중치 않음	

● answer 40.②

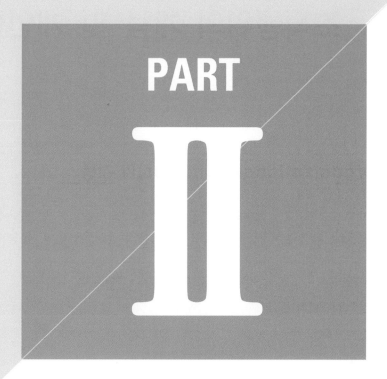

PART

II

조직행위

CHAPTER 01

조직행위의 개념 및 개인행위

01 조직행위(Organizational Behavior)의 개념

이는 개인이나 집단 그리고 조직에 대한 체계적 연구를 통해 기업 조직에 있어 인간의 태도와 행위에 대한 지식을 추구하여 조직의 유효성과 인간복지를 강화하고자 조직 내의 인간행동을 연구하는 것을 의미한다.

(1) 아치리스(Chris Argyris)의 미성숙 · 성숙 이론(Immaturity – Maturity Theory)

① 조직의 구성원들은 성인으로 삶의 변화에서 성숙의 과정을 거쳤다.

② 미성숙한 조직의 특징으로서는 전제적 리더십, 하향적 커뮤니케이션, 지시와 명령, 통제 중심, 엄격한 규정, 규칙, 절차 등이 있다.

표 참고 미성숙 및 성숙단계의 비교

미성숙단계	성숙단계
수동적 행위	증대된 행위
의존심	독립심
한정된 행동	다양한 행동
엉뚱하고 얕은 관심	보다 깊고 강한 관심
단기적 전망	장기적 전망
종속적 위치	대등 또는 우월한 위치
자아의식 결여	자아의식과 자기통제

(2) 막스 베버(M. Weber)의 관료제 이론

① 개요 : 19세기말 독일의 사회학자 베버(M. Weber)는 그 동안 사회조직이 전통적, 세습적 혹은 카리스마적인 권력자에 의해 지배되어 온 경우가 많았으며 그 때문에 많은 모순과 비용을 초래했다고 보고, 미리 정해진 규칙과 법에 따라 운영되는 관료제 조직(합법적 조직)이 시대와 공간을 초월하여 언제 어디서나 가장 합리적이라고 주장하였다.

② 내용

  ㉠ **정실배제의 원칙** : 개인적 사정이 통용되어서는 안 되고, 조직의 공식규정이 엄격하게 실천되어야 한다.

  ㉡ **수직계층의 원리** : 전문화된 직무는 계층에 따라 권한과 책임이 이미 분명하게 부여됨으로써 상호 통솔 및 복종관계가 사전에 정해져 있어야 한다.

  ㉢ **고용의 보장** : 구성원의 고용과 취업은 안정이 보장되어야 하고 정당한 보상도 뒤따라주어 안정된 생활이 되어야 한다.

  ㉣ **합법성의 원리** : 전체 구성원의 직무는 규정에 따라 합법적으로 설정되어야 하며 권한, 책임, 상벌규정이 미리 정해져서 그대로 실천되어야 한다.

  ㉤ **분업의 원리** : 직무는 가능한 한 분업화, 전문화시켜야 하며 인원선발, 배치, 승진도 자격에 맞추어 정해져야 한다.

  ㉥ **문서화, 공식화의 원리** : 구성원 각자의 권한, 책임이 규정과 문서로 명시화되고 이것이 지켜져야 한다.

  ㉦ **전문화(Specialization)**, 경력의 중시, 규정, 규칙, 절차의 강조, 합법적 권한과 권력

③ 관료제 이론의 특징

  ㉠ **장점** : 전문화, 구조화, 예측가능성과 안정성, 합리성 추구, 민주성 보장

  ㉡ **단점** : 자발성 결여, 창의성 부족, 환경적응력 미흡, 매너리즘(Mannerism), 형식주의 · 절차주의 · 문서주의

🎓 참고 조직의 유효성에 대한 2가지 접근법

요소 \ 접근법	목표접근법	시스템접근법
가정	• 조직은 궁극적 목표를 지님 • 목표의 내용이 한정되어 있어 목표에 대한 일반적인 합의가 있음 • 목표에 대한 진전도는 측정가능	• 목표보다 과정이 중요 • 환경과의 우호적 관계가 조직의 생존에 중요
측정지표	• 생산성, 이윤, 매출액, 투자수익률, 매출액이익률 등	• 직무만족, 조직몰입, 근로생활의 질, 이직률, 결근율 등
문제점	• 누구의 목표냐 하는 문제 • 공식목표와 실제목표의 문제 • 단기목표냐 장기목표냐의 문제 • 다원적 목표간의 비중문제	• 측정지표 정의의 문제 • 과정의 강조에 따른 문제 • 이것도 결국 수단목표라고 할 수 있음
경영자에의 참여	• 실제목표설정 • 애매하지 않은 측정가능목표 강조	• 조직의 장기적인 건강과 생존 고려

02 개인행위

(1) 개요

① **능력(Ability)의 의의**

　　㉠ 어떤 일(정신적 또는 육체적 등)을 할 수 있는 최대한의 한계를 말한다.

　　㉡ 이는 선천적 또는 후천적인 학습에 의해서도 가능하다.

　　㉢ 개인이 잠재적으로 보유한 최대치와 발휘하는 능력의 수준은 차이가 있을 수 있다.

② **기술(Skill)의 의의** : 능력과 비슷한 내용이지만, 기술의 경우 어떠한 특정의 일과 관련된 능력을 의미한다.

(2) 인지스타일의 분류

① **인지스타일(Cognitive Styles)의 개념** : 인간이 받아들여진 정보를 어떻게 판단하고 지각하는가와 관련된 정신적 과정이다.

② **융(Carl Jung)의 분류** : 지각(Perception)에 영향을 미치는 정신적 과정과 판단(Judgment)에 영향을 미치는 정신적 과정이 각각 다르다고 보고 있다.

　　㉠ **지각에 영향을 미치는 것** : 감각(Sensation)과 직관(Intuition)

　　㉡ **판단에 영향을 미치는 것** : 사고(Thinking)와 느낌(Feeling)

③ **MBTI** : Myers-Briggs Type Indicator : MBTI는 Myers-Briggs Type Indicator의 머리글자만 딴 것으로 C.G.Jung의 성격유형 이론을 근거로 해서 Catharine C.Briggs와 그의 딸 Isabel Briggs Myers, 그리고 손자인 Peter Myers에 이르기까지 무려 3대에 걸쳐 70년 동안 지속적으로 연구 개발한 인간이해를 위한 성격유형 검사이다. MBTI 검사지는 전체 95문항으로 구성되어 4가지 척도의 관점에서 인간을 이해하려고 한다. 그리고 그 결과는 E(외향)-I(내향), S(감각)-N(직관), T(사고)-F(감정), J(판단)-P(인식) 중 각 개인이 선호하는 네 가지 선호지표를 알파벳으로 표시하여 결과 프로파일에 제시되며, 총 16가지 성격 유형으로 나타날 수 있다.

(3) 창의력

① 창의력의 개념

  ㉠ 비범한 대안을 찾아낼 수 있는 능력을 말한다.

  ㉡ 정보 또는 지식 등을 독특한 방법으로 조합해서 참신하면서도 유용한 아이디어로 산출해 내는 능력이다.

  ㉢ 창의력은 지능, 다면적 사고, 연상과 유추능력, 비유 및 상상 등을 활용할 줄 아는 능력과 상당히 관계가 깊다.

② 창의력 및 조직의 상황 : 창의력이 뛰어난 구성원이라 하더라도 조직구조가 경직되어 있거나, 업무가 지나치게 정형화 되면 창의력 발휘가 어려워진다.

  ㉠ Demand-Ability 관점 : 조직의 개인에 대한 창의력 발휘 요구를 개인이 적절히 충족시킬 수 있는가의 문제, 즉 구성원들의 창의적 역량의 문제이다.

  ㉡ Supply-Value 관점 : 개인이 창의력을 발휘하려 할 때, 조직상황이 그것을 얼마나 수용해 주는가의 문제, 즉 조직의 문제이다.

CHAPTER 02 동기부여

01 동기부여의 개념

① 동기부여(Motivation)란 사람들이 목표달성을 위해 행동하도록 자극하여 동기가 생기게 하고, 구체적 행동을 유도하고 이끌며, 그러한 행동을 지속하게 하는 것을 의미한다.

② 이러한 3가지 요소가 갖추어졌을 때 흔히 동기부여 되었다고 한다.

③ 또한, 동기부여란 어떤 행위를 하게 만드는 충동적 힘이며, 강력한 목표지향성을 지니고 있기 때문에 조직은 구성원에 대한 동기부여 전략을 통해 조직유효성을 강화시킬 수 있다. 경영자나 조직구성원의 입장에서 동기부여란, 조직 내 개인이 직무를 수행하는 과정에서 개인적 목표와 일치되는 목표를 위해 자발적, 지속적으로 고도의 노력을 기울이도록 자신을 유도하는 과정, 그리고 조직이 그러한 개인에게 동기가 부여된 행동을 촉진하는 일련의 활동이라 정의하기도 한다.

④ 그러므로 동기부여의 개념은 인간 관계론에서 시작되어 행동과학으로 발전하는 가운데 내면적 심리상태, 즉 욕구 등에 따라서 행위가 달라진다는 것을 인식하게 되면서 학자들의 관심 영역이 되었다.

02 동기부여의 중요성

경영자의 입장에서 보면 조직의 유효성 제고 및 목표달성을 위해서는 종업원들의 의욕을 불러일으키는 것만큼 중요한 일은 없다. 그 이유는 조직의 목표와 개인의 목표의 조화는 결국 종업원들의 의지에 달려있고 그들이 얼마만큼 의욕을 가지고 노력하는지 여부가 목표달성이나 성과도출을 좌우하기 때문이다.

① 동기부여는 개인의 자발적인 업무수행노력을 촉진하여 직무만족과 생산성을 높이고 나아가 조직유효성을 제고시킨다.

② 동기부여는 변화에 대한 구성원들의 저항을 줄이고 자발적 적응을 촉진함으로서 조직변화를 용이하게 하는 추진력이 된다.

③ 동기부여는 조직 구성원들이 적극적이면서 능동적으로 업무를 수행하게 함으로써 자아실현을 할 수 있는 기회를 부여한다.

④ 개인의 동기부여는 경쟁우위 원천으로서의 사람의 중요성이 커지는 가운데 기업경쟁력 강화의 핵심 수단이 된다.

⑤ 동기부여는 구성원 개개인으로 하여금 과업수행에 대한 자신감과 자긍심을 갖게 한다.

03 동기부여의 접근법

(1) 전통적 관리법(경제인 가설)

① 경영학적 관점에서 볼 때의 동기부여에 대한 초기의 이론은 맥그리거(D. Mcgregor)의 X이론에 입각하고 있다.

구분	X이론(권위주의적 관리)	Y이론(참여적 관리)
기본 전제	• 대부분의 인간들은 게으르고 일하기를 싫어한다. • 양심도 없고 책임지기를 싫어한다. • 지시에 따르기를 좋아한다. • 변화에 대해서 싫어하여 저항한다. • 자기중심적이고 조직요구에 무관심하다는 것이다.	• 인간이 만족감을 가지게 될 경우 자연적으로 일하려 한다. • 반드시 조직요구에 수동적이거나 반항적이 아니다. • 자기행동을 스스로 규제한다. • 적절한 상황에서는 책임을 지려는 욕구까지 있다는 것이다.
관리 방식	구성원들을 달래가면서 이끄는 것과 강제 및 통제하며 처벌로써 이끌어야 하는 두 방식이 있다.	조직의 목표 및 개인의 목표를 조화시키고, 경제적 보상과 더불어 인간적 보상을 해 주고, 상관과 부하의 관계를 상호의존적 관계로 만드는 민주적인 리더십과 권한위임을 형성하여야 한다.

② 즉 경영자들은 보통 종업원들이 기본적으로 게으르다는 인식하에 그들을 모티베이트 시킬 수 있는 것은 돈뿐이라는 믿음을 가지고 있었다. 그러므로 초기 동기부여 이론인 맥그리거의 X이론에 입각한 접근법이다.

(2) 인간 관계론적 접근법(사회인 가설)

① 인간 관계론에서는 인간 본성에 관한 가정이 크게 바뀌면서 기업 조직에서 성과를 내는 데 있어 인적 요소의 중요성이 크게 부각되게 된다.

② 종업원들은 업무와 관련하여 자신이 중요한 존재로 인식되기를 원한다는 사실, 즉 한 개인으로서 인정을 받기를 원한다는 사실이 널리 알려지게 되었다.

③ 그러므로 이러한 욕구는 금전에 대한 욕구만큼 중요하다는 사실을 깨닫게 됨에 따라 동기부여에 있어 사회적인 측면을 크게 강조하게 된다.

(3) 인적자원적 접근법

① 인적자원 모형은 인간관계론적 접근법에 내재된 가정이 인간행위를 제대로 설명해 주지 못한다는 인식하에 제시된 모형이다.

② 이러한 인적 자원모형은 조직구성원을 잠재적인 자원으로 파악하고 지속적인 능력개발과 동기부여가 중요하다고 강조하면서, 동시에 인간에 대한 동기부여는 화폐나 애정, 성취동기, 의미 있는 일에 대한 욕구 등과 같이 상호 연관된 여러 가지 복합적 요인에 의해 이루어진다고 주장한다.

③ 그러므로 이러한 인적자원적 접근법은 조직구성원은 직무에 대해 공헌하고자 하는 욕구를 지니고 있으며, 조직 구성원들에게 의사결정능력을 허용하는 것이 조직에 이익이 되며, 직무에서 허용되는 자발적 통제나 방향설정이 직무만족을 높인다고 가정한다.

04 동기부여 이론의 두 모형 & 전개

내용이론의 대표적인 이론에는 Maslow의 욕구단계이론(Need Hierarchy Theory), Alderfer의 E.R.G 이론, Herzberg의 2요인이론, Mcgregor의 X. Y이론 등이 있으며, 과정이론의 대표이론으로는 Vroom 등의 기대이론(Expectancy Theory), Adams의 공정성이론(Equity Theory), 목표설정이론(Goal Setting Theory) 등이 있다.

(1) 동기부여 내용이론

① 매슬로우(Maslow)의 욕구단계이론(Need Hierarchy Theory)

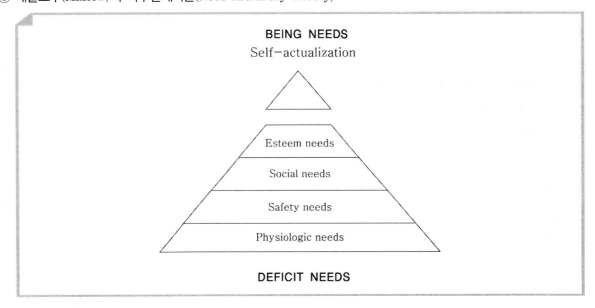

ⓘ 개요

ⓐ Maslow는 인간의 욕구를 5단계로 구분하여 하위단계 욕구가 충족되어야 다음 단계의 상위욕구로 이동할 수 있고 최종적으로 최고차원 욕구인 자아실현 욕구에 도달한다고 하였다.

ⓑ 기업 조직의 존재 이유는 바로 조직 구성원들에게 최고차원 욕구인 자기실현 욕구를 충족의 기회를 제공하는데 있다고 할 수 있다.

ⓒ Maslow는 각 계층의 욕구가 만족됨에 따라 이전 단계의 욕구는 더 이상 동기유발의 역할을 하지 못하고 다음 단계의 욕구가 행동의 동기유발을 한다고 가정하고 있다.

ⓓ 이 이론은 인간의 동기를 자극하는 요소로서 욕구를 이해하기 쉽고 명쾌하게 정의하였다는 장점이 있지만, 정교하지 못하고 이후 연구에 의하면 현실적이지 못한 부분들이 발견되고 있다.

ⓛ 욕구의 5가지 단계

ⓐ 생리적 욕구(1단계)

• 생리적 욕구는 인간의 가장 기본적인 욕구인 의식주 등에 관한 욕구로서 인간이라면 누구나 충족해야 하는 인간에게 있어 가장 저차원 단계의 욕구를 의미한다.

ⓑ 안전·안정의 욕구(2단계)

• 이는 직무환경으로부터의 안전 및 생활의 안정과 같은 욕구를 의미한다. 이 단계 욕구 충족을 위해서 조직은 작업환경 개선, 안전예방조치 강구, 건강 및 재해, 의료 및 퇴직 보험 등의 복리후생제도를 실행해야 한다.

ⓒ 애정 및 소속감의 욕구(3단계) : 애정 및 소속감의 욕구는 인간이 사회적 욕구로서 집단 또는 사회조직의 일원으로 소속되어 타인과 유대관계를 형성하고 어울리고 싶어하는 욕구를 의미한다.

ⓓ 존경의 욕구(4단계)

• 이는 집단이나 조직 내에서 단순한 개인 이상의 존재가 되기를 원하는 욕구, 즉 다른 조직구성원으로부터 존경이나 인정을 받고 싶은 욕구 단계로서 이 욕구단계가 만족되면 자신감, 명예심, 권력, 통제력 등이 생긴다.

ⓔ 자아실현의 욕구(5단계)

• 존경의 욕구가 충족되면 그 다음 단계로 자기개발을 위해서 자신의 잠재력을 극대화하려는 욕구가 생기는데 더욱더 자기 본래의 모습을 찾거나 생의 의미를 실현하기 위해 행동하는 것을 의미한다.

⊞ 참고 매슬로우의 욕구 5단계설에 대한 평가

① 긍정적인 측면 : 매슬로우의 욕구단계설은 경영자로 하여금 인간의 욕구에 대한 체계적인 인식을 지니게 하였고, 구성원들의 하위단계 욕구를 어느 정도 충족시켜 준 이후 지속적인 동기부여를 위해서는 보다 상위단계의 욕구를 충족시켜 주어야 한다는 중요한 사실을 알게 해 주었다.

② 부정적인 측면 : 욕구 단계설은 이론적인 타당성을 입증해 주는 조사연구가 많지 않으며, 더불어 그에 대한 타당성에 많은 문제가 제기되고 있다.

② 알더퍼(Alderfer)의 E. R. G. 이론

　　㉠ 개요

　　　　ⓐ Alderfer는 70년대 초 Maslow의 욕구 단계설을 수정하여 인간의 욕구를 존재욕구(Existence Needs), 관계욕구(Relatedness Needs), 성장욕구(Growth Needs)의 3단계로 구분한 ERG이론을 제시하였다.

　　　　ⓑ 채워야 할 욕구의 양은 한정된 것이 아니라 못 채우게 되면 못 채운 만큼 그 욕구가 증대되며, 세 가지 욕구의 상대적 크기는 성격과 문화에 따라 개인마다 서로 다르다고 주장한다.

　　㉡ 욕구의 3단계

　　　　ⓐ 존재(Existence) 욕구 : 인간존재의 유지에 필요한 생리적 및 물질적 욕구를 의미한다. 매슬로우의 생리적 욕구와 안전의 욕구가 이러한 범주에 해당된다.

　　　　ⓑ 관계(Relatedness) 욕구 : 바람직한 인간관계에 대한 욕구로서 매슬로우의 말하는 애정 · 소속감 욕구와 일부의 안정욕구 및 일부의 존경욕구 등이 이 범주에 해당된다.

　　　　ⓒ 성장(Growth) 욕구 : 자기능력 개발 및 새로운 능력 보유노력을 통해 자기 자신의 지속적인 성장과 발전을 추구하는 욕구로서 Maslow의 자기실현욕구와 일부의 존경욕구가 이에 해당한다.

　　㉢ 평가 : ERG이론은 욕구개념에 근거를 둔 동기부여 이론으로써 가장 타당성이 있다는 평을 듣고 있으며, 연구조사가 가능한 이론으로써 Maslow나 Herzberg의 2요인이론보다 훨씬 유용하고 현실적인 방안이라는 평가를 받고 있다. 그러나 Maslow의 욕구 단계설에 비하여 좀 더 진전된 이론이지만 검증된 실증자료가 많지 않으며 그 보편성에도 의문이 제기되고 있다.

> **표 참고 욕구단계이론 Vs. Erg 이론의 비교**
>
> 두 이론 모두 인간의 욕구를 인간행동을 모티베이트 시키는 원동력으로 보고 행동을 일으키는 인간의 욕구가 무엇인가에 초점을 맞추어 동기부여이론을 전개하였다는 측면에서는 공통점이 있다.

③ 맥클랜드(Mcclelland)의 성취동기이론

　　㉠ 개요

　　　　ⓐ 맥클랜드(Mcclelland)의 성취동기이론은 인간의 욕구에 기초하여 동기화를 설명하려는 이론으로서 인간 행위에 대한 동기부여의 잠재력을 개인의 욕구에서 찾았다.

　　　　ⓑ 인간의 모든 욕구는 학습되며 행위에 영향을 미치는 잠재력을 지닌 욕구들의 서열은 개인마다 다르다고 주장하면서 개인의 욕구 중 사회 문화적으로 습득된 욕구로서 성취욕구, 권력욕구, 친교욕구 등을 제시하였고 그 중에서도 특히 성취욕구를 강조하였다.

　　　　ⓒ 맥클랜드는 성취동기를 성공 추구의 비교적 안정된 소인으로 보고, 성취욕구를 "우수한 결과를 얻기 위해 높은 기준을 설정하고, 이를 끝까지 달성하려는 욕구"라고 정의한다.

　　㉡ 성취욕 강한 사람의 특징

　　　　ⓐ 구성원 스스로가 성과목표를 정하기를 원한다.

　　　　ⓑ 30%내지 50%의 성공률(중간 수준의 성공률)을 가진 목표 선호

　　　　ⓒ 문제해결에 대한 책임을 스스로 지려는 경향 강함

　　　　　ⓓ 업무수행에 관한 즉각적이고 효율적인 피드백 선호

　　　ⓒ **성취욕구 수준 개발 지침**(성취욕구수준을 개발하는 구체적인 지침)

　　　　　ⓐ 과업 재배치를 통해 성과에 대한 정기적 피드백을 받게 한다.

　　　　　ⓑ 상상력을 통제한다.

　　　　　ⓒ 자신의 이미지를 바꾸게 한다.

　　　　　ⓓ 우수한 성과모델을 모범으로 따르도록 한다.

　　　ⓔ **평가**

　　　　　ⓐ 생존수준 이상에 있어서는 개인별로 지배적 욕구가 다를 수 있다는 맥클랜드의 생각은 매슬로우의 이론보다 더 타당성이 있는 것으로 평가받고 있다.

　　　　　ⓑ 더불어 성취동기 이론을 거시경제 분야로 확대시킨 것도 큰 지지를 받고 있는데 완전한 경제발전이론은 아니지만 경제발전의 주요 변수들을 지적해 주고 있으며, 특히 개도국에서 그 적용가능성이 매우 높다고 할 수 있다.

　　　　　ⓒ 경영측면에서는 성취동기이론이 중소기업을 창설하고 발전시키는데 있어서 원동력이 무엇인가를 설명해 주고 있으며 또한 관리자 충원의 선발기준을 마련해 주고 있다.

④ **허츠버그(Herzberg)의 2요인 이론(Dual Factor Theory) : 직무만족 이론**

　　ⓐ **개념** : 50년대 후반 허츠버그는 200명의 기술자와 회계사를 대상으로 한 연구를 통해 사람들에게 만족을 주는 직무요인과 불만족을 주는 직무요인은 별개라는 것을 알아내고 만족을 주는 동기요인과 불만족을 제거해주는 위생요인을 구분한 동기-위생요인이론을 제시했다. 그에 따르면 인간에게는 성장하고자 하는 욕구인 동기요인(Motivators)과 고통을 회피하려고 하는 욕구인 위생요인(Hygiene Factors)이라는 두 종류가 있다고 한다. 2요인 이론은 만족과 불만족이 별개의 차원이고, 각 차원에 작용하는 요인 역시 별개의 것이라고 가정한다.

　　ⓑ **동기요인 & 위생요인**

　　　　ⓐ **동기요인** : 작업자로 하여금 직무만족을 느끼게 하고, 작업자의 동기부여를 유발하는 직무내용과 관련된 요인들로서 '직무 자체, 성취감, 책임감, 안정감, 성장과 발전, 도전감' 등의 요인들이다. 이를 만족요인(Satisfiers)이라고도 한다. 이러한 동기요인의 특성은 이 요인이 충족되지 않아도 불만이 생기지는 않지만 이 요인이 충족되면 만족의 향상을 가져와 적극적인 태도를 유도한다는 것이다.

　　　　ⓑ **위생요인** : 직무에 대한 불만족 제거 요인으로 '작업조건, 회사의 정책과 방침, 감독 스타일, 개인 간 인간관계, 임금' 등의 직무환경과 관련된 요인들이다. 이를 불만족요인이라고도 한다. 이러한 위생요인의 특성은 이 요인이 충족되면 불만족의 감소를 가져오지만 만족으로는 작용하지 않는다. 즉 이러한 요인들은 직무불만족을 방지해줄 뿐이지 직무만족을 유발하여 적극적인 동기부여를 하지 못한다는 것이다.

　　ⓒ **평가** : 허츠버그 이전에 무시되었던 직무 내용요소에 대한 관심을 제고했고, 직무 충실화라는 동기부여의 실천적 기법까지 제시했다는 점은 긍정적으로 평가되고 있다.

⑤ 맥그리거(Mcgregor)의 X · Y 이론

　㉠ 내용

　　ⓐ X이론

　　　• 이는 전통적 관리체계를 정당화시켜 주는 인간관으로 일을 싫어하고 책임을 회피하는 수동적인 인간은 생리적, 안전 욕구에 자극을 주는 금전적 보상과 처벌 위협에 동기 부여된다고 가정하는 이론이다. 그러므로 X이론에 입각한 관리전략은 인간의 하위욕구를 자극시키거나 만족시키는 외적 통제를 강화하는 방향이 된다.

　　ⓑ Y이론

　　　• X이론의 인간관을 부정 비판하고 새로운 인간관으로 제안된 Y이론은 상위욕구의 충족을 원하는 현대인은 근본적으로 자기 통제할 수 있으며, 조건만 맞으면 창의적으로 일할 수 있어 자아만족과 자기실현 등의 상위 욕구에 의해 동기부여 된다고 가정한다.

　　　• 그러므로 Y이론에 유도되는 관리전략은 인간의 잠재력이 능동적으로 발휘될 수 있는 여건을 조성하는 방향이 되며 이는 개인과 조직의 목표를 통합하여 동기부여 하는 것이다.

　㉡ 이론의 평가 : 개인과 조직 목표를 통합하는 관리 전략으로 동기부여 된다는 통합 원리의 중요성을 환기시켰다.

죠참고 맥그리거(D. Mcgregor)의 X이론과 Y이론 비교

X이론	Y이론
• 대부분의 사람들에 있어서 일은 싫은 것이다.	• 조건만 알맞다면 일은 노는 것처럼 자연스러운 것이다.
• 대부분의 사람들은 야망이 없고 책임감도 거의 없으며 지시받기를 좋아한다.	• 사람은 자신이 책임을 느끼는 목표를 달성하기 위해 자기지시, 자기통제를 한다.
• 대개의 사람들은 조직의 문제를 해결하는데 창의력을 발휘할 만한 능력을 갖고 있지 못하다.	• 조직문제를 해결하는 데 필요한 창조적 능력은 인간에게 넓게 분산되어 있다.
• 동기부여는 물질적 · 경제적 수준에서 이루어진다.	• 동기부여는 물질적 · 경제적 수준에서 뿐만 아닌 심리적 · 사회적인 수준에서도 이루어진다.
• 대개의 사람들은 엄격히 통제되어 조직의 목표를 달성하게끔 강제되어야 한다.	• 사람들은 적절히 동기가 부여되면 일에 있어 자기통제적일 수 있고 창조적일 수 있다.

(2) 동기부여 과정이론

① 브룸(Vroom)의 기대이론(Expectancy Theory)

  ㉠ 개요

    ⓐ 기대이론은 수단성이론, 기대-유의성이론 이라고 하는데 "한 개인의 어떤 행위에 대한 모티베이션의 정도
      는 행위가 가져다줄 결과에 대한 기대(유의성, 가능성)의 매력정도에 의해 결정된다."는 것이 핵심이다.

    ⓑ 성과 = F [M(모티베이션) × A(능력)]

      이러한 기대이론은 레윈과 톨만에 의해 처음 제시되었으며, 기대 이론을 작업 상황에 도입한 것이 브
      룸의 기대이론과 포터와 로울러의 기대 이론이며, Vroom은 개인이 어떤 행동을 유발하려 할 때는 어
      떤 심리적 과정을 통하여 행동하는가를 설명하려 하였다.

  ㉡ 기대이론의 동기부여 공식

    동기부여(M) = 기대(E) × 수단성(I) × 유의성(V)(E=Expectancy, I = Instrumentality, V = Valence)

    ⓐ 기대(Expectancies) : 목적달성을 위하여 자기능력과 가능성에 대해 자신이 가지고 있는 인지 정도를
      말한다. 따라서 기대는 특정 행위나 노력이 특정 결과를 가져올 것이라는 가능성 또는 확률에 대한
      확신이며 목표의 실체가 아니라 상황의 지각에 따라 결정된다. 즉 일정한 노력을 기울이면 일정 수준
      의 업적을 올릴 수 있다고 믿는 가능성으로 0에서 1사이의 값을 갖는다.

    ⓑ 유의성(Valence) : 2차 산출물에 대한 개인의 선호도 또는 만족도를 말하며 산출물의 중요성이나 가치
      의 정도를 나타내는 매력 또는 유인력을 의미한다. 즉 최종적으로 얻게 되는 보상이 개인에게 얼마나
      매력적인가를 나타내는 것으로 -1에서 1사이의 값을 갖는다.

    ⓒ 수단성(Instrumentality) : 1차 산출물(성과)이 2차 산출물(보상)을 유도할 것이라는 신념의 정도를 말하며,
      1차성과 목표 달성은 2차 보상을 획득하는 수단이기 때문에 중요하다. 즉 어떤 업적을 올리면 그것이
      바람직한 보상으로 연결된다고 믿는 가능성으로 -1에서 1사이의 값을 갖는다.

  ㉢ 평가

    • 기대이론의 한계점

      - 내용구성(구조)이 복잡해서 검증자체가 어렵다.

      - 인간은 누구나 합리성에 근거하여 결과와 확률을 예측한 다음에 행동할 것이라는 기대이론 학자들
        의 의견을 그대로 받아들이기 어렵다. 인간은 완벽하게 과학적이거나 합리적이지 못하다.

      - 행동으로부터 얻어지는 결과들에 대한 가치부여 정도가 매우 주관적이라서 사람마다 다르다.

      - 가장 만족이 큰 쪽으로 인간의 행동이 모티베이션된다는 쾌락주의적 가정은 인간행위의 올바른 설
        명이 못 된다.

② 아담스(J. S. Adams)의 공정성이론(Equity Theory)

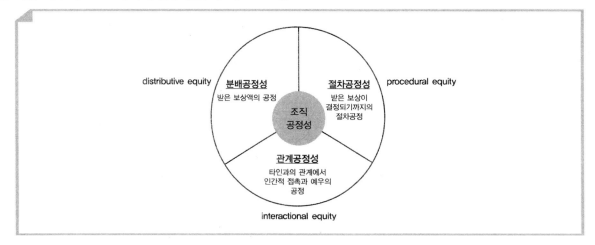

㉠ 개요 : 공정성이론(Equity Theory)은 인지부조화의 분배정의 개념에 기초하여 Adams가 1963년 발표한 동기부여 과정이론(Motivation Process Theory)의 하나로 조직 내 개인들이 자신의 투입대비 산출의 비율을 준거집단이나 준거인(비교가 되는 다른 사람/집단)의 투입대비 산출 비율과 비교하여 공정하다고 지각하면 적극적이고 최선을 다하려 하지만 그 비교결과 비율이 작거나 커서 불공정하다고 지각하게 되면 이와 같은 불공정상태를 해소, 수정하려는 방향으로 모티베이트 한다는 것이다.

㉡ 조직 공정성의 3가지 측면 : 조직공정성은 3가지 측면을 가지는데 분배적(Distributive), 절차적(Procedural), 관계적(Interactional) 공정성이다.

ⓐ 절차적 공정성은 회사의 의사결정과정이 공정했느냐의 여부이다.

ⓑ 분배적 공정성이란 회사의 자원을 구성원들 사이에 공평하게 분배했느냐의 문제이다.

ⓒ 관계적 공정성은 인간관계에서 인간적인 대우를 포함한 질적인 차원에서의 공정성을 뜻한다.

㉢ 불공정 상태 해소방안(공정성 회복방안(동기부여)) : 개인이 불공정성을 지각하면 대개 부족한 보상에 따른 불만이나 과다한 보상에 따른 부담감이나 불안감을 나타내어 불공정성을 감소시키는 방향으로 동기부여 된다. 이 불공정성의 인식은 불공정성을 감소시키는 방향으로 Motivate작용이 일어나는데 그것은 아래와 같다.

ⓐ 투입의 변경 : 자신의 공헌을 가감한다. 개인은 불공정성이 유리하면 투입을 증가시키고 불리하면 투입을 감소시킨다. 즉 과소보상을 느끼는 사람은 개인의 노력수준을 감소시킬 것이고, 과다보상의 경우에는 개인의 노력수준을 증가시킬 것이다.

ⓑ 산출의 변경 : 보상을 더 요구하든지 되돌려 준다. 산출을 변경할 때는 증가는 사용되나 감소는 거의 사용되지 않는다.

• 인식의 왜곡 : 실제로 투입이나 산출을 변경하지 않고 인지적으로 자신이나 비교대상의 투입 대 산출을 왜곡시킴으로써 인지부조화를 극복 불공정성을 극복할 수 있다.

• 투입 또는 산출에 대한 지각 변경 : 판단을 다시해서 지각을 변화시킨다.

• 비교대상의 변경 : 비교대상을 바꾼다. 비교대상을 변경함으로써 불공정성을 줄일 수 있다.

- 타인의 투입 또는 산출의 변경 : 준거인에게 압력을 가하여 변경을 시도한다.
- 이탈 : 결과를 공정한 수준으로 변경할 것을 요구하다가 불공정성이 극히 크거나 감당할 수 없는 경우에는 배치전환, 이직 및 사직 등을 통해 불공정한 상황을 이탈 및 변경하여 불공정성을 제거할 수 있다.

 ② 평가
- **공정성이론의 한계점**
  - 공헌과 보상을 어떻게 객관적으로 측정하느냐의 문제가 대두된다.
  - 비교할 준거기준을 어디에 두고 공정하게 분배할 것인가의 문제가 제기된다.
  - 특히 노력, 휴식, 칭찬 등과 같은 비금전적인 것의 경우 어떻게 공정성을 측정할 것인가의 문제가 대두된다.

③ 로크(Locke)의 목표설정이론(Goal Setting Theory)

 ㉠ 개념 및 내용 : 목표설정이론(Goal Setting Theory)의 발전에 중요한 공헌을 했던 로크(Locke)는 인간행동이 쾌락적인 방향으로 동기화되기 마련이라는 기대이론의 가정을 인지적 쾌락주의라고 비판하면서 인간의 행동은 가치와 의도라는 2가지 인지적 요소에 의하여 결정된다고 주장한다. 여기서 의도란 계획 또는 목표라고 할 수 있는데 목표가 보다 구체적일수록 동기부여에 중요한 역할을 한다고 한다. 이러한 목표설정이론 바탕으로 이를 실용화한 기법이 Drucker 교수의 목표관리기법(MBO : Management By Objective)이다.

 ㉡ 좋은 목표의 요건
  ⓐ 난이도 : 능력 범위 내에서 약간 어려운 것이 좋다.
  ⓑ 구체성 : 수량, 기간, 절차, 범위가 구체적으로 정해진 목표가 좋다.
  ⓒ 수용성 : 일반적으로 지시한 것보다는 상대가 동의한 목표가 좋다.
  ⓓ 참여성 : 목표설정 과정에 당사자가 참여하는 것이 바람직하다.
  ⓔ 피드백 : 목표이행 정도에 대하여 당사자에게 피드백이 있는 것이 좋다.
  ⓕ 단순성 : 과업목표는 복잡한 것보다 단순한 것이 좋다.
  ⓖ 합리적 보상 : 목표달성에 상응하는 보상이 주어져야 한다.
  ⓗ 경쟁 : 목표달성 과정에서 경쟁이 전혀 없는 것보다 약간의 경쟁이 있는 것이 좋다.
  ⓘ 능력 : 능력이 높을수록 어려운 목표가 좋다.

 ㉢ 평가 : 효과의 장기간 유지가 힘들고 목표를 계량적으로 측정하기 힘든 직무에는 적용하기 어렵고 사회적 인정 욕구로 목표 자체를 낮게 설정하는 현실적으로 발생하는 문제가 있으나 이론의 타당성이 가장 잘 입증된 이론이며 전략개발을 통해 학습이 가능하다는 점을 시사하고 있다.

④ 상호작용이론(Interaction Theory) : 동기부여는 개인의 내부에만 국한된 것이 아니라 환경 혹은 타인과의 접촉이나 관계에 의해서도 발생한다고 주장하는 이론이다. 이 이론에 의하면 인간을 동기화시키는 가치가 그의 내부 욕구에서 나오는 것이 아니라 외부와의 상호작용 과정에서 결정된다고 한다.

⑤ 인지평가이론(Cognitive Evaluation Theory)

　　㉠ **개요** : 인지평가이론은 성과에 대한 화폐보상 같은 외재적 보상이 자기 흥미와 통제감 등 내재적 보상을 감소시킬 수 있다고 주장했다. 즉 성취 책임감 등 내재적 보상을 통하여 작업에 임하는 사람에게 외재적 보상이 주어지면 모티베이션 수준이 저하되는 현상을 설명해 주는 이론이다.

　　㉡ **내용** : 외부적 강화 요인을 얻은 사람은 자신의 행위를 외부적으로 귀속시키게 되고, 그 결과 과업에 대한 그의 내재적 관심은 줄어들게 된다는 것으로 특히 전문적이고 창조적인 일을 하는 사람들은 금전적 보상이 주어졌을 때 모티베이션이 감소하기도 한다는 것이다.

　　㉢ **평가** : 내적 모티베이션 수준이 아주 높은 사람들에게 외적 보상을 감소시키려 할 경우에는 강한 저항을 하거나 단순한 직무는 외적 보상이 효과적이라는 비판이 있지만 내적 보상을 받고 있는 사람에게 화폐적 보상을 할 때 유의해야 한다는 점을 시사하고 있다.

(3) 임파워먼트(Empowerment)

① **개요** : 개인이 업무수행을 유능하게 수행할 수 있다는 자신감, 에너지 활력 등의 느낌을 갖도록 하는 활동과 그 결과로 자발적인 자신감을 형성하는 Empowerment는 내재화된 몰입을 강조하는 동기부여 이론이다. 임파워먼트란 파워를 크게 한다는 뜻으로 개인이 자신의 일을 유능하게 수행할 수 있다는 느낌을 갖도록 하는 활동과 그 결과 그렇게 되는 것을 가리키는 것으로 개인이 일하는 과정에서 지속적으로 주도권을 행사하는 것을 중시하는 개념이다.

② **임파워먼트의 특징**

　　㉠ E는 구성원들로 하여금 자신의 일이 회사의 성패를 좌우한다는 강한 사명의식을 갖도록 한다.

　　㉡ E는 우수인력의 확보·양성에 초점을 두며 업무수행 기량을 향상시키는데 초점을 둔다.

　　㉢ E는 담당직무에 대해 의사결정권을 갖게 하여 통제감을 높임으로써 무기력감과 스트레스를 해소하고 강한 업무의욕을 갖도록 하여 성취감을 준다.

　　㉣ 담당 직무에 대한 의사결정과 통제감을 확대하여 무기력과 스트레스를 해소하고 업무 의욕에 의한 구성원의 성취감 향상

　　㉤ E는 구성원들이 고객에 대한 서비스를 향상시키고 환경변화에 신속히 대응할 수 있도록 한다.

　　㉥ 고객에 대한 서비스 향상과 환경변화에 신속히 대응하는 구성원의 능력향상

③ **임파워먼트의 유형(접근) 및 접근법**

　　㉠ **기존 모티베이션 이론과의 차이 및 기본시각** : 기존 모티베이션이론 및 실무관행이 보상과 벌을 결합시켜 구성원에 대한 통제 지향적이고 개인이 조직에 순응하는 것을 우선시한 반면 E는 자발적으로 따라오게 하는 경영(Pull)을 강조한다. 특히 일에의 몰입과 가치를 중시한다.

ⓛ 개인수준(Self Empowerment) / 개인 수준의 자기 임파워먼트 : 자기임파워먼트는 자신의 부족한 요소를 명확히 확인하고 자신에게 긍정적 자기암시를 제공하는 과정을 말한다. 예컨대, 자기 자신이 유능하다거나 일이 재미있고 만족스럽다, 공인노무사 시험에 우수한 성적으로 합격하여 노사관계 발전에 크게 공헌할 것이라는 식의 언어를 스스로에게 암시적으로 사용하는 것이다.

ⓒ 집단 및 조직수준 / 집단, 조직의 상호작용적 임파워먼트 : 이는 상호작용적 임파워먼트라 하며, 구성원들이 자신의 증대된 파워를 다른 구성원에게 확산시켜 종국에는 조직 전체의 파워를 키우는 과정을 말한다. 이에는 두 가지가 있다. 구성원이 증대된 파워를 다른 구성원에게 확산시켜 종국에는 조직전체의 파워를 키우는 과정으로 상대적인 관점에서 리더가 부하에게 파워를 위임하는 권한 위양과 절대적인 관점에서 구성원의 무력감을 느끼는 상황과 요인을 제거하고 구성원의 자신감을 향상시키는 능력함양의 촉진이 있다.

- 권한 위양 : 리더가 부하에게 파워를 위임하거나 나누어주는 과정을 말한다.
- 능력향상 촉진 : 다른 사람의 파워나 능력을 키워주거나 이용 가능하게 하는 것에 관심을 두는 것으로, 구성원의 무력감을 느끼는 상황·요인을 제거하는 것과 구성원의 자신감을 향상시키는 것이 있다.

④ 임파워먼트 촉진 방안

㉠ 개인 임파워먼트의 실행과정(일반적 5단계)

ⓐ 1단계 - 조직에서 개인의 무력감을 유발하는 요소가 무엇인지 파악한다.

ⓑ 2단계 - 자신감 향상을 위하여 무력감 유발요소를 제거하는 임파워먼트를 수행한다.

ⓒ 3단계 - 과업수행 시 자신감을 향상시킬 수 있는 방안들을 수행한다.

ⓓ 4단계 - 개인들이 자신감을 갖게 되었음을 지각한다.

ⓔ 5단계 - 임파워먼트 된 개인들이 보다 더 높은 성과목표를 세우고 달성하기 위한 새로운 노력을 기울인다.

㉡ 개인 E의 촉진방안

ⓐ Stress 관리 : 직장에서 개인의 스트레스는 업무능률을 저하시키고 건강에 악영향을 주는 바, 이를 적정수준으로 유지하도록 관리해야 한다. 이를 위해 구성원들은 각자의 스트레스를 관리자에게 알리고, 스트레스 측정 및 관리를 위한 제도를 개발하며, 관리자는 스트레스의 상태를 파악·관리하고, 회사는 치료와 대응을 위한 예산을 배정해야 한다.

ⓑ 역량에 기초한 임금제도 도입 : 이 제도는 구성원들로 하여금 다양한 기량을 습득하도록 자극하면서, 성장욕구나 성취욕구를 충족시켜 줄 수 있고 형평성을 제고시킬 수 있으며, 임파워먼트를 촉진하는 임금제도이다.

ⓒ 의미 있는 사회적 보상의 개발 : 화폐적 보상도 중요하지만 성취감의 부여·인정·승진기회·흥미있는 업무·책임 부여·개인 성장 기회·우호적인 인간관계 분위기 등의 사회적 요인에 의한 동기부여가 장기적인 효과가 있다. (물질적 보상과 마음의 보상의 연계, 개인 명예 부여, 창의성 발휘 위한 조직분위기 조성 등)

ⓒ 집단 E : 팀장이 키워진 자기 능력과 자기신뢰감을 바탕으로 팀원을 임파워할 때 고려해야 하는 요인을 검토하고 실제로 체험해 보는 과정이 있어야 한다.

ⓔ 조직 E : 조직 임파워먼트를 위해서 구성원으로 하여금 조직의 각종 규정·관행·제도·구조 등에서 어떠한 변화가 일어나야 하는지 알게 하고, 실제로 변화가 일어나도록 자기 조직에 필요한 변화의 내용을 도출케 하는 과정이 필요하다. 조직의 초점은 피라미드식 계층구조를 팀제 및 네트워크 구조로 바꾸면서, 이러한 변화를 뒷받침하는 제도나 관행을 변경하는 데 두어져야 한다.

05 내재적 동기이론

① **인지적 평가이론** : 어떤 직무가 내재적으로 동기가 유발되어 있는 경우 외적보상이 주어지면 내재적 동기가 감소된다고 본다. 인간은 자신의 행동에 대한 원인을 규명하려는 심리적 속성을 갖는다. 이러한 관점에서 외적 보상없이 내재적으로 동기가 유발되어 있는 상태에서는 원인으로 돌릴 만한 다른 요인이 없기 때문에 열심히 일하는 행위의 원인을 일 자체의 특성 때문이라고 귀인하게 된다. 이 상태에서 외재적 보상을 제공하게 되면 열심히 일하는 것에 대한 귀인의 대상이 일 자체에서 보상으로 바뀌게 된다.

② **핵크만과 올드햄의 직무특성이론** : 직무특성이 직무수행자의 성장욕구 수준에 부합할 때 직무가 그에게 보다 큰 의미와 책임감을 주게 되므로 동기유발 측면에서 긍정적인 성과를 낳게 된다.

기술다양성	직무를 수행하는데 있어 요구되는 기술의 종류가 얼마나 여러 가지인가를 의미한다. 기술다양성이 높은 직무는 한 개인이 수행하는 직무의 폭이 넓어지게 된다.
과업정체성	직무가 독립적으로 완결되는 것을 확인할 수 있는 정도를 의미한다. 직무 정체성이 높은 직무는 캐비닛 제조업자와 같이 설계, 목재 선택, 설치까지 수행하는 직무이다.
과업중요성	직무가 다른 사람의 생명 또는 다른 사람의 업무에 중대한 영향을 미치는 정도를 의미한다. 과업 중요성이 높은 직무로는 중환자실에서 환자를 돌보는 간호사를 들 수 있다.
자율성	개인이 자신의 직무에 대하여 개인적으로 느끼는 책임감의 정도를 의미한다. 이 특성은 구체적으로 작업자가 자신의 작업일정과 작업방식을 수립함에 있어 갖는 재량권의 정도를 의미한다.
피드백	직무를 수행하는 도중에 직무의 성과와 효과성에 대해 직접적이고 명확한 정보를 획득할 수 있는 정보를 획득할 수 있는 정도를 의미한다. 직무특성을 결합하여 하나의 지표로 만든 것을 동기잠재력 지수라 하며, 직무의 동기잠재력 지수가 높아지려면 의미를 경험하게 하는 세 요소 중 적어도 한 요소가 높아야 하고, 자율성과 피드백이 모두 높아야 한다. 동기부여 잠재력이 높은 직무라면 동기, 성과, 만족도에 긍정적인 영향을 미치고 결근과 이직의 가능성은 줄어들 것이다.

06 갈등

① 의미 : 조직에 있어서 흔히 나타나는 특징 중의 하나로서 근본적 발생원인은 조직내의 개인적 이익, 타부서를 지배하기 위한 불화, 상충적 목적달성, 경영철학, 관리방법 등의 차이를 들 수 있다.

② 집단 갈등의 원인
    ㉠ 작업흐름의 상호의존성
    ㉡ 지위불균형
    ㉢ 역할 모호성
    ㉣ 자원의 부족
    ㉤ 목표의 차이
    ㉥ 지각의 차이

③ 집단 내 갈등의 순기능과 역기능

순기능	문제의 발견, 활동력의 증가, 충성심 증가, 혁신풍토의 조성, 도전적 분위기 상승, 다양성과 창조성 증대 등
역기능	커뮤니케이션 감소, 독재자 출현, 편견의 증가, 파벌의식의 고조, 상호경계의식 증가, 융통성 없는 공식화 등

④ 집단갈등의 해소 방안 : 직접대면, 공동목표설정, 자원의 확충, 갈등의 회피, 공동관심사의 강조, 협상, 권력을 이용한 갈등 해결, 행동변화유도, 조직구조 개편, 외부압력에 대한 연합방어

⑤ 갈등관리 기법 : 토머스-킬만의 갈등관리 모델

회피기법	갈등이 표면화되는 것을 봉쇄하는 것이다. 갈등을 무시하거나, 갈등의 해결책을 규범적으로 적용하는 것이다.
경쟁기법	자신의 이익, 주장, 관심을 다른 집단의 비용을 통해 관철하는 방법이다. 이것은 권력에 근거한 갈등관리 기법이다.
순응기법	순응한다는 의미는 자신의 이익에 개의치 않는다는 것으로서, 자기희생이 요구되는 방법이다. 대립적이지 않으며, 협조적인 방법이다. 상대방의 이익과 욕구를 위해 자신의 이익을 무시하거나 포기한다.
타협기법	대립과 협동의 중간 형태로서 집단 간 갈등 상황에서 임시방편, 편의주의적 효과 등의 목적에 사용하는 방법이다. 따라서 이를 통해 상호간 수용할 수 있는 해결책이 제시되며, 쌍방이 부분적으로 만족하게 된다. 주고받기 전략이라고 할 수 있다.
협력기법	대립과 협조를 동시에 추구하는 것이다. 회피 기법의 반대라고 할 수 있다. 쌍방을 모두 만족시킬 수 있는 해결책을 찾기 위해 노력하는 것이므로, 가장 바람직한 갈등관리 기법이라고 할 수 있다.

CHAPTER 03

직무분석 및 평가

(1) 개념

직무분석이란 직무의 성격 및 내용에 연관되는 각종 정보를 수집, 분석, 종합하는 활동을 말한다. 즉, 기업 조직이 요구하는 일의 내용들을 정리 및 분석하는 과정이다.

(2) 목적

인사관리를 합리적으로 수행하기 위해서는 직무를 중심으로 하여 직무와 인간의 관계를 명확하게 밝혀야 한다. 그러기 위해서는 우선 각 직무의 내용과 특질을 정확하게 파악해야한다. 정리하면, 직무분석은 사람 중심의 관리가 아닌 일 중심의 인사관리를 하기 위해서 기본적으로 직무분석이 선행되어야 한다.

(3) 직무분석의 절차 및 방법

① **직무분석의 절차** : 직무분석의 절차는 분석에 필요한 배경정보 수집, 대표직위의 선정, 직무정보의 획득, 직무기술서 작성, 직무명세서 작성 등의 총 5가지의 과정을 거친다.

   ㉠ **배경정보 수집** : 배경정보 수집은 예비조사의 단계로서, 기업의 조직도, 업무분장표, 존재하는 직무기술서와 직무명세서 등과 같은 사용가능한 배경정보를 수집하는 것을 말한다.

   ㉡ **대표직위 선정** : 대표직위의 선정은 비용이나 시간 등의 문제로 인해 통상적으로 이를 대신할 수 있는 대표직위를 선정해서 이를 중점적으로 분석해 나가는 것을 말한다.

   ㉢ **직무정보 획득** : 직무정보의 획득 단계를 일반적으로 직무분석이라고 하는데, 이는 각 직무의 성격이나 직무수행에 있어 필요한 각 종업원들의 행동 및 인적조건 등을 분석하는 단계를 말한다.

   ㉣ **직무기술서 작성** : 이 단계에서는 기존 단계에서 취합한 정보를 토대로 직무기술서를 만드는 단계인데, 여기에서는 각 직무의 주요한 특성 및 각 직무의 효과적인 수행에 필요로 하는 활동 등에 대해 기록한 문서를 의미한다.

   ㉤ **직무명세서 작성** : 이 단계에서는 종업원들에 대해 각 직무수행에 있어 요구되는 인적자질, 특성 및 지능, 경험 등을 구체적으로 기술한 문서를 말한다.

② **직무분석의 방법** : 직무분석의 방법에는 관찰법, 면접법, 질문지법, 중요사건 서술법, 작업기록법, 워크샘플링법 등이 있다. 더불어서 직무분석 시에 목적과 특정 조직에서 현실적으로 적용가능한 방법인지를 반드시 고려해서 가장 효과적인 방법을 선택해야 한다.

○ **관찰법(Observation Method)** : 관찰법은 직무분석자가 직무수행을 하는 종업원의 행동을 관찰한 것을 토대로 직무를 판단하는 것으로서, 장점으로는 간단하게 실시할 수 있는 반면에 정신적, 집중을 필요로 하는 업무의 활용에는 다소 어려우며 피관찰자의 관찰을 의식한 직무수행 왜곡으로 인해 신뢰성의 문제점이 생길 수 있다.

○ **면접법(Interview Method)** : 면접법은 해당 직무를 수행하는 종업원과 직무분석자가 서로 대면해서 직무정보를 취득하는 방법으로서, 적용직무에 대한 제한은 없으나, 이에 따른 면접자의 노련미가 요구되며, 피면접자가 정보제공을 기피할 수 있다는 문제점이 생길 수 있다.

○ **질문지법(Questionnaire)** : 질문지법은 질문지를 통해 종업원에 대한 직무정보를 취득하는 방법으로서, 이의 적용에는 제한이 없으며 그에 따르는 시간 및 비용의 절감효과가 있는 반면에 질문지 작성이 어렵고 종업원들이 무성의한 답변을 할 여지가 있다.

○ **중요사건 서술법(Critical Incidents Method)** : 중요사건 서술법은 종업원들의 직무수행 행동 중에서 중요하거나 또는 가치가 있는 부분에 대한 정보를 수집하는 것을 말하며, 장점으로는 종업원들의 직무행동과 성과간의 관계를 직접적으로 파악이 가능한 반면에 시간 및 노력이 많이 들어가고 해당 직무에 대한 전반적인 정보획득이 어렵다는 문제점이 있다.

○ **워크 샘플링법(Work Sampling Method)** : 워크 샘플링법은 관찰법의 방식을 세련되게 만든 것으로서 이는 종업원의 전체 작업과정이 진행되는 동안에 무작위로 많은 관찰을 함으로써 직무행동에 대한 정보를 취득하는 것을 말한다. 더불어, 이는 종업원의 직무성과가 외형적일 때 잘 적용될 수 있는 방법이다.

○ **작업기록법** : 작업기록법은 직무수행자인 종업원이 매일매일 작성하는 일종의 업무일지로, 수행하는 해당 직무에 대한 정보를 취득하는 방법으로서, 비교적 종업원의 관찰이 곤란한 직무에 적용이 가능하고, 그에 따른 신뢰성도 높은 반면에 직무분석에 필요한 정보를 충분히 취득할 수 없다는 문제점이 있다.

(4) 직무기술서와 직무명세서

통상적으로, 기업에서는 여러 직무분석법 등을 통해 나타난 결과를 토대로 문서화시켜 작성되어진 것은 직무기술서(과업요건에 초점을 맞춤)와 직무명세서(인적요건에 초점을 맞춤)로 구성된다.

① **직무기술서(Job Description)** : 직무기술서는 종업원의 직무분석 결과를 토대로 직무수행과 관련된 각종 과업 및 직무행동 등을 일정한 양식에 따라 기술한 문서를 의미한다.

② **직무명세서(Job Specification)** : 직무명세서는 직무분석의 결과를 토대로 특정한 목적의 관리절차를 구체화하는 데 있어 편리하도록 정리하는 것을 말하며, 각 직무수행에 필요한 종업원들의 행동이나 기능, 능력, 지식 등을 일정한 양식에 기록한 문서를 의미하며, 직무명세서는 특히 인적요건에 초점을 둔다.

(5) 직무분석 시에 있어서의 오류

① **직무환경 변화** : 직무환경의 변화는 새로운 공정 다시 말해, 인간과 기계 서로 간의 상호작용이 일어나는 공정의 도입과 연관되어 있다.

② **종업원의 행동변화** : 종업원의 행동변화는 보통 기업 조직에서의 종업원 행동에 대한 정보의 취득은 어느 한 시점에서 이루어진다.

③ **반응세트** : 반응세트는 사람이 예상하거나 또는 왜곡된 방법으로 질문에 대해서 극히 일률적으로 답할 때 발생한다.

④ **부적절한 표본추출** : 부적절한 표본추출은 전통적 방법으로 관련된 여러 과업영역 전체를 조사하지 않거나 또는 직무분석 질문지 같은 개괄적인 방법에서 관련한 과업영역을 확실하게 해 두어야 한다.

(6) 직무평가

일반적으로 조직 내에서 각 직무들의 상대적인 크기를 정하는 것이라 할 수 있다. 하지만, 모든 기업 조직들이 자신들만의 고유한 목적을 이루기 위해서는 그에 따르는 다양한 기능 및 역할 등을 감수해 내야 한다. 또한, 기업 조직은 각각의 직무에 대해서 기대하는 역할이 있으며, 종업원들이 그러한 역할을 성실히 수행하게 되면 이는 조직에 공헌하게 됨을 의미한다. 이러한 기대역할과 공헌도는 각 직무에 따라 다르다. 일반적으로 조직 안에서 기대되는 공헌도의 크기를 직무의 크기라고 말한다.

표 참고 직무평가 방법의 비교

비교기준 \ 비교대상	직무전반	구체적 직무요소
직무 대 직무	서열법(Ranking method)	요소비교법(factor comparison method)
직무 대 기준	분류법(Classification method)	점수법(Point method)

① **개념** : 직무평가는, 기업 조직에서 각 직무의 숙련, 노력, 책임, 작업조건 등을 분석 및 평가하여 다른 직무와 비교한 직무의 상대적 가치를 정하는 체계적인 방법을 의미한다.

② **직무평가의 방법** : 현재 기업 조직들은 각 직무별 가치에 대한 차별성을 인정하고, 이에 따른 임금수준을 각기 다르게 구성하는 '직무급'을 도입해서 사용하고 있는데, 이렇게 하기 위해서는 이전에 직무평가의 단계가 절대적으로 선행되어야 한다. 동시에 이는 기업에서 어떤 가치판단으로 직무의 가치를 볼 것인가를 결정하는 단계로, 어려운 작업이기도 하다.

　㉠ **비량적 방법**

장점	단점
• 쉬우면서도 간편하다. • 비용이 저렴하다	• 평가대상의 직무수가 많으면, 활용하기가 어렵다. • 평가 시 평가자의 주관이 개입될 수 있다. • 절대적 성과차이를 구별할 수 없다.

　　ⓐ **서열법(Ranking Method)**
　　　• 서열법이란, 직무평가의 방법 중에서 가장 간편한 방법으로, 이는 각 직무의 상대적 가치들을 전체적이면서 포괄적으로 파악한 후에, 순위를 정하는 방법을 말한다.
　　ⓑ **분류법(Job Classification Method)**
　　　• 분류법이란, 등급법이라고도 하는데 이는 서열법을 발전시킨 것으로 미리 규정된 등급 또는 어떠한 부류에 대해 평가하려는 직무를 배정함으로써 직무를 평가하는 방법을 말한다.
　　　• 또한, 이러한 분류법에 의해 직무평가를 하기 위해서는 직무등급의 수, 각각의 등급에 해당되는 직무의 특성을 명확하게 해 놓은 직무등급 기술서가 있어야 한다.

• 그 후에 평가자가 평가하려는 직무가 직무등급 기술서 상의 어느 부분의 등급에 직무하고 비슷한가를 따져서 평가하게 된다.

장점	단점
• 분류법은 서열법에 비해 직무를 훨씬 더 명확하게 분류 가능하고, 기업 조직의 직원 및 관리자들이 여러 직무 사이의 공통적 요소를 발견하기가 수월하다.	• 분류자체에 대한 정확성을 확실하게 보장할 수 없다. • 직무들의 수가 점점 많아지고 내용 또한 복잡해지게 되면, 정확한 분류를 할 수 없게 된다. • 고정화된 등급 설정으로 인해 사회적·경제적, 기술적 변화에 따른 탄력성이 부족하다.

ⓒ 양적 방법

ⓐ 점수법(Point Rating Method)

• 점수법이란, 각 직무를 여러 가지 구성요소로 나누어서 중요도에 따라 각 요소들에 점수를 부여한 후에, 그렇게 각 요소에 부여한 점수를 합산해서 해당 직무에 대한 전체 점수를 산출해서 평가하는 방법을 말한다.

• 그리고 이렇게 결정되어진 직무의 평가치 다시 말해, 총 점수를 상호비교해서 점수의 대, 소에 따라 각각의 직무 단계, 서열을 정하는 것이다.

장점	단점
• 종업원 및 감독자가 쉽게 이해할 수 있다. • 각 평가요소의 중요도가 사전에 마련되어 있기 때문에 평가에 대한 객관성을 확보할 수 있다.	• 각 평가요소의 가중치를 산정하는데 있어 어려움이 존재한다. • 각 평가요소를 선정하는데 있어 시간과 노력이 많이 소요된다.

ⓑ 요소비교법(Factor Comparison Method)

• 요소비교법이란, 기업 조직 내에서 가장 기준이 되는 기준직무를 선정하고, 그 다음으로 평가자가 평가하고자 하는 직무에 대한 평가요소를 기준직무의 평가요소와 비교해서 그 직무의 상대적 가치를 결정하는 것을 말한다.

• 요소비교법은 서열법, 분류법, 점수법 등에 비해 늦게 사용된 직무평가 방법인데, 요소비교법은 직위의 상대적 수준을 현재의 임금액과 연관시켜 평가하므로 금액가중치 방식이라 불린다.

장점	단점
• 기준 직무의 가치를 합리적으로 설정하면 다른 여러 직무와 비교평가가 가능하다. • 평가결과가 임금액으로 나타나므로 임금결정에 있어 공정성의 확보가 가능하다. • 평가방법이 비교적 정교하여 타당성과 신뢰성이 높은 편이다.	• 기준직무의 가치가 이상하게 측정되면 다른 직무의 평가 자체를 그르치게 될 소지가 있다. • 기준직무의 내용이 변경될 시에는 평가척도의 전체를 변경시켜야 하는 번거로움이 발생하게 된다. • 시간과 비용이 과다 소요된다. • 활용 방법이 복잡하여 각 종업원들의 이해가 어렵다.

③ 직무평가의 유의점

㉠ 직무평가 결과 및 노동시장평가의 불일치 : 이는 직무평가에서 가치가 높음에도 불구하고, 노동시장의 현

임금이 낮은 경우에는 노동에서 공급이 수요를 초과했을 때이며, 이와는 반대급부로 직무평가에서 가치가 낮음에도 불구하고 노동시장에서 직무의 임금이 높은 것은 수요가 공급을 초과하는 경우에 발생함을 말하는데, 이같이 직무평가의 결과와 직무가 가지는 상대적 가치가 반드시 일치하지 않을 수도 있다는 것을 말한다.

- ⓒ **평가계획상 유의점**: 이는 직무평가에 있어서 대상이 많거나 또는 서로 상이할 때 발생할 수 있는 문제점이다.
- ⓒ **인간관계적 측면에서의 유의점**: 직무평가는 유효성에 있어서 기업 조직 종업원의 만족에 대한 영향을 확인함으로써 확정되어야 함을 의미한다.
- ② **평가위원회의 조직**: 이는 직무평가를 수행함에 있어, 평가위원회 조직을 구성하는데, 이에 참여하고자 하는 경영자를 추출하는 과정에서 발생할 수 있는 문제점이다.
- ⓘ **기술적 측면에서의 유의점**: 이는 직무분석 자료를 토대로 평가요소들을 선정하는 과정에서 판단상의 오류를 범할 수 있다.
- ⓗ **평가빈도**: 이는 기업 조직에 있어 적당한 직무평가의 빈도선정이 어렵다는 것을 말하는 것으로, 기업이 환경요소들의 변화에 따라 새로운 직무, 직무의 변경, 직무의 소멸 등의 문제점들이 발생할 수 있다는 것을 의미한다.

(7) 직무설계

① **직무설계의 정의**: 어떠한 작업이 수행되어야 하며, 어떠한 과업이 현행 직무에 요구되는지 판단하는 과정이다.

② **직무설계 방법**
- ① 효율성을 위한 직무설계
- ⓒ 동기부여를 위한 직무설계: 직무순환, 직무확대, 직무충실화
- ⓒ 안전과 건강을 위한 직무설계
- ② 직무의 정신적 요구를 충족시키는 직무설계

③ **직무충실화의 구체적인 방안**
- ① 과업을 결합하라.
- ⓒ 자연스러운 흐름의 과업 단위를 구성하라.
- ⓒ 고객과의 관계를 수립하라.
- ② 권한을 위임하라.
- ⓘ 피드백 경로를 공개하라.

④ **직무설계의 목적**
- ① 적정하고 공정한 보상을 하기 위함
- ⓒ 안전하며 건전한 작업환경의 조성을 위함
- ⓒ 인간능력의 이용 및 개발기회를 활용하기 위함
- ② 작업조직의 제도화를 위함

CHAPTER 04 리더십

01 리더십의 개념

① 리더십이란 조직의 목표를 효율적으로 달성하기 위한 관리능력들을 포함한 제반 조직운영에 관한 개념을 포함하며, 현실지향적인 관리자의 개념과는 구별된다.

② 리더십은 권위를 바탕으로 자발적인 복종과 비공식 관계하에서도 작용하지만 헤드십은 계층제 구조에서 권력을 바탕으로 공식적 관계를 중심으로 명령과 복종사이의 관계에서 작용된다.

02 리더십의 특성

① 목표 및 미래지향적 관심과 비전을 제시할 수 있는 안목과 능력 소유

② 리더와 추종자간의 상호관계중심

③ 환경을 중시하며, 구성원을 이끄는 능력과 조직내외적인 상황의 관리능력

④ 조직의 일체성 강조, 동기부여 적극 활용, 권위와 상징의 지배수단 소유

⑤ 평소보다 위기상황일 때에 리더는 선악구별 기중이 명확한 이원적 세계관을 지니며, 타인의 의사나 충고를 무시하는 성향을 보임

⑥ 리더는 공식, 비공식 조직 어떤 조직이나 모두 존재

⑦ 리더의 유형은 비고정성이며, 상황에 따라 가변성과 신축성을 보임

03 리더십의 요소

(1) 권력(권력의 원천)

① 개인권력의 원천 : 프렌치(J. R. P. French)와 레이븐(B. H. Raven)은 개인이 갖는 권력의 원천을 다섯 가지로 분류하고 있다.

⊙ 보상적 권력

　　ⓒ 강압적 권력(해고나 징계 등 지시 가능자)

　　ⓒ 합법적 권력

　　ⓔ 준거적 권력(특별한 자질의 사람을 닮고자 할 때)

　　ⓜ 전문적 권력(전문지식)

② **집단권력의 원천**(전략적 상황이론) : 부서간의 권력 획득하고 행사하게 되는 원인 등의 문제를 규명하고자 함

(2) 영향력 권력행사의 결과(영향력이 이루어지는 과정)

순종(보상과 벌을 피해 수용자가 행사자를 따름) → 동일화(수용자가 행위자의 영향력을 받아들임) → 내면화
(행위자가 유도한 행위가 수용자의 가치관과 일치됨)

> ⊞ **참고　영향력**
>
> ① 순종(Compliance)이란 보상을 받거나 벌을 피하기 위해서 수용자가 행사자에 따르는 것을 의미한다.
> ② 동일화(Identification)란 수용자가 행사자와의 만족스러운 관계를 유지하기 위해서 그의 영향력을
> 　 받아들일 때 이루어지며,
> ③ 내면화(Internalization)는 수용자가 행위자에 의해 유도된 행위가 그의 가치관과 일치됨으로써 행사
> 　 자의 영향력을 받아들일 때 이루어진다.

(3) 집단적 권력의 원천

① 한 부서가 환경의 불확실성을 효과적으로 처리할 때,

② 한 부서가 작업흐름의 중심성이 높을 때,

③ 조직내외의 다른 부서가 어느 부서의 활동을 대신 수행할 수 없을 때, 즉 대체성이 낮을 때이다.

04　리더십의 역할

① **진단적 기능** : 리더는 집단을 위하여 상황을 규정. 진단한다.

② **처방적 기능** : 리더는 규정된 상황을 해결하기 위하여 집단이 취해야할 행동을 처방해 주거나 집단을 대표
　 하여 취할 수 있는 행동을 제시하는 기능을 갖는다. 그들은 집단의 목적에 이바지할 수 있는 방식으로 문
　 제가 해결되도록, 행동계획을 고안해 내야 한다.

③ **동원기능** : 리더는 그들이 주도하는 집단에 대한 상황규정과 그들이 처방한 행동계획에 대하여 집단의 전폭
　 적인 지지 또는 유력한 지지를 획득해야 한다.

05 리더십 이론의 발전과정

(1) 특성론 또는 자질론(1940~1950년대)

리더에 대한 초기연구로서 리더의 특성 또는 자질을 중심으로 연구하고 구분하였다.

(2) 행동론(1950-1960년대)

- 리더의 자질보다는 행동유형에 관심을 둔 연구관점으로서 오하이오 주립대학과 미시간 대학의 연구에서 활발히 진행되었다
- Blake와 morton의 행동유형(관리격자이론) : 과업(생산)과 구성원(인간관계)을 기준으로 한 리더십 유형으로서 조직발전을 참조

(3) 상황론(1960-1970년대)

리더의 자질과 행동에 맞춘 이론이 아니라 당시의 상황에 따라 적용되는 리더십이 다르다는 입장이다. 즉 상황에 적절한 리더십 유형이 조직의 효과성을 증진시킨다는 관점의 이론이다.

06 리더십 특성이론

(1) 개요

리더의 개인적 자질에 초점을 맞추고 이러한 자질들이 리더의 유효성에 어떤 영향을 미치는지를 연구하는 것으로 효과적인 리더들이 갖고 있는 일련의 공통적인 특성, 특질 또는 자질을 규명하려는 이론이다. 리더가 어떤 고유한 특성을 가지면 상황이나 환경이 바뀌더라도 항상 리더가 될 수 있다는 점을 기본 가정으로 하고 있다. 리더 자신이 특성들을 기르도록 스스로 노력해야 함과 동시에 조직차원에서도 리더의 특성을 배양할 수 있도록 교육훈련 프로그램을 시행해야 할 것이라는 점을 시사한다.

(2) 한계

① 연구가 축적될수록 특성요인 수가 많아지고 특성간의 연관성도 없다.

② 리더의 특성만으로는 리더십 과정을 이해하는데 한계가 있다.

③ 여러 특성들이 실제 리더십을 발휘하는데 밀접한 관계가 없다는 실증적 연구들이 제시되고 있다.

④ 계층과 지위에 따라서 경영에 상이한 자질과 특성을 필요로 한다.

(3) 특성이론의 재조명

최근의 리더십 연구에서 리더십을 결정하는 자질특성의 중요성이 다시 부각되는 경향이 있다. 초기 특성연구에서 주목한 리더의 특성 자질에 관한 자료들을 정밀 분석한 결과에 의하면 유효한 리더십이 리더의 특성과 상관관계가 높다는 것이 재확인되고 있기도 하다.

07 리더십 상황이론

(1) 피들러(Fiedler) 모형

① 개요

  ㉠ 리더십 상황이론의 대표적 학자인 Fiedler는 높은 직무성과를 성취하기 위한 리더십의 유효성은 리더와 집단 간의 상호작용과 상황의 호의성에 따라 결정된다고 보았다.

  ㉡ 그는 중요 상황요소로서 리더와 부하간의 신뢰관계, 과업구조, 리더 지위의 권력 정도라는 3가지 요소로 보고, 이를 토대로 리더십 상황을 리더에게 유리한 상황과 불리한 상황으로 유형화하였다.

  ㉢ 이 모델에서는 상황이 리더에게 유리하거나 불리한 경우에는 업무지향적 리더십 유형이 적합하고, 중간 정도의 상황에서는 인간관계지향적 리더십 유형이 적합하다고 본다.

② 평가 : 리더십 유형이 특정상황에 따라 각기 다른 유효성을 가지므로, 조직은 상황적 요소를 변경시키거나 리더의 리더십 유형을 변경시킴으로써 작업환경의 유효성을 높일 수 있다는 사실을 규명함으로써 리더십 연구에 공헌하였으나, 상황 분류가 지나치게 단순하고 상황변수의 의미가 분명하지 못하다는 점, 그리고 측정의 타당성과 신뢰성 문제 등이 지적되고 있다.

(2) 허시 & 블랜차드(Hersey & Blanchard) 모형

부하의 성숙도를 중요한 상황변수로 보고 부하의 성숙도에 따라 효과적인 리더십 스타일이 다르게 나타난다고 보았다. 즉 인간중심과 과업중심이라는 2개의 변수에 부하의 성숙도라는 변수를 추가하여 3차원적 리더십 모델을 수립하였다.

※ 상황적 리더십 이론(SLT : Situational Leadership Theory)의 리더십 유형

리더십 유형	과업지향적 행위	관계지향적 행위
지시형	고	저
설득형	고	고
참여형	저	고
위임형	저	저

(3) 경로-목표이론

리더십의 상황이론 중 하우스와 밋첼(House & Mitchell)의 경로목표이론(Path-Goal Theory)

① 개요 : 리더십 특성이론이나 행동이론은 보편적이고 이상적인 리더의 특성이나 행위유형을 규명하려는 것이었으나, 모든 상황에 적합한 효과적인 리더십 유형을 발견하지 못하였고 서로 다른 특성과 행동이 서로 다른 상황의 리더에게 중요하다는 것을 알게 되었다. 이에 따라 리더십을 유효성을 상황과 연결시키려는 리더십 상황이론이 등장하게 되었다. 이러한 리더십 상황이론 중의 하나가 하우스와 미첼(Mitchell)이 발전시킨 경로-목표이론(Path-Goal Theory)이다.

② 경로-목표 이론의 의미 : 경로-목표이론(Path-Goal Theory)은 구조주의, 배려형 리더십 유형에 모티베이션의 기대이론을 접목시킨 이론이라고 볼 수 있다. 하우스(House)는 리더의 역할이란 부하가 목적지에 이르도록 길과 방향을 가르쳐주고 따라가면서 어디가 지름길이고 어디가 가시덤불이 있는지를 코치해주며 도와주는 것이라고 하였다. 다시 말해서 리더는 부하직원이 열심히 일할 수 있도록 영향력을 행사할 수 있는 사람이어야 한다는 것으로 효율적인 리더가 되기 위해서는 하급자들에게 그들이 원하는 목표를 제시하고 그것을 어떤 방법을 통하여 달성할 수 있는가를 제시하여야 한다는 것이다. 한편 부하의 입장에서 볼 때 자신들이 추구하는 목표에 도움을 준다고 생각되는 리더의 영향력을 잘 수용하게 된다는 것이다.

③ 하우스의 리더십 행동 유형

　　㉠ 지시적 리더(Directive Leader) : 부하가 무슨 일을 해야 할지 구체적으로 지시하고 업무일정도 잡아주는 등 계획·조직·통제와 같은 공식적인 활동을 강조하는 유형의 리더이다. 구조화된 업무에 적합하다.

　　㉡ 지원적 리더(Supportive Leader) : 하급자의 복지와 안녕 및 그들의 욕구에 관심을 기울이고, 구성원들 간에 상호 만족스러운 인간관계를 조성하는 유형의 리더이다. 비구조화된 업무에 적합하다.

　　㉢ 참여적 리더(Participative Leader) : 부하들을 의사결정에 참여시키고 그들의 의견 및 제안을 고려하는 유형의 리더이다. 하급자들과 정보를 공유하는 스타일이다.

　　㉣ 성취지향적 리더(Achievement Oriented Leader) : 도전적인 목표를 설정하고 성과향상을 추구하며, 하급자들의 능력발휘에 대하여 높은 기대를 설정하는 유형의 리더이다. 하급자들의 성취욕구가 높을 때 적합한 스타일이다.

④ 평가

　　㉠ 이 이론은 리더십과 동기부여이론을 결합한 것이다.

　　㉡ 위의 네 가지 리더십은 한 사람의 리더에 의해서 상이한 상황에 따라 사용될 수 있으므로 리더는 부하들의 특성과 작업환경의 특성을 함께 고려하여 적절한 리더십을 발휘함으로써 부하들의 목표에 대한 유의성과 기대감에 영향을 미쳐 이들이 동기수준과 노력 및 성과와 업무만족도를 높일 수 있어야 한다는 함의를 제시해 주고 있다.

　　㉢ 리더의 성공은 부하들의 특성에도 달렸지만, 리더 스스로가 주어진 환경에 얼마나 잘 대처하는가 에도 달렸다는 상황이론을 재입증해 주었다.

　　㉣ 이론이 너무 복잡하여 검증이 어렵고 명확하게 추구해야 할 목표를 제시하기 어렵기 때문에 경영자들이 실무에 적용하는 데에는 한계가 있다.

08 기타 리더십 이론들

① 리더–구성원 교환(LMX)이론 : 수직쌍 연결 이론에서 발전한 리더–구성원 교환이론은 리더가 부하를 차별적으로 대한다고 가정하며, 시간 압력 때문에 리더가 부하직원의 일부와 특별한 관계를 형성하는데 이 사람들이 리더의 내집단을 구성한다. 그들은 리더의 신뢰를 받으며 리더가 많은 시간을 그들에게 할애하고 특권을 받는 경향이 있다. 그 결과 다른 부하직원들은 외집단이 된다.

　　㉠ 리더는 부하직원들을 차별한다.

　　㉡ 부하직원들을 차별적으로 대하는 불균형은 임의적으로 이루어진 것이다. 연구에 따르면 내집단에 소속된 사람들이 외집단보다는 리더와 성격적 특성과 태도 면에서 좀 더 비슷한 특성을 보이고 있다.

　　㉢ 내집단에 속하는 부하직원은 외집단보다 높은 성과 평가를 받고, 이직 의도가 낮고, 상사에 대한 만족도가 높으며, 전반적인 만족도가 높다.

② 카리스마적 리더십 : 부하직원들이 리더의 특정 행동을 보고 그것을 그의 영웅적 또는 비범한 능력에 귀인할 때 카리스마적 리더십이 생긴다고 보았다.

　　㉠ 비전수립과 명확화 : 현상 유지보다는 더 좋은 미래를 제시하는 비전을 가지고 있으며, 구성원들이 이해할 수 있는 용어로 비전의 중요성을 설명할 수 있다.

　　㉡ 개인적 위험 : 비전 달성을 위해 기꺼이 개인적 위험을 추구하고, 높은 비용을 부담하며, 자기 희생을 한다.

　　㉢ 부하직원 요구에 대한 민감성

　　㉣ 습관에 얽매이지 않는 행동

③ 슈퍼리더십 : 부하들이 자기자신을 리드할 수 있는 역량과 기술을 갖도록 하는 것을 리더의 역할로 규정하고 있다. 즉 자기부하를 스스로 판단하도록 하고, 행동에 옮기며 그 결과도 책임질 수 있도록 하는 부하들을 셀프리더로 키우는 리더십이다. 우선 슈퍼리더가 스스로 훌륭한 리더가 되는 역할모델이 되어야 하며, 그것을 위한 자질로서 조직내 최고의 전문가가 되기 위하여 부단히 학습하여 부하들에게 수범을 보여야 하고, 변화관리의 촉진자 역할을 그리고 부하의 장래 비전과 목표달성을 지원하는 코치로서의 역할을 담당하고 스스로 이끌어 가는 팀조직을 활성화시켜야 한다.

④ 서번트 리더십 : 자신보다 타인에 대한 더 큰 희생에 초점을 맞추고 있다. 주안점은 자신의 이익을 떠나서 다른 사람들을 섬기는 것이기 때문에 서번트 리더들은 다른 사람들을 다치게 할 수 있는 자기중심적인 행동을 하려는 경향이 적다. 서번트 리더십을 조직문화에 심기 위해서는 언어적 노력뿐만 아니라 행동적 노력도 요구된다.

፠참고 거래적 리더십과 변혁적 리더십 비교

구분	거래적 리더십	변혁적 리더십
목표	교환관계	변혁 또는 변화
성격	소극적	적극적
관심대상	단기적인 효율성과 타산	장기적인 효과와 가치의 창조
동기부여 전략	부하들에게 즉각적이고 가시적인 보상으로 동기부여 • 외재적 동기부여	부하들에게 자아실현과 같은 높은 수준의 개인적 목표를 동경하도록 동기부여 • 내재적 동기부여
행동의 기준	부하들이 규칙과 관례에 따르기를 선호	변화에 대한 새로운 도전을 하도록 부하를 격려함
적절한 상황	• 업무성과를 조금씩 개선하려 할 때 • 목적을 대체시키려 할 때 • 특정행위에 대해 저항을 감소시키려 할 때	• 조직합병을 주도하려 할 때 • 조직을 위해 신규부서를 만들려 할 때 • 조직문화를 새로 창출하고자 할 때
리더십 요인	• 업적에 따른 보상 • 예외관리	• 이상적 영향력 : 부하들에게 강력한 역할모델이 되는 리더 • 영감적 동기부여 : 부하들의 의욕을 끊임없이 고무시키는 리더 • 지적 자극 • 개별화된 배려

기출문제분석

2017 서울시설공단

1 다음 조직형태에 관련한 설명 중 설득력이 가장 떨어지는 것은 무엇인가?

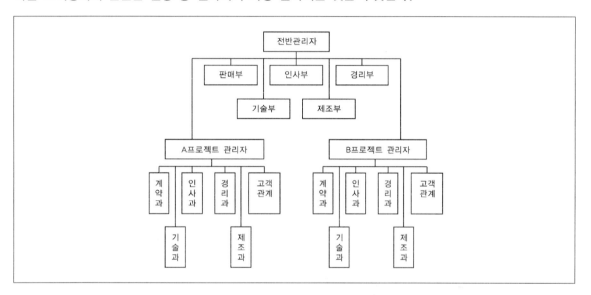

① 위 그림의 경우에는 특정한 사업 목표를 달성하기 위해 임시적으로 조직 내의 인적 및 물적 자원 등을 결합하는 조직의 형태를 말한다.

② 부서 간 책임분산으로 인해 통합 기능의 부재 및 갈등발생의 가능성이 없다.

③ 전문성 및 전문가 활용의 유용성이 높음과 동시에 부서 내 명확하게 정의되어진 책임 및 역할 등이 있다.

④ 이러한 조직의 경우 해산을 전제로 하여 임시로 편성된 일시적 조직이며, 혁신적 및 비일상적인 과제의 해결을 위해 형성되는 동태적 조직이다.

⑤ 이러한 조직에서는 부서관점의 편협된 의사결정이 이루어질 수 있으며, 요구사항에 대한 대응이 느리다는 문제점이 있다.

> 📝NOTE 위 그림은 프로젝트 조직형태 (Project Organization)를 나타낸 것이다. 임시로 편성된 조직이며 혁신적이거나 또는 비일 상적인 업무를 해결하기 위한 동태적인 조직이다. 직무의 체계라는 성격적 특성이 강하고 경영조직을 프로젝트별로 조직 화하였다. 이러한 조직은 부서 간 책임분산으로 인해 통합 기능의 부재 및 갈등발생의 가능성이 있다.

○ answer 1.②

2 아래 내용이 설명하는 리더십 유형에 해당하는 것은?

> • 자신보다 타인에 대한 더 큰 희생에 초점을 맞추고 있다.
> • 주안점은 자신의 이익을 떠나서 다른 사람들을 섬기는 것이다.
> • 다른 사람들을 다치게 할 수 있는 자기중심적인 행동을 하려는 경향이 적다.

① 서번트 리더십   ② 슈퍼 리더십

③ 카리스마적 리더십   ④ 거래적 리더십

⑤ 변혁적 리더십

> **NOTE** ② 슈퍼 리더십: 부하들이 자기자신을 리드할 수 있는 역량과 기술을 갖도록 하는 것을 리더의 역할로 규정하고 있다.
> ③ 카리스마적 리더십: 부하직원들이 리더의 특정 행동을 보고 그것을 그의 영웅적 또는 비범한 능력에 귀인할 때 카리스마적 리더십이 생긴다고 보았다.
> ④ 거래적 리더십: 부하들이 규칙과 관례에 따르기를 선호하며, 부하들에게 즉각적이고 가시적인 보상으로 동기부여 한다.
> ⑤ 변혁적 리더십: 변화에 대한 새로운 도전을 하도록 부하를 격려하며, 부하들에게 자아실현과 같은 높은 수준의 개인적 목표를 동경하도록 동기부여 한다.

3 매슬로우의 욕구 5단계설에 관한 설명 중 바르지 않은 것은?

① 욕구 5단계설은 하위 욕구가 충족되지 않더라도 상위 욕구로의 진행이 가능하다고 역설하였다.

② 매슬로의 욕구 단계 이론은 각 욕구의 동태적인 모습을 명확하게 설명하지 못했다는 한계가 있다.

③ 동시에 발생 가능한 욕구에 대해서 설명이 부족하였다.

④ 매슬로우의 욕구 5단계설에서 인간의 욕구는 병렬적 열거가 아닌 하위 욕구에서 충족도에 의해 상위 욕구로 성장해가는 것이라 하였다.

⑤ 욕구 5단계설은 생리적 욕구 → 안전의 욕구 → 소속 · 애정의 욕구 → 존경의 욕구 → 자아실현의 욕구로 진행된다.

> **NOTE** ① 어떤 욕구는 다른 욕구보다 우선권을 가진다는 것인데, 이러한 욕구의 위계적 계층은 고정되어 있다기보다는 상대적으로 나타나는 것으로서 하위 계층의 욕구가 충족되지 못할 시에는 상위 욕구로의 진행이 어렵다는 것이 매슬로우의 욕구 5단계설이다.

answer 2.① 3.①

4 맥그리거의 X-Y 이론에 대한 설명 중 바르지 않은 것은?

① 맥그리거는 Y이론의 가정이 X이론의 가정보다 타당하다고 믿었기 때문에 의사결정, 책임, 도전적인 직무에 종업원들을 참여시키는 것은 직무 동기를 극대화시킨다고 보았다.

② X-Y이론은 욕구위계이론을 주창한 매슬로우의 이론을 기반으로 하고 있다.

③ X이론에서는 대부분의 종업원들은 작업과 관련된 모든 요소에 대하여 안전을 추가하며 야심이 거의 없다고 가정한다.

④ Y이론에서는 종업원들은 조직의 목표에 관여하는 경우에 자기지향과 자기통제를 행하지만, 훌륭한 의사결정능력은 경영자들에게만 있다고 가정한다.

⑤ X이론은 구성원들을 달래가면서 이끄는 것과 강제 및 통제하며 처벌로써 이끌어야 하는 두 방식이 있다.

📖NOTE │ ④ Y이론에서는 훌륭한 의사결정의 능력은 모든 사람들이 가지고 있으며, 이는 경영자들만의 영역이 아니라고 가정한다.

5 갈등에 관한 다음의 설명 중 바르지 않은 것은?

① 갈등은 긍정적·부정적 측면을 동시에 가지고 있기 때문에 적정한 수준의 갈등을 유지함으로써 조직의 유효성이 극대화 될 수 있다.

② 통상적으로 갈등을 해결하기 위해서는 갈등의 원인을 찾아내어 문제의 해결을 위한 노력이 뒷받침되어야 한다.

③ 갈등이란 개인의 정서 및 동기가 다른 정서 및 동기와 모순되어 표현이 저지되는 현상을 의미한다.

④ 조직적 갈등이나 집단 간의 갈등은 개인으로 구성된 의사결정 행위의 주체 간에 겪는 갈등이다.

⑤ 전통적인 입장에서의 갈등은 부정적인 것으로 여겨지며, 갈등의 발생시에 공식적으로 빠르게 해결하려는 경향을 보인다.

📖NOTE │ ④ 통상적인 갈등은 서로의 입장이나 견해 및 이해관계 등이 서로 상반되어 일어나게 되는 불화 또는 충돌이라 하며, 조직적인 갈등이나 집단 간의 갈등은 복잡인으로 구성된 의사결정 행위의 주체간에 겪게 되는 갈등을 의미한다.

ⓞanswer　4.④　5.④

6 다음의 내용을 주장한 이론에 대한 설명으로 옳은 것은?

> • 인간의 욕구를 존재욕구, 관계욕구, 성장욕구로 구분하였다.
> • 인간의 욕구가 무엇인가에 초점을 맞추어 동기부여이론을 전개하였다.

① 이 이론에 따르면 욕구는 단계별로 충족시켜야 한다.

② 만족을 주는 직무요인과 불만족을 주는 직무요인이 별개라는 것을 기초로 전개되었다.

③ 모든 사람에게 세 가지 욕구의 상대적 크기는 같다.

④ 두 개 이상의 욕구가 동시에 발생할 수 있다고 보았다.

⑤ 채워야 할 욕구의 양은 한정적으로, 욕구충족이 되면 만족감이 올라간다.

> 📋NOTE 제시된 내용은 알더퍼(Alderfer)의 E.R.G. 이론이다. 알더퍼는 매슬로우의 욕구단계설을 수정하여 인간의 욕구를 존재욕구 (Existence Needs), 관계욕구(Relatedness Needs), 성장욕구(Growth Needs)의 3단계로 구분하였다.

7 리더십이론에 관한 다음의 설명 중 바르지 않은 것은?

① 서번트 리더십은 타인을 위한 봉사에 초점을 두고, 구성원과 소비자의 커뮤니티를 우선으로 그들의 니즈를 만족시키기 위해 헌신하는 유형의 리더십이다.

② 규범적 리더십모형에서는 의사결정과정에서 리더가 선택할 수 있는 리더십의 스타일을 5가지로 구분하였다.

③ 변혁적 리더십은 구성원들로 하여금 리더에 대한 신뢰를 갖게하는 카리스마와 조직변화의 필요성을 인지하고 변화를 끌어 낼 수 있는 새로운 비전을 제시할 수 있는 능력이 요구되는 리더십이다.

④ 거래적 리더십은 규칙을 따르는 의무에 관계되어 있으므로 거래적 리더들은 변화를 촉진하기보다 조직의 안정을 유지하는 것을 중시한다.

⑤ 상황부합 이론에 의하면, 상황이 아주 좋거나 나쁠 때는 관계지향 리더가 효과적인 반면 보통 상황에서는 과제지향 리더가 효과적이다.

> 📋NOTE ⑤ 상황 부합 이론에 따르면, 상황이 아주 좋거나 반대로 나쁠 때는 과제지향 리더가 효과적인 반면 보통 상황에서는 관계지향 리더가 효과적이다.

ⓞanswer 6.④ 7.⑤

2019 한국자산관리공사

8 직무평가에 대한 설명 중 바르지 않은 것은?

① 점수법은 평가요소별로 점수를 배정, 평가한다.

② 점수법은 각 요소를 기준으로 순위를 매기는 방법이다.

③ 분류법은 상, 중, 하의 등급을 준다.

④ 요소비교법은 기준 직무와 다른 직무를 비교하여 평가한다.

⑤ 요소비교법은 내용이 복잡하고 시간이 많이 소요된다는 단점이 있다.

> 📑NOTE | ① 점수법은 각 직무를 여러 가지 구성요소로 나누어서 중요도에 따라 각 요소들에 점수를 부여한 후에, 그렇게 각 요소에 부여한 점수를 합산해서 해당 직무에 대한 전체 점수를 산출해서 평가하는 방법을 의미한다.

2017 한국농어촌공사

9 사이먼의 행태론적 접근법에 관한 설명 중 바르지 않은 것은?

① 가치와 사실을 구별하고, 연구자의 주관이 개입되는 가치문제를 연구대상으로 하고 있다.

② 개별적인 행태를 관찰한 자료로써 전체 현상을 파악하기 때문에 주로 수량으로 표시하는 계량화 기법을 사용한다.

③ 이론의 검증성을 중요시하기 때문에 가설도 가능한 한 수량적으로 표시한다.

④ 관련 학문과의 상호의존성을 강조하기 있기 때문에 협동과학 또는 종합과학으로서의 성격을 띤다.

⑤ 과학적 연구를 기본으로 삼고 있기 때문에 객관시되는 현상만을 연구대상으로 한다.

> 📑NOTE | ① 가치와 사실을 구별하고, 연구자의 주관이 개입되는 가치 문제는 연구 대상에서 제외하는 것이 형태론적 접근방법이다.

⊙ answer 8.① 9.①

10 Adams의 공정성 이론에 대한 다음의 설명 중 옳은 것을 모두 고르면?

> ㉠ 불공정이 지각되면 공정성을 회복하기 위해 긴장이 유발된다.
> ㉡ 동기유발의 강도는 불균형의 정도에 따라 직접적으로 변한다.
> ㉢ 타 종업원과의 사회적인 비교 과정에서 동기부여가 된다.
> ㉣ 공정성 회복방안에는 투입변경, 산출변경, 분배변경, 인식왜곡 등이 있다.
> ㉤ 브룸의 기대이론을 기초로 발전시킨 이론이다.

① ㉠, ㉣, ㉤　　　　　　　　　　　② ㉡, ㉢, ㉣

③ ㉠, ㉡, ㉢　　　　　　　　　　　④ ㉡, ㉢, ㉣, ㉤

⑤ ㉠, ㉡, ㉢, ㉤

> **NOTE** ㉣ 공정성 회복방안 : 투입의 변경, 산출의 변경, 인식의 왜곡, 투입 또는 산출에 대한 지각 변경, 비교대상의 변경, 타인의 투입 또는 산출의 변경, 이탈
> ㉤ 공정성 이론은 인지부조화 이론을 기초로 하는 동기부여과정 이론 중 하나이다.

11 변혁적 리더십에 관한 설명 중 바르지 않은 것은?

① 하위자의 욕구수준을 매슬로우가 제시하였던 상위 수준으로 끌어올림으로써 하위자를 근본적으로 변혁시키는 리더이다.

② 정서적 동료에게 각자의 책임과 기대하는 바를 명확하게 제시한다.

③ 변혁적 리더십을 발휘하는 리더는 하위자로부터 기대 이상의 성과를 얻어낼 수 있다.

④ 주어진 목적의 중요성과 의미에 대한 하위자의 인식 수준을 제고시킨다.

⑤ 하위자가 개인적 이익을 넘어서서 자신과 집단, 조직 전체의 이익을 위해 일하도록 만든다.

> **NOTE** ② 지도자가 제시한 조직목표를 구성원들이 성취하면 그것에 따른 보상을 주는 목표달성과 보상을 서로 교환하는 현상은 거래적 리더십 이론이다.

◉answer 10.③　11.②

2018 신용보증기금

12 의사소통 유형에 관한 설명 중 바르지 않은 것은?

① 쇠사슬형은 구성원에 대한 만족도가 높다.

② Y형은 구성원의 만족도가 중간이다.

③ 원형은 태스크포스나 위원회에 많이 사용된다.

④ 완전연결형은 모든 구성원들 사이에 직접 커뮤니케이션이 이루어진다.

⑤ 수레바퀴형은 구성원의 만족도가 낮다.

> 📑NOTE ① 쇠사슬형은 수직적 계층제가 확립된 조직에서 나타나는 방식으로 공식적인 명령계통에 따라 의사소통이 상위계층에서 하위계층으로 흐르는 의사소통방식이다. 단점은 의사소통의 수용도가 낮은 편에 속하며, 구성원의 집단만족도도 낮은 편이다.

2019 지역난방공사

13 직무분석의 방법에 관한 설명 중 바르지 않은 것은?

① 평가요소로 구분하여 각 요소별로 그 중요도에 따른 점수를 준다.

② 직무의 모든 측면을 파악할 수 있는 질문서를 작성하여 직무수행자로 하여금 기입하도록 하여 직무를 분석하는 방법이다.

③ 직무분석자간 직무수행자를 직접 관찰하여 직무를 분석하는 방법이다.

④ 직무분석자가 직접 직무를 수행함으로써 실증자료를 얻는 방법으로 가장 우수한 방법이나 현실적으로 사용하기 힘들다.

⑤ 종업원의 작업 활동을 작업 일지에 기록하게 하여 그것으로부터 직무에 관한 정보를 얻는 방법이다.

> 📑NOTE ① 직무평가중 요소비교법에 관한 설명이다.

ⓞ answer 12.① 13.①

14 라인 조직에 관한 설명 중 바르지 않은 것은?

① 직속상관의 지시만 받고 업무를 수행하므로 책임과 권한이 명백하다.

② 명령이 명확하게 전달되어 부하에 대한 훈련과 통솔이 용이하다.

③ 관리자의 직무가 너무 넓어서 인원이 늘어나면 의사결정이 수월하다.

④ 한 사람의 관리자에게 의사결정의 권한이 집중되어 독단적 처사에 대한 폐해가 따른다.

⑤ 다른 부서와의 교류가 없어지기 때문에 각 부문 간 유기적 조정이 곤란하여 혼란이 야기될 우려가 있다.

🖹NOTE ③ 관리자의 직무가 너무 넓어서 인원이 늘어나면 의사결정에 어려움이 따른다.

15 X-Y이론에 대한 다음의 설명 중 옳은 것은?

① X이론에서 인간은 근본적으로 자기 통제를 할 수 있는 존재이다.

② Y이론의 인간은 수동적 인간으로 금전적 보상과 처벌 위협에 의해 동기부여가 된다.

③ X이론에 따르면 사람은 일을 하기 싫어하기 때문에 어떠한 경우에도 동기부여가 되지 않는다.

④ Y이론에서 동기부여는 심리적·사회적 수준도 포함한다.

⑤ 개인과 조직 목표를 별개로 관리해야 한다는 중요성을 일깨웠다.

🖹NOTE ① Y이론에 대한 설명이다.
② X이론에 대한 설명이다.
③ X이론에 따르면 사람들에게 일은 싫은 것이고, 동기부여는 물질적·경제적 수준에서 이루어진다.
⑤ 개인과 조직 목표를 통합하는 관리 전략으로 동기부여 된다는, 통합 원리의 중요성을 환기시켰다.

ⓞanswer 14.③ 15.④

2019 국토정보공사

16 **조인트 벤처(Joint Venture)에 관한 설명으로 옳은 것은?**

① 동일지역 또는 인접지역에 있는 서로 관련성이 있는 여러 업종의 기업이 자원의 다각적 이용을 위해 생산 기술적 입장에서 유기적으로 결합한 기업결합체이다.

② 기업이 채산이 맞지 않은 사업 혹은 불필요한 생산라인 등을 처분, 매각하는 경영전략이다.

③ 여러 나라에 걸쳐 영업 내지 제조 거점을 가지고 국가적, 정치적 경계에 구애됨이 없이 세계적인 범위와 규모로 영업을 하는 기업을 의미한다.

④ 기업이 인수, 합병에 의하여 상호 관련이 없는 이종기업을 결합하는 기업집중 형태를 의미한다.

⑤ 공동출자회사로서 2인 이상의 사업자가 공동계산에 의해 손익을 분담키로 하고 공동사업을 영위하는 것을 의미한다.

NOTE | ① 콤비나트, ② 디베스티처, ③ 다국적기업, ④ 컨글로머릿

2019 한국남동발전

17 **마일즈(Miles)와 스노우(Snow)의 전략유형에 관한 설명 중 바르지 않은 것은?**

① 반응형은 공격형과 방어형 전략의 결합형태로서 한편으로는 수익의 기회를 최대화하면서 한편으로는 위험을 최소화하려 한다.

② 공격형은 새로운 제품과 시장기회를 포착 및 개척하려는 전략이다.

③ 방어형은 중앙집권적 계획에 의한 통제를 하며, 대내적 공정성을 중시한다.

④ 방어형은 조직의 안정적 유지를 추구하는 소극적 전략이며, 틈새시장을 추구하지 않는다.

⑤ 분석형은 안정적인 제품 라인에 집중하면서도 한편으로는 산업내 혁신을 추종하는 다소 복합적인 전략 유형을 의미한다.

NOTE | ① 공격형과 방어형 전략의 결합 형태는 분석형에 해당하는 설명이다.

answer 16.⑤ 17.①

2019 한국서부발전공사

18 민츠버그의 경영자 역할에 관한 설명 중 바르지 않은 것은?

① 조직 내부뿐만 아니라 외부로부터 정보를 받아들여 정보를 활용하고 의사결정을 한다.

② 정보가 필요한 곳에 파급해야 하는 역할은 정보역할이다.

③ 의사결정역할에는 기업가 역할, 문제해결자, 자원분배자 역할 등이 있다.

④ 정보역할에는 정보탐색자, 정보보급자, 대변인 역할이 있다.

⑤ 조직 내부에서는 구성원들의 리더이며, 조직외부에서는 섭외자로서 역할을 하는 경영자의 역할은 의사결정 역할이다.

🔖 NOTE ⑤ 조직내부에서의 구성원들의 리더이며, 조직외부에서의 섭외자로서 역할을 하는 경영자의 역할은 대리인 역할이다.

● answer 18.⑤

출제예상문제

1 직무만족 및 불만족에 대한 설명으로 옳은 것은?

① 직무불만족을 증가시키는 개인적 성향은 긍정적 정서와 긍정적 자기평가이다.

② 역할 모호성, 역할 갈등, 역할 과다를 경험한 사람들의 직무 만족이 높다.

③ 직무만족이란 직무를 통해 그 가치를 느끼고 업무 성취감을 느끼는 긍정적 감정 상태를 말한다.

④ 종업원과 상사 사이의 공유된 가치관은 직무만족을 감소시킨다.

⑤ 직무만족은 단일 파원이다.

> 🗐NOTE ① 직무불만족을 증가시키는 개인적 성향은 부정적 정서와 부정적 자기평가이다.
> ② 역할 모호성, 역할 갈등, 역할 과다를 경험한 사람들의 직무만족은 낮다.
> ④ 종업원과 상사 사이의 공유된 가치관은 직무만족을 증가시킨다.
> ⑤ 직무만족은 단일 파원이 아닌 다차원의 개념이다.

2 리더십 이론에 대한 다음의 설명에 해당하는 것은?

> 부하직원들이 리더의 특정 행동을 보고 그것을 그의 영웅적 또는 비범한 능력에 귀인할 때 생기는 리더십을 말한다. 비전수립이 명확하고, 개인적 위험을 기꺼이 감수하며, 부하직원의 요구에 민감하고, 습관에 얽매이지 않는 행동을 한다.

① 슈퍼 리더십   ② 카리스마적 리더십

③ 서번트 리더십   ④ 변혁적 리더십

⑤ 거래적 리더십

> 🗐NOTE 카리스마적 리더십에 관한 설명이다. 카리스마적 리더십은 현상 유지보다는 더 좋은 미래를 제시하는 비전을 가지고 있으며, 구성원들이 이해할 수 있는 용어로 비전의 중요성을 설명할 수 있다. 또 비전 달성을 위해 기꺼이 개인적 위험을 추구하고 높은 비용을 부담하며 자기희생을 한다.

⊙ answer 1.③ 2.②

3 동기부여 이론 중 과정이론에 해당하는 것은?

① 기대이론   ② 욕구단계이론

③ 성취동기이론   ④ 성숙 · 미성숙이론

⑤ XY이론

> **NOTE** 과정이론은 인간의 동기부여가 어떠한 과정을 통하여 이루어지는 것인가를 설명한 이론으로 인간의 인지적 계산과정과 의도를 중시한다. 기대이론, 목표설정이론, 공정성이론, 인지적평가이론이 해당된다.

4 다음의 내용이 설명하는 것은 무엇인가?

> 직무의 성격 및 내용에 연관되는 각종 정보를 수집, 분석, 종합하는 활동을 말한다. 즉, 기업 조직이 요구하는 일의 내용들을 정리 및 분석하는 과정이다.

① 직무기술   ② 직무분석

③ 직무수행   ④ 직무평가

⑤ 직무성과

> **NOTE** 직무분석이란 직무의 성격 및 내용에 연관되는 각종 정보를 수집, 분석, 종합하는 활동을 말한다. 즉, 기업 조직이 요구하는 일의 내용들을 정리 및 분석하는 과정이다.

5 토머스-킬만의 갈등관리 모델에 대한 각 설명 중 옳지 않은 것은?

① 회피기법 : 갈등이 표면화되는 것을 봉쇄하는 것이다.

② 경쟁기법 : 자신의 이익, 주장을 다른 집단의 비용을 통해 관철하는 방법이다.

③ 순응기법 : 상재방의 이익과 욕구를 위해 자신의 이익을 무시하거나 포기한다.

④ 타협기법 : 해결책은 상호간 수용할 수 있는 정도이며, 쌍방이 부분적으로 만족한다.

⑤ 협력기법 : 집단 간 갈등 상황에서 임시방편 등의 목적에 사용하는 방법이다.

> **NOTE** ⑤ 타협기법에 대한 설명이다.
> 협력기법 : 대립과 협조를 동시에 추구하는 것으로, 쌍방을 모두 만족시킬 수 있는 해결책을 찾기 위해 노력하는 것이다.

6 다음의 설명 중 옳지 않은 것은?

① 리더의 개인적 자질에 초점을 맞추고 이러한 자질들이 리더의 효율성에 어떤 영향을 미치는지를 연구하는 것으로 효과적인 리더들이 갖고 있는 일련의 공통적인 특성, 특질 및 자질을 규명하는 이론을 리더십 특성이론이라 한다.

② 리더십 특성이론은 리더가 고유한 특성을 가지면 상황이나 환경이 변하더라도 항상 리더가 될 수 있다는 것을 기본 가정으로 하고 있다.

③ 리더의 자질과 행동에 초점을 맞추지 않고 당시 상황에 따라 적용되는 리더십이 다른 즉, 상황에 적절한 리더십 유형이 조직의 효과성을 증진시킨다는 이론이 특성이론이다.

④ 피들러 모형에서는 높은 직무성과를 성취하기 위한 리더십의 유효성은 리더의 집단 간의 상호작용과 상황의 호의성에 따라 결정된다고 보고 있다.

⑤ 부하의 성숙도를 중요한 상황변수로 보고 부하의 성숙도에 따라 효과적인 리더십 스타일이 다르게 나타난다고 보는 입장의 리더십이론은 상황대응 리더십 모형이다.

📖 NOTE 상황이론은 조직의 목적 내지 기능, 조직 구성원들의 지도자에 대한 인식, 집단의 성격, 업무의 특성, 지도자 개인의 특성 등 상황을 구성하는 모든 요소를 파악하고, 그것들과 지도자와의 관계를 밝히려는 이론이다. 즉, 상황이론은 한 조직이 처한 상황 속에서 그것에 알맞는 지도자가 등장하고 리더십이 발휘되는 것을 파악하는 입장이다.

7 Argyris의 미성숙·성숙 이론의 미성숙단계와 성숙단계를 비교한 표이다. 다음 중 잘못된 것은?

	미성숙단계	성숙단계
①	수동적 행위	증대된 행위
②	의존심	독립심
③	다양한 행동	한정된 행동
④	종속적 위치	대등 또는 우월한 위치
⑤	자아의식 결여	자아의식과 자기통제

📖 NOTE 미성숙 단계에서는 한정된 행동 양상을, 성숙 단계에서는 다양한 행동 양상을 보인다.

answer 6.③ 7.③

8 리더와 리더십에 대한 설명으로 가장 적절하지 않은 것은?

① 리더십은 조직에 비전을 제시하고, 그 비전을 실현할 수 있는 능력을 제고하는 것이다.
② 리더와 관리자는 같은 재능과 기술을 필요로 한다.
③ 리더십은 현상 유지보다는 변화 창출을 목적으로 한다.
④ 권한을 위임하여 구성원의 동기를 유발하는 것은 리더의 중요한 역할이다.
⑤ 리더의 유형은 비고정성이며, 상황에 따라 가변성과 신축성을 보인다.

📝NOTE ② 리더는 일이 잘 되고 있을 때도 더 좋은 방향으로 변화를 가져오고자 하고, 관리자는 지금 잘 하고 있는 것을 계속 유지하고자 한다. 따라서 리더와 관리자는 자리에 맞는 서로 다른 재능과 기술을 필요로 한다.

9 하우스와 에반스(House & Evans)의 경로-목표 리더십이론에 대한 설명으로 옳지 않은 것은?

① 효과적 리더십의 유형은 상황변수에 따라 달라질 수 있음을 제시하였다.
② 지시적 리더십은 부하들의 역할 모호성이 높은 상황에서 필요한 리더십 유형이다.
③ 성취지향적 리더십은 부하가 과업을 어렵게 느끼거나 자신감이 결여되었을 때 불안감을 감소시 킴으로서 부하의 노력 수준을 높일 수 있게 한다.
④ 참여적 리더십은 부하들이 구조화되지 않은 과업을 수행할 때 필요한 리더십 유형이다.
⑤ 경로-목표 리더십이론은 리더의 역할이 부하들 개인이나 조직의 목표를 달성하는데 대한 동기 를 부여하는 것이다.

📝NOTE ③ 지원적 리더십에 대한 설명으로 지원적 리더십은 부하가 스트레스를 많이 받거나 단조롭고 지루한 업무를 수행하는 상 황에서 작업환경의 부정적인 측면을 최소화시킴으로써 부하가 업무를 더욱 원활하게 수행할 수 있도록 해주는 유형이다.

● answer ▸ 8.② 9.③

10 조직에서 권한 배분 시 고려해야 할 원칙이 아닌 것은?

① 명령통일의 원칙

② 방향일원화의 원칙

③ 책임과 권한의 균형 원칙

④ 명령계층화의 원칙

⑤ 통제범위의 원칙

> **NOTE** 권한 배분 시 고려해야 할 원칙
> ㉠ 책임과 권한의 균형 원칙 : 책임을 주면, 그에 맞는 권한도 부여해야 한다.
> ㉡ 명령통일의 원칙 : 한 사람의 한 업무에 대한 지시는 한 사람의 상급자만을 통해 전달한다.
> ㉢ 명령계층화의 원칙 : 조직의 최고책임자로부터 일선담당자에 이르기까지 모든 지시와 보고의 채널이 수직 계층화되어 있어야 한다.
> ㉣ 통제범위의 원칙 : 한 사람의 상급자는 그가 통솔할 수 있는 부하직원의 범위(수)가 한정되어 있다.

11 로크(Locke)의 목표설정이론(goal-setting theory)에 기초한 주장으로 옳지 않은 것은?

① 추상적인 목표의 제시는 목표 실행자의 창의력을 증진시켜 성과를 높일 수 있게 해 준다.

② 적절한 피드백의 제공은 성과 향상의 필요조건이다.

③ 목표 실행자의 목표설정과정 참여는 목표에 대한 이해도를 향상시켜 성과를 높일 수 있게 해 준다.

④ 목표달성에 대한 적절한 보상은 성과 향상을 위한 필요조건이다.

⑤ 효과의 장기간 유지가 힘들고 목표를 계량적으로 측정하기 힘든 직무에는 적용하기 어렵다.

> **NOTE** ① 로크는 목표가 구체적이고 도전적이며 수행과정에서 피드백을 받을 수 있으면 동기부여가 잘 되고 성과도 뛰어나다고 주장하였다.

12 다음 중 직무평가의 방법 중 비교대상은 구체적 직무요소에 해당하고, 비교기준은 직무 대 기준인 방법에 대한 설명은?

① 직무의 상대적 가치들을 전체적이면서 포괄적으로 파악한 후 순위를 정하는 방법이다.

② 기준 직무와 비교하여 해당 직무의 상대적 가치를 결정하는 것을 말한다.

③ 미리 규정된 등급이나 부류에 대해 평가하려는 직무를 배정하여 평가하는 방법이다.

④ 직무의 여러 요소에 중요도별 점수를 부여한 후, 합산하여 해당 직무에 대한 점수를 산출하는 방법이다.

⑤ 직위의 상대적 수준을 현재의 임금액과 연관시켜 평가하므로 금액가중치 방식이라 불린다.

> **NOTE** ④ 점수법 : 각 직무를 여러 구성요소로 나누어 중요도에 따라 각 요소들에 점수를 부여한 후, 그 점수를 합산하여 해당 직무에 대한 전체 점수를 산출해서 평가하는 방법
> ① 서열법
> ②⑤ 요소비교법
> ③ 분류법

13 매슬로우의 욕구단계이론에 대한 설명으로 옳지 않은 것은?

① 한 가지 이상의 욕구가 동시에 만족될 수 없다.

② 하위 단계의 욕구가 충족되어야 상위욕구로 이동할 수 있다.

③ 이전 단계의 욕구는 더 이상의 동기유발을 하지 못한다.

④ 기업의 존재 이유는 조직 구성원의 욕구를 다음 단계로 발전시키는 것이다.

⑤ 행동을 일으키는 인간의 욕구가 무엇인가에 초점을 맞추어 이론을 전개하였다.

> **NOTE** 기업의 존재 이유는 조직 구성원들에게 최고차원 욕구인 자아실현의 욕구를 충족할 수 있는 기회를 제공하는 것이다.

answer 12.④ 13.④

14 다음은 거래적 리더십과 변혁적 리더십을 비교한 표이다. 옳지 않은 것을 고르면?

	구분	거래적 리더십	변혁적 리더십
①	성격	소극적	적극적
②	동기부여 전략	내재적 동기부여	외재적 동기부여
③	행동의 기준	규칙과 관례	변화에 대한 새로운 도전
④	관심대상	단기적인 효율성과 타산	장기적인 효과와 가치 창조
⑤	리더십 요인	업적에 따른 보상, 예외관리	지적 자극, 개별화된 배려

🖊NOTE 거래적 리더십은 즉각적이고 가시적인 보상으로 동기를 부여(외재적 동기부여)하고, 변혁적 리더십은 자아실현과 같은 높은 수준의 개인적 폭표를 동경하도록 동기를 부여(내재적 동기부여)한다.

15 다음 중 X이론에 대한 설명으로 보기 어려운 것은?

① 대다수의 인간은 만족감을 얻게 되면 스스로 일하려 하는 경향을 보인다.
② 지시받기를 좋아한다.
③ 변화에 대해 거부하여 저항하는 경향을 보인다.
④ 자기중심적이고 조직의 요구에 무관심한 경향을 보인다.
⑤ 양심 및 책임지기를 싫어하는 경향을 보인다.

🖊NOTE 대다수의 인간은 만족감을 얻게 되면 스스로 일하려 하는 경향을 보이는 것은 Y이론의 내용이다.

16 리더십 유형을 크게 거래적 리더십과 변혁적 리더십으로 구분할 때, 변혁적 리더십 유형의 설명으로 옳은 것은?

① 알기 쉬운 방법으로 중요한 목표를 설명하고 자긍심을 고취한다.

② 노력에 대한 보상을 약속하고 성과에 따라 보상한다.

③ 부하들이 조직의 규칙과 관습을 따르도록 한다.

④ 부하들의 문제를 해결해 주거나 해답이 있는 곳을 알려준다.

⑤ 업무의 성과를 조금씩 개선하려 할 때 쓰는 리더십이다.

> **⊟NOTE** 변혁적 리더십은 조직 구성원들이 리더를 신뢰할 수 있게 하는 카리스마를 지니고 있으며, 조직의 변화를 가져올 수 있는 새로운 목표를 제시할 수 있는 리더십이다.
> ②③④⑤ 거래적 리더십에 대한 설명이다.

17 다음 중 Mcclleland의 성취동기이론에 대한 설명으로 바르지 않은 것은?

① 인간의 욕구에 기초해서 동기화를 설명하는 이론이다.

② 인간 행위에 대한 동기부여의 잠재력을 개인의 욕구에서 찾고 있다.

③ 경영측면에서 성취동기이론이 중소기업을 창설하고 발전시키는데 있어 원동력이 무엇인가를 설명해 주고 있다.

④ 성취동기 이론의 경우 개도국에서 그 적용가능성이 매우 높다고 할 수 있다.

⑤ 성취욕구, 권력욕구, 친교욕구 등을 제시하였고 그 중에서도 특히 권력 욕구를 강조하고 있다.

> **⊟NOTE** 성취욕구, 권력욕구, 친교욕구 등을 제시하였고 그 중에서도 특히 성취 욕구를 강조하고 있다.

● answer 16.① 17.⑤

18 다음 중 기대이론에 대한 설명으로 바르지 않은 것은?

① 수단성이론, 기대 – 유의성이론이라고도 한다.

② 성과 = F [M(모티베이션) × A(능력)]으로 나타낸다.

③ 기대이론은 내용구성이 단순하여 검증자체가 용이하다.

④ 기대이론은 개인목표와 조직목표를 합치시키기 위한 많은 전략과 전술을 제시해 주고 있다.

⑤ 동기부여(M) = 기대(E) × 수단성(I) × 유의성(V)으로 나타낸다.

> **NOTE** 기대이론은 내용구성이 복잡한 관계로 검증자체가 어렵다는 문제점이 있다.

19 다음 중 리더십 이론이 아닌 것은?

① 특성 이론   ② 행동 이론

③ ERG 이론   ④ 상황 이론

⑤ 경로–목표 이론

> **NOTE** ERG이론은 알더퍼(Alderfer)가 주장한 이론으로 동기부여이론 중 내용 이론에 해당된다. 리더십 이론이 아니다.

20 아래의 내용이 설명하는 이론은 무엇인가?

> 개인이 자신의 일을 유능하게 수행할 수 있다는 느낌을 갖도록 하는 활동과 그 결과 그렇게 되는 것을 가리키는 것으로, 개인이 일하는 과정에서 지속적으로 주도권을 행사하는 것을 중시하는 개념이다.

① 상호작용이론   ② 인지평가이론

③ 임파워먼트   ④ 동기–위생요인

⑤ 기대이론

> **NOTE** 개인이 업무수행을 유능하게 수행할 수 있다는 자신감, 에너지 활력 등의 느낌을 갖도록 하는 활동과 그 결과로 자발적인 자신감을 형성하는 Empowerment는 내재화된 몰입을 강조하는 동기부여 이론이다.

21 다음 중 매슬로우의 욕구단계에 해당하지 않는 것은?

① 생리적 욕구

② 존경의 욕구

③ 성장의 욕구

④ 자아실현의 욕구

⑤ 소속감의 욕구

> NOTE | 매슬로우의 욕구 5단계 … (1단계)생리적 욕구 → (2단계)안전·안정의 욕구 → (3단계)애정 및 소속감의 욕구 → (4단계)존경의 욕구 → (5단계)자아실현의 욕구

22 다음 중 직무분석 시의 오류에 해당하지 않는 것을 고르면?

① 부적절한 표본의 추출

② 반응세트

③ 기업외부의 경제변화

④ 직무환경의 변화

⑤ 구성원들의 행동변화

> NOTE | 직무분석 시에 있어서의 오류
> ㉠ 부적절한 표본의 추출
> ㉡ 반응세트
> ㉢ 직무환경의 변화
> ㉣ 구성원들의 행동변화

answer 21.③ 22.③

23 로케의 목표설정이론에서 제시한 좋은 목표의 요건을 모두 고르면?

> ㉠ 능력 범위 내에서 난이도가 낮을 것
> ㉡ 기간, 범위가 구체적일 것
> ㉢ 상대가 동의한 목표일 것
> ㉣ 단순하기 보단 복잡할 것
> ㉤ 목표달성에 따른 합리적 보상이 주어질 것
> ㉥ 목표달성 과정에 경쟁이 없을 것

① ㉠, ㉢, ㉣
② ㉢, ㉣, ㉤, ㉥
③ ㉣, ㉤, ㉥
④ ㉠, ㉡, ㉢, ㉤
⑤ ㉡, ㉢, ㉤

☐NOTE ㉠ 능력 범위 내에서 약간 어려울 것
㉣ 복잡한 것보다 단순할 것
㉥ 경쟁이 전혀 없는 것보다 약간의 경쟁이 있을 것

24 동기부여의 중요성으로 보기 어려운 것은?

① 조직 구성원 개개인으로 하여금 과업수행에 대한 자신감 및 자긍심을 지니게 한다.
② 변화에 대한 구성원들의 저항을 줄이며, 자발적인 적응을 촉진하게 함으로서 조직의 변화를 용이하게 하는 추진력이 된다.
③ 개인의 동기부여는 경쟁우위 원천으로서의 사람의 중요성이 커지는 가운데 기업경쟁력 강화의 핵심 수단이 된다.
④ 개인의 자발적인 업무수행노력을 촉진해서 구성원들로 하여금 직무만족 및 생산성을 높이고 나아가 조직유효성을 제고시키게 된다.
⑤ 조직 구성원들이 소극적이면서 수동적으로 업무를 수행하게 함으로써 구성원들의 자아실현을 할 수 있는 기회를 부여한다.

☐NOTE 동기부여는 조직 구성원들이 적극적이고, 능동적으로 업무를 수행하게 함으로써 자아실현을 할 수 있는 기회를 부여하는 역할을 한다.

● answer 23.⑤ 24.⑤

25 다음 내용은 X이론에 관련한 것이다. 이 중 가장 거리가 먼 것을 고르면?

① 변화에 대해서 싫어하여 저항하는 경향을 보인다.

② 대다수의 사람들은 게으르고 일하기를 싫어하는 경향을 보인다.

③ 타인중심적이고 조직의 요구에 많은 관심을 가지는 경향을 보인다.

④ 양심도 없고 책임지기를 싫어하는 경향을 보인다.

⑤ 지시에 따르는 걸 좋아하는 경향을 보인다.

> 🗐 NOTE | X이론에서는 사람이 자기중심적이고 조직요구에 무관심한 경향을 보인다.

26 다음 중 Y이론에 대한 설명으로 바르지 않은 것은?

① 자기행동을 스스로 규제한다.

② 무조건 조직의 요구에 수동적이거나 반항적이다.

③ 사람이 만족감을 가지게 될 경우 자연적으로 일하려 한다.

④ 적절한 상황에서는 책임을 지려는 욕구까지 있다.

⑤ 이러한 경우에서의 관리방식은 상관 및 부하의 관계를 상호의존적 관계로 만드는 민주적인 리더십과 권한위임을 형성하여야 한다.

> 🗐 NOTE | Y이론에서는 무조건 조직의 요구에 수동적이거나 반항적이 아니다.

27 다음은 매슬로우의 욕구단계설에 대한 내용이다. 이 중 가장 옳지 않은 것은?

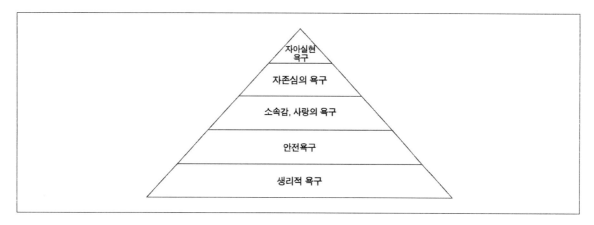

① Maslow는 인간의 욕구를 5단계로 구분하고, 하위단계 욕구가 충족되지 않아도 상위의 다음 단계의 욕구로 이동할 수 있다고 보고 있다.

② 생리적 욕구는 인간이라면 누구나 충족해야 하는 인간에게 있어 가장 저차원 단계의 욕구를 말한다.

③ 안전의 욕구는 직무환경으로부터의 안전 및 생활의 안정과 같은 욕구를 의미한다.

④ 소속감 및 사랑의 욕구는 집단 또는 사회조직의 일원으로 소속되어 타인과 유대관계를 형성하고 어울리고 싶어하는 욕구를 의미한다.

⑤ Maslow는 각각의 계층 욕구가 만족됨에 따라 이전 단계의 욕구는 더 이상 동기유발의 역할을 하지 못하게 되고 다음 단계의 욕구가 행동의 동기유발을 한다고 가정하고 있다.

NOTE Maslow는 인간의 욕구를 5단계로 구분하고 하위단계 욕구가 충족되어야 다음 단계의 상위욕구로 이동할 수 있다고 보고 있다.

28 다음 중 Maslow의 욕구 단계설을 수정해서 인간의 욕구를 존재욕구(Existence Needs), 관계욕구 (Relatedness Needs), 성장욕구(Growth Needs)의 3단계로 구분한 ERG이론을 제시한 학자는?

① Simon

② Locke

③ Mcclleland

④ Alderfer

⑤ Kotler

> NOTE Alderfer는 70년대 초 Maslow의 욕구단계설을 수정해서 인간의 욕구를 존재욕구, 관계욕구, 성장욕구의 3단계로 구분한 ERG이론을 제시하였다.

29 다음 Mcclleland의 성취동기이론에서 가장 강조되는 욕구는 무엇인가?

① 성격욕구

② 존경욕구

③ 성취욕구

④ 친교욕구

⑤ 권력욕구

> NOTE 맥클랜드(Mcclelland)는 인간의 모든 욕구는 학습되며 행위에 영향을 미치는 잠재력을 지닌 욕구들의 서열은 개인마다 다르다고 주장하면서 개인의 욕구 중 사회 문화적으로 습득된 욕구로서 성취욕구, 권력욕구, 친교욕구 등을 제시하였고 그 중에서도 특히 성취 욕구를 강조하였다.

30 다음 Herzberg의 2요인 이론 중 위생요인에 해당하지 않는 것을 고르면?

① 개인 간 인간관계

② 작업조건

③ 안정감

④ 임금

⑤ 회사의 정책 및 방침

> NOTE Herzberg의 2요인 이론 중 위생요인
> ㉠ 작업조건
> ㉡ 회사의 정책과 방침
> ㉢ 감독 스타일
> ㉣ 개인 간 인간관계
> ㉤ 임금

answer 28.④ 29.③ 30.③

31 핵크만과 올드햄의 직무특성이론에서 제시한 직무특성이 아닌 것은?

① 기술다양성

② 과업정체성

③ 독립성

④ 자율성

⑤ 피드백

> NOTE 직무특성이론에서 제시한 직무특성에는 기술다양성, 과업정체성, 과업중요성, 자율성, 피드백이 있다.

32 다음 Herzberg의 2요인 이론 중 동기요인에 속하지 않는 것은?

① 성장 및 발전 　　　　② 도전감

③ 개인 간 인간관계 　　④ 책임감

⑤ 성취감

> NOTE Herzberg의 2요인 이론 중 동기요인
> ㉠ 직무자체
> ㉡ 성취감
> ㉢ 책임감
> ㉣ 안정감
> ㉤ 성장 및 발전
> ㉥ 도전감

33 다음 중 아래의 표와 연관되는 내용으로 보기 어려운 것을 고르면?

직무번호		직무명		소속	
직군		직종		등급	
직무개요					

▲ 수행요건

	남녀별적성		최적연령범위	
일반요건	기초학력		특수자격	
	전공계열		전공학과	
	필요숙련기간		전환/가능부서/직무	
	기타			

	지식	종류	세부내용 및 소요정도	
소요능력	학술적지식			
	실무적지식			

① 주로 인적요건에 초점을 두고 있다.

② 구성원들이 직무분석의 결과를 토대로 만들어진 것이다.

③ 통상적으로 기업 조직에서 업무를 세분화 및 구체화해서 구성원들의 능력에 따른 업무 범위를 적절히 설정하고 생산성을 높이기 위한 수단으로 사용된다.

④ 이에 해당하는 기본요건으로는 간결성, 명확성, 일관성, 완전성 등이 있다.

⑤ 위 그림은 직무의 수행과 관련한 과업 및 직무행동 등을 일정한 양식에 따라 기술한 문서를 의미한다.

📝NOTE 위 표는 직무기술서에 대한 것으로, 과업요건에 초점을 맞추고 있다.

● answer 33.①

34 Vroom의 기대이론에 대한 설명 중 옳지 않은 것은?

① 기대, 유의성, 수단성 중 하나가 '0'이면 동기부여 수준 역시 '0'이 된다.

② 기대 : 목적달성을 위하여 자기 능력과 가능성에 대해 자신이 가지고 있는 인지의 정도로, 목표의 실체에 따라 결정된다.

③ 유의성 : 2차 산출물에 대한 개인의 선호도 또는 만족도로, 최종 보상이 개인에게 얼마나 매력적인가를 나타낸다.

④ 수단성 : 1차 산출물이 2차 산출물을 유도할 것이라는 신념의 정도를 말한다.

⑤ 쾌락주의적 가정은 인간행위의 올바른 설명이 못 된다는 한계점이 있다.

> 📖NOTE│기대는 특정 행위가 특정 결과를 가져올 것이라는 가능성에 대한 확신이며, 목표의 실체가 아니라 상황의 지각에 따라 결정된다.

35 다음 중 아래의 그림과 관련된 설명으로 보기 어려운 것을 고르면?

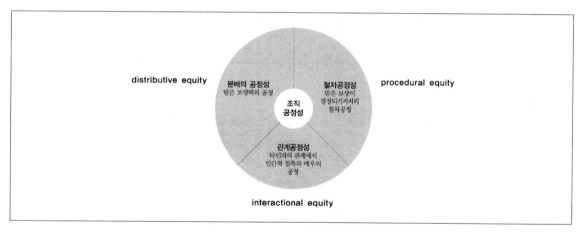

① 위 그림과 관련되는 조직공정성의 3가지 측면은 분배적, 절차적, 관계적 공정성이다.

② 분배적 공정성은 회사 조직의 자원을 구성원들 사이에 공평하게 분배했느냐의 문제를 말한다.

③ 절차적 공정성은 회사 조직의 의사결정과정이 공정했느냐의 여부를 말한다.

④ 개인이 불공정성을 지각하면 대개 부족한 보상에 따른 불만이나 과다한 보상에 따른 부담감이나 불안감을 나타내어 불공정성을 증가시키는 방향으로 동기부여 된다.

⑤ 관계적 공정성은 인간관계에서 인간적인 대우를 포함한 질적인 차원에서의 공정성을 말한다.

> 📖NOTE│개인이 불공정성을 지각하면 대개 부족한 보상에 따른 불만이나 과다한 보상에 따른 부담감이나 불안감을 나타내어 불공정성을 감소시키는 방향으로 동기부여 된다.

ⓞanswer 34.② 35.④

36 직무충실화의 내용에 해당하는 것은 무엇인가?

① 직원이 담당하는 과업량을 늘리고 그의 권한은 그대로 유지한다.

② 직원이 담당하는 과업량을 늘리고 그에 따른 권한과 책임 및 자율성을 추가한다.

③ 직원이 담당하는 과업을 주기적으로 변경함으로써 과업의 단조로움을 극복한다.

④ 직원들 간에 담당하는 직무의 교환을 통하여 다른 직무를 경험하게 한다.

⑤ 기존의 직무를 다시 설계한다.

> NOTE ① 직원이 담당하는 과업량을 늘리고 그의 권한은 그대로 유지하는 것은 직무확대화(job enlargement)이다.
> ③ 직원이 담당하는 과업을 주기적으로 변경함으로써 과업의 단조로움을 극복할 수 있는 방법은 직무순환(job rotation)이다.
> ④ 직원들 간에 담당하는 직무의 교환을 통하여 다른 직무를 경험하게 하는 것은 직무순환(job rotation)이다.
> ⑤ 직무재설계(job redesign)를 의미한다.

37 직무분석의 방법 중 괄호 안에 들어갈 말을 순서대로 바르게 나열한 것은?

> (㉠)은/는 직무분석자가 직무수행을 하는 종업원의 행동을 관찰한 것을 토대로 직무를 판단하는 것을 말하고, (㉡)은/는 해당 직무를 수행하는 종업원과 직무분석자가 서로 대면해서 직무정보를 취득하는 방법을 말하며, (㉢)은/는 질문지를 통해 종업원에 대한 직무정보를 취득하는 방법을 말한다.

① ㉠ 관찰법, ㉡ 워크샘플링법, ㉢ 중요사건서술법

② ㉠ 관찰법, ㉡ 작업기록법, ㉢ 질문지법

③ ㉠ 관찰법, ㉡ 중요사건서술법, ㉢ 질문지법

④ ㉠ 관찰법, ㉡ 면접법, ㉢ 질문지법

⑤ ㉠ 관찰법, ㉡ 워크샘플링법, ㉢ 질문지법

> NOTE 관찰법은 직무분석자가 직무수행을 하는 종업원의 행동을 관찰한 것을 토대로 직무를 판단하는 것을 말하고, 면접법은 해당 직무를 수행하는 종업원과 직무분석자가 서로 대면해서 직무정보를 취득하는 방법을 말하며, 질문지법은 질문지를 통해 종업원에 대한 직무정보를 취득하는 방법을 말한다.

⊙ answer 36.② 37.④

38 다음은 구성원들의 조직행위에 있어 수행해야 하는 직무와 관련한 내용들이다. 내용을 읽고 괄호 안에 들어갈 말을 순서대로 바르게 짝지어진 것은?

(㉠)은/는 수행되어야 할 과업에 초점을 두며, 이는 직무분석의 결과를 토대로 직무수행과 관련된 과업 그리고 직무행동을 일정한 양식에 기술한 문서를 의미하고, (㉡)은/는 인적요건에 초점을 두며, 이는 직무분석의 결과를 토대로 직무수행에 필요로 하는 작업자들의 적성이나 기능 또는 지식, 능력 등을 일정한 양식에 기록한 문서를 의미한다.

---

① ㉠ 직무평가서, ㉡ 직무명세서
② ㉠ 직무명세서, ㉡ 직무평가서
③ ㉠ 직무명세서, ㉡ 직무기술서
④ ㉠ 직무기술서, ㉡ 직무명세서
⑤ ㉠ 직무기술서, ㉡ 직무평가서

📑NOTE 직무기술서는 수행되어야 할 과업에 초점을 두며, 이는 직무분석의 결과를 토대로 직무수행과 관련된 과업 그리고 직무 행동을 일정한 양식에 기술한 문서를 의미하고, 직무명세서는 인적요건에 초점을 두며, 이는 직무분석의 결과를 토대로 직무수행에 필요로 하는 작업자들의 적성이나 기능 또는 지식, 능력 등을 일정한 양식에 기록한 문서를 의미한다.

39 개인 임파워먼트의 실행과정을 순서에 맞게 나열한 것은?

(개) 개인들이 자신감을 갖게 되었음을 지각한다.
(내) 과업수행 시 자신감을 향상시킬 수 있는 방안들을 수행한다.
(대) 조직에서 개인의 무력감을 유발하는 요소가 무엇인지 파악한다.
(래) 자신감 향상을 위하여 무력감 유발요소를 제거하는 임파워먼트를 수행한다.
(매) 임파워먼트 된 개인들이 보다 더 높은 성과목표를 세우고 달성하기 위한 새로운 노력을 기울인다.

---

① (대)→(래)→(내)→(개)→(매)
② (내)→(래)→(대)→(매)→(개)
③ (대)→(개)→(래)→(내)→(매)
④ (내)→(대)→(매)→(래)→(개)
⑤ (대)→(내)→(개)→(래)→(매)

📑NOTE 개인 임파워먼트의 실행과정은 일반적 5단계를 따르고 그 순서는 (대)→(래)→(내)→(개)→(매)와 같다.

● answer 38.④ 39.①

40 다음은 직무평가의 방법 중 Ranking Method에 대한 것이다. 이에 대한 내용으로 틀린 것은?

① 직무평가의 방법 중에서 가장 간편한 방법이다.

② 적은 비용으로 평가가 가능한 방식이다.

③ 평가대상의 직무수가 많으면, 활용하기가 곤란하다는 문제가 있다.

④ 절대적 성과차이를 구별할 수 있다.

⑤ 평가 시에는 평가자의 주관이 개입될 수 있다.

> 📄NOTE 서열법(Ranking Method)은 절대적 성과차이를 구별할 수 없다.

41 다음은 Point Rating Method에 대한 설명이다. 이 중 가장 잘못된 서술은?

① 직무를 여러 가지 구성요소로 나누어 중요도에 따라 각 요소들에 점수를 부여한 후, 점수를 합산하여 해당 직무에 대한 전체 점수를 산출해서 평가하는 방식이다.

② 각 평가요소를 선정하는데 있어 많은 시간 및 노력 등이 소요된다.

③ 구성원 및 감독자 모두가 쉽게 이해할 수 있다.

④ 각 평가요소의 가중치를 산정하는데 있어 어려움이 있다.

⑤ 직무평가의 방법 중 비량적 방식에 속한다.

> 📄NOTE 점수법(Point Rating Method)은 직무평가의 방법 중 양적 방식에 속한다.

42 다음 중 분류법 (Job Classification Method)에 대한 설명으로 바르지 않은 것은?

① 사전에 규정된 등급 또는 어떠한 부류에 대해 평가하려는 직무를 배정함으로써 직무를 평가하는 방식이다.

② 이러한 방식으로 직무평가를 하려면 직무등급의 수, 각각의 등급에 해당되는 직무의 특성을 명확하게 해 놓은 직무등급 기술서가 존재해야 한다.

③ 이 방식은 서열법에 비해 직무를 훨씬 더 명확하게 분류가 가능하다.

④ 이 방식은 고정화된 등급 설정으로 인해 사회적 및 경제적, 기술적 변화 등에 따른 탄력성이 부족하다고 할 수 있다.

⑤ 이 방식은 분류자체에 대한 정확성을 확실하게 보장할 수 있다.

🖹NOTE 분류법(Job Classification Method)은 분류자체에 대한 정확성을 확실하게 보장할 수 없다.

43 하우스의 리더십 행동 유형 중 아래의 설명에 해당하는 유형은?

> 부하들을 의사결정에 참여시키고 그들의 의견 및 제안을 고려하는 유형의 리더로, 하급자들과 정보를 공유하는 스타일이다.

① 지시적 리더　　　　　　　　　② 설득형 리더
③ 지원적 리더　　　　　　　　　④ 참여적 리더
⑤ 위임형 리더

🖹NOTE 하우스의 리더십 행동 유형
　㉠ 지시적 리더 : 부하가 할 일을 구체적으로 지시하고, 공식적인 활동을 강조하는 유형으로, 구조화된 업무에 적합하다.
　㉡ 지원적 리더 : 하급자의 복지와 욕구에 관심을 갖고, 구성원들 간에 상호 만족스러운 인간관계를 조성하는 유형의 리더로, 비구조화된 업무에 적합하다.
　㉢ 참여적 리더 : 부하들을 의사결정에 참여시키고 그들의 의견 및 제안을 고려하는 유형의 리더로, 하급자들과 정보를 공유하는 스타일이다.
　㉣ 성취지향적 리더 : 도전적 목표를 설정하고 성과향상을 추구하며, 하급자들의 능력 발휘에 높은 기대를 설정하는 유형의 리더로, 하급자들의 성취욕구가 높을 때 적합하다.

⊙ answer 42.⑤　43.④

44 프렌치(J. R. P. French)와 레이븐(B.H. Raven)은 개인이 갖는 권력의 원천을 다섯 가지로 구분하였는데 이에 속하지 않는 것은?

① 자율적 권력

② 보상적 권력

③ 합법적 권력

④ 준거적 권력

⑤ 전문적 권력

> **NOTE** 프렌치(J. R. P. French)와 레이븐(B.H. Raven)이 말하는 권력의 원천
> ㉠ 보상적 권력
> ㉡ 강압적 권력
> ㉢ 합법적 권력
> ㉣ 준거적 권력
> ㉤ 전문적 권력

45 다음 리더십의 역할 내용을 읽고 괄호 안에 들어갈 말로 적절한 것을 순서대로 바르게 배열한 것을 고르면?

> (㉠)은/는 리더는 집단을 위하여 상황을 규정. 진단하고, (㉡)은/는 리더는 규정된 상황을 해결하기 위하여 집단이 취해야할 행동을 처방해 주거나 집단을 대표하여 취할 수 있는 행동을 제시하는 기능을 지니며, (㉢)은/는 리더는 그들이 주도하는 집단에 대한 상황규정과 그들이 처방한 행동계획에 대하여 집단의 전폭적인 지지 또는 유력한 지지를 획득해야 한다.

① ㉠ 진단적 기능, ㉡ 처방적 기능, ㉢ 동원 기능

② ㉠ 진단적 기능, ㉡ 동원 기능, ㉢ 처방적 기능

③ ㉠ 동원 기능, ㉡ 진단적 기능, ㉢ 처방적 기능

④ ㉠ 동원 기능, ㉡ 처방적 기능, ㉢ 진단적 기능

⑤ ㉠ 처방적 기능, ㉡ 동원 기능, ㉢ 진단적 기능

> **NOTE** 진단적 기능은 리더는 집단을 위하여 상황을 규정. 진단하고, 처방적 기능은 리더는 규정된 상황을 해결하기 위하여 집단이 취해야할 행동을 처방해 주거나 집단을 대표하여 취할 수 있는 행동을 제시하는 기능을 지니며, 동원 기능은 리더는 그들이 주도하는 집단에 대한 상황규정과 그들이 처방한 행동계획에 대하여 집단의 전폭적인 지지 또는 유력한 지지를 획득해야 한다.

answer 44.① 45.①

46 다음 중 리더십 특성이론의 한계로 보기 어려운 것은?

① 연구가 진행될수록 특성 간의 관련성이 없다.

② 연구가 진행될수록 특성요인의 수가 적어진다.

③ 리더의 특성만으로는 리더십 과정을 이해하는데 있어 한계가 있다.

④ 계층 및 지위에 따라 경영에 상이한 자질과 특성을 필요로 한다.

⑤ 여러 특성들이 실제 리더십을 발휘하는데 밀접한 관계가 없다는 실증적 연구들이 제시되고 있다.

📝NOTE 연구가 축적될수록 특성요인 수가 많아진다.

47 다음은 피들러의 리더십 유효성 상황모형에 대한 내용이다. 괄호 안에 들어갈 말로 적절한 것을 순서대로 바르게 나열하면?

> 피들러는 중요 상황요소로서 리더와 부하간의 신뢰관계, 과업구조, 리더 지위의 권력 정도라는 3가지 요소로 보고, 이를 토대로 리더십 상황을 리더에게 유리한 상황과 불리한 상황으로 유형화하였다. 이 모델에서는 상황이 리더에게 유리하거나 불리한 경우에는 (㉠) 리더십 유형이 적합하고, 중간 정도의 상황에서는 (㉡) 리더십 유형이 적합하다고 본다.

① ㉠ 인간관계지향적, ㉡ 업무지향적

② ㉠ 인간관계지향적, ㉡ 리더지향적

③ ㉠ 업무지향적, ㉡ 리더지향적

④ ㉠ 업무지향적, ㉡ 인간관계지향적

⑤ ㉠ 리더지향적, ㉡ 업무지향적

📝NOTE 피들러는 중요 상황요소로서 리더와 부하간의 신뢰관계, 과업구조, 리더 지위의 권력 정도라는 3가지 요소로 보고, 이를 토대로 리더십 상황을 리더에게 유리한 상황과 불리한 상황으로 유형화하였다. 이 모델에서는 상황이 리더에게 유리하거나 불리한 경우에는 업무지향적 리더십 유형이 적합하고, 중간 정도의 상황에서는 인간관계지향적 리더십 유형이 적합하다고 본다.

● answer 46.② 47.④

48 리더십 상황이론에 대한 각 설명 중 옳지 않은 것은?

① 피들러 모형 – 높은 직무성과를 성취하기 위한 리더십의 유효성은 리더와 집단 간의 상호작용과 상황의 호의성에 따라 결정된다.

② 허시&블랜차드 모형 – 부하의 성숙도를 중요한 상황변수로 보고, 그에 따라 효과적인 리더십 스타일이 다르게 나타난다고 보았다.

③ 상황적 리더십 이론 – 리더십의 유형을 지시형, 설득형, 참여형, 위임형 네 가지로 나누었다.

④ 경로목표이론 – 효율적인 리더가 되기 위해서는 하급자들에게 그들이 원하는 목표를 제시하고 달성할 수 있는 방법을 제시하여야 한다.

⑤ 리더–구성원 교환 이론 – 리더와 구성원 간의 구별이 없어 구성원들이 서로 영향을 주고 받는다.

> 🖥NOTE 리더–구성원 교환(LMX) 이론 … 리더는 부하직원들을 차별적으로 대하고, 그로 인해 리더의 내집단과 외집단이 구성된다.
> ②③ 허시&블랜차드의 상황적 리더십이론이다.

49 거래적 리더십에 대한 설명으로 바르지 않은 것은?

① 구성원들이 규칙 및 관례에 따르기를 선호한다.

② 구성원들에게 즉각적이면서도 가시적인 보상으로 동기를 부여한다.

③ 소극적인 성격을 지닌다.

④ 리더십 요인으로는 업적에 의한 보상 등이 있다.

⑤ 장기적인 효과 및 가치를 창조하는 데 관심을 두고 있다.

> 🖥NOTE 거래적 리더십은 단기적이면서 효율성과 타산에 관심을 지니고 있다.

50 변혁적 리더십에 대한 설명으로 바르지 않은 것은?

① 변화에 대한 새로운 도전을 하도록 부하를 격려한다.

② 부하들에게 자아실현과 같은 높은 수준의 개인적 목표를 동경하도록 동기부여 한다.

③ 장기적인 효과 및 가치를 창조하는데 관심을 두고 있다.

④ 단기적이면서 효율성과 타산에 관심을 지니고 있다.

⑤ 부하들에게 강력한 역할 모델이 되는 리더이다.

🖪NOTE │ 단기적인 효율성과 타산에 관심을 가진 것은 거래적 리더십이다.

51 다음은 매슬로우의 욕구 단계설과 관련한 기사이다. 이를 참조하여 흐름 상 괄호 안에 들어갈 말로 가장 적절한 것을 고르면?

> [화제의 신간] 내 인생 최고의 버킷 리스트 책 쓰기다.
>
> 　사람이 책을 쓰는 목적도 다양하다. 자기 삶의 기록을 후대에 전하기 위해서, 자신의 전문성을 다른 사람에게 인정받기 위해서, (　　　　　)을/를 충족하기 위해서, 스스로를 브랜드화하기 위해서 등 사람들마다 각기 다른 목적에서 책 쓰기를 희망하고 있다. 그러나 그렇게 희망하는 사람들 대부분이 책 쓰기를 두려워한다. 머릿속에 충분한 지식과 경험이 있어도 책으로 엮어 볼 생각을 하지 않는다. 타고난 능력이 있어야만 책을 쓸 수 있다는 착각을 하고 있기 때문이다. 하지만 책을 쓰는데 타고난 능력은 별로 필요하지 않다. 특히 비즈니스 서적이나 실용서의 경우에는 마음을 먹고 준비를 하며, 실행을 하는 것이 무엇보다 필요할 뿐이다.

① 생리적 욕구　　　　　　　　　　② 안전의 욕구

③ 소속 · 애정의 욕구　　　　　　　④ 존경의 욕구

⑤ 자아실현의 욕구

🖪NOTE │ 자아실현의 욕구는 욕구단계이론 중 가장 상위의 욕구로 자기 자신의 잠재적인 능력을 최대한으로 개발하여 이를 구현하고자 하는 욕구를 의미한다.

52 다음의 사례를 보고 괄호 안에 들어갈 말로 가장 적절한 것을 고르면?

이는 지난 21일 개최된 '한국지방세학회'에서 만난 지방세 공무원들에게는 이미 희망이 사라진 듯 보였다. '절망'감에 가득 찬 그들의 표정에서는 일에 대한 의욕도, 믿음도 사라져 가는 듯 했다. "제 동료는 26세에 공무원이 되어 현재 53세입니다. 7급에서 6급으로 승진이 가능할지 희망이 안 보인다고 합니다. 저는 아예 승진을 포기한 상태입니다", "승진할 수 있을 것이라는 희망이 안 보입니다", '이제는 거의 포기상태입니다'. 이렇게 희망이 사라져 가니, 징세업무에도 소극적이 된다는 것이 그들의 말이다. "열심히 세금 걷어 봤자, 우리가 쓰는 것도 아니고 정부에서 우리의 업무에 대해 보상을 제대로 해 주는 것도 아닌데 그냥 대충대충 하자"는 인식이 지방세 공무원들 사이에 팽배해 있다는 것이다. 매슬로우의 욕구단계이론을 적용해 보면 공무원들에게 있어 승진누락, 인사적체 문제는 이러한 (   )를 좌절시키는 중요한 요인이 된다.

① 생리적 욕구   ② 안전의 욕구

③ 사회적 소속감의 욕구   ④ 존중의 욕구

⑤ 자아실현 욕구

📝 **NOTE |** 매슬로우의 욕구 5단계설 중 자아실현의 욕구는 인간의 기본 욕구 가운데 최고급 욕구로, 자신의 잠재적 능력을 최대한 개발해 이를 구현하고자 하는 욕구를 의미한다.

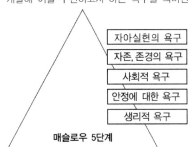

53 리더십에 대한 여러 이론 중 상황이론에 해당하지 않는 것은?

① 리더십 규범이론

② 수명주기이론

③ 피들러의 상황이론

④ 관리격자이론

⑤ 수직쌍 연결이론

📂NOTE 텍사스 대학의 관리격자이론은 행위이론, 행동이론에 해당한다.

54 다음은 매슬로우의 욕구단계설과 알더퍼의 ERG이론에 관한 내용이다. 이 중 옳지 않은 것은?

① 욕구단계설에서는 욕구를 무의식의 수준에서, ERG이론에서는 욕구를 의식수준에서 취급하였다.

② ERG이론에서는 상위 욕구가 충족이 되지 않으면 하위 단계의 욕구가 더 커진다고 주장하였다.

③ 알더퍼는 ERG이론에서 욕구를 미리 정해진 것이 아닌, 다른 욕구의 충족정도에 따라 증감될 수 있는 것으로 보았다.

④ 매슬로우의 욕구단계설은 욕구를 5단계로 구분하였으며, 각 단계의 개념이 모호하다는 평가를 받는다.

⑤ 두 이론 모두 상위단계로의 욕구 이동만 가능하다고 보았다는 한계점이 있다.

📂NOTE 알더퍼의 ERG이론에서는 욕구가 좌절되었을 경우, 하위단계로 퇴행할 수 있다. 욕구단계는 미리 정해지지 않아서 다른 욕구의 충족정도에 따라 만족-진행, 좌절-퇴행과정을 겪는다.

55 직무평가의 방법 중 사전에 규정된 등급 또는 어떤 부류에 대해 평가하려는 직무를 배정함으로써 직무를 평가하는 방식을 분류법(Job Classification Method)이라고 한다. 이 때 분류법에 대한 설명으로 가장 거리가 먼 것을 고르면?

① 분류법은 평가자가 평가하려는 직무가 직무등급 기술서 상의 어떠한 부분의 등급에 직무하고 비슷한지를 따져서 평가하게 된다.

② 분류법은 분류자체에 대한 정확성을 확실하게 보장할 수 없다는 단점이 있다.

③ 분류법은 직무의 수가 점차적으로 많아지고 내용 또한 복잡하게 되면, 정확한 분류를 할 수 없게 된다.

④ 분류법은 기업 조직의 구성원들이 여러 직무 사이의 공통적 요소를 발견하기가 어려워진다.

⑤ 분류법은 고정화된 등급 설정으로 인해 사회적 · 경제적 · 기술적 변화에 따른 탄력성이 부족하다.

📝 NOTE 분류법은 기업 조직의 직원 및 관리자들이 여러 직무 사이의 공통적 요소를 발견하기가 용이하다는 이점이 있다.

56 리더십 행위이론의 연구에 대한 다음의 설명 중 옳지 않은 것은?

① 행위이론에 따르면 리더의 자질은 선천적인 것이 아니라 후천적으로 만들어 질 수 있다.

② 오하이오 주립대학연구에서는 리더십의 유형을 구조주도형과 고려형으로 구분하였다.

③ 미시간 대학연구에 따르면, 리더는 경우에 따라 모든 스타일을 동시에 보여 줄 수 있다.

④ 블레이크와 머튼은 리더의 형태를 방임형, 인기형, 타협형, 과업형, 단합형, 다섯 가지로 나누었다.

⑤ 관리격자도연구에서는 인간에 대한 관심과 업무에 대한 관심을 각각 9단계로 구분하였고, 그 중 9, 9형이 가장 이상적인 리더십 유형이라는 결론을 내렸다.

📝 NOTE 리더를 직무중심적 스타일과 종업원 중심적 스타일 두 가지로 구분하였고, 두 스타일을 동시에 보여줄 수 없다고 하였다.

○ answer 55.④ 56.③

57 다음은 직무평가의 방법 중에서 양적 방법에 속하는 점수법에 대한 내용이다. 이에 대한 설명으로 옳지 않은 것을 고르면?

① 점수법은 각각의 직무를 여러 가지 구성요소로 쪼개어서 중요도에 의해 각 요소들에 점수를 부여하고, 그렇게 각각의 요소에 부여한 점수를 모두 합하여 해당 직무에 대한 전체 점수를 산출하여 평가하는 방법이다.

② 각각의 평가요소에 대한 중요도가 미리 마련되어 있으므로, 평가에 따른 객관성의 확보가 가능하다.

③ 평가 수행을 함에 있어 필요로 하는 각각의 평가요소를 선정하는데 시간 및 노력 등이 줄어드는 효과가 있다.

④ 조직의 구성원 및 감독자가 용이하게 이해할 수 있다는 장점이 있다.

⑤ 각각의 평가요소에 따른 가중치를 산정하는데 있어 어려움이 존재하는 단점이 있다.

🅱NOTE 점수법은 평가수행에 있어 필요로 하는 각각의 평가요소를 선정하는데 시간 및 노력 등이 많이 소모되는 문제점이 있다.

58 직무분석 방법의 하나로, 해당 직무를 수행하는 종업원과 직무분석자가 서로 대면해서 직무정보를 취득하는 방법을 무엇이라 하는가?

① 관찰법

② 면접법

③ 질문지법

④ 워크 샘플링법

⑤ 작업기록법

🅱NOTE 문제는 면접법을 설명한 것이다. 면접법은 적용직무에 대한 제한은 없으나 이에 따른 면접자의 노련미가 요구되며, 피면접자가 정보제공을 기피할 수 있다는 문제점이 생길 수 있다.

59 다음 중 X이론에 관련한 내용으로 보기 어려운 것을 모두 고르면?

> ㉠ 인간은 기본적으로 일하기를 싫어한다.
> ㉡ 바람직한 목표달성을 위해서는 인간을 강압적이면서, 통제시켜야 한다.
> ㉢ 작업의 수행 시에도 안전이 중요하고, 도덕적인 행동은 하지 않는다.
> ㉣ 책임을 수용하며, 기꺼이 이를 감수한다.
> ㉤ 바람직한 의사결정을 할 수 있는 능력을 구성원들 모두가 가지고 있다.

① ㉠㉡㉣㉢㉤ ② ㉠㉣㉤
③ ㉡㉣㉤ ④ ㉢㉣㉤
⑤ ㉣㉤

📋 NOTE | ㉠㉡㉢은 X이론에 속하며, ㉣㉤은 Y이론에 속하는 내용이다.

60 다음 중 직무의 수행에 있어 필요로 하는 종업원의 능력이나 행동, 지식 등을 일정한 문서에 기록한 양식을 지칭하는 것은?

① 직무기술서 ② 직무분석
③ 직무순환 ④ 직무명세서
⑤ 직무평가

📋 NOTE | 직무명세서(Job Specification)는 직무의 분석 결과를 기초로 특정 목적의 관리흐름을 구체화하는 데 있어 용이하도록 정리한 문서를 말하며, 특히 인적요건에 초점을 두고 있다는 특징이 있다.

61 다음 중 직무분석의 방법에 해당하지 않는 것은?

① 면접법 ② 서열법
③ 관찰법 ④ 설문지법
⑤ 중요사건법

📋 NOTE | 직무분석의 방법으로는 면접법, 관찰법, 설문지법, 중요사건법, 워크샘플링법 등이 있다.

⊙ answer 59.⑤ 60.④ 61.②

62 MBO에 대한 다음의 설명 중 바르지 않은 것은?

① 평가의 근거는 목표의 달성여부가 된다.

② 맥그리거의 X이론을 발전시켜 적용하였다.

③ 과정은 설정→활동→평가 등 크게 3단계로 나누어진다.

④ 조직의 목표달성에 집중하므로 효율성이 높인다는 장점이 있다.

⑤ 단기적인 목표를 강조하며, 그 목표 역시 비탄력적이라는 단점이 있다.

> **NOTE** 목표관리법(MBO ; Management By Objectives)은 맥그리거의 Y이론을 발전시켜 사용하였다.

63 다음 직무평가의 방법 중 비량적 방법에 해당하는 것끼리 바르게 묶인 것은?

㉠ Ranking Method	㉡ Point Rating Method
㉢ Factor Comparison Method	㉣ Job Classification Method

① ㉠㉢　　　　　　　　　　　　② ㉠㉣

③ ㉡㉢　　　　　　　　　　　　④ ㉡㉣

⑤ ㉢㉣

> **NOTE** 직무평가의 비량적 방법에는 서열법(Ranking Method), 분류법(Job Classification - Method) 등이 있다.

PART

III

생산관리

CHAPTER 01 생산관리의 개념

01 개요

① 생산이라는 것은 "무엇인가를 만들어내는 것"으로 정의된다.

② 이를 기술적 관점에서 보면 생산은 자연의 채취물을 원료로 해서 정제 및 가공작업을 거쳐 특정한 실물을 만들어내는 과정이다.

③ 생산관리란 생산 활동을 계획 및 조직하며, 이를 통제하는 관리기능에 관한 학문이다.

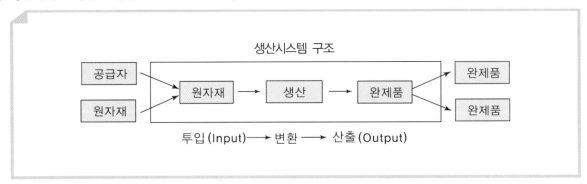

02 생산시스템

① **생산시스템의 개념** : 시스템은 하나의 전체를 이루도록 각각이 서로 간 유기적으로 관련된 형태이며, 이는 환경과도 연관되어 있으며 개체간 관계로서 결합된 개체들의 집합이다.

② **생산시스템의 특징** : 일정한 개체들의 집합으로, 각 개체들은 각기 투입, 과정, 산출 등의 기능을 담당하며, 단순하게 개체들을 모아놓은 것이 아닌 의미가 있는 하나의 전체로써 어떠한 목적을 달성하는데 기여할 수 있다. 또한 각각의 개체는 각자의 고유 기능을 갖지만 타 개체와의 관련을 통해서 비로소 전체의 목적에 기여할 수 있다.

③ 생산시스템의 유형

주문생산시스템	고객의 주문이 들어오게 되면 원자재 가공, 반제품 생산 및 완제품 조립이 이루어지는 형태이다.
예측생산시스템	데이터의 수집과 저장 및 관리, 예측적 분석을 위한 다양한 단계의 기술요소들로 구성된다.
다품종 소량생산시스템	대부분 고객의 주문에 따라 전개되며, 같은 생산시설을 활용해 많은 품종에 대해 소량으로 생산하는 방식이다.
소품종 대량생산시스템	정해진 생산 공정에 따라 일정한 속도로 적은 종류의 제품을 대량 생산하는 시스템이다.
연속생산시스템	중단없이 지속적으로 가동 생산되는 방식으로 화학, 정유, 시멘트 산업 등과 같은 화학적인 공정을 필요로 하는 산업들이 대표적이다.
반복생산시스템	일정 크기의 로트를 설정해서 작업 실행 및 작업 중단을 반복하는 생산방식으로 TV, 자동차, 전화기 등의 여러 분야에 활용되고 있다.
단속생산시스템	주문된 제품의 수량 및 납기 등에 맞추어 생산하는 방식이다.

④ 진보적 생산시스템

JIT(Just In Time) 시스템 적시생산시스템	필요한 시기에 필요한 양만큼의 단위를 생산해내는 것이다. 푸드시스템 – 작업이 생산의 첫 단계에서 방출되고 차례로 재공품을 다음 단계로 밀어내어 최종 단계에서 완성품이 나오는 공정이다. 풀 시스템 – 필요한 시기에 필요로 하는 양만큼을 생산해 내는 시스템으로, 수요변동에 의한 영향을 감소시키고 분권화에 의해 작업관리의 수준을 높인다.
셀 제조시스템 (CMS ; Cellular Manufacturing System)	다품종 소량생산에서 부품설계, 작업준비 및 가공 등을 체계적으로 하고 유사한 가공물을 집단으로 가공함으로써 생산효율을 높이는 기법이며, 작업공간의 절감, 유연성의 개선, 도구사용의 감소, 작업준비 시간의 단축, 로트 크기의 감소, 재공품 재고 감소 효과가 있다.
유연생산시스템 (FMS ; Flexible Manufacturing System)	특정 작업계획으로 여러 부품들을 생산하기 위해 컴퓨터에 의해 제어 및 조절되며 자재취급시스템에 의해 연결되는 작업장들의 조합이며, 보다 넓은 개념으로 보면 다품종 소량의 제품을 짧은 납기로 해서 수요변동에 대한 재고를 지니지 않고 대처하면서 생산효율의 향상 및 원가절감을 실현할 수 있는 생산시스템을 의미한다.
동시생산시스템 최적생산기법	일정한 계획에 대한 시뮬레이션 기업으로 세부적인 일정 계획에 대한 모듈은 알려지지 않고 있지만 제품이 만들어지는 것을 보여주기 위해 제품 네트워크를 활용한다. 이 기법의 핵심은 병목자원의 관리로서 병목은 시장수요에 미달되거나 같은 성능을 지닌 자원을 가리킨다. 주요 목표는 효율의 증가, 재고의 감소 및 운영비용 절감 등을 동시에 만족시키는 것이다.
컴퓨터통합생산시스템 (CIMS ; Computer-Integrated Manufacturing System)	제조활동을 중심으로 해서 기업의 전체 기능을 관리 및 통제하는 기술 등을 통합시킨 것이라 할 수 있으며, 공장자동화로서의 CIMS는 과거 자동화시스템보다 유연성을 얻을 수 있다.

※ JIT 효과 : 납기의 100% 달성, 고설계 적합성, 생산 리드타임의 단축, 수요변화의 신속한 대응, 낮은 수준의 재고를 통한 작업의 효율성, 작업 공간 사용의 개선, 분권화를 통한 관리의 증대, 재공품 재고변동의 최소화, 각 단계 간 수요변동의 증폭전달 방지, 불량 감소, 유연성 등

※ 유연생산시스템의 종류

다품종소량생산공정의 유연화	집단 가공법(GT), 수치제어가공, 산업용로봇, 셀형제조방식(CMS), 유연생산시스템(FMS), CAD, CAM/CIM
소품종대량생산공정의 유연화	모듈식 생산(MP)

※ 모듈러 설계(Modular Design) : 여러 가지 서로 다른 제품 조립에 널리 이용될 수 있는 모듈로 설계를 표준화시킨 후 최종 소비자의 기호에 따라 고객이 원하는 대로 조립하여 판매하는 방법이다. 제조공정을 단순하게 유지하면서도 고객에게는 다양한 제품을 공급하고 생산하는 규모의 경제를 이룰 수 있게 하는 장점이 있다. 자동차, 컴퓨터, 가구 등에 사용되고 있다.

※ 린 시스템 : 2차대전 이후 열악한 환경에 처한 일본기업의 경영방식에 부여한 명칭인데, 전체시스템 관점에서 효율적인 프로세스를 만들기 위해 고안한 생산시스템을 의미한다. 린 시스템의 일반적인 요소들을 내장하고 가장 널리 알려진 시스템이 바로 JIT(Just In Time)시스템이다. 기업의 모든 활동에서 낭비와 지연을 제거하여 부가가치를 극대화하는 운영시스템이다. 운영전략, 프로세스 설계, 품질관리, 제약관리, 설비배치, 공급사슬설계, 재고관리를 포함하여 제조업과 서비스업 모두에서 사용할 수 있다.

03 제조 전략

① 제조 전략의 개념 : 원가, 품질, 신뢰성 및 신축성 등을 달성하기 위해 수립하는 것이며, 기업조직의 경영전략 및 제조전략은 각각 별개의 개념으로 구분하는 것이 어려우며, 이는 기업 전체의 각 부문이 상호연관성 있게 추진 및 운영되어야 한다.

전략	내용	경쟁우선순위
재고생산전략	즉각적인 납품이 가능하도록, 즉 고객인도시간을 최소화하기 위하여 품목을 재고로 보유하는 전략 (대량생산)	일관된 품질 저원가 생산 적시인도
주문조립 제조전략	고객의 주문이 접수된 이후 비교적 적은 수량의 부품이나 조립품으로 고객화된 제품을 생산하기 위한 접근방법 (고가의 소파 제작)	고객화 빠른 인도시간
주문생산전략	고객의 사양에 맞춰 소량으로 제품을 생산하는 제조업, 자가 활용하는 전략 (고급주택)	최고품질 고객화

② 기대효과 : 제조활동 성과를 높이기 위한 제조전략의 개발은 기업조직의 경쟁력 향상에 중요한 구성요소이며, 이러한 제조전략이 수행될 때 생산성 향상, 품질향상, 원가절감, 소비자 욕구에 대해 신속하면서도 신축적인 대응 등의 결과를 기대할 수 있다. .

③ 제조 전략 수립시 주의 사항 : 단순하면서도 추진이 가능해야 하고, 더불어 추후 전망이 있어야 하며, 커뮤니케이션이 용이해야 한다. 디자인, 마케팅, 구매, 엔지니어링, 인사, 재무, 통상품질 등과 같은 부분과 상호 관련되어야 한다.

04 생산 예측

① 생산 예측의 개념 : 미래의 시점에 있어 또는 미래의 시점에 이르기까지의 해당 제품에 대한 수요를 과거 및 현재를 기반으로 일정한 조건 하에서 예상하는 것을 의미한다.

② 생산 예측의 방법

정성적 방법	• 시장에 신제품이 처음으로 출시될 때처럼 새로운 제품에 대한 수요예측의 자료가 충분하지 못할 경우에 주로 활용되며, 논리적이고 선입견없는 체계적인 방식으로 정보를 수집한다. 예 델파이법, 위원회에 의한 예측법, 시장조사법, 과거자료유추법 등
인과적 방법	• 과거 자료의 수집이 쉽고 예측하려는 요소 및 그 외의 사회경제적 요소와의 관련성을 비교적 명백하게 밝힐 수 있을 때 활용하며, 인과모형은 자료 작성 등에 있어 많은 기간의 준비가 필요한 반면에 미래 전환기를 예언하는 최선의 방식이다. 예측방법 중 가장 정교한 방식으로 관련된 인과관계를 수학적으로 표현한다. 예 투입산출모형, 회귀모형, 경기지표법, 계량경제모형, 제품수명주기 분석법, 소비자 구매 경향 조사법 등
시계열분석 방법	• 제품 및 제품계열에 대한 수년간의 자료 등을 수집하기 용이하며, 변화하는 경향이 비교적 분명하며 안정적일 경우에 활용한다. • 추세변동(경향변동) : 제품 및 서비스의 수요에 대한 중장기적인 증감을 나타내는 요인으로 선형추세와 비선형추세로 구분할 수 있다. 예 이동평균법, 최소자승법, 목측법, 지수평활법 등 • 계절변동 : 1년을 주기로 계절에 따라 되풀이 되는 변동을 나타내는 요인으로 단기적 순환이라고 할 수 있다. • 순환변동 : 일정한 주기가 없이 장기에 걸친 싸이클링 현상이다. • 불규칙변동 : 다른 형태의 변동에 의해 설명될 수 없는 요인으로 이 요인이 큰 데이터는 예측에 활용하기 어렵다.

※ 델파이법 : 가능성있는 미래기술 개발 방향과 시기 등에 대한 정보를 취득하기 위한 방식이며, 회합시에 발생하기 쉬운 심리적 편기의 배제가 가능하고 회답자들에 따른 가중치를 부여하기 어렵다는 문제점이 있다.

③ 총괄생산계획의 개념 : 특정한 시간에 대해 예측수요량을 기반으로 제품 생산능력을 적절하게 할당 및 배분해서 생산시설을 효과적으로 운용하기 위한 기준이자, 시설능력의 제약적 조건하에서 단위기간별 수요를 충족시키기 위해 작업자의 증원, 잔업, 하청 또는 재고의 비축 등의 변수 등 어떠한 것을 활용할 것인지를 결정하는 것을 의미한다.

④ 총괄생산계획의 고려요소

고용수준의 조정 전략	생산요구량에 따라 노동력의 규모를 조정시키는 전략으로 추종전략이라고 하며, 수요의 변동에 따라서 고용과 해고를 결정하는 방법이다. 이 방법은 종업원이 고용에 불안을 느끼고 원하는 인력을 즉시 확보할 수 없다는 단점이 있다.
생산수준의 조정 전략	노동력의 규모는 일정하게 유지하되 이용률을 조정하는 것으로 고용과 해고 대신 잔업과 유휴시간을 이용하여 수요변화에 대처하려고 하는 방법이다. 고용과 해고에 따른 문제를 일정 부분 줄일 수 있으나 종업원의 피로누적으로 인한 불량품 발생, 초과수당 지급으로 비용 상승 등의 문제가 있다.
재고수준을 조정하는 전략	고용이나 생산수준은 일정하게 유지하고 재고수준을 조정하여 수요 변동을 흡수하려는 전략으로 평준화 전략이라고 하며, 수요가 평균치 이상이면 추후납품을 이용하는 전략이다.
하청을 이용하는 전략	완제품, 중간품, 부품 등의 공급을 외부업체에 의뢰하는 방법이다.

⑤ 총괄생산계획의 비용요소

기본 생산비	일정 기간 동안 정상적 생산 활동을 통해 일정량을 생산할 때 발생하는 공정비 및 공정생산비로 정규작업대금 및 기계준비비 등이 포함된다.
생산율 변동비용	기존 생산율을 변동시킬 경우에 발생하는 비용으로 고용, 해고비용, 하청비용, 잔업비용 등이 포함된다.
재고비용	• 재고유지비 – 창고운영비, 세금, 보험금, 감가상각비 • 기회손실비
재고부족비용	수요에 대응할 재고가 없을 경우에 발생하는 판매수익의 손실, 미납주문, 신뢰도 상실 등을 의미한다.

02 의사결정기법

01 의사결정의 개념

(1) 의사결정의 의의

① 우리의 일상생활은 선택의 연속이므로 조직의 목적을 달성하기 위해 봉착하는 문제를 어떻게 결정하고 해결하느냐에 따라 조직의 효율성과 성과가 결정된다.

② **의사결정**(decision making) : 일정한 목적을 효과적으로 달성하기 위한 몇 가지 대체안 중에서 가장 유리하고 실행 가능한 최적 대안을 선택하는 인간행동을 말한다.

(2) 의사결정의 전제

① 의사결정은 "문제인식 → 대안 탐색 → 평가 → 선택 → 실행 → 결과평가 → 피드백"의 순환적인 과정

② 경영자가 행하는 모든 활동과 과정은 이러한 의사결정의 연속

③ 경영자가 계획, 조직, 지휘, 통제하는 모든 과정 속에서 의사결정의 기본적인 요건들이 활용되어야 함

④ 경영자가 의사결정을 하기 위해서는 여러 요건들이 갖추어져야하며, 이에 대해 살펴보면 다음과 같다.

  ㉠ **현재 상태와 목표간 차이 존재** : 의사결정이 이루어지기 위해서는 목표와 현재상태의 차이가 존재

  ㉡ **차이에 대한 심각성 인식** : 차이에 대한 심각성이 인식되어야 문제해결을 위한 의사결정이 이루어지게 된다.

  ㉢ **수정행동에 대한 동기부여** : 차이를 시정하고 교정할 행동에 대한 동기가 부여되어야 함

  ㉣ **수정을 위한 자원의 보유** : 자원이란 차이를 개선할 수 있는 능력과 자금을 의미하며, 자원을 보유하고 있지 못하면 아무런 소용이 없다.

(3) 의사결정의 중요성

① 의사결정이 올바르지 않으면 경영을 성공적으로 수행할 수 없으며, 높은 성과도 기대할 수 없다.

② **의사결정의 특성** : 경영자에게 직면하는 의사결정의 문제는 기업의 사활이 걸려있는 중요한 문제 몇 가지 특성을 갖고 있다.

○ 집단성 : 합리적 의사결정을 위해 여러 분야의 전문지식을 가진 사람들로 구성된 위원회, 이사회에서 결정하는 집단적 의사결정이라는 특성을 가지고 있다.

○ 환경적응성 : 의사결정은 기업환경의 여러 요인들을 고려하여 결정해야 하기 때문에 기업환경의 적응과정이라고 할 수 있다.

○ 미래지향성 : 의사결정은 불확실성하에서 조직목적을 달성하기 위한 결정 행위로 그 효과는 미래에 발생하기 때문에 미래지향적이어야 한다.

○ 선택의 제한성 : 정보, 시간의 제약 속에서 의사결정이 이루어진다.

○ 합리성 : 의사결정은 합리성에 근거 하에 이루어진다.

(4) 의사결정의 일반적 오류

① 인간의 계산능력은 뛰어나지 못하다. : 복잡한 계산을 토대로 합리적인 의사결정은 불가능한 경우가 많다.

② 인간의 확률적 판단은 쉽게 편견에 빠진다. : 특히 최근의 사건에 더 많은 비중을 두어 판단에 오류를 범하는 경우가 많다.

③ 인간의 감정과 심리상태는 의사결정의 합리성을 저해

○ 방어적 회피 : 지나치게 의사결정 시기를 연기하려는 심리

○ 과민반응 : 불안한 의사결정 사항을 벗어나기 위해 충동적 의사결정

○ 지나친 경계 : 강박관념에 사로잡혀 많은 양의 정보를 수집하려는 심리적 상태

> 참고 견해와 관점에 따른 의사결정의 구분
> ① 의사결정의 주체 : 개인차원의 의사결정, 집단차원의 의사결정
> ② 정형화(프로그램화)의 정도 : 정형적 의사결정, 비정형적 의사결정
> ③ 조직계층별 의사결정 : 전략적 의사결정, 관리적 의사결정, 운영적 의사결정
> ④ 의사결정의 상황 : 확실성, 위험, 불확실성하의 의사결정

02 의사결정의 유형(4가지)

① 의사결정의 주체 : 개인차원의 의사결정, 집단차원의 의사결정

② 정형화(프로그램화)의 정도 : 정형적 의사결정, 비정형적 의사결정

③ 조직계층별 의사결정 : 전략적 의사결정, 관리적 의사결정, 운영적 의사결정

④ 의사결정의 상황 : 확실성, 위험, 불확실성하의 의사결정

03 의사결정 과정

의사결정은 문제를 인식하고 대안을 개발하고 평가하여 대안 중 하나를 선택하여 행동을 취하며 결과를 평가하는 순환적인 과정이다.

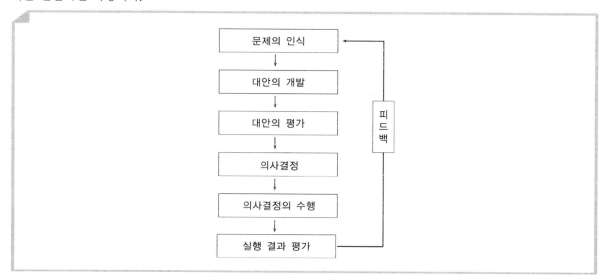

04 의사결정의 구분

(1) 의사결정의 주체에 의한 분류

① 개인적 의사결정

    ㉠ 오직 자신의 이해관계만을 중심으로 의사결정을 한다.

    ㉡ 개인의 인격에 근거하여 의사결정. 따라서 집단적 의사결정보다 덜 질서정연하고 덜 시스템적인 과정을 거치게 된다.

    ㉢ 개인적 가치관, 퍼스낼리티, 위험에 대한 성향, 심리적, 행동적 요인이 의사결정에 영향을 미친다.

② 집단적 의사결정

    ㉠ 조직의 중요한 의사결정은 각종 위원회, 연구팀, 태스크포스 및 심사회에서 이루어진다.

    ㉡ 개인적 의사결정보다 정확성이 있다.

    ㉢ 판단력과 문제해결에 있어 개인보다 많은 정보와 경험, 아이디어 및 비판적인 능력을 갖고 있다.

    ㉣ 창의성에 있어 집단은 개인보다 많은 아이디어, 상상력 창출, 위험을 회피하기 보다는 적극적으로 대처한다.

ⓜ 집단적 의사결정의 장단점

장점	단점
• 좋은 아이디어를 모을 수 있다. • 시너지 효과를 볼 수 있다. • 전문화가 가능하다. • 의사결정에 참여한 사람들의 결정사항에 지지를 보낸다. • 커뮤니케이션 기능을 수행한다.	• 시간과 자원을 낭비한다. • 특정인에 의해 자유로운 의견제시를 방해할 수 있다. • 최적안보다 타협안을 선택한다. • 의견의 불일치로 구성원간 갈등이 유발된다. • 신속하고 결단력 있는 행동이 방해를 받을 수 있다.

(2) 프로그램(구조)화의 정도에 의한 분류

"구조화 정도"란 의사결정문제가 얼마나 일상적이고 반복적으로 발생하느냐의 정도를 의미한다.

① **정형적 의사결정** : 사전에 결정된 일정한 기준에 따라 일상적으로 반복해서 이루어지는 의사결정

　　예 구매담당 직원이 재고가 일정 수준 이하가 되면 자동으로 주문

② **비정형적 의사결정** : 사전에 특별히 결정된 기준이 없이 비구조적인 의사결정

　　예 최고경영자가 새로운 사업 분야로 진출을 결정해야 할 때

③ **정형적 의사결정과 비정형적 의사결정의 비교**

구분 변수	의사결정 유형	
	정형적 의사결정	비정형적 의사결정
과업의 유형	단순, 일상적	복잡, 창조적
조직방침에 의존도	과거의 결정으로부터 상당한 지침을 얻음	과거의 결정으로부터 지침을 얻지 못함
의사결정자	하위층의 일선감독자	상위층의 경영관리자

④ **정형적 · 비정형적 의사결정의 해결 방안**

　㉠ **정형적 의사결정의 경우** : 조직내부의 정책, 규칙, 절차가 구체화되어 있으므로 이를 참조하여 행동을 하기만 하면 된다.

　㉡ **비정형적 의사결정의 경우** : 매번 의사결정자가 직면하는 상황이 독특하므로 사전에 정해진 절차가 없으며, 외부전문가나 자신의 창의성에 의존하는 경우가 많다.

⑤ 조직계층별 의사결정 내용

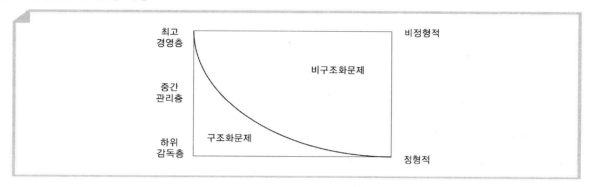

(3) 의사결정 상황에 따른 분류

의사결정을 할 때 위험이라는 개념은 결과를 예측할 수 있는 확실성의 정도를 의미하는 개념

① 확실성하의 의사결정

    ㉠ 의사결정에 따른 각 대체 안 별로 상황의 발생결과를 확실히 예측할 수 있는 의사결정

    ㉡ 의사결정은 하나의 결과만 가능(100%로 확실)

② 위험성하의 의사결정

    ㉠ 의사결정에 따른 결과에 대해 확실하게 예측할 수 없고, 단지 확률을 가지고 예측할 수 있는 상황

    ㉡ 확실성 하의 의사결정과 불확실성 하의 의사결정의 중간에 해당

    ㉢ 조직에 있어 대부분의 의사결정이 위험성 하에서의 의사결정

    ㉣ 의사결정자는 안을 선택하기 위해서는 발생확률을 고려하여 평가

③ 불확실성하의 의사결정

    ㉠ 발생확률 조차 예측할 수 없는 상황 하에서의 의사결정

    ㉡ 이러한 어려운 조건 하에서 의사결정을 보다 바람직한 것으로 하기 위해서는 자신의 경험, 직관, 제안, 정보의 심층분석, 과거의 경험을 동원하여 직접 진행하는 것이 유리

    ㉢ 현대기업의 중요한 의사결정은 대부분 불확실성 하에서의 의사결정이 많음

    ㉣ 최근 의사결정시스템의 지원(DSS)을 받아 의사결정을 진행

05 의사결정기법

(1) 델파이기법

① 인간의 직관력을 이용하여 전문가들의 의견을 모으고 조직화하여 하나의 결정 안을 만드는 시스템적 접근 방법

② 1940년 미국의 랜드사의 싱크탱크(Think Tank)에서 개발

③ 의사결정 과정에 일체의 대화 없이 반복적인 피드백과 통계처리에 의해 아이디어를 수렴

④ 델파이기법의 과정

    ㉠ 특정 문제에 관한 의견을 전문가들로부터 수집

    ㉡ 수집된 의견을 전문가들에게 문제를 제시

    ㉢ 전문가들은 해결방안을 기록하여 건의함

    ㉣ 전문가들의 의견이 합의에 이를 때까지 반복

(2) 브레인스토밍

① 참가자(6~12명)에게 구체적인 과제를 부여하여 일정한 규칙 하에 좋은 아이디어를 창출하게 하는 훈련방법

② 오스본(A. F. Osborn) 광고회사에서 개발한 의사결정 기법

③ 문제 해결을 위한 자주적인 아이디어 제안을 소수가 참석한 대면접촉을 통해 집단토의방식으로 회의를 진행

④ 자유로운 사고의 증진, 창조성을 촉진시키기 위한 방법

⑤ 브레인스토밍을 활용한 의사결정 시 지켜야 할 규칙

⑥ 제안된 아이디어에 대해 절대 비판해서는 안 됨

⑦ 자유로운 아이디어를 환영

⑧ 다량의 아이디어를 희망

⑨ 타인의 아이디어에 자기의견을 결합하든지 개선하는 것을 환영

(3) 명목집단법

① 1968년 델베크와 반 데 반에 의해 사회심리학의 연구에 필요한 의사결정기법을 도출하는 과정에서 개발됨

② 명목집단법에서는 의사결정을 하는 과정에서 논의 및 대인간의 의사소통을 제한함

③ 의사결정과정에서 구성원은 각각 독립적으로 행동, 타인의 압력이 전혀 없이 자유롭게 개방적인 토론과 의사결정을 할 수 있음

④ 리더의 역할이 중요함

⑤ 의사소통을 배제하여 집단구성원이 진실로 마음속에 생각하고 있는 것을 찾아내려는데 그 목적이 있음

(4) 변증법적 문의법

① 상반된 의견이나 견해를 가진 사람들로 구성된 집단 사이에 벌어지는 논쟁으로 헤겔의 삼단논법에서 비롯된 변증법적 사고

② 처음에는 양 집단 간 갈등을 일으키지만 양 집단의 아이디어가 서로에게 이익을 주어 서로의 한계를 분명히 함

    ⊙ 첫 단계 : 한 집단이 최초의 대안을 제시(正)

    ⓒ 두 번째 단계 : 최초의 집단이 내놓은 원안에 대한 가정을 부정하고 상반된 대안을 제시(反)

    ⓒ 세 번째 단계 : 첫째, 두 번째 단계를 거치면서 제시된 상반된 점을 분석 정리하여 통합, 제시된 가정 중 실현 가능한 대안을 선택(合)

(5) 쓰레기통 모형

① 쓰레기통 모형에서 실제 의사결정은 어떤 일정한 규칙에 따라 움직이는 것이 아니라 마치 쓰레기통처럼 뒤죽박죽 움직인다는 것

② 올슨 등에 의해서 공동 발표된 논문에서 의사결정의 쓰레기통 모형 이론을 제시

③ 쓰레기통 모형은 세 가지 중요한 요소를 포함하고 있음

    ⊙ 문제와 해결책, 목표 등 의사결정의 각 부분들이 분명하게 규정되어 있지 않고 모호한 상태

    ⓒ 의사결정에 참여하는 구성원들의 유동성이 심함

    ⓒ 의사결정에 적용할 인간관계에 대한 지식과 적용기술의 기초가 분명하지 않아 참여자들이 제대로 이해하지 못함

CHAPTER

03 재고관리기법

01 개요

재고관리란 재고로 보유하고 있어야 할 물건을 언제, 어느 만큼 주문해야 하는가를 결정해 필요할 때, 즉 물건에 대한 수요가 발생할 때 부족해 수요를 충족시키지 못하거나, 남아서 관리비용이 발생하지도 않게 공급하기 위한 노력

02 제조업에서 재고 관리가 중요한 이유

① 제조업체의 자산 중 재고가 차지하는 비율 : 15% ~ 40%

② 각종 계획의 기반

③ 판매 및 조업 계획, 기준 생산 계획, 상세 자재 소요량 계획 등 우선도 계획, 능력 계획의 기반

④ 효율적 재고관리에 의한 효과
   ㉠ 고객 서비스 수준 제고
   ㉡ 제조원가 절감
   ㉢ 재고 투자 자금 감소(운용 자금, 부채 절감, 고수익 대안에의 투자, 주주 이익배당으로 전용)

03 재고 필요 요인별 재고 수준 결정 시의 고려사항

재고 필요 요인	재고 수준 결정 시 고려 사항	참고 사항
시간(Time)	제품 인도 리드 타임	경쟁 업체 제품 인도 리드 타임
불연속성(Discontinuity)	완충 재고	주문, 재고 유지비용
불확정성(Uncertainty)	계획과 실제의 차이	안전 재고, 안전 리드 타임, 고객 서비스 수준
경제성(Economy)	주문, 재고 유지비용, 조업 수준 관련 비용	주문 비용, 셋업 비용, 할인 구매, 해고/채용 비용, 회사의 이미지, 종업원 사기 저하

04 재고의 분류

(1) 형태(Type)별 재고 분류

① **원자재**(Raw Material : RAW)

　㉠ 제품 생산에 직접 사용하기 위해 외부에서 구입하는 모든 자재, 부품

　㉡ 제조 공정에 투입되기 이전의 자재로 제조 공정에 투입된 이후에는 재공품

② **재공품**(Work in Process : WIP) : 최종 제품에 사용되기 이전의 제조 공정 내의 모든 품목 제품을 최상위 계층으로 하고 최하위 계층에 원자재가 위치하는 소요 자재 명세서의 중간 계층의 모든 품목

③ **완성품**(Finished Goods : FG)

　㉠ 완성품은 최종 품목(End Item), 최종 제품이라고도 하며 고객에게 판매되는 제품

　㉡ 완성품은 제조 공장의 완성품 창고나 납품 소요 기간을 단축하기 위해 지역별 유통센터에 재고로 보유

④ **소모성 자재**(MRO : Maintenance, Repair, and Operating Supplies) : 생산 설비의 유지, 보수, 가동을 위한 자재와 사무용품 등 제품에 직접 사용되지 않는 자재

(2) 가용성에 따른 재고 분류

① **과잉 재고**(Excess)

　㉠ 당장 필요한 양보다 많이 구매, 생산해 사용하고 남은 수요 초과 재고

　㉡ 과잉 재고 값을 계산하기 위해서는 '당장'에 해당하는 기간을 명확히 할 필요

　㉢ 통상 고가 품목에 대해서는 그 기간을 짧게 하고 저가 품목에 대해서는 길게 로트 단위로 구매, 생산할 때나 예측 생산하는 경우 예측 오차로 인해 수요 초과 재고가 발생

　㉣ 수요 초과 재고는 손상, 진부화, 저장 공간의 문제 야기 가능

② **잉여 재고**(Surplus) : 필요한 시점보다 이른 시점에 구매, 생산된 재고를 잉여 재고(Surplus)

③ **불용 재고**(Inactive)

　㉠ 재무제표 상으로는 재고 자산이나 향후 사용될 가능성이 희박한 재고설계 변경, 제품 생산 중단, 법에 의한 사용 규제 등으로 인해 발생

　㉡ 제조, 자재관리, 재고관리와 고객 등 제조업체 내, 외부에 아무런 도움이 안 되면서도 재고 유지비용만 발생시키는 악성 재고

　㉢ 불용 재고를 판단하는 기준 : 일정하지 않으나 대개 '과거 1년 이상 사용된 적이 없는 품목'과 같은 기간 기준 사용

④ **진부화 재고**(Obsolete) : 제품 생산이 중단됨으로 인해 향후 수요가 전혀 발생하지 않거나 제 값에 팔 수 없는 재고

⑤ 수탁 재고(Consignment)

    ㉠ 원자재의 공급자가 사용을 허락한 재고로 사용 전까지의 소유권은 공급 업체에 있다.

    ㉡ 공급업자는 주기적으로 사용량을 파악하여 대금 청구, 재고 보충

⑥ 위탁 관리품(Vendor Managed) : 제품의 수요 예측, 생산 예정량 등 향후 생산 계획 정보를 원자재 공급업체와 공유해 제품의 생산에 필요한 원자재에 대한 계획과 납품을 공급업체에게 전적으로 일임한 품목

05 ABC 분류(Classification) 또는 ABC 분석

① 80/20의 규칙을 재고 품목에 적용해 중요도에 따라 재고 품목을 분류하는 방법

② "결과에 미치는 영향에 비례한 원인의 관리, 통제 노력 투입" 정책의 설정의 기반이 되는 분석

③ 전체적인 재고 관련 비용을 줄이기 위해 사용 금액 중요도에 따라 재고 품목을 A, B, C 그룹으로 분류해 재고 관련 정책을 달리 책정하기 위한 도구

    ㉠ A 품목 그룹

      • 일정 기간(대개는 일 년) 동안 사용된 총 재고 품목 사용 금액의 80%를 차지하는 품목 수의 20%에 해당하는 소수의 재고 품목

      • 재고 관련 비용을 줄이기 위해서는 많은 노력과 경비를 투입해야 함

    ㉡ C 품목 그룹

      • 전체 품목의 사용 금액 중 10 ~ 20%로 사용 금액 면에서의 중요도가 높지 않은 총 재고 품목 수의 반 이상의 품목

      • 이 그룹에 속한 재고 품목에 대해 많은 노력과 경비를 들여 재고 관리를 철저히 해도 재고 관련 비용의 절감은 미미

    ㉢ B 품목 그룹 : A, C 품목 그룹에 속하지 않은 품목들로 금액의 중요성은 A, C 그룹 중간에 위치

그룹 품목항목	전 재고 품목 수에 대한 구성 비율	총 년간 사용 금액에 대한 구성 비율
A 품목 그룹	10% ~ 20%	50% ~ 70%
B 품목 그룹	20%	20%
C 품목 그룹	60% ~ 70%	10% ~ 30%

※ 파레토 법칙 : 19세기 빌프레드 파레토는 밀라노시의 부의 분배를 연구하던 중 시민의 20%가 부의 80%를 차지하고 있다는 것을 발견했다. 이 발견은 추후에 소수가 큰 중요도를 차지하고 다수가 낮은 중요도를 차지한다는 파레토 법칙으로 발전하였다. ABC 관리법은 이 파레토 법칙을 재고관리기법에 도입한 것으로 재고자산의 품목이 많은 경우 재고를 효율적으로 관리하기 위하여 재고의 가치나 중요도에 따라 품목을 A등급, B등급, C등급으로 분류하여 구분 관리하는 기법을 의미한다.

06 수요의 성격에 따른 재고 분류

(1) 독립 수요(Independent Demand) 품목

① 다른 품목과의 사이에 아무런 관련이 없이 수요가 발생하는 품목

> **예** 고객의 수요를 충족시켜 주기 위한 유통용 제품, 소모성 자재(MRO)

② 독립 수요 품목의 특징은 향후 일정기간 동안의 수요 발생 시점과 수요 값은 잠재 고객의 수가 많고 해당 산업의 특징이나 고객의 소비형태 등 많은 요인에 의해 변동되므로 미리 정확히 파악하는 것은 불가능

③ 독립 수요품의 재고를 관리하기 위해서는 명시적이든 묵시적이든 수요량을 예측

④ 예측 오차에 따라 품절이 생기는 경우의 손실을 줄이기 위해 안전재고 보유

(2) 종속 수요(Dependent Demand) 품목

① 최종 제품, 즉 유통용 품목의 일부분으로 사용되는 조립품, 부품, 원자재 등의 생산용 재고

② 이를 필요로 하는 상위 품목의 생산 시점, 생산량이 결정되면 확정적으로 필요량과 시점을 결정 가능

> **예** 유통용 품목인 완성차를 만드는 업체에서 1대의 자동차에는 스페어 타이어를 포함 대 당 5개의 바퀴가 필요 100대의 자동차를 출하시키기 위해서는 조립 시점에 5개/대 x 100대 = 500개의 바퀴 필요

(3) 독립 수요 품목과 종속 수요 품목의 중요한 차이점

수요 성격	종속 수요 품목	독립 수요 품목
재고 품목	생산에 소요되는 품목(Input to Manufacturing) 원자재, 부품, 재공품	생산된 품목(Output of Manufacturing) 제품, 서비스품, 수리용품
품목의 용도	생산	유통
수요 발생 원천	기준생산계획(MPS)	예측, 고객 주문
수요의 성격	MPS에 종속되어 소요량, 소요 시점 계산 가능	수요량, 수요 시점 계산 불가능 수요량, 수요 시점 예측
재고 관리 기법	MRP, JIT(Just in Time)	통계적 재주문점 방식, 유통 소요량 계획(DRP)

※ MRP(Material Requirement Planning – 자재소요계획) : 소요량에 의해 최초의 주문을 계획하는데, 자재요소의 양적·시간적인 변화에 맞춰 기주문을 재계획함으로써 정확한 자재의 수요를 계산해 나가는 방법이다.

특징	• 설비가동능률의 증진, 적시 최소비용으로 공급 • 소비자에 대한 서비스의 개선, 의사결정의 자동화에 기여 • 생산계획의 효과적인 도구
전제조건	• 전체 재고품목들을 확인·구별할 수 있어야 한다. • 재고기록서에 기록된 자료들은 정확성 및 유용성이 높아야 한다. • 원자재·가공조립품·구입품 등을 표시할 수 있는 자재명세서가 준비되어야 한다. • 어떠한 제품이 언제 필요한지를 나타내는 정확한 생산종합계획이 수립되어야 한다.
효율적 적용을 위한 가정	• 제조공정이 독립적이어야 한다. • 전체 자료의 조달기간 파악이 가능해야 한다. • 재고기록서의 자료 및 자재명세서의 자료가 일치해야 한다. • 전체 조립구성품들은 조립착수 시점에서 활용이 가능해야 한다. • 전체 품목들은 저장이 가능해야 하며, 매출행위가 있어야 한다.

※ MRP의 단점 : 컴퓨터에 기초하여 종속 수요의 소요량과 소요 시간, 주문의 독촉, 취소, 지연 등을 효율적으로 계획하는 자재수급 관리시스템이다. 그러나 MRP에 의하여 수립된 계획을 실행하기 위해서는 생산능력에 대한 검토가 필요하며 능력이 초과되는 경우에는 MPS나 생산능력계획의 수정이 불가피한 단점을 가지고 있다.

07 재고관리기법

(1) 경제적 주문량(economic order quantity)

① 주문비용과 재고유지비가 최소가 되게 하는 1회 주문량을 말하며, EOQ라고 한다.

② 재고관리를 위한 하나의 접근방법으로 1915년에 소개된 모형이다.

③ 처음에는 고정주문량 시스템의 개발에 적용되었지만 후에 고정주문주기 시스템이나 다른 재고모형을 포함하기 위한 개념으로 확장되었고, 완충재고개념과 함께 보다 확실하게 정립되었다.

ⓐ 경제적 주문량(EOQ) 모형

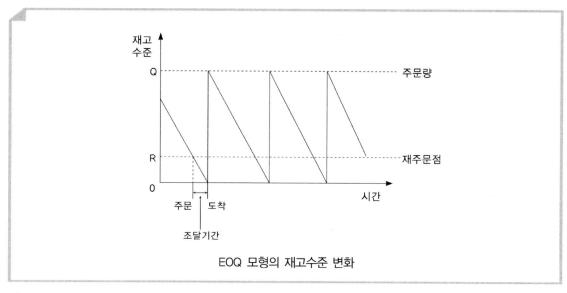

EOQ 모형의 재고수준 변화

ⓑ 기본 가정
- 제품의 수요가 일정하고 균일하다.
- 조달기간이 일정하며, 조달이 일시에 이루어진다.
- 품절이나 과잉재고가 허용되지 않는다.
- 주문비와 재고유지비가 일정하며, 재고유지비는 평균재고에 기초를 둔다.

ⓒ 1회 주문량과 비용요소들의 관계

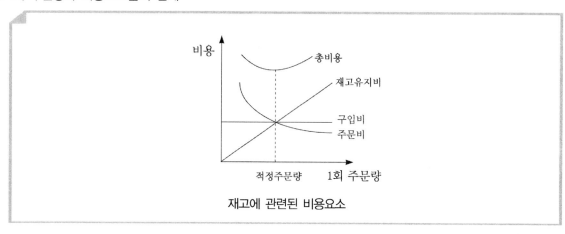

재고에 관련된 비용요소

TC = 연간 총비용

D = 연간수요(단위기간당 수요 : d)

C = 단위당 구입비

Q = 1회 주문량

S = 1회 주문비(생산시는 생산준비비)

H = 재고유지비(단위당 연간유지비)

R = 재주문점

L = 조달기간

• 연간 총비용

$$TC = DC + \frac{D}{Q} \cdot S + \frac{Q}{2} \cdot H$$

• 경제적 주문량(EOQ ; Economic Order Quantity)

$$Q^2 = \sqrt{\frac{2DS}{H}}$$

연간 주문횟수는 D/Q*가 되며, 주문주기는 Q*/D

• 재주문점

$$R = d \cdot L$$

기출예제 01

어떤 회사의 재고관리 관련 자료를 참고하여 경제적주문량, 재주문점, 연간총비용을 구하시오.

- 연간수요(D) = 3,000단위
- 일일평균수요량(d) = 3,000/365
- 주문비(S) = 주문당 10,000원
- 유지비(H) = 단위당 연간 1,500원
- 조달기간(L) = 7일
- 구입단가(C) = 15,000원

• 경제적 주문량

$$Q = \sqrt{\frac{2DS}{H}}$$

$$= \sqrt{\frac{2(3,000)10,000}{1,500}}$$

$$= 200$$

• 재주문점

$$R = d \cdot L$$

$$= \frac{3,000}{365} \times 7$$

$$\fallingdotseq 57.5$$

즉, 이 회사의 재주문 정책은 현 수준의 재고가 약 58개로 떨어지면 즉시 200개를 주문하는 것이다.

- 연간총비용

$$TC = DC + \frac{D}{Q}S + \frac{Q}{2}H$$

$$= 3,000(15,000) + \frac{3,000}{200}(10,000) + \frac{200}{2}(1,500)$$

$$= 45,000,000 + 150,000 + 150,000$$

$$= 45,300,000$$

📝 참고 경제적생산량 모형

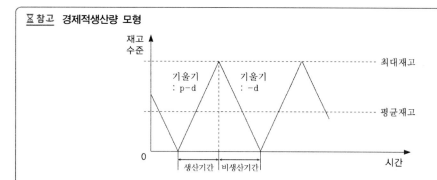

경제적 생산량 모형

- 연간 총비용(1회 생산량 : Q, 단위시간당 수요량 : d, 단위시간당 생산량 : p로 표시)

$$TC = DC + \frac{D}{Q}S + \frac{(p-d)QH}{2p}$$

- 경제적 생산량(EPQ : Economic Production Quantity)

$$Q = \sqrt{\frac{2DS}{H} \cdot \frac{p}{p-d}}$$

(2) 재고의 기능

① **고객에 대한 서비스** : 많은 양의 재고를 보유하게 되면 수요의 불규칙적 변동에도 불구하고 품절 예방이 가능하며, 더불어 소비자가 요구하는 가용성도 지닐 수 있다.

② **생산의 안정화** : 재고량 조절을 통해 고용수준이나 조업시간 또는 설비가동률을 안정적으로 유지해 나갈 수 있다.

③ **부문간 완충** : 수요나 생산능력이 급격하게 변동하더라도 구매, 판매, 제조, 인사, 재무 등의 여러 부문 간 활동들의 충격을 완화할 수 있다.

④ **취급 수량의 경제성** : 경제적 발주량의 실행으로 인해 대량 취급의 이점을 얻을 수 있다.

⑤ 투자 및 투기의 목적으로 보유할 수 있다.

⑥ 재고보유를 통한 판매촉진이 가능하다.

※ 재고의 목적 : 생산 활동에 있어 평준화시키고 더불어 고용을 안정시키며, 인간 및 시계의 노력을 지정할 수 있게 해 줌으로써 노동관계를 향상시켜 주며, 투입물을 보유해서 경제적 생산력을 보장해줌으로써 연속적인 생산 촉진을 가능하게 한다. 또는 경제적 로트의 크기 및 수량 할인을 얻을 수 있도록 도와준다.

(3) 재고 관련 비용

재고유지비	• 자본비용 – 금리 • 위험비용 – 도난, 파손, 진부화 • 저장비용 – 저장, 설비, 세금, 보험, 자재취급
품절비	• 납기 지연에 따른 배상, 이익의 기회손실 • 기업신용의 피해, 긴급 주문 및 특별 수송 비용
발주비	• 통신, 사무 및 서류 처리, 수송, 수입 검사 • 공장에서의 새로운 주문으로 인한 작업준비의 비용
구매비	재고품의 장부가액 및 시장가액

※ 안전재고와 예상재고의 차이 : 안전재고와 예상재고 둘다 불규칙한 수요와 공급에 대응하기 위한 재고라는 공통점이 있다. 그러나 안전재고는 주로 단기적인 불확실성에 대응하기 위한 재고이고, 예상재고는 보통 계절적 수요에 대응하기 위한 재고라는 차이점이 있다.

(4) 투빈시스템 (Two-Bin System)

재고의 저장용기를 두 개 만들어서 첫 번째 저장용기의 재고를 사용하면서는 다른 저장용기의 재고를 사용하지 않고 첫 번째 저장용기의 재고를 모두 사용하면 저장용기 분량만큼 재고주문을 하고 재고조달기간 동안 다른 용기의 재고를 사용하는 과정을 반복하는 관리기업이다. 용기의 크기는 적어도 재고 조달기간 동안 견딜 수 있을 만큼은 보관할 수 있는 정도이어야 한다. 이 방법은 주로 볼트나 너트처럼 수량이 많고 부피가 적은 저가품 관리에 많이 활용되는 방법이다. 투빈시스템은 재고조달기간을 인정한 모형이다.

(5) 공정관리

① **개념** : 일정품질 및 수량의 제품을 적시에 생산이 가능하도록 인적노력 및 기계설비 등의 생산자원을 합리적으로 활용할 것을 목적으로 공장 생산 활동을 전체적으로 통제하는 것이다.

② **기능**

계획기능	절차계획, 공수계획, 일정계획
통제기능	작업할당, 진도관리
절차계획의 주요 결정사항	제품생산에 있어 필요로 하는 작업의 내용 및 방법 각 작업의 실시 장소 및 경로 각 작업의 실시 순서 각 작업의 소용시간, 표준시간, 경제적 제조 로트의 결정 제품생산에 있어 필요로 하는 자재의 종류 및 수량 각 작업에 사용할 기계 및 공구
공수계획	계획생산량 완성에 있어 필요로 하는 인원 또는 기계의 부하를 결정해서 이를 현유인원 및 기계의 능력 등과 비교해서 조정하는 것으로 가장 많이 활용되는 기준은 작업시간으로서 기계시간과 인시가 대표적이다.
일정계획	생산계획을 구체화하는 과정을 말하며 기준 일정 결정과 생산일정 결정으로 나누어진다. 통상적으로 대일정계획, 중일정계획, 소일정계획의 3단계로 분류한다.
작업할당	절차계획에서 결정된 공정절차표 및 일정계획에서 수립된 일정표에 의해 실제 생산 활동을 시작하도록 허가하는 것을 가리킨다.
진도관리	진행중인 작업에 대해 첫 작업으로부터 완료되기까지의 진도 상태를 관리하는 것을 의미한다. 통상적으로 간트 차트식의 진도표 또는 그래프식 진도표, 작업관리판 등이 활용된다.

(6) 품질관리

① **개념** : 소비자들이 요구에 부흥하는 품질의 제품 및 서비스를 경제적으로 생산 가능하도록 기업조직 내 여러 부문이 제품에 대한 품질을 유지, 개선하는 관리적 활동의 체계를 의미한다.

② **구체적 목표** : 제품시장에 일치시킴으로써 소비자들의 요구를 충족시키며, 다음 공정의 작업을 원활화하며, 불량 및 오작동의 재발을 방지한다. 또한 요구 품질의 수준과 비교함으로써 공정을 관리하고 현 공정능력에 따른 제품의 적정품질수준을 검토해서 설계, 시방의 지침으로 한다.

(7) 안전재고량

① 조달기간 중의 불확실한 수요에 대비하기 위해 예측된 수요이상으로 확보하는 재고량으로 완충재고(buffer stock)라고도 함

② 일반적으로 조달기간 중에 예상되는 최대수요에서 평균수요를 뺀 만큼을 안전재고량으로 결정

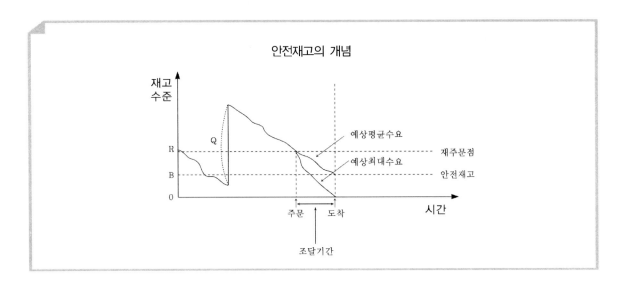

안전재고의 개념

(8) 정량주문시스템

① 개념 : 재고가 일정 수준의 주문점에 다다르면 정해진 주문량을 주문하는 시스템이며, 매회 주문량을 일정하게 하고 다만 소비의 변동에 따라 발주 시기를 변동한다. 또한 조달 기간 동안의 실제 수요량이 달라지나 주문량은 언제나 동일하므로 주문 사이의 기간이 매번 다르고, 최대 재고 수준도 조달 기간의 수요량에 따라 달라진다.

② 특징 : 일정량을 발주하고 발주 시기는 비정기적이고 발주 비용이 저렴하다. 계산이 편리해서 사무관리가 용이하며, 저가품, 수요안정, 준비기간 단기이며 재고량의 증가 우려가 있어서 정기적인 재고량 점검이 필요하다.

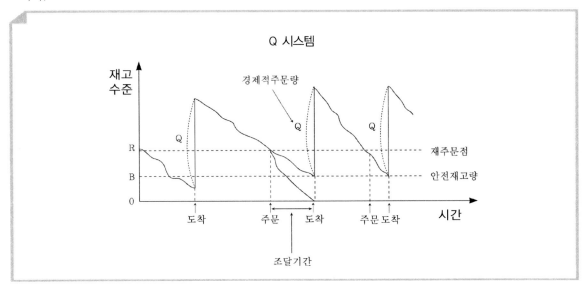

Q 시스템

※ 안전재고량의 결정

- 서비스수준(service level) : 품절발생확률과 반대의 개념, 즉, 조달기간 중에 발생하는 수요를 모두 만족시킬 수 있는 확률로서 이 값을 어느 정도로 할 것인가에 따라 안전재고량의 크기 결정
- 단위기간당 평균수요 : $\bar{d}$ 표준편차 : σ_d라 하면, 조달기간(L) 중의 예상수요 X는 평균이 $\bar{d} \cdot L$이고, 분산이 $\sigma_d{}^2 \cdot L$인 정규분포를 따른다고 가정
- 조달기간의 예상최대수요를 X_{max}라 하면, 안전재고량 $B = X_{max} - \bar{d} \cdot L$이며, 재주문점 $R = \bar{d} \cdot L + B$
- 서비스수준을 p(품절발생확률을 1−p)라 하면, 안전재고량은 아래의 그림과 같이 결정

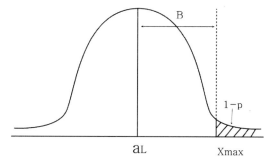

- 즉, X를 표준정규분포의 확률변수 Z로 표준화시키면,

$$Pr\left(Z \leq \frac{(\bar{d} \cdot L + B) - \bar{d} \cdot L}{\sigma_d \cdot \sqrt{L}}\right) = p$$

- 서비스수준 p에 해당되는 표준정규분포의 계수를 α라 하면, 안전재고량 B는

$$\frac{B}{\sigma_d \cdot L} = \alpha \text{ 이므로, } B = \alpha \cdot \sigma_d \cdot \sqrt{L}$$

(9) 정기주문시스템

① 개념 : 발주 간격을 정해서 정기적으로 발주하는 방식이며, 단가가 높은 상품에 적용되며, 발주할 때마다 발주량이 변하는 것이 특징이나 발주량이 문제가 된다.

② 특징 : 일정 기간별 발주 및 발주량 변동이 있으며, 운용 자금이 절약되며, 재고량의 발주 빈도가 감소한다. 고가품, 수요변동, 준비기간이 장기이며 사무처리 수요가 증가한다. 또한 수요예측제도의 향상과 품목별 관리가 용이하다.

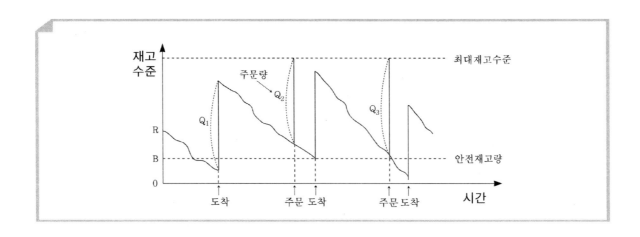

기출문제분석

2018 코레일

1 다음 중 MRP의 효율적 적용을 위한 가정으로 바르지 않은 것은?

① 전체 조립 구성품들은 조립 착수 시점에 활용이 가능해야 한다.

② 전체 품목들은 저장이 가능해야 하며, 매출 행위가 있어야 한다.

③ 일부 자료에 대한 조달 기간의 파악이 가능해야 한다.

④ 재고기록서의 자료 및 자재명세서의 자료가 일치해야 한다.

⑤ 제조공정이 독립적이어야 한다.

> **NOTE** MRP의 효율적 적용을 위한 가정
> ㉠ 전체 자료에 대한 조달 기간의 파악이 가능해야 한다.
> ㉡ 재고기록서의 자료 및 자재명세서의 자료가 일치해야 한다.
> ㉢ 제조공정이 독립적이어야 한다.
> ㉣ 전체 품목들은 저장이 가능해야 하며, 매출 행위가 있어야 한다.
> ㉤ 전체 조립 구성품들은 조립 착수 시점에 활용이 가능해야 한다.

answer 1.③

2 다음 각 4개 지점간의 거리와 각 지점에서의 취급 물동량이 아래와 같을 때, 거리만을 고려한 최적의 물류 거점의 입지(ㄱ)와 거리 및 물동량을 고려한 최적의 물류거점의 입지(ㄴ)로 옳은 것은 고르면?

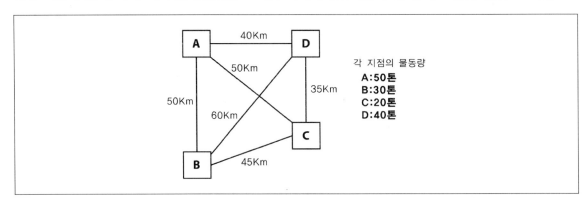

각 지점의 물동량
A:50톤
B:30톤
C:20톤
D:40톤

① ㄱ : A, ㄴ : B

② ㄱ : B, ㄴ : A

③ ㄱ : B, ㄴ : C

④ ㄱ : C, ㄴ : A

⑤ ㄱ : C, ㄴ : B

> **NOTE** ① 거리만을 고려한 최적의 물류거점 입지의 경우
>
> A=50+50+40=140km
>
> B=50+60+45=155km
>
> C=50+45+35=130km
>
> D=40+60+35=135km
>
> ② 거리 및 물동량을 고려한 최적의 물류거점 입지의 경우
>
> A=50×30+50×20+40×40=3,100톤/km
>
> B=50×50+60×40+45×20=5,800톤/km
>
> C=50×50+45×30+35×40=5,250톤/km
>
> D=40×50+60×30+35×20=4,500톤/km

ⓞ answer 2.④

3 아래 그림은 ABC 분석을 이용한 진열 관리를 나타내고 있다. 빈 칸 ⊙−ⓒ−ⓒ에 적합한 진열관리 의사 결정이 모두 맞는 것을 고르면?

매출액/총이익		총이익에 대한 기여		
		A	B	C
총매출액에 대한 기여	A	⊙	하단 대량진열	ⓒ
	B		중하단	
	C	ⓒ	상단, 타 상품과 관련 진열	
	Z		취급중단	

① ⊙ 눈높이 하단 − ⓒ 황금매대 외에 진열 − ⓒ 상단, 충동구매 유발

② ⊙ 눈높이 하단 − ⓒ 상단, 충동구매 유발 − ⓒ 황금매대 외에 진열

③ ⊙ 상단, 충동구매 유발 − ⓒ 눈높이 하단 − ⓒ 황금매대 외에 진열

④ ⊙ 상단, 충동구매 유발 − ⓒ 황금매대 외에 진열 − ⓒ 눈높이 하단

⑤ ⊙ 눈높이 하단 − ⓒ 하단, 충동구매 유발 − ⓒ 황금매대 내에 진열

📝 NOTE ABC 분석기법은 파레토 법칙, 또는 20–80 법칙 등을 기반으로 하여 제품관리 및 진열 관리를 하는 방법인데, 이는 각 품목이 기업의 이익에 미치는 영향을 고려하여 품목의 가치 및 중요도 등을 분석하고, 품목을 세 그룹으로 구분한 후 각 기 다른 수준의 관리방법을 적용하게 되는 방식이다. ⊙의 경우에는 이익 및 매출액 모두에 대한 기여가 가장 높은 A품목이므로 눈에 잘 띄는 눈높이 하단(골든 존)에 진열한다. ⓒ의 경우에는 매출액 기여도는 높지만 이익 기여도는 낮으므로 황금매대(골든 존) 외에 진열한다. ⓒ의 경우에는 매출액 기여도는 낮지만 이익기여도가 높은 고가의 품목이므로 상단에 진열하여 충동구매를 유발하도록 한다.

2017 서울교통공사

4 매입자는 상품매입 이후 상품예산계획 또는 지속성 상품관리시스템에 기반하여 매입자가 자유재량으로 사용할 수 있는 예산(Open-to-Buy)을 확인하게 된다. 다음 상황에서 현재의 매입한도(Open-to-Buy)를 구하면?

• 계획된 월말재고 : ₩68,640	• 조정된 재고 : ₩66,590
• 실제 월초재고 : ₩59,500	• 계획된 월별매출 : ₩15,600
• 실제 주문량 : ₩18,000	

① 1,543

② 2,050

③ 3,526

④ 4,325

⑤ 5,635

> **NOTE** Open-to-buy는 공개매수액 또는 매입가능단위라는 용어로 사용되고 있다. 최대재고량=(재주문기간+배달기간)×(판매율)+(안전재고)이고, 주문량=최대재고량-(현재재고량+주문량)이다. 최대재고량은 계획된 월말재고이고 현재재고량과 주문량은 조정된 재고이다. 따라서 Open-to-Buy는 ₩68,640에서 ₩66,590을 차감한 ₩2,050이 된다.

2019 서울교통공사

5 다음은 MRP시스템과 JIT시스템을 비교한 표이다. 옳지 않은 것은?

	구분	MRP	JIT
①	전략시스템	PUSH	PULL
②	경영	명령에 의한 경영	합의에 의한 경영
③	적용분야	비반복적 생산	반복적 생산
④	공급자와의 거래	단기거래	장기거래
⑤	조달기간	짧게 유지	길수록 유리

> **NOTE** MRP(자재소요계획, Material Requirement Planning)의 조달기간은 길수록 유리하며, JIT(적시생산시스템)은 조달기간을 비교적 짧게 유지한다.

answer 4.② 5.⑤

6 다음 재고관리에 대한 설명 중 바르지 않은 것은?

① 품절비는 재고보다도 수요가 많아 마이너스 재고가 될 시에 발생하는 비용이다.

② 발주비는 제품에 대한 주문행위에 필요로 하는 비용으로 통신, 사무 및 서류처리, 수송이나 수입검사 등으로 인한 작업준비의 비용을 포함한다.

③ 컴퓨터를 활용해서 최종제품의 생산계획에 맞춰 필요로 하는 부품 및 자재 소요량의 흐름을 종합적으로 관리하는 시스템을 MRP라고 한다.

④ Two-Bin 시스템은 주로 저가품에 적용하는 방식이다.

⑤ ABC 재고관리에서 C품목은 품목구성 비율이 낮은 반면에 금액 구성 비율은 높은 품목이다.

> **NOTE** ⑤ ABC 재고관리는 기업이 관리하고자 하는 제품의 수가 많아 이를 효율적으로 관리하고자 하는 기법으로 기준에 의해 품목을 그룹화하고 그러한 그룹에 집중관리를 하는 방식을 의미한다. C품목의 경우 품목구성 비율이 높은 반면에 금액 구성 비율은 낮은 품목에 적합한 방식이다.

7 다음 중 경제적 주문량(EOQ)의 가정이 아닌 것은?

① 수요율은 일정하지 않으며, 비확정적이다.

② 리드타임은 일정하며, 확정적이다.

③ 생산, 수송, 및 주문의 로트 크기 등에 제한이 없다.

④ 주문량은 일시에 전량 입고된다.

⑤ 재고부족 및 주문 잔고는 발생하지 않는다.

> **NOTE** ① EOQ의 가정은 수요율은 일정하며, 확정적이다. 또한 총 재고관리비용과 관련된 비용은 유지비용과 주문/준비 비용뿐이며, 이들은 확정적이다. 경제적 주문량은 구매 및 운반 등에 소요되는 비용을 최소화하기 위해 결정하여야 할 1회 주문량을 의미한다.

⊙ answer 6.⑤ 7.①

2018 교통안전공단

8 다음 유연생산시스템(FMS)에 대한 설명 중 바르지 않은 것은?

① 가공준비 및 대기시간의 최소화로 제조시간이 단축된다.

② 무인운전을 지향한다.

③ 다양한 제품을 높은 생산성으로 유연하게 제조할 수 있다.

④ 초기 시스템 구축에 투자비가 많이 들어가게 된다.

⑤ 유연생산시스템 도입후 운영의 효과 발휘까지 시간이 많이 소요되지 않는다.

📖NOTE | ⑤ FMS는 운영의 효과 발휘까지 시간이 많이 소요된다.

2018 부산교통공사

9 재고 ABC 관리법에서 품목 분류 시 사용하는 분석방법은 무엇인가?

① 비용분석

② 빈도분석

③ 파레토분석

④ 수익분석

⑤ 성과분석

📖NOTE | 파레토의 법칙, 최소노력의 원칙 등 다양한 이름으로 불리는데, 이와 같은 법칙을 재고관리에 응용한 것이 ABC 관리방식이다.
ABC 분류체계는 저장재고를 총 재고가치로 분류하여 재고통제 자원을 이 기준에 따라 분배하는 방법인데, 재고의 총재고가치가 높으면 높을수록 관리자원을 좀 더 집중적으로 투입, 관리하는 방식을 취한다. ABC 관리방식은 다수의 경미항목(trivial many) 품목보다는 소수의 중요(vital few) 품목을 중점관리 하는 방식으로, 중요도에 따른 차별적 관리가 이루어지는 것이 특징이다.

○ answer 8.⑤ 9.③

10 다음 수요예측에 대한 설명 중 바르지 않은 것은?

① 지수평활법을 사용하면 예측치의 산정에 반영될 과거 기간의 수(n)를 조절함으로써 예측의 정확성을 높일 수 있다.

② 시계열분석은 시계열을 따라 제시된 과거자료로부터 그 패턴을 분석하여 장래의 수요를 예측하는 방법이다.

③ 수요예측기법의 종류에는 정성적 방법과 정량적 방법이 있다.

④ 가중이동평균법을 사용하면 과거자료 중에서 최근 실제치를 더 많이 예측치에 반영할 수 있다.

⑤ 수요예측은 각종 생산의사결정, 즉 공정사례, 생산능력계획, 재고에 관한 의사결정의 기초가 된다.

📝 **NOTE** ① 수요예측 시 과거 기간의 수(n)가 아니라 평활상수를 조절함으로써 예측의 정확성을 높일 수 있다.

11 다음 시계열분석에 대한 설명 중 바르지 않은 것은?

① 지수평활법, 요소분석법 등이 사용된다.

② 시계열 수요 자료를 분해하여 분석하는 목적은 자료에 내재한 임의 변동의 패턴을 분석하여 예측치에 반영하는 것이다.

③ 수많은 양상을 띠며 나타나는 시계열자료를 잘 적합될 수 있도록 여러 모형을 통해 분석하는 것을 의미한다.

④ 회귀분석방법, 이동평균법 등이 사용된다.

⑤ Box-Jenkins에 의해서 개발된 ARIMA모형 등이 많이 사용되고 있다.

📝 **NOTE** ② 시계열분석은 수많은 양상을 띠며 나타나는 시계열자료를 잘 적합될 수 있도록 여러모형을 통해 분석하는 것을 의미한다. 분석 내용은 추세, 계절적 변동, 순환 등의 요인을 분석하여 예측치에 반영하는 것이며, 임의변동요인은 예측치에 반영하기 어렵다.

● **answer** 10.① 11.②

2016 한국남동발전

12 다음 미국식 전통적 생산방식(포드시스템)과 JIT(Just In Time) 방식을 비교한 것 중 바르지 않은 것은?

① 전통적 생산방식은 전문화되고 개인주의적인 노동력에 기반을 두고 있으나, JIT는 유연하며 팀 중심적인 노동력에 기반을 둔다.

② 전통적 생산방식은 재고를 낭비로 보아 극소화하고, JIT는 충분한 재고를 갖고 운영한다.

③ 전통적 생산방식은 계획중심적이고 컴퓨터 의존적이며, JIT는 통계중심적이며 시간적 통제를 강조한다.

④ 전통적 생산방식은 다수의 경쟁적인 공급업자를 가지나, JIT는 하나 혹은 소수의 협력적 공급업자를 갖는다.

⑤ 포드시스템은 안정적 생산을 위한 긴 준비 시간이 필요하고, JIT는 생산성을 위한 짧은 준비 시간이 필요하다.

> **NOTE** ② 전통적 생산방식은 충분한 재고를 갖고 운영하고, JIT는 재고를 낭비로 보아 극소화한다.

2015 교통안전공단

13 다음 모듈식 생산방식의 특징이 바르지 않은 것은?

① 완제품의 표준화를 위한 기법이다.

② 소량생산체제와 대량생산체제의 접근화의 한 사례이다.

③ 여러 가지로 조합이 가능한 표준화된 부품의 환경변화에 대해서 유연성을 확보할 수 있다.

④ 소품종 대량생산체제의 최적화를 위한 기법이다.

⑤ 자동차 부품, 컴퓨터, 전자제품 등의 시스템 산업 등에 많이 활용되고 있고, 공작기계 등의 생산에도 운용되고 있다.

> **NOTE** ① 모듈식 생산방식은 제품의 기본적인 구성 단위를 뜻하는 것이므로, 모듈은 다수의 부품으로 구성된 표준화된 중간조립품을 의미한다.

o answer 12.② 13.①

14 다음 푸시시스템과 풀시스템의 비교 설명 중 바른 것은?

① 푸시시스템 : 유연성 우선   풀시스템 : 라인밸런싱 우선

② 푸시시스템 : 생산자 중심   풀시스템 : 소비자 중심

③ 푸시시스템 : 반복생산의 재고관리   풀시스템 : 비반복생산의 재고관리

④ 푸시시스템 : 무결점 추구   풀시스템 : 약간의 불량 인정

⑤ 푸시시스템 : 납품업자와 협력관계   풀시스템 : 납품업자와 적대관계

📌NOTE | ② 풀시스템은 소비자 중심이고 무결점을 추구하며 반복생산의 재고관리를 한다. 또한 납품업자와 협력관계를 가지고 유연성을 우선시한다. 푸시시스템은 생산자 중심이고, 약간의 불량은 인정하며, 비반복생산의 재고관리이며, 납품업자와 적대적인 관계이다. 또한 라인밸런싱을 우선시한다.

⊙answer 14.②

출제예상문제

1 재고관리 Q시스템에 대한 설명으로 가장 옳지 않은 것은?

① 주기적으로 재고를 보충하기 때문에 관리하기가 쉽다.

② 품목별로 조사 빈도를 달리할 수 있다.

③ 고정 로트크기는 수량할인으로 나타나기도 한다.

④ 안전재고 수준이 낮아져서 비용을 절감할 수도 있다.

⑤ 계속적인 실사를 해야 한다.

> **NOTE** Q시스템은 정량발주시스템(Fixed-Order Quantity System)으로 재고가 일정수준(발주점)에 이르면 일정발주량(경제적 발주량)을 발주하는 시스템이다.
> ① 정기발주시스템(Fixed-Time Period System)인 P시스템에 대한 설명이다.

2 아래의 내용이 설명하는 생산방식은?

> • 제품의 다양성과 원가절감을 추구하는 방식이다.
> • 소품종 대량생산 체제의 최적화를 실현하기 위한 기법이다.
> • 최소 종류의 부품으로 최대 종류의 제품을 생산하는 방식이다.
> • 소품종 대량생산의 생산성과 다품종 소량생산의 유연성을 동시에 충족시키는 방식이다.

① 모듈러 생산

② 집단관리기법

③ 유연생산시스템

④ 단속생산시스템

⑤ 반복생산시스템

> **NOTE** 제시된 내용은 모듈러 생산방식에 대한 설명이다.

⊙ answer 1.① 2.①

3 다음 중 재고관리에 대한 설명으로 바르지 않은 것은?

① 재고관리란 능률적이면서 지속적인 생산 활동을 위해 필요한 원재료, 반제품, 제품 등의 최적보유량을 계획 및 조작, 통제하는 것을 말한다.

② 재고관리로 인해 제조원가가 증대된다.

③ 소비자들에 대한 서비스 수준이 제고된다.

④ 재고 투자에 대한 자금이 감소된다.

⑤ 재고 보유의 이유는 경제적 발주기능, 불확실성 대처기능, 생산평준화가능 등의 중요한 기능을 수행하기 때문이다.

🔖NOTE 재고관리로 제조원가는 절감되는 효과가 있다.

4 다음 종합적품질관리(TQM)의 특징에 관한 설명이 바르지 않은 것은?

① 공정관리 개선

② 고객지향의 기업문화

③ 구매자 위주

④ 시스템 중심

⑤ 품질전략 수립

🔖NOTE 종합적품질관리(TQM)의 특징은 고객지향의 기업문화, 구매자 위주, 시스템 중심, 품질전략 수립 등이 있다. 구성원들이 창의적으로 신속·유연하게 활동을 할 수 있기 위해서는 권한 위임도 필요하다. 또한 종업원들이 참여해서 목표를 세우고 함께 나아가야 한다. 그리고 품질은 고객의 욕구에 합치된 것이어야 하며, 문제해결을 위해 지속적인 개선을 해야 한다.

🔵answer 3.② 4.①

5 다음 공급사슬관리(SCM)에 관한 설명중 바르지 않은 것은?

① 고객으로부터 공급사슬의 상류로 가면서 최종소비자의 수요변동에 따른 수요변동폭이 증폭되어 가는 현상이 채찍효과이다.

② 공급사슬 성과측정치 중 하나인 재고회전율은 연간 매출원가를 평균 총 재고가치로 나눈 것이다.

③ 효율적인 공급사슬의 설계를 위해서는 제품개발의 초기단계부터 물류를 고려한 설계개념을 적용할 필요가 있다.

④ 회사 내부활동의 일부를 외부에 이전하는 활용을 아웃소싱이라 한다.

⑤ 표준화된 단일 품목에 대한 고객수요를 최대한 확대하는 방향으로 공급 네트워크를 구성하는 것이 대량 고객화 전략이다.

🖪 NOTE | 표준화된 품목이 아니라 각 고객들에서 서로 다르게 고객화된 제품과 서비스를 공급하는 것이 대량 고객화 전략이다.

6 사무용 의자를 생산하는 기업의 총고정비가 1,000만 원, 단위당 변동비가 10만 원이며, 500개의 의자를 판매하여 1,000만 원의 이익을 목표로 한다면, 비용가산법(Cost-Plus Pricing)에 의한 의자 1개의 가격은?

① 100,000원
② 120,000원
③ 140,000원
④ 160,000원
⑤ 180,000원

🖪 NOTE | 비용가산법은 재화나 서비스의 생산원가에 일정 이익률을 고려하여 가격을 결정하는 방법이다. 단위당 원가는 단위당 변동비와 단위당 고정비의 합으로 10+1,000/500=12만 원인데, 500개의 의자를 판매하여 1,000만 원의 이익을 얻으려면 개당 2만 원의 이익이 나야 한다. 따라서 의자 1개의 가격은 14만 원이다.

7 보유 목적에 따른 재고 유형에 대한 설명으로 옳지 않은 것은?

① 작업의 독립성을 유지하기 위해 보유하는 것은 완충(decoupling) 재고이다.

② 생산준비비용이나 주문비용을 줄이기 위해 보유하는 것은 경제(economic) 재고이다.

③ 수요의 불확실성에 대비하기 위해 추가적으로 보유하는 것은 안전(safety) 재고이다.

④ 계절에 따른 수요 변화에 대응하기 위해 보유하는 것은 비축(anticipation) 재고이다.

⑤ 재고상태가 이상적으로 적당한 량을 유지하고 있는 것은 적정(recommend)재고이다.

📝**NOTE** ② 생산준비비용이나 주문비용을 줄이기 위해 보유하는 것은 주기(Cycle) 재고이다.

8 소품종 대량생산시스템에서 품목의 수를 증대시키기 위해 사용되는 방식은?

① 모듈러 설계   ② 제조 용이성 설계

③ 로버스트 설계   ④ 재고보충 설계

⑤ 공정 설계

📝**NOTE** 모듈러 설계 … 여러 가지 호환이 가능한 표준화된 모델을 개발·제작하여 최소 종류의 부분품으로 최대 종류의 제품을 생산하고자 하는 방법으로 소품종 대량생산시스템에서 품목의 수를 증대시키기 적합한 방식이다. 대량생산과 제품의 고객화를 실현하는 대량 고객화를 가능하게 한다.

9 선형계획법에 관한 다음의 설명 중 바르지 않은 것은?

① 선형계획법에서 목적함수는 최대화 아니면 최소화이지 절대로 이 둘을 모두 포함할 수는 없다.

② 복수의 의사결정변수가 존재하며 그들 간에는 상호관련성이 존재한다.

③ 여유변수는 미사용된 자원을 의미하므로 그 자체로 목적함수에 미치는 영향은 없다.

④ 선형계획법의 특수형태는 수송법, 정수계획법, 목표계획법이다.

⑤ 적어도 하나의 변수는 음수(−)의 값을 가져야 한다.

📝**NOTE** 선형계획법은 주어진 목적을 달성하기 위하여 어떻게 제한된 자원을 합리적으로 배분하느냐 하는 의사결정 문제를 해결하기 위하여 개발된 수리적 기법이며, 모든 변수는 0보다 크거나 같아야 한다. 따라서 변수는 음의 값(−)을 가질 수 없다.

⊙ answer   7.②   8.①   9.⑤

10 다음 총괄생산계획의 결정변수에 해당하는 것으로 볼 수 없는 것은?

① 재고수준   ② 비용수준

③ 하도급   ④ 노동인력의 조정

⑤ 생산율의 조정

> **NOTE** 총괄생산계획의 결정변수로는 재고수준, 하도급, 노동인력의 조정, 생산율의 조정 등이 있다.

11 다음 중 재고의 기능에 해당하는 것을 모두 고르면?

> ㉠ 공급자에 대한 서비스
> ㉡ 취급수량에 있어서의 비경제성
> ㉢ 생산의 비안정화
> ㉣ 재고보유를 통한 판매의 촉진
> ㉤ 투자 및 투기의 목적으로 보유

① ㉠㉡   ② ㉠㉣

③ ㉡㉢   ④ ㉢㉤

⑤ ㉣㉤

> **NOTE** 재고의 기능
> ㉠ 재고보유를 통한 판매의 촉진
> ㉡ 투자 및 투기의 목적으로 보유
> ㉢ 소비자에 대한 서비스
> ㉣ 부문 간의 완충역할
> ㉤ 취급수량의 경제성

12 공정관리에 대한 기능 중 통제기능에 해당하는 것을 모두 고르면?

> ㉠ 일정계획   ㉡ 절차계획
> ㉢ 작업독촉   ㉣ 작업할당
> ㉤ 공수계획

① ㉠, ㉡   ② ㉡, ㉢
③ ㉢, ㉣   ④ ㉢, ㉤
⑤ ㉣, ㉤

🖹NOTE│ 공정관리에 대한 기능 중 통제기능에는 작업독촉 및 작업할당 등이 있다.

13 다음 중 정기발주시스템에 관련한 설명으로 가장 거리가 먼 것은?

① 단가가 낮은 상품에 주로 적용되는 방식이다.
② 상품발주의 간격을 정해 이를 정기적으로 발주한다.
③ 상품의 발주 시 발주량이 변한다.
④ 운용자금이 절약된다.
⑤ 사무처리에 대한 수요가 증가한다.

🖹NOTE│ 정기발주시스템은 주로 단가가 높은 상품에 적용되는 방식이다.

14 다음 중 재고의사결정에 있어서 연관되는 비용요소로 보기 힘든 것은?

① 구매비   ② 재고유지비
③ 발주비   ④ 인건비
⑤ 품절비

🖹NOTE│ 재고의사결정에 있어서 연관되는 비용요소로는 구매비, 재고유지비, 발주비, 품절비 등이 있다.

15 다음 기사를 읽고 밑줄 친 부분에 해당하는 시스템의 특징으로 보기 어려운 것을 고르면?

> 광주지역 소프트웨어 개발 전문회사 원 시스템은 오는 27일(화) 김대중 컨벤션센터에서 진행되는 '2014 광주지식데이터산업 데모데이(Demo Day)'에 참가한다.
>
> 원 시스템은 철강, 전자, 전기, 자동차, 화학, 통신, 공공의 다양한 분야에서 SI, SM, NI, R&D 등 맞춤형 제품 솔루션을 일체 공급하는 전산화 아웃소싱 전문 기업이다.
>
> 국내 대기업들과 전략적 협력관계를 유지해오면서 범정부 및 기업의 전산화 사업을 구축해 왔으며 ERP, CRM, PDM, <u>MRP</u>, SCM, MES 등의 분야에서 성과를 인정받아 왔다. 특히 제조·생산공정의 자동화시스템 구축에 특화된 기술력을 인정받아 중소기업청 생산 정보화 사업 지원기관으로 선정되기도 했다.

① 생산계획에 있어서 효과적인 도구로 활용된다.
② 적시에 최대한의 비용으로 공급한다.
③ 의사결정의 자동화에 기여한다.
④ 설비가동능률을 증진시킨다.
⑤ 소비자들에 대한 서비스를 개선한다.

📝**NOTE** MRP(Material Requirement Planning)는 소요량에 의해 최초의 주문을 계획하는데, 자재소요의 양적 및 시간적인 변화에 맞춰 기 주문을 재계획함으로써 정확한 자재의 수요를 계산해 나가는 방법으로 적시에 최소의 비용으로 공급하는 시스템이다.

16 다음 중 MRP의 효율적 적용을 위한 가정으로 보기 어려운 것은?

① 모든 조립구성품은 조립을 착수하는 시점에서부터 활용이 가능해야 한다.
② 제조공정은 상호보완적이어야 한다.
③ 자재명세서의 자료와 재고기록서의 자료가 일치해야 한다.
④ 모든 자료에 대한 조달기간의 파악이 이루어질 수 있어야 한다.
⑤ 모든 품목은 저장이 가능해야 하고, 매출행위가 있어야 한다.

📝**NOTE** 제조공정은 서로 독립적이어야 한다.

○ answer 15.② 16.②

17 다음 중 셀 제조방식의 특징에 해당하지 않는 것을 고르면?

① 소품종 대량생산에 적합한 방식이다.
② 인원절감으로 인해 비용을 절감할 수 있다.
③ 품질에 따른 책임감이 높아진다.
④ 컨베이어 시스템보다 수주생산에 더욱 유연하게 대응할 수 있다.
⑤ JIT 라인의 구축이 가능하다.

　NOTE 셀 제조시스템은 다품종 소량생산에 적합한 방식이다.

18 다음 중 다품종소량의 제품을 짧은 납기로 해서 수요변동에 대한 재고를 지니지 않고 대처하면서 생산 효율의 향상 및 원가절감을 실현할 수 있는 생산시스템을 무엇이라고 하는가?

① 자재관리계획
② 예측생산시스템
③ 주문생산시스템
④ JIT 시스템
⑤ 유연생산시스템

　NOTE 유연생산시스템은 특정 작업계획에 의해 여러 부품들을 생산하기 위해 컴퓨터에 의해 제어 및 조절되며 자재취급시스템에 의해 연결되는 작업장들의 조합을 의미하는 시스템이다.

19 다음 중 경제적주문량(EOQ)의 가정으로 옳지 않은 것을 고르면?

① 주문량은 일시에 입고된다.

② 조달기간은 없거나 일정하다.

③ 재고부족은 허용되지 않는다.

④ 1회 주문비용은 물량에 상관없이 일정하다.

⑤ 단위 구입가는 물량에 비례하여 일정하지 않다.

⊟NOTE│ 단위 구입가는 물량에 관계없이 일정하다.

20 다음은 TWO-BIN 방식에 대한 설명이다. 옳지 않은 것은?

① 두 개의 상자에 부품을 보관하여 필요 시 하나의 상자에서 계속 부품을 꺼내어 사용하다가 처음 상자가 바닥날 때까지 사용하고 나면, 발주를 시켜 바닥난 상자를 채우는 방식이다.

② 일반적으로 조달기간 동안에는 나머지 상자에 남겨져 있는 부품으로 충당한다.

③ 발주점법의 변형인 투-빈 시스템은 주로 고가품에 적용된다.

④ 재고수준을 계속 조사할 필요가 없다.

⑤ ABC의 C그룹에 적용되는 방식이다.

⊟NOTE│ 발주점법의 변형인 투-빈 시스템은 주로 저가품에 적용되는 방식이다.

21 재고관리와 관련하여 아래와 같이 자료를 준비하였다. 이로 토대로 경제적 주문량(EOQ)를 구하면?

• 연간 사용량 = 5,000kg	• 구입단가 = 1,000원/kg
• 주문비용 = 20,000원/회	• 재고유지비용 = 200원/kg/년

① 1,000

② 2,000

③ 3,000

④ 4,000

⑤ 5,000

⊟NOTE│ $EOQ = \sqrt{\dfrac{2 \times 주문비용 \times 연간\ 수요량}{재고유지비}}$ 에 의해, $\sqrt{\dfrac{2 \times 20,000 \times 5,000}{200}} = 1,000$

● answer 19.⑤ 20.③ 21.①

22 재고관리의 P시스템(P-모형)과 Q시스템(Q-모형)에 대한 설명으로 옳은 것은?

① Q시스템은 P시스템보다 일반적으로 더 많은 안전재고가 필요하다.

② P시스템에서는 주문시점마다 주문량이 달라지지만 Q시스템에서는 주문주기가 고정된다.

③ 투-빈(two-bin)법은 재고량을 절반으로 나누어 안전재고를 확보하는 방법으로 P시스템의 내용을 시각화한 것이다.

④ Q시스템은 현재의 재고량을 수시로 조사하여 재주문점 도달여부를 판단해야 하므로 관리부담이 많다.

⑤ P시스템은 재고가 발주점에 이르면 정량을 발주한다.

📋 NOTE Q시스템은 정량발주시스템(Fixed-Order Quantity System), P시스템은 정기발주시스템이다.

23 어떤 기업이 매출목표 달성을 위해 신기술을 도입하였다. 그 결과 전년 대비 생산량이 증가하고 생산원가는 감소하였으나 제품이 소비자의 관심을 끌지 못하여 매출목표를 달성하지 못하였다. 신기술 도입의 효과성과 효율성에 대한 설명으로 적절한 것은?

① 효과적이고 효율적이다.　　　　　② 효과적이지 않지만 효율적이다.

③ 효과적이지만 효율적이지 않다.　　④ 효과적이지 않고 효율적이지도 않다.

⑤ 효과적이지만 효율적인지는 알 수 없다.

📋 NOTE 효율성을 넓은 의미의 능률성으로 볼 때, 생산원가는 감소하고 생산량이 증가하였으므로 효율적이지만, 매출목표를 달성하지 못하였으므로 효과적이지는 않다.

24 다음 중 MRP의 전제조건으로 보기 어려운 것은?

① 원자재 및 구입품 등의 표시가 가능한 자재명세서가 있어야 한다.

② 기록된 자료들에 대한 정확성은 높되 그로 인한 유용성은 반드시 높을 필요가 없다.

③ 제품이 언제, 얼마만큼 필요한지를 확인할 수 있는 생산계획이 수립되어야 한다.

④ 모든 재고품목들의 확인이 가능해야 한다.

⑤ 모든 재고품목들의 구별이 가능해야 한다.

📋 NOTE 기록된 자료들에 대한 정확성 및 유용성 모두가 높아야 한다.

● answer　22.④　23.②　24.②

25 다음과 같이 순서의 변경이 가능한 7개의 작업요소로 구성된 조립라인에서 시간당 20개의 제품을 생산한다. 공정균형화(Line-Balancing)를 고려한 주기시간(Cycle Time)과 공정효율(Efficiency)은?

작업요소	시간(초)
A	100
B	90
C	45
D	110
E	50
F	100
G	85

① 110초, 약 81%
② 110초, 약 107%
③ 180초, 약 81%
④ 180초, 약 99%
⑤ 180초, 약 95%

📋NOTE • 시간당 20개의 제품을 생산해야 하므로 주기시간은 $\dfrac{1시간}{20} = \dfrac{3,600초}{20} = 180초$

• 이론적 최소치 $= \dfrac{580}{180} = 3.222 ≒ 4개$

• 작업 순서의 변경이 가능하므로 주기시간을 넘지 않는 범위에서 작업을 재구성하면, (A + C) → (B + G) → (D) → (E + F)

• 공정효율 $= \dfrac{\sum t}{nc} = \dfrac{580}{4 \times 180} = 0.805\cdots$ 따라서 약 81%

26 제고관리모형에 대한 각각의 설명 중 틀린 것은?

① Two-Bin 시스템이란 2개의 bin에 동일 상품·동일 수량을 담아놓고, 한 bin만 사용하여 모두 소진되고 나면 다시 주문하는 것을 말한다.
② Two-Bin 시스템은 가격이 저렴하고 사용빈도가 높으며 조달 기간이 짧은 제품에 적용한다.
③ 단일기간재고모형은 수요가 1회적이거나, 수명이 짧은 제품에 사용하는 방법이다.
④ Q-시스템은 P-시스템보다 안전재고의 수준을 더 높게 유지해야 한다.
⑤ P-시스템은 주기가, Q-시스템은 주문량이 고정되어 있다.

📋NOTE P-시스템은 Q-시스템 보다 안전재고의 수준을 더 높게 유지해야 한다.

● answer 25.③ 26.④

27 다음은 공정별 배치에 관한 내용이다. 이 중 옳지 않은 것을 고르면?

① 공정별 배치는 초기의 투자비가 저렴하다.
② 운반거리도 길고, 자재의 취급에 따른 비용이 높다.
③ 작업 형태에 있어 복잡하며, 숙련성이 요구되는 방식이다.
④ 자유 경로형으로서의 신축성이 높다고 할 수 있다.
⑤ 표준품에 있어서의 대량생산 등에 가장 적합한 방식이라 할 수 있다.

🖉NOTE 공정별 배치는 다품종이면서 소량생산에 적합한 방식이다.

28 다음의 특성을 가지고 있는 집단의사결정 기법은?

> 첫째, 문제가 제시되고 참가자들 간의 대화는 차단된다.
> 둘째, 각 참가자들은 자기의 생각과 해결안을 가능한 한 많이 기록한다.
> 셋째, 참가자들은 돌아가면서 자신의 해결안을 집단을 대상으로 설명하며 사회자는 칠판에 그 내용을 정리한다.
> 넷째, 참가자들이 발표한 내용에 대해 보충설명 등이 추가된다.
> 다섯째, 발표가 끝나면 제시된 의견들의 우선순위를 묻는 비밀투표를 실시하여 최종적으로 해결안을 선택한다.

① 팀빌딩기법   ② 브레인스토밍
③ 델파이기법   ④ 명목집단기법
⑤ 변증법적 문의법

🖉NOTE 제시된 내용은 명목집단기법에 대한 설명이다. 명목집단기법은 여러 대안들을 마련하고 그중 하나를 선택하는 데 초점을 두는 구조화된 집단의사결정 기법으로, 집단의사결정 기법임에도 불구하고 의사결정이 진행되는 동안 참가자들 간의 토론이나 비평이 허용되지 않기 때문에 '명목'이라는 수식어가 붙었다.

① 팀빌딩기법 : 능력이 우수한 인재들이 모인 집단이 그만한 능력을 발휘하지 못할 때, 그 원인을 찾아 문제를 해결하는 경영기법

② 브레인스토밍 : 어떤 문제의 해결책을 찾기 위해 여러 사람이 생각나는 대로 마구 아이디어를 쏟아내는 방법

③ 델파이기법 : 전문가들을 대상으로 반복적인 피드백을 통한 하향식 의견 도출로 문제를 해결하려는 미래 예측 기법

⑤ 변증법적 문의법 : 상반된 의견이나 견해를 가진 사람들로 구성된 집단 사이에 벌어지는 논쟁으로 헤겔의 삼단논법에서 비롯된 변증법적 사고

● answer 27.⑤ 28.④

29 다음 PERT / CPM 네트워크에서 주공정경로(critical path)의 소요시간은? [단, ──▶는 작업, ┈┈▶는 가상작업(dummy activity)을 의미한다]

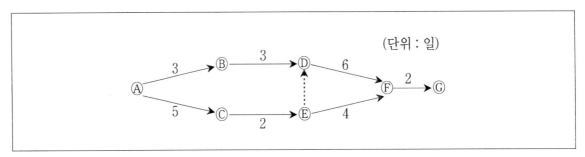

(단위 : 일)

① 13일

② 14일

③ 15일

④ 25일

⑤ 26일

> ✎NOTE 주공정경로는 프로젝트를 완료하기까지 필요한 일련의 상호 연관된 작업 단위들 중 최장 경로를 말한다. 따라서 제시된 네트워크상에서 주공정경로를 구하면 ④ → ⓒ → ⓔ(대신 ⓓ) → ⑤ → ⓖ로 5 + 2 + 6 + 2 = 15일이 소요된다.

30 인쇄소에 대기작업이 3개 있고, 이들의 예상 작업시간과 납기시간은 다음 표와 같다.

작업	작업시간	납기시간
가	4	6
나	4	5
다	5	9

긴급률(critical ratio) 규칙에 따라 작업을 진행하였다면 평균 납기지연시간은?

① 1.5시간

② 2.0시간

③ 2.5시간

④ 3.5시간

⑤ 4.0시간

> ✎NOTE 긴급률은 현재부터 납기일까지 남은 기간을 앞으로 남은 작업 소요 기간으로 나눈 비율로, 1보다 크면 작업 일정에 여유가 있는 것이고, 1보다 작으면 예정보다 일정이 지연되고 있음을 의미한다. 따라서 작업은 나 → 가 → 다 순으로 진행하며 평균납기지연시간은 $\frac{0+2+4}{3}$ = 2시간이다.

31 A회사는 신제품인 진공청소기를 제조하여 판매하고자 한다. 고정비용은 2천만 원이고, 1대당 생산비용은 20만 원일 때, 1천대를 판매하여 순수익을 2천만 원으로 하고자 할 때 진공청소기 한 대의 가격은?(고정비용은 비용에 포함한다)

① 200,000원

② 220,000원

③ 240,000원

④ 260,000원

⑤ 280,000원

> **NOTE** 진공청소기 한 대의 가격은 x,
> $x \times 1,000(대) = 200,000(원) \times 1,000(대) + 2천만 원(고정비용) + 2천만 원(순수익)$
> $= 200,000,000원 + 40,000,000원$
> $= 1,000x = 240,000,000$
> $= 240,000원$

32 다음 중 앤소프가 말한 조직계층별 분류에서 전략적 의사결정에 해당하는 내용으로 볼 수 있는 것은?

① 외부환경과의 관계에 대한 비정형적인 문제를 다루게 된다.

② 자재 및 설비의 조달, 종업원의 훈련과 개발, 자금조달 등의 내용을 다루게 된다.

③ 주로 일선 감독층에서 행하는 의사결정이라 할 수 있다.

④ 기업의 자원을 활용함에 있어서 그 성과가 극대화될 수 있는 방향으로 조직화하는 의사결정방식이다.

⑤ 자원배분, 업무일정계획 등이 전략적 의사결정에 해당하는 대표적인 예이다.

> **NOTE** 전략적 의사결정에서는 주로 최고경영자가 의사결정을 행하며, 외부환경과의 관계에 관한 비정형적인 문제를 다루게 된다.

33 다음은 수요예측의 방법 중 정량적 수요예측기법에 관한 설명이다. 이 중 옳지 않은 것은?

① 회귀분석의 경우 상품에 대한 수요와 관련된 변수들 간의 상관관계를 통해 예측한다.

② 시계열분석에서 시간은 종속변수, 수요량은 독립변수가 된다.

③ 다중회귀모델이란 독립변수가 둘 이상인 경우를 말한다.

④ 지수평활법의 경우 평균을 계산할 때 과거보다 최근 수요에 더 많은 가중치를 부과한다.

⑤ 단순이동평균법의 경우 시간이 지남에 따라 계산에 포함되는 대상이 바뀐다.

> **NOTE** 시계열분석의 종속변수는 수요량, 독립변수는 시간이다.

34 A전자 회사는 지난해 판매예측치로 100만 대를 예상하였고, 실제 판매치는 110만 대였다. 지수평활계수가 0.6일 때 올해 판매예측치를 구하면?

① 100만 대

② 106만 대

③ 96만 대

④ 90만 대

⑤ 85만 대

> ✒NOTE│ 지수평활법을 활용해 수요 예측하는 공식은
> 판매예측치+평활상수(실제치-예측치)이다. 공식에 적용하면
> 1,000,000+0.6×(1,100,000-1,000,000)=1,060,000 이다.

35 다음 중 의사결정의 중요성에 해당하지 않는 것은?

① 환경에 대한 적응성

② 선택 번복성

③ 집단성

④ 합리성

⑤ 미래 지향성

> ✒NOTE│ 의사결정의 중요성으로는 집단성, 환경적응성, 미래지향성, 선택의 제한성, 합리성 등이 있다.

36 다음은 독립수요품목에 대한 설명이다. 이 중 가장 바르지 않은 것은?

① 독립수요품목의 재고 품목은 제품, 서비스품, 수리용품 등이다.

② 수요의 발생원천은 소비자들의 주문, 예측 등이다.

③ 재고관리기법으로는 통계적 재주문점 방식이나 유통소요량 계획 등을 활용한다.

④ 수요시점의 계산이 불가능하다.

⑤ 독립수요품목의 용도는 주로 생산이다.

> ✒NOTE│ 독립수요품목의 용도는 주로 유통이다.

37 다음 중 종속수요품목에 대한 설명으로 옳지 않은 것은?

① 수요발생의 원천으로는 기준생산계획이다.

② 종속수요품목에서 재고품목은 원자재, 재공품 등이 속한다.

③ 재고관리기법으로는 유통소요량 계획, 통계적 재주문점 방식 등이 활용된다.

④ 품목의 용도는 생산이다.

⑤ 수요의 성격으로는 소요시점의 계산이 가능하다.

> **NOTE** 종속수요품목에서 재고관리기법으로는 MRP, JIT 등이 활용된다.

38 다음 중 경제적주문량(EOQ)의 기본가정에 해당하지 않는 것은?

① 품절 및 과잉재고는 허용된다.

② 제품의 수요가 일정하고 균일하다.

③ 조달이 일시에 이루어진다.

④ 주문비와 재고유지비가 일정하다.

⑤ 재고유지비는 평균재고에 기초를 두게 된다.

> **NOTE** 품절 및 과잉재고는 허용되지 않는다.
> ※ 경제적주문량(EOQ)의 기본가정
> ㉠ 제품의 수요가 일정하고 균일하다.
> ㉡ 조달기간이 일정하며, 조달이 일시에 이루어진다.
> ㉢ 품절이나 과잉재고가 허용되지 않는다.
> ㉣ 주문비와 재고유지비가 일정하며, 재고유지비는 평균재고에 기초를 둔다.

39 다음의 그림은 생산시스템을 도식화한 것이다. 다음 중 이와 연관성이 가장 먼 내용을 고르면?

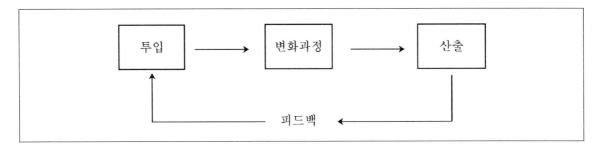

① 위 그림은 하나의 전체를 이루도록 각각이 서로 간 유기적으로 관련된 형태를 나타낸다.
② 생산시스템의 경계 외부에는 환경이 존재하지 않는다는 문제점이 있다.
③ 각 개체들은 각기 투입, 과정, 산출 등의 기능을 담당하게 된다.
④ 위 그림의 경우에는 단순한 개체들의 집합이 아닌 의미가 있는 하나의 전체이다.
⑤ 위 도표 시스템은 일정한 개체들의 집합이다.

📝NOTE 위 그림은 시스템에 대한 것이다. 이러한 생산시스템의 경계 외부에는 환경이 존재하게 된다.

40 다음 괄호 안에 들어갈 말을 순서대로 바르게 나열한 것은?

(㉠)은/는 중단이 없이 지속적으로 가동 생산되는 방식이고, (㉡)은/는 일정 크기의 로트를 설정해서 작업 실행 및 작업 중단을 반복하는 생산 방식이며, (㉢)은/는 주문된 제품의 수량 및 납기 등에 맞추어 생산하는 방식이다.

① ㉠ 반복생산시스템, ㉡ 단속생산시스템, ㉢ 반복생산시스템
② ㉠ 연속생산시스템, ㉡ 반복생산시스템, ㉢ 단속생산시스템
③ ㉠ 단속생산시스템, ㉡ 연속생산시스템, ㉢ 반복생산시스템
④ ㉠ 반복생산시스템, ㉡ 연속생산시스템, ㉢ 단속생산시스템
⑤ ㉠ 연속생산시스템, ㉡ 단속생산시스템, ㉢ 반복생산시스템

📝NOTE 연속생산시스템은 중단이 없이 지속적으로 가동 생산되는 방식이고, 반복생산시스템은 일정 크기의 로트를 설정해서 작업 실행 및 작업 중단을 반복하는 생산 방식이며, 단속생산시스템은 주문된 제품의 수량 및 납기 등에 맞추어 생산하는 방식이다.

answer 39.② 40.②

41 생산시스템 중 필요한 시기에 필요한 양만큼의 단위를 생산해내는 것은 어느 시스템인가?

① 주문생산시스템

② 셀 제조시스템

③ 유연생산시스템

④ 적시생산시스템

⑤ 동시생산시스템

📝NOTE JIT(Just In Time) 시스템, 적시생산시스템은 필요한 시기에 피룡한 양만큼의 단위를 생산해내는 시스템이다.

42 다음 중 제조전략에서 기대할 수 있는 효과로 보기 어려운 것은?

① 제품품질의 향상

② 판촉의 향상

③ 원가의 절감

④ 생산성의 향상

⑤ 소비자 욕구에 대한 발 빠른 대응

📝NOTE 제조전략에서 기대 가능한 효과로는 생산성 향상, 품질향상, 원가절감, 소비자 욕구에 대해 신속하면서도 신축적인 대응 등의 결과를 기대 등이 있다.

43 다음 중 제조전략에서 중요하게 여기는 구성변수로 보기 어려운 것은?

① 신속성   ② 품질

③ 쇠퇴기간   ④ 원가

⑤ 신축성

📝NOTE 제조전략에서는 원가, 품질, 신속성, 신축성 등의 4가지 변수를 중요하게 여긴다.

44 가빈의 품질 8가지 개념의 설명으로 잘못된 것은?

① 성능 : 제품의 기본적인 특성

② 특징 : 제품이나 서비스의 기본 기능을 보완

③ 적합성 : 제품의 설계나 운영 특성이 설정된 표준에 부합하는 정도

④ 신뢰성 : 소비자가 주관적으로 받아들이는 제품에 대한 만족도

⑤ 인지품질 : 기업 혹은 브랜드의 명성

> NOTE 가빈(Garvin)은 품질을 성능, 특징, 적합성, 신뢰성, 내구성, 서비스 편의성, 심미성, 인지품질의 8가지로 제시하였다.
> – 성능 : 제품이 가지고 있는 운영적인 특징
> – 특징 : 특정의 제품이 가지고 있는 경쟁적 차별성
> – 신뢰성 : 잘못되거나 실패할 가능성의 정도
> – 적합성 : 고객들의 세분화된 요구를 충족시킬 수 있는 능력
> – 지속성 : 제품이 고객에게 지속적으로 가치를 제공할 수 있는 기간
> – 서비스 편의성 : 기업이 고객을 통하여 가질 수 있는 경쟁력으로 속도, 친절, 경쟁력, 문제해결 능력
> – 심미성 : 제품의 스타일, 색상, 모양 등 외관에서 느껴지는 특성
> – 인지품질 : 기업 혹은 브랜드의 명성

45 다음 중 생산예측방법의 성격이 다른 하나를 고르면?

① 소비자 구매경향조사법
② 투입산출모형
③ 계량경제모형
④ PLC 분석법
⑤ 지수평활법

> NOTE ①②③④는 인과적 방법에 속하며, ⑤는 시계열분석 방법에 해당한다.

46 다음 중 비정형적 의사결정에 해당하지 않는 것은?

① 경험법칙
② 컴퓨터 시뮬레이션
③ 경영자의 선발
④ 직관
⑤ 경영자의 훈련

> NOTE 비정형적 의사결정 … 선례나 업무처리 규칙 등이 없어서 프로그램화되어 있지 않기 때문에 처음부터 정책형성 과정을 밟아 대안을 선택하여야 하는 정책결정으로, 정형적 결정과 상반되는 정책결정의 유형이다. 정책결정을 함에 있어 그 결정자가 직면하는 문제가 과거에 없었던 전혀 새로운 것이거나 문제의 핵심이 명확하지 않거나, 문제가 매우 까다로워 그 해결에 불확실성이 수반할 우려가 있기 때문에 사전에 많은 조사연구와 토론 및 심사숙고를 필요로 하는 결정을 말한다. 이러한 결정은 조직 계층의 상부로 올라갈수록 많이 볼 수 있다.

◉ answer 44.④ 45.⑤ 46.②

47 다음 중 델파이법(Delphi Method)에 대한 설명으로 바르지 않은 것은?

① 가능성 있는 미래기술개발 방향과 시기 등에 대한 정보를 취득하기 위한 방식이다.

② 생산예측의 방법 중에서 인과적 방법에 해당한다.

③ 주로 집단의 의견들을 조정 및 통합하거나 개선하기 위해 활용한다.

④ 회합 시에 발생하기 쉬운 심리적 편기의 배제가 가능하다.

⑤ 회답자들에 따른 가중치를 부여하기 어렵다는 단점이 있다.

NOTE 델파이법은 생산예측의 방법 중 정성적 방법에 해당한다.

48 다음 중 총괄생산계획에서의 결정변수들로만 바르게 묶은 것은?

㉠ 원가의 조정	㉡ 유통채널의 조정
㉢ 고정비의 조정	㉣ 노동인력의 조정
㉤ 생산율의 조정	㉥ 재고의 수준

① ㉠, ㉡, ㉢

② ㉠, ㉢, ㉣

③ ㉡, ㉣, ㉤

④ ㉢, ㉤, ㉥

⑤ ㉣, ㉤, ㉥

NOTE 총괄생산계획의 결정변수
  ㉠ 생산율의 조정
  ㉡ 하도급
  ㉢ 노동인력의 조정
  ㉣ 재고수준

49 다음 중 생산시스템의 경쟁우선순위의 경쟁력에 해당하지 않는 것을 모두 고르면?

㉠ 저원가 생산	㉤ 다양성
㉡ 일관된 품질	㉥ 적시인도
㉢ 타 제품과의 차별성	㉦ 고객화
㉣ 저난이도 생산	㉧ 확실성

① ㉡, ㉢, ㉦

② ㉣, ㉥, ㉧

③ ㉠, ㉣, ㉤

④ ㉢, ㉣, ㉧

⑤ ㉡, ㉣, ㉦

📙NOTE 생산시스템의 경쟁우선순위
㉠ 원가 : 저원가 생산
㉡ 품질 : 고품질, 일관된 품질
㉢ 시간 : 빠른 인도시간, 적시인도, 개발속도
㉣ 유연성 : 고객화, 다양성, 수량유연성

50 다음 총괄생산계획에서의 비용 요소 중 재고유지비에 해당하지 않는 것은?

① 보험금

② 창고운영비

③ 판매수익의 손실

④ 세금

⑤ 감가상각비

📙NOTE 재고유지비에 해당하는 요소
㉠ 창고운영비
㉡ 세금
㉢ 보험금
㉣ 감가상각비

answer 49.④ 50.③

51 다음 재고의 기능 중 경제적 발주량의 실행으로 인해 대량취급의 이점을 얻을 수 있는 것을 지칭하는 것은?

① 생산의 안정화

② 재고의 보유로 인한 판매의 촉진

③ 부문 간의 완충

④ 취급수량에 있어서의 경제성

⑤ 소비자들에 대한 서비스

> NOTE | 재고의 기능 중 경제적 발주량의 실행으로 인해 대량취급의 이점을 얻을 수 있는 것은 취급수량에 있어서의 경제성이라 한다.
> ※ 재고의 기능
> ㉠ 소비자에 대한 서비스
> ㉡ 생산의 안정화
> ㉢ 부문 간 완충
> ㉣ 취급수량에 있어서의 경제성
> ㉤ 투자 및 투기의 목적으로서의 보유
> ㉥ 재고보유를 통한 판매의 촉진

52 다음 중 정기발주시스템에 대한 설명으로 옳지 않은 것은?

① 발주의 간격을 정해 이를 정기적으로 발주하는 방식이다.

② 계속적인 실사를 해야 한다.

③ 주로 단가가 높은 제품에 활용되는 방식이다.

④ 운용자금이 절약되는 이점이 있다.

⑤ 사무 처리에 있어서의 수요가 증가된다.

> NOTE | 정기발주시스템

발주방식	정량발주시스템	정기발주시스템
개요	재고가 발주점에 이르면 정량을 발주	정기적으로 부정량을 발주
발주시기	부정기	정기
발주량	정량(경제적 발주량)	부정량(최대 재고량 - 현재고)
재고조사방식	계속실사	정기실사
안전재고	조달기간 중 수요변화 대비량	조달기간 및 발주주기 중 수요변화 대비

53 다음 중 정량발주시스템에 대한 내용으로 바르지 않은 것은?

① 재고가 일정 수준의 주문점에 다다르게 되면 정해진 주문량을 주문하는 시스템을 말한다.

② 재고량의 증가가 우려되는 방식이다.

③ 발주 시기는 정기적이다.

④ 발주비용은 저렴한 편이다.

⑤ 간편한 계산으로 인해 사무관리가 용이하다는 특성이 있다.

> 📙NOTE 정량발주시스템에서의 발주 시기는 비정기적이다.

54 다음 중 MRP(Material Requirement Planning ; 자재소요계획)에 대한 내용으로 바르지 않은 것을 고르면?

발주방식	정량발주시스템	정기발주시스템
개요	재고가 발주점에 이르면 정량을 발주	정기적으로 부정량을 발주
발주시기	부정기	정기
발주량	정량(경제적 발주량)	부정량(최대 재고량 − 현재고)
재고조사방식	계속실사	정기실사
안전재고	조달기간 중 수요변화 대비량	조달기간 및 발주주기 중 수요변화 대비

① MRP는 자재소요계획은 자재소요의 양적, 시간적인 변화에 맞춰 기 주문을 재계획함으로써 정확한 자재의 수요를 계산해 나가는 방식이다.

② MRP는 전산화된 정보시스템으로 많은 자료의 처리 등이 요구되는 방식이다.

③ MPR는 발주 및 일정계획을 다루기 위해 설계된 것이다.

④ MRP는 독립수요품목의 재고관리시스템이다.

⑤ MRP는 의사결정에 있어 자동화에 기여하는 특징이 있다.

> 📙NOTE MRP는 종속수요품목의 재고관리시스템이다.

55 다음 재고기록서의 구성 중 재고 상황부문에 속하지 않는 것은?

① 계획입고

② 순소요량

③ 계획발주

④ 보유재고

⑤ 안전재고

📖NOTE 안전재고는 주 품목자료부문에 해당한다.

※ 재고기록서의 구성

ⓐ 재고 상황부문 : 순소요량, 총소요량, 보유재고, 계획입고, 계획발주 등

ⓑ 주 품목자료부문 : 품목특성, 품목종별, 계획요소, 안전재고 등

ⓒ 보충자료 부문 : 세부발주사항, 현 진행기록사항, 계산요소 등

56 다음 기사를 참조하여 밑줄 친 부분과 연관성이 가장 먼 것을 고르면?

요즘 '환자의 치료에서 주요 의사 결정권자는 누구입니까?'란 질문을 해보면 특정과 전문의가 '제가 주요 의사결정권자입니다' 라고 응답하는 경우보다 'MDT에서 환자 케이스를 논의 한 후 함께 결정합니다'라고 응답하는 비율이 높아지고 있다. 제약회사의 입장에서는 특정 전문의가 환자의 치료에서 주요 의사결정권자라면 마케팅이나 영업활동을 하기 수월하기 때문에 아쉬워할지도 모르겠다. 하지만 환자의 입장에서는 각 분야의 전문의들이 자신의 케이스를 함께 논의하고 결정된 치료방법을 환자에게 설명해 준다면 훨씬 믿음이 갈 것이다. 하지만, 우리는 한 치 앞을 내다볼 수 없는 일종의 <u>비구조화된 환경에서의 의사결정</u>으로 인해 많은 노력을 필요로 하고 있다.

① 위의 내용처럼 알 수 없는 환경 하에서의 의사결정은 주로 업무적이면서 관리적인 의사결정의 수준에 해당한다고 볼 수 있다.

② 위의 경우에는 특수하면서도 비일상적인 상황에서 처리해야 하는 의사결정이라 할 수 있다.

③ 비구조화된 환경에서의 의사결정은 주로 해당 조직의 고위층에서 이루어지는 것이 일반적이다.

④ 해결안은 문제가 정의된 다음에 창의적으로 결정하게 된다.

⑤ 위 내용으로 미루어 보아 구조화가 되어 있지 않으며, 결정사항이 비일상적이면서 복잡한 조직에 적용된다고 볼 수 있다.

📖NOTE 비구조화된 상황에서의 의사결정은 정해진 답이 없는 환경에서의 의사결정이므로 일상적이 아닌 특수한 상황과 관련되므로 전략적인 의사결정이 이루어져야 한다.

🅞answer 55.⑤ 56.①

57 총괄생산계획을 할 때 고려해야 할 요소가 아닌 것은?

① 고용수준

② 재고수준

③ 잔업수준

④ 하청수준

⑤ 비용수준

> 📋**NOTE** 총괄생산계획을 할 때 고려해야 할 요소에는 고용수준, 재고수준, 잔업수준, 하청수준, 생산율 등이 있다.

58 유연생산시스템에 관한 설명 중 바르지 않은 것은?

① 표준부품의 대량생산에서 발생되는 이점을 다품종 소량생산에서 가능하게 하였다.

② 높은 효율성과 생산성으로 다양한 제품을 제조하는 자동화 시스템이다.

③ 규모의 경제에 적합한 시스템이다.

④ 초기 설비에 많은 비용과 시간이 소요된다.

⑤ 시장수요나 기술변동에 유연하게 대응할 수 있다.

> 📋**NOTE** 유연생산시스템은 범위의 경제에 적합한 시스템이다.
> ※ 범위의 경제 … 한 기업에서 두 개 이상의 제품을 생산할 경우, 각 제품을 서로 다른 기업이 따로 생산할 때보다 평균 비용이 적게 발생하는 현상을 말한다.

ⓞ answer 57.⑤ 58.③

59 다음 중 소비자 구매의사결정과정을 순서대로 바르게 나열한 것은?

① 문제의 인식 → 대안의 평가 → 정보의 탐색 → 구매 → 구매 후 행동

② 문제의 인식 → 정보의 탐색 → 구매 → 대안의 평가 → 구매 후 행동

③ 문제의 인식 → 대안의 평가 → 구매 → 정보의 탐색 → 구매 후 행동

④ 문제의 인식 → 구매 → 정보의 탐색 → 대안의 평가 → 구매 후 행동

⑤ 문제의 인식 → 정보의 탐색 → 대안의 평가 → 구매 → 구매 후 행동

> **NOTE** 소비자 구매의사결정과정 … 문제의 인식 → 정보의 탐색 → 대안의 평가 → 구매 → 구매 후 행동

PART

IV

마케팅관리

마케팅관리의 개념

01 마케팅의 의의 및 특성

(1) 마케팅의 정의

① **미국 마케팅 학회의 정의** : 마케팅은 개인과 조직의 목표 달성을 위해 아이디어, 제품, 서비스에 관하여 제품화, 가격, 촉진, 유통을 계획하고 집행하는 과정이다.

② **코틀러(P. Kotler)의 정의** : 마케팅은 개인과 집단이 제품과 가치를 창출하고 교환함으로써 필요와 욕구를 충족시키는 사회적·관리적 과정이다. 마케팅 정의에서 핵심적인 것은 교환(Exchange)과 교환 관계(Exchange Relationship)라고 할 수 있다. 마케팅은 개인 소비자와 집단을 대상으로 한다. 개인 소비자를 대상으로 하는 마케팅은 소비자 마케팅(Consumer Marketing)이라고 하고 집단이나 조직을 대상으로 하는 마케팅은 산업재 마케팅(Industrial Marketing)이라고 한다. 여기서 소비자 마케팅이란 소비자의 구매를 유도하는 모든 활동뿐만 아니라 재화나 서비스의 획득, 소비, 처분에 관련된 기업의 포괄적인 활동으로 이해하는 것이 바람직하다.

③ **마케팅의 특징**

　㉠ 모든 기업 조직의 활동들(생산, 재무, 판매 등)을 고객의 욕구에 부응하도록 통합한다.

　㉡ 고객의 욕구를 충족시킴으로써 모든 목표, 즉 금전적, 사회적, 개인적인 목표를 달성할 수 있다는 점을 강조한다.

　㉢ 고객의 욕구에 부응하는데 있어 나타나는 사회적 결과에 관심을 가진다.

　㉣ 제품, 서비스, 아이디어를 창출하고, 이들의 가격을 결정하며, 이들에 관한 정보를 제공하고, 이들을 배포하여 개인 및 조직체의 목표를 만족시키는 교환을 성립하게 하는 일련의 인간 활동이다.

　㉤ 마케팅은 단순히 영리를 목적으로 하는 기업뿐만 아니라 비영리조직까지 적용되고 있다.

　㉥ 마케팅은 단순한 판매나 영업의 범위를 벗어나 고객을 위한 인간 활동이며, 눈에 보이는 유형의 상품뿐만 아니라 무형의 서비스까지도 마케팅 대상이 되고 있다.

　㉦ 마케팅은 계획·실시·통제라는 경영관리의 성격을 지닌다.

(2) 마케팅의 본질

① **개인 및 조직의 목표를 만족시키는 것** : 마케팅 활동은 단지 영리를 추구하는 기업 조직만이 실행하는 것은 아니다.

② 교환을 성립하게 하는 것 : 기업 조직은 소비자들에게 제품 및 서비스, 정보 등을 제공하며, 소비자들은 그에 대한 대가로 노력, 시간, 돈 등을 기업 조직에 제공함으로써 서로 간의 교환이 이루어진다.

③ 일련의 인간 활동이라는 것 : 마케팅 요소 4P를 혼합하는 활동을 말한다.

   ㉠ Product(제품) : 제품 및 서비스, 아이디어 창출

   ㉡ Price(가격) : 제품의 가격 결정

   ㉢ Place(유통) : 제품 전달의 과정, 판매 장소

   ㉣ Promotion(촉진) : 제품에 대한 정보 제공

> **☑ 참고**
>
> ※ 마케팅 믹스 4P → 4C로의 전환
> - '기업중심의 4P → 소비자 중심의 4C'로의 전환
> - 피터 드러커(Peter F. Drucker)의 4C : Customer value(소비자가 얻는 가치), Cost(소비자의 지불 비용), Convenience(구매의 편리성), Communication(고객과의 소통)
> - '소극적, 수동적 소비자 → 적극적, 사회적 소비자'로의 변화
> - 필립 코틀러(Philip Kotler)가 마켓4.0에서 제시한 4C : Co-Creation(공동창조), Currency(통화), Communal Activation(공유경제), Conversation(고객과의 대화)

02 마케팅 관리 – 수요 상황에 따른 마케팅 관리

디마케팅 (demarketing)	자사의 상품에 대한 구매를 의도적으로 줄이는 마케팅활동을 말한다. 원래 마케팅은 판매량 증대를 위해 고객을 모으는 활동인데 반해, 디마케팅은 반대로 고객을 감소시키려고 하는 활동이다. 실제 수요의 크기가 마케터가 공급할 수 있거나 공급하려는 바람직한 수요의 크기를 초과하는 상황이나 수익성이 낮은 일부 고객들을 밀어내고, 수익성이 높은 고객들에게 집중하기 위해서 사용된다.
메가 마케팅 (Mega-marketing)	마케팅관리자의 노력에도 불구하고 통제 불가능한 것으로 받아들여지는 환경요인에 대해 정치나 여론 형성 등을 사용하여 어느 정도 영향을 미칠 수 있다는 개념이다. 보통 경제 선진국이나 후진국 등의 특정 시장에 침투할 때 사용하는 전략이다.
개발적 마케팅	잠재적 수요상태에서 잠재고객들이 공통적으로 원하는 바를 충족시키기 위한 수단을 개발하는 마케팅 활동을 말한다. 아직 존재하지 않는 제품이나 서비스에 대해 소비자들이 강한 욕구를 가지고 있는 상황에서는 개발적 마케팅 활동이 요구된다.
동시화 마케팅 (Synchro marketing)	개발적 상품의 수요가 시간이나 계절 등의 영향으로 불규칙하지만 이를 특별 할인 등을 통해서 수요의 차이를 극복하는 마케팅 활동이다. 심야 시간의 전기료 할인, 겨울철의 에어컨 특가 세일, 극장의 조조할인 등이 이에 해당된다.
전환적 마케팅	부정적 수요 상태에서 실제 수요를 (–)로부터 (+)로 전환시켜 이상적인 수요와의 격차를 줄이기 위한 마케팅 활동이다. 이는 대부분의 잠재고객들이 제품을 싫어하며 오히려 그 제품을 회피하려는 상황에 적합한 마케팅 활동이다.

자극적 마케팅	무수요 상태에서 제품이 제공해주는 효익과 잠재 고객들의 기본적인 욕구 사이의 연관성을 인식시켜 관심을 자극하는 마케팅 활동이다. 잠재고객들이 무관심하여 제품에 대해 어떠한 부정적 또는 긍정적 느낌도 갖고 있지 않는 상황에서 적합한 마케팅 활동이다.
유지화 마케팅	완전 수요 상태에서 마케팅 활동의 효율성과 마케팅 환경 요인들의 변화추세에 대하여 끊임없이 점검하고 대처함으로써 완전 수요의 상태를 유지하는 마케팅 활동이다.
재마케팅	감퇴되거나 침체되어 있는 수요에 대해 소비자의 욕구나 관심을 불러일으키는 마케팅 활동이다. 기존 제품에 대한 수요가 종전보다 줄어드는 상황에서 이를 타개하는 방법으로는 이미지 개선을 위해 포장을 교체하거나 업그레이드된 용도를 제안해 수요를 활성화시켜야 한다. 색다른 광고나 홍보를 통해 이제까지와 다른 시장을 창출해 수요를 늘리는 것도 또 하나의 대안이다.
카운터 마케팅 (Counter Marketing)	담배, 술, 마약과 같이 상품이나 서비스의 품질이 사용하기 바람직하지 않기 때문에 수요를 발생시켜서는 안되는 유형으로 불건전한 수요를 억제 혹은 소멸시키는 마케팅 활동이다. 수요 크기의 문제가 아니라 수요 자체가 장기적인 소비자 및 사회복지의 관점에서 불건전하거나 마케터에게 오히려 불리한 수요 상태에 적합한 마케팅 활동이다.

03 관계마케팅과 고객관계관리

① 관계마케팅 : 개별고객과의 관계를 유지하고 강화시키는 것이며 장기간 동안의 상호작용, 개별화와 부가가치 부여 등을 통해 상호간의 이익을 위한 네트워크를 지속적으로 강화시키는 것을 의미한다. 단기적 거래가 아닌 관계적 거래라는 것에 초점을 둔다. 결국 장기적 거래를 가능케하는 관계적 거래를 만들어 냄으로써 거래비용을 최소화하고 전체 비용의 효율성을 높이는데 큰 기여를 할 수 있는 것이다.

② 고객관계관리(CRM) : 모든 정보 원천에서 얻어지는 정보를 통합하고, 심도있게 분석하며, 결과를 강력한 고객관계 개발에 적용시키는 정교한 소프트웨어와 분석 도구로 구성된다. 회사의 판매팀, 서비스팀, 마케팅팀이 개별 고객에 관해 아는 모든 것을 통합하여 고객관계에서 완벽한 검토를 제공하고자 한다. 고객을 더 잘 이해하기 위해 CRM을 이용함으로써 기업은 고객 서비스의 수준을 높일 수 있고, 더 긴밀한 고객관계를 개발할 수 있다.

※ 기타 마케팅 유형

터보 마케팅	마케팅 활동에서 시간을 가장 중요한 변수로 간주하여 시간적 우위에서 경쟁력을 확보하려는 마케팅 활동이다.
감성 마케팅	특정 제품이나 서비스에 대한 고객의 심리상태를 중요하게 여겨 소비자의 그 당시 기분과 욕구에 적합한 상품 개발을 목표로 하는 마케팅 활동으로 소비자의 감성에 호소하므로 수시로 제품이 바뀌게 되는 점이 특징이다.
애프터 마케팅	고객이 제품을 구매한 후 느낄 수 있는 인지부조화, 불안함 등을 방지해 주기 위하여 고객에게 제품에 대한 확신을 심어 주는 마케팅 활동을 의미한다.

공생 마케팅	두 개 이상의 기업이 시설의 공동 이용, 공동적인 마케팅 활동 등 마케팅 관리를 공동으로 수행하여 효율성을 확보하려고 하는 마케팅 활동을 의미한다.
인터넷 마케팅 (Internet Marketing)	제품이나 서비스를 인터넷을 통해 제공하는 마케팅 활동이다. 1대1 마케팅이 가능하고 비용 절감의 효과가 있으며, 소비자의 니즈에 실시간으로 대응할 수 있다는 장점이 있다.
니치 마케팅 (Niche Marketing)	시장의 'niche(틈새)'를 노리는 마케팅 활동으로, 특정 니즈를 가진 소규모의 소비자를 대상으로 판매목표를 설정하고 공략하는 마케팅 방식이다.
바이럴 마케팅 (Viral Marketing)	소셜 네트워크 서비스를 통해 소비자들에게 정보를 제공하여 기업의 인지도와 제품에 대한 구매욕구를 상승시키는 마케팅 방식을 의미한다.

04 마케팅의 기본 요소

① 필요(Needs) : 가장 기본적 만족의 결핍을 인지하고 있는 상태를 말한다.

② 욕구(Wants) : 필요를 충족시키기 위한 형태를 말한다. 즉, 교육·문화 또는 개인이 성장하는 단계에서 형상화된 필요의 표현을 말한다.

③ 교환(Exchange) : 기업의 가치 있는 제품이나 서비스에 대해서 대가를 지불하고 이를 획득하는 것을 말한다.

④ 시장(Market) : 교환과 거래가 이루어지는 장소를 말한다.

⑤ 제품(Product) : 소비자의 욕구를 충족시키기 위하여 시장에 제공하는 것을 말한다.

> **蚕 참고 마케팅 발전과정**
> ① **생산개념** … 생산지향성시대는 무엇보다도 저렴한 제품을 선호한다는 가정에서 출발한다. 즉, 소비자는 제품이용가능성과 저가격에만 관심이 있다고 할 수 있다. 그러므로 기업의 입장에서는 대량생산과 유통을 통해 제품원가를 낮추는 것이 목적이 된다.
> ② **제품개념** … 제품지향적인 기업은 다른 어떤 것보다도 보다 나은 양질의 제품을 생산하고 이를 개선하는 데 노력을 기울인다.
> ③ **판매개념** … 기업이 소비자로 하여금 경쟁회사 제품보다는 자사제품을, 그리고 더 많은 양을 구매하도록 설득하여야 하며, 이를 위하여 이용가능한 모든 효과적인 판매활동과 촉진도구를 활용하여야 한다고 보는 개념이다.
> ④ **마케팅개념** … 고객중심적인 마케팅 관리이념으로써, 고객욕구를 파악하고 이에 부합하는 제품을 생산하여 고객욕구를 충족시키는데 초점을 둔다.
> ⑤ **사회 지향적 마케팅** … 고객만족, 기업의 이익과 함께 사회 전체의 복지를 요구하는 개념이다.

05 마케팅 조사(Marketing Research)

마케팅 관리자는 내부정보시스템, 고객정보시스템, 마케팅 인텔리전스 시스템 등에 제공되는 2차 자료와 마케팅 의사결정 시스템에서 분석된 결과를 토대로 의사결정을 내리게 된다. 이러한 정보만으로 문제해결에 충분하지 않은 경우 마케팅 조사자는 당면한 문제의 해결에 직접적으로 관련된 1차 자료를 수집하여 의사결정을 내려야 하는데 이런 경우에 사용되는 것이 마케팅 조사이다.

① 마케팅 조사 절차

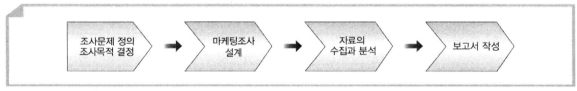

조사문제 정의 조사목적 결정	• 마케팅 조사의 첫 번째 단계는 조사문제를 정의하는 것으로 마케팅 관리자가 조사문제를 명확히 결정해 주어야 마케팅 조사자가 마케팅 조사의 방향을 명확히 설정할 수 있다. • 마케팅 조사문제를 잘못 정의하거나 너무 광범위하게 정의하면 마케팅조사를 올바로 수행하지 못하게 된다. • 마케팅 조사는 조사의 목적에 따라 탐색조사, 기술조사, 인과관계조사로 구분할 수 있다.
마케팅조사 설계	• 마케팅 조사자는 조사문제 해결을 위한 자료를 수집하고 분석하기 위한 조사계획을 수립하여야 한다. • 마케팅조사 설계에서는 우선 수집하여야 할 자료의 유형과 자료를 수집하기 위한 방법을 결정하고 응답자와 접촉하는 방법, 표본추출 계획을 수립한다.
자료의 수집과 분석	• 조사 계획이 수립되고 나면 조사원을 선발하여 교육시키고, 설문지를 이용하여 자료를 수집하고, 자료를 처리하여 이용 가능한 정보로 만드는 과정을 의미한다. • 수집된 자료를 분석하여 의사결정에 유용한 정보로 전환하는 자료분석 및 해석단계이다.
보고서 작성	• 조사자는 조사 의뢰자에게 분석한 결과를 구두 및 서면으로 보고하여야 한다. • 분석된 정보를 의사결정자에게 유용하도록 간결하면서도 꼭 필요한 내용만을 담은 보고서로 만드는 단계이다.

② 마케팅 조사의 종류

구분	탐색조사	기술조사	인과조사
목적	• 아이디어와 통찰발견 • 기업의 문제점과 기회파악 • 조사문제가 명확하지 않을 때 조사 문제를 찾거나 분석대상에 대한 가설을 도출하기 위하여 사용	• 시장의 특성이나 기능을 설명 • 의사결정과 관련된 상황파악과 특정 시간의 발행 빈도조사	• 관계에 대한 원인과 결과를 결정
특징	• 보통 전체조사의 시작 • 유연함, 융통성	• 사전에 구체적 가설의 명시 • 사전계획되고 구축된 설계	• 하나 혹은 그 이상의 독립변수들의 처리 • 다른 조정변수들의 통제

방법	• 문헌조사, 사례조사 • 전문가면접 • 표적집단면접	• 횡단조사 • 종단(시계열)조사 • 패널조사	• 원시실험설계 • 순수실험설계 • 유사실험설계

③ 마케팅 조사 자료의 유형

1차 자료	조사자가 당면한 문제를 해결하기 위해서 직접 수집한 자료로 조사자가 처음으로 만든 자료이다. 1차 자료를 얻는 데는 많은 비용이 들고 시간이 소비된다. 하지만, 자료에 대한 신뢰성은 높다. 1차 자료를 얻기 위한 방법으로는 우편, 전화, 대인면접, 온라인 등이 있다. **예** 관찰법, 표적집단면접, 심층면접법, 서베이조사, 실험조사
2차 자료	2차 자료는 조사를 위한 좋은 출발점이 되고, 조사문제와 조사목적을 정의하는데 도움을 준다. 2차 자료는 당면한 문제보다는 다른 목적을 위하여 이미 수집된 자료들이다. 이들 자료가 있는 위치는 신속하게 파악될 수 있으며 비용도 저렴하다. 1차 자료와 비교하여 2차 자료는 빠르고, 쉽고, 비교적 적은 비용으로 짧은 기간에 수집할 수 있다. 하지만, 1차 자료에 비해 자료의 신뢰성이 떨어진다. **예** 사내자료, 정부기관의 간행물, 다양한 연구기관들의 보고서, 전문조사기관에 의한 상업서비스자료 등이 이에 포함된다.

④ 1차 자료 수집계획에서 고려해야 할 사항

㉠ 조사방법 : 관찰법, 표적집단면접법, 심층면접법, 서베이조사, 실험조사

관찰법	조사대상을 관찰하여 자료를 수집하는 것으로, 조사자가 직접 관찰하거나 기계를 이용하여 수집할 수 있다. 정확성과 객관성이 높은 조사방법이지만, 설문지 등에 비해 많은 비용이 든다는 문제점이 있다. 또한 조사자에게 발생 가능한 오류의 제거가 가능하며, 관찰 대상자가 자신이 관찰되고 있다는 사실을 알면 평상시와 다른 행동을 할 수도 있다.
표적집단면접법	소수의 응답자(일반적으로 6명~12명으로 구성)를 한 장소에 모이도록 한 다음 자유로운 분위기 속에서 사회자가 제시하는 주제와 관련된 대화를 통해 정보를 수집하는 방법이다.
심층면접법	조사자와 응답자 간의 1대1 대면접촉으로 질문과 응답이 이루어지는 방법이다. 질문항목이 미리 정해져 있지 않으며 응답자의 응답에 따라 질문이 변경될 수 있다. 일반적인 설문조사가 밝혀내기 어려운 소비자의 잠재적 욕구 및 동기를 파악하는데 적절한 조사방법이다.
서베이조사	설문지를 이용하여 표본으로 선정된 조사대상자들로부터 자료를 수집하는 방법이다. 기업은 소비자들에게 자사제품에 대한 신념, 태도, 선호도, 구매행동 등을 직접 물어봄으로써 마케팅 의사결정에 필요한 자료를 수집하는 것이다. 1차 자료 수집에 가장 널리 사용되는 방법이다.
실험조사	인과관계를 조사하는 데 적절한 방법으로 실험대상자들을 몇 개의 집단으로 나누고 집단별로 원인변수를 다르게 조작한 다음 각 집단들 간에 어떠한 반응의 차이가 나는지를 측정하는 것이다.

ⓛ 응답자 접촉 방법 : 우편조사, 전화면접, 대인면접

우편조사법	응답자들로 하여금 우편으로 발송된 설문지에 응답하도록 한 다음 이를 반송용 봉투를 이용하여 회수하는 방법이다. 자료수집에 소요되는 비용이 적으며 조사자와 응답자 간의 상호작용에 의해 발생될 수 있는 응답상의 오류를 줄일 수 있다. 그러므로 조사자는 설문지 발송 전에 전화를 통해 사전허락을 받거나 설문지와 함께 답례품을 제공함으로써 응답률과 응답의 질적 수준을 높이는 것이 매우 중요하다.
전화면접법	조사원이 전화를 통하여 응답자에게 질문하고 응답을 기록하는 방법이다. 특정 후보자에 대한 지지율을 조사하는데 전화면접법이 흔히 사용된다. 비교적 적은 비용과 짧은 시간으로 조사를 실시할 수 있으며, 표본대상을 쉽게 선정할 수 있다는 장점이 있다. 그러나 조사내용이 어렵거나 질문이 긴 경우에는 응답자들의 성의있는 답변을 얻을 수 없으며, 전화 외 도구는 사용이 불가하며, 등록되지 않거나 부재중이어서 통화가 불가능한 응답자들이 표본에서 제외되는 단점을 갖는다.
대인면접법	사전에 교육을 받은 조사원이 직접 응답자와의 대면접촉을 통해 자료를 수집하는 방법이다. 조사자는 응답자들의 대답을 기록한다. 쇼핑몰이나 거리에서 지나가는 소비자들을 대상으로 조사하는 것이 대표적인 예이다.

ⓒ 표본추출계획 : 표본추출단위, 표본추출방법

ⓔ 측정도구 : 설문지, 기계

⑤ 표본추출단계

모집단의 결정	표본추출을 하기 위해서는 정보를 획득하고자 하는 대상, 즉 모집단에 대한 정의가 무엇보다 선행되어야 한다.
표본프레임의 결정	자료수집방법과 관련 있는데, 여기에서 표본프레임이란 모든 표본추출 단위들의 리스트를 의미한다. 예를 들어, 자동차 회사에서 자사 차량 소유자들을 대상으로 서베이를 한다면 최근 4년 이내 신차를 등록한 승용차 소유자 명단이 표본프레임이 될 수 있다.
표본추출방법의 결정	표본추출방법에는 여러 가지가 있으나 크게 확률표본추출과 비확률표본추출로 구분할 수 있다. 일반적으로 확률표본추출을 하는 것이 모집단의 특징을 측정하는데 보다 바람직하나 비확률표본추출 역시 현실적 여건을 고려하여 많이 사용된다.
표본 크기 결정	문제의 중요성, 조사의 성격, 분석의 정교성 등을 고려하여야 한다.
표본추출의 실행	표본프레임이 구체적으로 설정된 경우 표본추출 계획수립자가 표본추출을 할 수 있지만, 상가나 백화점의 쇼핑객을 대상으로 하는 조사처럼 표본프레임 없이 조사가 실시되는 경우에는 면접원이 지침에 따라 표본을 추출하고 조사를 하게 된다.

⑥ 표본조사를 위한 표본추출

ⓞ 비확률 표본추출 : 표본 원소들을 선택하기 위해 확률보다 조사자의 개인적 판단에 의존한다. 조사자는 임의로 또는 의식적으로 어느 원소가 표본에 포함되어야 하는가를 결정할 수 있다. 그러나 이들은 표본 결과의 정확도에 대한 객관적인 평가를 허용하지 않는다. 표본에 어떤 특정 원소가 포함될 확률을 결정하는 방법이 없으므로 얻어진 추정치들은 통계적으로 모집단에 투사할 수 없다.

ⓛ 확률 표본추출 : 표본추출 단위들은 확률에 의해 선택된다. 모집단으로부터 뽑을 수 있는 주어진 크기의 모든 잠재적 표본을 미리 명시하는 것이 가능하고 각 표본이 선택될 확률을 미리 명시하는 것이 가능하다.

ⓒ 표본추출 방법

구분		장점	단점
비확률 표본 추출	편의 표본 추출	가장 저렴하고, 시간이 적게 들고 편리함	표본의 대표성이 떨어지고, 기술조사나 인과조사에 유용하지 못함
	판단 표본 추출	목적조사에 가장 적합한 것으로 판단되는 특정집단을 표본으로 선정하는 방법, 편리하고 시간이 적게 들어감	조사대상의 일반화가 불가능하고 주관적임
	할당 표본 추출	모집단의 특성(나이, 성별 등)을 기준으로 이에 비례하여 표본을 추출하는 방법	선택 편향 – 표본의 대표성을 보장할 수 없음
	눈덩이 표본 추출	희귀한 특성도 추정 가능함	시간이 많이 소비됨
확률 표본 추출	단순 무작위 표본 추출	이해하기 쉽고, 결과를 모집단에 투사 할 수 있음	표본프레임을 구축하기가 어려움
	체계적 표본 추출	단순 무작위 표본추출보다 실행하기가 쉽고, 표본추출의 틀을 필요로 하지 않음	대표성이 감소됨
	층화 표본 추출	중요한 하위 모집단을 모두 포함하고 정확성이 있음	적절한 층화변수를 선정하기가 어렵고, 다양한 변수에 대해 층화를 하는 것이 불가능하며, 비용이 많이 발생함
	군집 표본 추출	실행이 간편하고 비용이 효율적임	계산과 결과 해석이 어려움

⑦ 마케팅 조사자료의 측정 방법 : 마케팅 조사는 연구 대상의 특질을 파악한 후 특성을 반영할 수 있는 숫자의 형태로 정보를 획득하는데 숫자의 의미에 따라 명목척도, 서열척도, 등간척도, 비율척도로 구분할 수 있다.

명목척도	상징적으로 명칭을 붙이는 것으로 대상을 파악하고 분류하기 위해 라벨이나 꼬리표처럼 숫자를 부여하는 것이다. 설문에 응답한 사람들 중 남성에게 1번을, 여성에게 2번을 부여하는 것이 그 예이다. 즉 측정대상이 속한 범주나 종류를 구분하기 위해 부여한 척도이다.
서열척도	대상들이 어떤 특성을 가지고 있는가의 상대적인 크기를 나타내기 위해 대상들에게 숫자를 부여하는 것이다. 한 대상이 다른 대상보다 특성을 더 또는 덜 가지고 있는가를 결정하는데 이용된다. 즉 측정대상간 구분 뿐 아니라 순위관계를 나타내는 척도이다.
등간척도	척도의 수치상 거리는 측정되어질 특성에서 동일한 가치를 나타낸다. 서열척도의 모든 정보를 포함하고 대상들 간의 차이를 비교 가능하게 해 준다. 즉 측정대상간 구분과 순위뿐 아니라 숫자간 간격이 산술적 의미를 갖는 척도이다.
비율척도	명목, 순위, 등간척도의 모든 성질을 가지고 있고, 절대적 '0'이 존재하므로 각각의 값이 절대적 의미를 갖는다. 따라서 측정된 값은 사칙연산이 가능하다. 즉 측정대상간 구분과 순위, 산술적 의미 뿐만 아니라 숫자가 비율계산이 가능한 척도이다.

01 시장세분화(Segmentation)

(1) 시장세분화(market segmentation)의 개념

하나의 전체시장을 하나의 시장으로 보지 않고, 소비자 특성의 차이 또는 기업의 마케팅 정책을 말한다. 전체시장을 비슷한 기호와 특성을 가진 차별화된 마케팅 프로그램을 원하는 집단별로 나누는 것이다.

(2) 시장세분화의 요건

① **유지가능성(Sustainability)** : 세분시장이 충분한 규모이거나 해당 시장에서 이익을 낼 수 있는 정도의 크기가 되어야 하는 것을 의미한다.

② **측정가능성(Measurability)** : 마케팅 관리자가 각각의 세분시장 규모 및 구매력 등을 측정할 수 있어야 한다는 것을 말한다.

③ **실행가능성(Actionability)** : 각각의 세분시장에서 소비자들에게 매력 있고, 이들의 욕구에 충분히 부응할 수 있는 효율적인 마케팅 프로그램을 계획하고 실행할 수 있는 정도를 의미한다.

④ **접근가능성(Accessibility)** : 시기적절한 마케팅으로 해당 세분시장에 효과적으로 접근하여 소비자들에게 제품 및 서비스를 제공할 수 있는 적절한 수단이 있어야 한다는 것을 말한다.

⑤ **내부적인 동질성 및 외부적인 이질성** : 특정 마케팅 믹스에 대한 반응 또는 시장 세분화 근거에 있어 동일한 세분시장의 구성원은 동질성을 보여야 하고, 다른 세분시장의 구성원과는 이질성을 보여야 함을 의미한다.

(3) 시장세분화의 기준

모든 상황에서 효과적인 시장세분화의 기준이란 존재하지 않고 상황에 따라 유효한 시장세분화 기준은 변하게 된다. 가령 자동차 시장에서는 소득이 중요한 변수가 될 수 있지만 소주시장에서는 상표충성도, 구매횟수 등이 중요한 변수가 될 수 있다. 따라서 기업들은 다양한 변수를 기준으로 시장세분화를 실시하게 되는데 시장세분화를 대표할 수 있는 기준으로는 지리적 기준, 인구동태적 기준, 심리형태별 기준, 구매행동적 기준 등이 있다.

지리적 기준	지역, 인구밀도, 기후 등
인구동태적 기준	성별, 소득, 나이, 직업, 종교, 교육수준 등
심리형태별 기준	라이프스타일, 개성, 성격 등
구매행동적 기준	구매동기, 구매행동단계, 상표충성도, 소비자가 추구하는 편익 등

02 표적시장의 선정(Targeting)

(1) 차별적 마케팅 전략

전체 시장을 여러 개의 세분시장으로 나누고, 이들 모두를 목표시장으로 삼아 각기 다른 세분시장의 상이한 욕구에 부응할 수 있는 마케팅믹스를 개발하여 적용함으로서 기업 조직의 마케팅 목표를 달성하고자 하는 것을 말한다.

① 장점 : 전체 시장의 매출은 증가한다.

② 단점 : 각 세분시장에 차별화된 제품과 광고 판촉을 제공해야 하므로 비용 또한 늘어난다.

③ 특징 : 주로 자원이 풍부한 대기업이 활용한다.

(2) 무차별적 마케팅 전략

전체 시장을 하나의 동일한 시장으로 보고, 단일의 제품으로 제공하는 전략

① 장점 : 비용을 줄일 수 있다.

② 단점 : 경쟁사가 쉽게 틈새시장을 찾아 시장에 진입할 수 있다.

(3) 집중적 마케팅 전략

전체 세분시장 중에서 특정 세분시장을 목표시장으로 삼아 집중 공략하는 전략을 말한다.

① 장점 : 해당 시장의 소비자 욕구를 보다 정확히 이해하여 그에 걸맞는 제품과 서비스를 제공함으로서 전문화의 명성을 얻을 수 있다.

② 단점 : 대상으로 하는 세분시장의 규모가 축소되거나 경쟁자가 해당 시장에 뛰어들 경우 위험이 크다.

③ 특징 : 이 전략은 특히, 자원이 한정된 중소기업이 활용한다.

03 포지셔닝 전략(Positioning)

(1) 포지셔닝의 개념

① 개념 : 자사 제품의 경쟁우위를 찾아 선정된 목표시장의 소비자들의 마음속에 자사의 제품을 자리 잡게 하는 것을 말한다.

② 내용

　㉠ 포지셔닝은 목표로 한 소비자들에게 가격, 품질, 서비스, 편리성 등을 맞추는 전략이다.

　㉡ 기업조직이 선정한 포지셔닝 전략을 시장에 활용하기 위해서는 경쟁사 대비 경쟁적 강점 파악, 적정한 경쟁우위의 선정, 선정한 포지션의 전달 과정 등을 거쳐야 한다.

　㉢ 기업조직은 선정한 표적시장의 소비자들 마음속에 타사에 비해서 최대한의 경쟁적인 우위를 누릴 수 있도록 포지셔닝 전략을 기획하고 마케팅믹스를 개발해야 한다.

　㉣ 기업조직은 갖가지 방식으로 제품을 포지셔닝 할 수 있는데 제품의 속성, 제품의 편익, 사용 상황, 사용자 집단을 위한 제품으로 포지셔닝하는 방법 등이 있다.

　㉤ 소비자들에게 제품에 대한 우호적인 이미지를 창조하는 것이 중요하기 때문에 타깃으로 한 소비자들의 니즈와 그들이 좋아하는 이미지 등을 파악해야 한다.

(2) 포지셔닝 전략의 종류

① **제품속성에 의한 포지셔닝** : 자사의 제품 속성이 타사 제품에 비해 차별적인 속성을 지니고 있고 그에 따른 효익을 제공한다는 것을 소비자에게 인식시키는 전략이다. 이 방식은 가장 널리 사용되는 포지셔닝 전략방법이다.

　예 레간자의 경우, "소리 없이 강하다"라는 문구로 조용함이라는 속성을 강조

　예 스웨덴의 "volvo" 경우, 안정성을 강조하는 것으로 포지셔닝

　예 기아의 "모닝"의 경우, 세금 및 저렴한 유지비를 강조하는 것으로 포지셔닝

② **사용상황에 의한 포지셔닝** : 제품 또는 점포의 적절한 사용상황을 묘사, 제시함으로써 이를 소비자들에게 부각(인지)시키는 방법이다.

　예 오뚜기 3분 요리의 경우, 한밤 중에 손님들이 몰려와 갑작스런 상황에 요리를 어떻게 해야 할지 모를 때, 또는 시간이 없어서 급하게 요리를 해야 할 때 등의 상황 등을 강조

　예 게토레이 : 일반음료와는 다르게 소비자들이 운동 후에 마시는 음료라는 상황을 강조

③ 이미지 포지셔닝 : 이는 고급성 또는 독특함처럼 제품 및 점포가 지니는 추상적인 편익으로 소구하는 방법을 말하는 것으로, 제품이 지니고 있는 추상적인 편익을 소구하는 전략이다.

> 예 아시아나의 경우 특히나 서비스가 중요시되는 항공사의 특성을 살려 "아름다운 사람, 그녀의 이름은 아시아나" 라는 문구로 소비자들이 타 항공사와는 다른 아시아나 항공사만의 좋은 느낌을 지니도록 포지셔닝

> 예 맥심 커피의 경우, "커피의 명작, 맥심" 등의 광고 문구를 활용해서 소비자들에게 정서적, 사색적인 고급 이미지를 형성시키기 위해 오랜 시간 어필하여 포지셔닝

④ 제품사용자에 의한 포지셔닝 : 자사의 제품이 특정한 사용자들의 계층에 적합하다고 소비자에게 강조하여 인지시켜 포지셔닝 하는 전략

> 예 샴푸와 린스를 따로 쓰지 않는 겸용샴푸 [하나로], [랑데뷰] 같은 제품은 아침시간에 바쁜 직장인, 맞벌이 부부들을 등장시켜 시간을 절약할 수 있는 제품으로 포지셔닝

> 예 존슨 앤 존슨의 아기용 샴푸의 경우, 기존의 샴푸에 "아기용"을 넣음으로서 아기용 샴푸도 어른들이 함께 사용이 가능하도록 포지셔닝

⑤ 경쟁제품에 의한 포지셔닝 : 소비자들이 인지하고 있는 타사의 경쟁제품들과 비교함으로써 자사 제품의 편익을 타사와 묵시적 또는 명시적으로 비교하게끔 해서 인지시키는 방식이다.

> 예 7-Up의 경우, 자사의 세븐업이 콜라와 유사한 제품이 아니고, Un-Cola 라는 것을 강조

> 예 sky의 경우, "It's different"라는 광고 문안으로 타 업체들과는 무언가가 다르다는 것을 소비자에게 인지시켜 포지셔닝

03 제품전략

01 제품차원의 구성

① 핵심제품 : 제품의 핵심적인 측면을 나타내는 것으로서, 제품이 본질적으로 수행하는 기능, 다시 말해 소비자의 욕구충족이나 문제해결의 차원을 의미한다.

> 예 화장품의 본질적 차원 : 아름다워지려는 욕구충족 또는 아름다움에 대한 문제해결의 기능
> 예 자동차의 핵심제품은 목적지까지 운전자를 이동시켜 주는 역할이라고 할 수 있다.

② 유형제품 : 말 그대로 제품의 유형적 측면을 나타내는 것으로서, 소비자가 제품으로부터 추구하는 혜택을 구체적인 물리적인 속성들의 집합으로 유형화시킨 것을 의미한다.

> 예 포장화, 상표명, 특성, 품질, 스타일 등

③ 확장제품 : 이것은 전통적 제품의 개념이 고객서비스에까지 확대된 것으로 제품에 대한 사후보증, 애프터서비스, 배달, 설치, 대금지불방법 등의 고객서비스를 모두 포함하는 차원의 개념이다.

02 제품의 분류

일반적으로 마케팅 관리를 위해서 제품과 서비스를 분류하는 것은 효과적이다. 보통 제품은 구매자의 성격에 따라 소비재와 산업재로 나누어진다.

① 소비재 : 구매자 개인이 최종적으로 사용하거나 소비하는 것을 목적으로 구매하는 제품을 말한다.

> ㉠ 편의품(Convenience Goods) : 구매빈도가 높은 저가의 제품을 말한다. 최소한의 노력을 들여 습관적으로 구매하는 경향이 있는 제품이다.
>
> > 예 치약, 비누, 세제, 껌, 신문, 잡지 등
>
> ㉡ 선매품(Shopping Goods) : 소비자가 가격, 품질, 스타일이나 색상 면에서 경쟁제품을 비교한 후에 구매하는 제품이다.
>
> > 예 패션의류, 승용차, 가구 등
>
> ㉢ 전문품(Specialty Goods) : 소비자가 자신이 찾는 품목에 대해서 너무나 잘 알고 있으며, 그것을 구입하기 위해 특별한 노력을 기울이는 제품이다.
>
> > 예 최고급 시계, 보석 등

구분	편의품	선매품	전문품
구매전 계획정도	거의 없음	있음	상당히 있음
가격	저가	중, 고가	고가
브랜드 충성도	거의 없음	있음	특정상표 선호
고객 쇼핑 노력	최소한	보통	최대한
제품회전율	빠름	느림	느림

② 산업재 : 구매자는 개인이 아니라 기업 등의 조직으로, 최종 소비가 목적이 아니라 다른 제품을 만들기 위하여 또는 제3자에게 판매할 목적으로 구매하는 제품을 말한다.

　㉠ 원자재의 구분

　　• 원자재 : 제품의 제작에 필요한 모든 자연생산물을 의미한다.

　　• 가공재 : 원료를 가공 처리하여 제조된 제품으로서 다른 제품의 부품으로 사용되는데, 다른 제품의 생산에 투입될 경우에 원형을 잃게 되는 제품을 말한다.

　　예 철강, 설탕

　　• 부품 : 생산과정을 거쳐 제조되었지만, 그 자체로는 사용가치를 지니지 않는 완제품으로, 더 이상 변화 없이 최종 제품의 일부가 된다.

　　예 소형 모터, 타이어

　㉡ 자본재의 구분

　　• 설비 : 고정자산적 성격이 강하고, 매우 비싸며 건물, 공장의 부분으로 부착되어 있는 제품을 말한다.

　　• 소모품 : 제품의 완성에는 필요하지만, 최종 제품의 일부가 되지 않는 제품을 말한다.

　　예 윤활유, 페인트

03　제품의 구성요소

① 제품기능 : 타사의 제품과 차별되는 기본요소 또는 구조적 · 기능적인 차이점과 더불어 소비자들에게 제공하는 이점 및 효과이며, 품질은 비슷한 제품과의 우위성과 기술적 수준의 상업적인 질, 2가지 측면을 고려해야 한다. 또한 스타일은 제품에 대한 선호 및 취향에 맞게 다양성을 부여해야 한다.

② 상표 : 사업자가 자기가 취급하는 상품을 타사의 상품과 식별하기 위하여 상품에 사용하는 표지를 나타낸다.

　예 상표명, 상표 마크

③ 포장 : 물품의 수송·보관에 있어서 가치나 상태 등을 보호하기 위하여 적절한 재료나 용기 등에 탑재하는 것을 의미한다.

참고 포장의 목적	
제품의 보호성	포장의 근본적인 목적임과 동시에 제품이 공급자에서 소비자로 넘어가기까지 운송, 보관, 하역 또는 수·배송을 함에 있어서 발생할 수 있는 여러 위험요소로부터 제품을 보호하는 것이다.
제품의 경제성	유통상의 총비용을 절감한다.
제품의 편리성	제품취급을 편리하게 해주는 것으로 제품의 운송, 보관, 하역 등 일련의 과정에서 편리를 제공하기 위함이다.
제품의 촉진성	타사 제품과 차별화를 시키면서, 자사 제품 이미지의 상승효과를 기하여 소비자들로 하여금 구매충동을 일으키게 한다.
제품의 환경보호성	공익성과 함께 환경 친화적인 포장을 추구해 나가는 것을 의미한다.

④ 고객서비스 : 서비스 요소는 서비스의 종류를 의미하는데, 이는 소비자들이 중요하다고 여기는 요소의 중요도에 따라 충족시켜 주어야 하고, 서비스의 수준은 소비자들이 기대하는 수준 및 경쟁사의 수준 등을 고려해서 결정해야 한다.

04 서비스의 특징

무형성 (Intangibility)	• 서비스는 추상적이며 만질 수 없다. • 서비스를 제공받기 전에는 맛볼 수도 냄새를 맡을 수도 또 소리를 들을 수도 없다. • 서비스의 가치를 파악하거나 평가하기가 어렵다.
이질성 (Heterogeneity)	• 서비스는 비표준적이며 고도로 가변적이다. • 서비스 생산과 분배 과정에 사람이 개입하기 때문에 유형제품처럼 동질적일 수가 없다. • 서비스 이질성 때문에 고객 제공 서비스의 표준화가 어렵다.
비분리성 (Inseparability)	• 서비스는 생산과 소비가 동시에 일어난다. • 생산과 동시에 소비되기 때문에 소비자의 서비스 생산 과정 참여가 빈번히 일어난다. • 유형제품의 경우 거래와 함께 소유권의 이전이 일어나지만, 서비스의 경우 누리거나 즐길 뿐 가질 수는 없다.
소멸성 (Perishability)	• 서비스는 재고 형태로 보존할 수 없다. • 즉시 사용되지 않으면 사라진다. • 서비스는 소멸하기 때문에 수송이 불가능하다.

05 제품수명주기 전략

① 제품수명주기 : 도입기 → 성장기 → 성숙기 → 쇠퇴기

② 도입기

   ㉠ 이 단계에서 제품은 통상적으로 가동률이 낮고, 제품에 대한 원가가 높으며 기술적인 문제가 해소되지 못한 상태이기 때문에, 제품개발에 투자한 높은 비용을 충당하기 위해서 일반적으로 제품의 가격을 높게 책정하는 편이다.

   ㉡ 도입기에서 가장 중요한 것 중의 하나는 제품에 대한 소비자들의 인지 및 활용을 높이기 위한 광고와 판촉이다.

   ㉢ 제품수명주기의 첫 단계로서 기업 조직에서는 신제품에 대한 수요를 일으키려고 노력을 한다는 것으로 볼 수 있다.

   ㉣ 선택적 수요보다는 기본적 수요를 자극하는 노력이 필요하다.

   ㉤ 가격전략은 제품에 대한 경쟁사들이 거의 없고, 가격탄력성도 낮아 기업 조직의 입장에서는 제품 개발에 들인 높은 투자비용을 초기에 회수하기 위해 통상적으로 고소득층을 대상으로 한 초기 고가격전략을 많이 활용하고 있다.

   ㉥ 초기 고가격전략은 시장진입 초기에 높은 가격을 책정하여 소비자들에게 품질 선도 기업이라는 이미지를 인지시켜 주기 위해 사용한다.

③ 성장기

   ㉠ 이 단계에서는 매출액이 급격하게 증가하므로 새로운 고객들의 수요가 기존 고객들의 재구매 수요에 덧붙여진다. 구매자들 사이에서 구전효과가 생겨 지속적인 광고를 하게 되고 잠재고객들로 하여금 시험구매를 하게 한다.

   ㉡ 그러므로 이 단계에서 기업은 신제품에 대한 이익을 창출하게 된다. 가격전략의 경우에는 가격을 내림으로써 가격에 민감한 소비자들을 유인하는 전략을 쓰고, 동시에 기존 가격을 유지하기도 한다.

   ㉢ 유통전략은 자사의 제품을 많이 취급할 수 있도록 하는 방법으로 점포의 수를 늘리는 집약적 유통전략을 사용한다.

④ 성숙기

   ㉠ 이 단계에 진입하게 되면 기업은 경쟁자에 대한 시장점유율을 방어하면서, 이익을 극대화하기 위해 노력하게 된다.

   ㉡ 시장을 확장하며 제품의 수정단계를 거치게 되는데, 이러한 제품들은 시장에 출시된 지 오래되고, 기존 소비자들에게 해당 제품의 브랜드 인지도가 확실히 인지되어 소비자들의 취향에 맞추어 제품 개선을 지속적으로 하기 때문이다.

ⓒ 성숙기 상에서의 구체적인 전략은 다음과 같다.
    ⓐ **새로운 시장 개척** : 기존의 제품에 소비를 증대시키기 위한 방안으로써, 기존 제품의 새로운 기능을 만들어 내고, 그 안에서도 또 다른 새로운 세분시장을 개척한다.
    ⓑ **제품 개선** : 제품의 특성이나 스타일, 품질 등 제품이 지니고 있는 속성을 지속적으로 수정함으로써, 새로운 소비자를 유인하고 기존 구매자의 제품 사용률을 높이려는 전략이다.
    ⓒ **마케팅 믹스 수정** : 제품의 판매 시에 새로운 서비스를 제공하면서 기존 서비스를 수정해 가는 것이다. 가격 부분에 있어서도 잠재고객과 경쟁사의 고객을 끌어오기 위해 가격인하라는 방식을 실행하기도 한다.

⑤ **쇠퇴기**
  ⓐ 비용의 절감 및 투자비의 회수가 중요한 문제이다.
  ⓑ 매출액이 부진한 품목 등을 제거해 감으로써 최소한의 이익을 유지하는 수준에서 저가격전략을 취한다.
  ⓒ 유통흐름에서 취약한 중간상들을 제거해 일정 수의 점포만 유지하는 등 선택적 유통전략 방식으로 전환하게 된다.

표 참고 제품수명주기 단계별 마케팅전략

구분	도입기	성장기	성숙기	쇠퇴기
원가	높음	보통	낮음	낮음
소비자	혁신층	조기 수용자	중기 다수자	최후 수용자
제품	기본 형태의 제품 추구	제품 확장, 서비스, 품질보증 도입	제품 브랜드와 모델의 다양화	경쟁력을 상실한 제품의 단계적인 철수
유통	선택적 방식	집약적 방식	더 높은 집약적 유통	선택적 방식
판매	낮음	높게 성장	낮게 성장	쇠퇴함
경쟁자	소수	증가	다수→감소	감소
광고	조기의 소비자 및 중간상에게 제품인지도 확립	많은 소비자들을 대상으로 제품에 대한 인지도 및 관심 구축	제품에 대한 브랜드 차별화 및 편의 강조	충성 고객의 유지가 가능한 정도의 수준
가격	고가격	저가격	타 사에 대응 가능한 가격	저가격
판촉	제품의 사용구매를 유인하기 위한 고강도 판촉전략	수요의 급성장에 따른 판촉 비중의 감소	자사 브랜드로의 전환을 촉구하기 위한 판촉의 증가	최소의 수준으로 감소
이익	손실	점점 높아진다	높다	감소한다
마케팅 목표	제품의 인지 및 사용구매 창출	시장점유율 최대화	이전 점유율 유지 및 이윤 극대화	비용 절감

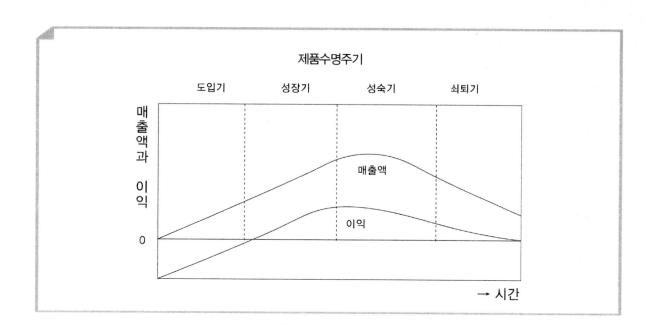

06 제품믹스 전략

① **제품믹스** : 일반적으로 기업이 다수의 소비자에게 제공하는 모든 형태의 제품 계열과 제품 품목을 통합한 것을 의미한다.

② **제품계열** : 제품믹스 중에서 물리적·기술적 특징이나 용도가 비슷하거나, 동일한 고객집단에 의해 구매되는 제품의 집단이며, 특성이나 용도가 비슷한 제품들로 이루어진 집단을 의미한다.

제품믹스의 폭	기업이 가지고 있는 제품계열의 수를 의미
제품믹스의 깊이	각 제품계열안에 있는 품목 수를 의미
제품믹스의 길이	제품믹스 내 모든 제품품목의 수를 의미

07 신제품 관리

① 신제품 개발 개념 : 자사의 목표와 마케팅목표를 달성하는데 있어 신제품이 수행해야 할 전략적 역할을 규명하는 것이며, 신제품 개발 계획을 입안하기 위해 마케팅 관리자는 신제품 개발 과정에서 이루어져야 할 주요 의사결정영역을 미리 확인하고 각 영역별 의사결정요소들을 검토해야 한다.

② 신제품 개발 과정

아이디어 창출	제품개발의 첫단계이며, 제일 좋은 아이디어는 소비자의 욕구를 충족시켜줄 수 있는 아이디어이다.
아이디어 선별(평가)	전반적인 자사의 목적에 맞지 않거나 또는 자사의 가용자원으로서 더 이상은 개발할 수 없는 아이디어들이 사라지는 단계이다.
제품개념 및 테스트	제품의 아이디어를 고객이 사용하는 의미있는 단어로 구체화시킨 것이며, 실제적인 소비자 조사를 통해서 제품개념의 적합성 여부를 확인하는 것이다.
마케팅전략 개발 단계	신제품을 시장에 출시하기 위한 초기의 마케팅전략이 개발되는 단계이다.
사업성 분석 단계	신제품의 매출이나 비용 또는 이익에 대해 예상되는 측정치를 계산하고, 실제 이익이 되는지를 가늠하는 단계이다.
제품개발	엔지니어나 연구 개발자가 제품컨셉을 물리적인 형태를 지닌 제품으로 개발하는 단계이다.
시험마케팅	제품이 개발되어 기능 테스트와 소비자 테스트를 통과하게 되면, 시장에서 테스트를 받는 단계로 옮겨진다.
상업화	경영자에게 신제품 출시에 대해 최종적인 의사결정을 내리게 하는 단계이다.

CHAPTER
04

가격전략

(1) 가격관리의 개요

가격은 통상적으로 공급자로부터 제공받는 재화 및 서비스에 대해 소비자가 대가로 지급하는 화폐의 양을 의미한다. 가격의 경우 기업 수익에 공헌한다는 점에서는 마케팅 비용을 발생시키는 타 마케팅 요소들과는 차별적인 특징을 지닌다.

(2) 가격설정의 방법

① 고객 커뮤니케이션의 예산수립

   ⊙ 목표–업무 방식 : 조직에 대한 운영비용과 이익 등을 산출한 후 사용 가능한 금액이 얼마인지에 따라 고객 커뮤니케이션 예산을 설정하는 방식이다.

   ⓒ 손대중 방법 : 커뮤니케이션의 목표를 이루기 위해 특수한 업무수행에 요구되는 예산을 결정짓는 방식이다.

   ⓒ 판매비율 방법에서 고객 커뮤니케이션 예산 : 소매업체의 고객 커뮤니케이션 비용 비율 및 시장점유율 등이 동일하도록 결정하는 방식이다.

   ⓔ 경쟁동가방법 : 예상되는 매출액 중에서 고정비율로 고객 커뮤니케이션 예산을 설정하는 방법이다.

② 수요에 기초한 심리적 가격결정 기법

   ⊙ 손실유도가격결정 : 특정한 제품 품목의 가격을 낮추면 해당 품목의 수익성은 악화될 수 있지만, 보다 더 많은 소비자를 유도하고자 할 때 활용하는 방식이다.

   ⓒ 명성가격 가격결정 : 소비자들이 제품에 대한 가격을 품질 또는 사회적 지위의 상징으로 삼으므로 명품의 경우 가격이 예상되는 범위 아래로 낮아지면 오히려 제품에 대한 수요가 감소할 수 있다는 사실에 기반을 둔 방식이다.

   ⓒ 홀·짝수 가격결정 : 소비자들이 제품에 대해 어떤 가격을 높은 가격 또는 낮은 가격으로 인지하느냐 하는 것에 기초를 두는 방식이다.

   ⓔ 비선형 가격결정 : 통상적으로 이 방식은 대량의 소비자가 소량의 소비자에 비해 가격 탄력적이라는 사실에 기초해서 소비자들에게 제품의 대량소비에 따른 할인을 기대하도록 하여 제품의 구매량을 높이고자 하는 방식이다.

③ 재판매 가격 유지 정책(Resale Price Maintenance Policies) : 공급자가 도매상 및 소매상과의 계약에 의해 자사 제품의 도·소매가격을 사전에 설정해 놓고 이러한 가격으로 자사의 제품을 판매하게 하는 전략이다.

자사 제품이 도·소매상의 손실유인상품으로 이용되는 것을 방지해서 가격의 안정과 명성을 유지하기 위해 유통업계와 계약을 통해 일정한 가격으로 거래되도록 하는 것을 말한다.

④ 유보가격(Reservation Price) : 소비자가 마음속으로 이 정도까지는 지불할 수도 있다고 생각하는 가장 높은 수준의 가격을 의미한다.

⑤ 우수가치 상응 가격결정(Good-Value Pricing) : 좋은 품질 및 서비스를 잘 결합하여 소비자들에게 적정가격으로 제공하는 것을 의미한다. 많은 경우 이러한 방식의 가격결정은 시장기반이 확립된 유명브랜드의 제품들이 상대적으로 저가의 제품들을 시장에 새로이 도입할 때 활용된다. 또 다른 경우로는 기존 가격에 더 나은 품질을 제공하거나 또는 더 저렴한 가격으로 동일한 품질을 제공하도록 기존의 브랜드를 재설계할 때이다.

⑥ 이분가격 정책(Two Party Price Policy) : 기본가격에 추가사용료 등의 수수료를 추가하는 방식의 가격결정 방식이다.
　▣ 전화요금, 택시요금, 놀이동산

⑦ 노획가격(Captive Pricing) : 주 제품에 대해서는 가격을 낮게 책정해서 이윤을 줄이더라도 시장 점유율을 늘리고 난 후 종속 제품인 부속품에 대해서 이윤을 추구하는 전략이다.
　▣ 면도기 본체는 저렴하게 팔고 면도날은 비싸게 파는 경우
　▣ 레이저프린터나 잉크젯프린터를 싸게 팔면서 카트리지나 튜너는 비싸게 판매
　▣ 비싼 정수기는 설치비만 받고 설치해주면서 필터교체를 매달 2만원에 약정
　▣ 휴대폰은 공짜로 제공하고 통화요금으로 수익을 올리는 경우

⑧ 묶음가격(Price Bundling) : 자사가 제공하는 여러 개의 제품이나 서비스 등을 묶어 하나의 가격으로 판매하는 것을 의미한다. 묶음가격을 그 개별 구성요소들 가격의 합보다 저렴하게 설정하여 소비자가 묶음형태의 제품을 구매하도록 유도하며, 개별제품 각각의 경쟁력이 약한 기업들은 최적의 제품 묶음 형성으로 저렴한 묶음 가격을 제시하여 경쟁우위를 획득하는 방식이다.

⑨ 부가가치 가격결정(Value-Added Pricing) : 타사의 가격에 맞춰 가격인하를 하기보다는 부가적 특성 및 서비스 추가로 제품의 제공물을 차별화함으로써 더 비싼 가격을 정당화하는 방식이다.

⑩ 경쟁기반 가격결정(Competitive Advantage-Based Pricing) : 경쟁자의 전략, 원가, 가격, 시장의 제공물을 토대로 가격을 책정하는 방식이다.

⑪ 제품라인 가격결정(Product Line Pricing) : 제품계열 내에서 제품품목 간 가격 및 디자인에 차이를 두는 방식이다.

⑫ 부산물 가격결정(By-Product Pricing) : 주력 제품이 가격 경쟁력을 지닐 수 있도록 부산물 가격을 결정하는 방식이다.

⑬ 옵션제품 가격결정(Optional Product Pricing) : 주력제품과 같이 팔리는 부수적 제품에 대해 소비자가 선택하게 하는 방식이다.

⑭ **최저수용가격**(Lowest Acceptable Price) : 소비자들이 제품의 품질을 의심하지 않고 구매할 수 있는 가장 낮은 가격을 의미한다.

> **🗓 참고 심리적 가격결정방법**
>
> ① 단수가격(Odd Pricing)
>   ㉠ 시장에서 경쟁이 치열할 때 소비자들에게 심리적으로 저렴하다는 느낌을 주어 제품의 판매량을 늘리는 방법이다.
>   ㉡ 제품의 가격을 100원, 1,000원 등과 같이 현 화폐단위에 맞게 책정하는 것이 아니라, 그 보다 낮은 95원, 970원, 990원 등과 같이 단수로 책정하는 방식이다.
>   ㉢ 단수가격의 설정목적은 소비자에게는 가격이 낮다는 느낌을 주고 더불어 비교적 정확한 계산에 의해 가격이 책정되었다는 느낌을 주는 것이다.
>   **예** 9,900원 횟집
> ② 관습가격(Customery Pricing) : 일용품처럼 장기간에 걸친 소비자의 수요로 인해 관습적으로 형성되는 가격을 의미한다.
> ③ 명성가격(Prestige Pricing) : 자신의 명성이나 위신을 나타내는 제품의 경우 일시적으로 가격이 높아짐에 따라 수요가 증가되는 경향을 보이기도 하는데, 이를 이용하여 고가격으로 가격을 설정하는 방식이다.
> ④ 준거가격(Reference Pricing) : 구매자는 어떤 제품에 대해서 자기 나름대로의 기준이 되는 준거가격을 마음속에 지니고 있어서, 제품을 구매할 경우 그것과 비교해보고 제품 가격이 비싼지 여부를 결정하는 방식이다.
>   **예** A소비자가 B백화점에서 고등어 가격이 1만 원 정도라고 생각했는데, 1만 5천 원의 고등어를 보면 비싸다고 느끼는 경우에 A소비자에게 고등어의 준거가격은 1만 원 정도가 되는 것이다.

(3) 가격설정 정책

① **단일가격 정책** : 동일한 양의 제품, 동일한 조건 및 가격으로 판매하는 정책을 의미한다.

② **탄력가격 정책** : 소비자들에 따라 동종, 동량의 제품들을 서로 상이한 가격으로 판매하는 정책을 의미한다.

③ **단일제품가격 정책** : 각각의 품목별로 검토한 후 가격을 결정하는 정책을 의미한다.

④ **계열가격 정책** : 수많은 제품계열이 존재할 때 제품의 규격, 기능, 품질 등이 다른 각각의 제품계열마다 가격을 결정하는 정책을 의미한다.

⑤ **상층흡수가격 정책** : 도입 초기에 고가격을 설정한 후에 고소득계층을 흡수하고, 지속적으로 가격을 인하시킴으로써 저소득계층에게도 침투하고자 하는 가격정책을 의미한다.

⑥ **침투가격 정책** : 빠르게 시장에 침투하기 위해 시장 진입초기에 저가격을 설정하는 정책을 의미한다.

⑦ **생산지점가격 정책** : 판매자가 전체 소비자들에 대한 균일한 공장도가격을 적용시키는 정책을 의미한다.

⑧ **인도지점가격 정책** : 공장도 가격에 계산상의 운임 등을 가산한 금액을 판매가격으로 결정하는 정책을 의미한다.

⑨ **재판매가격유지 정책** : 광고 및 여러 가지 판촉에 의해 목표가 알려져서 선호되는 제품의 공급자가 소매상들과의 계약에 의해 자신이 결정한 가격으로 자사의 제품을 재판매하게 하는 정책을 의미한다.

> **参고 기타 가격결정 방법**
> ① **원가지향가격 결정** : 제조원가를 기준으로 가격을 결정하는 방법이다.
> ② **마크업(Mark-Up) 가격 결정** : 미리 일정한 마크업을 실행해서 설정하는 방식이고, 통상적으로 유통업계에서 실행되는 방법이다.
> ③ **원가 플러스(Cost-Plus) 가격 결정** : 제품의 원가를 미리 결정하기 용이하지 않은 업체에서 활용하는 방식이다.
> ④ **표적(Target) 가격 결정** : 진행되는 사업의 규모를 기준으로 일정 수익률의 유지가 가능하도록 가격을 설정하는 방법이다. 자동차 및 화학 등에서 많이 활용한다.

(4) 신제품 가격결정전략

① 초기 고가격전략

　⊙ 초기 고가격전략은 보통 스키밍이라고도 한다.

　ⓒ 시장 진입 초기에는 비슷한 제품에 비해 상대적으로 가격을 높게 정한 후에 점차적으로 하락시키는 전략을 말한다.

　ⓒ 이 전략은 특히, 자사가 신제품으로 타사에 비해 높은 우위를 가질 때 효과적으로 적용시킬 수 있는 전략이다.

　ⓔ 이러한 가격전략은 핸드폰이나 컴퓨터 등 하이테크 제품에서 고소득층을 목표고객으로 정했을 때 효과적이다. 신제품의 경우에 스키밍 전략을 사용하는 일이 적지 않다.

② 침투가격전략

　⊙ 시장 진입 초기에는 비슷한 제품에 비해 상대적으로 가격을 저렴하게 정하고, 실질적인 시장점유율을 확보한 후 서서히 가격을 올리는 전략이다.

　ⓒ 보통 침투가격전략은 가격에 상당히 민감하게 반응하는 중, 저소득층을 목표고객으로 정했을 때 효과적이며 이익수준 또한 낮으므로 타사의 진입을 어렵게 만드는 요소로 작용한다.

　ⓒ 동시에 이 전략은 대량생산이나 마케팅 제반비용 등을 감소시키는 데 효과적이다.

CHAPTER 05. 촉진전략

(1) 판매촉진전략의 개요

① 판매촉진은 광고, 인적판매 또는 타 촉진믹스 도구들과 함께 활용하는 것이 통상적인데, 중간상 판매촉진 및 영업사원 판매촉진은 주로 인적판매과정을 지원하게 된다.

② 중간상 판매촉진은 소매상들이 공급자의 새로운 품목 취급, 적정 재고의 유지, 넓은 공간을 할당하도록 유도, 소매환경에서의 제품을 광고하는 데 그 목적이 있다.

③ 영업사원 판매촉진의 목적은 기존 제품 및 신제품에 대한 영업사원의 노력과 지원을 훨씬 많이 확보하거나 더 나아가 영업사원으로 하여금 새로운 거래처를 개발하도록 유도하는 데 있다.

④ 주요 소비자 판촉도구에는 쿠폰, 샘플, 현금 환불, 프리미엄, 가격할인, 단골고객 보상, 구매시점 진열 및 시연, 추첨, 콘테스트 등이 있다.

> **죠참고 판촉을 위한 도구 및 수단**
>
> ㉠ 쿠폰(Coupon) : 구매자가 어떠한 특정 제품을 구입할 때 이를 절약하도록 해주는 하나의 증표
> ㉡ 샘플(Sample) : 구매자들에게 제품에 대한 대가를 요구하지 않으면서 제공하는 일종의 시제품
> ㉢ 프리미엄(Premium) : 특정 제품의 구매를 높이기 위해 무료 또는 저렴한 비용으로 제공해 주는 추가 제품
> ㉣ 할인포장(Price Pack) : 관련 제품을 묶음으로 해서 소비자들이 제품을 낱개로 구매했을 때보다 더욱 저렴한 방식으로 판매

(2) 촉진믹스

① **광고(Advertising)** : 제품 및 서비스 또는 아이디어의 제시와 촉진 등을 위해 광고주가 비용을 지불하고 전개하는 비대면적인 커뮤니케이션의 활동을 의미한다.

② **판매촉진(Sale Promotion)** : 제품 및 서비스의 활용을 독려하기 위해 단기간에 전개되는 인센티브 위주의 커뮤니케이션 활동을 의미한다.

   ㉠ **장점** : 단기적인 매출향상, 신제품 홍보가 용이

   ㉡ **단점** : 수익성에 있어서는 비효율적, 브랜드 구축에는 악영향

③ **공중관계(PR : Public Relation)** : 개별 제품 및 기업 조직 전체의 이미지 제고 또는 비호의적 평판의 완화를 목적으로 언론 매체 등을 통해 벌이는 비대면적 커뮤니케이션 활동을 의미한다.

④ 인적판매(Personal Selling) : 제품 및 서비스의 판매를 위해 영업사원이 잠재고객들과 일대일 대면으로 펼치게 되는 커뮤니케이션 활동을 말한다.

(3) 업태별 촉진전략

① 소매업 촉진전략

    ㉠ 상권분석을 통한 시장성의 확인 및 시장으로의 진입

    ㉡ 제품 및 서비스의 차별성 확보

    ㉢ 고객관계 관리를 통한 고객 로열티의 강화

    ㉣ 시장에 적합한 제품 및 서비스를 선택하고 효율적인 촉진전략의 사용

    ㉤ 구성원들에 대한 교육 및 CRM 기능의 구축을 통해 고객만족도를 상승

② 도매업 촉진전략

    ㉠ 대체로 촉진에 관심 저조

    ㉡ 최근 경쟁 심화로 촉진을 중요시하는 경향, 특히 애고동기 소구를 위해 노력

    ㉢ 제조업자의 촉진 프로그램에 적극 협조 및 활용

    ㉣ 자체적인 촉진과 통합하여 실행, 표준화되고 단위 당 가격이 낮은 품목 취급 도매상 : 애고 소구에 주력, 주로 카탈로그와 판매원 판매 활용, 광고를 거의 하지 않음

    ㉤ 고도로 차별화되거나 단위당 가격이 높은 산업 설비품 취급 도매상 : 판매원 판매, 업계 간행물을 통한 광고와 직접 우편(DM : direct mail)을 활용

(4) e-Retailing 촉진

인터넷상의 소매 상품 판매. 이메일, 전자 비즈니스, e-커머스의 용어로 B2C 거래의 동의어이다. 온라인 카탈로그 제조와 인터넷 소매 비즈니스 관리를 위한 소프트웨어 도구가 생기고, 소매가격을 비교하는 관련 사이트가 있다.

① B2B(Business to Business) : 기업과 기업 사이에 이루어지는 전자상거래를 일컫는 것으로 기업들이 온라인상에서 상품을 직거래하여 비용을 절감하고, 시간도 절약할 수 있다는 장점이 있다.

② B2C(Business-to-Customer) : 기업이 소비자를 상대로 행하는 인터넷 비즈니스로 가상의 공간인 인터넷에 상점을 개설하여 소비자에게 상품을 판매하는 형태의 비즈니스이다. 실제 상점이 존재하지 않기 때문에 임대료나 유지비와 같은 비용이 절감되는 장점이 있다.

③ G2C(Government to Customer) : 정부와 국민 간 전자상거래는 인터넷을 통한 민원서비스 등 대국민 서비스 향상을 그 주된 목적으로 하고 있다.

④ B2G(Business to Government) : 인터넷에서 이루어지는 기업과 정부 간의 상거래를 말한다. 여기서 G는 단순히 정부뿐만 아니라 지방정부, 공기업, 정부투자기관, 교육기관 등을 의미하기도 한다.

(5) 소매정보와 촉진

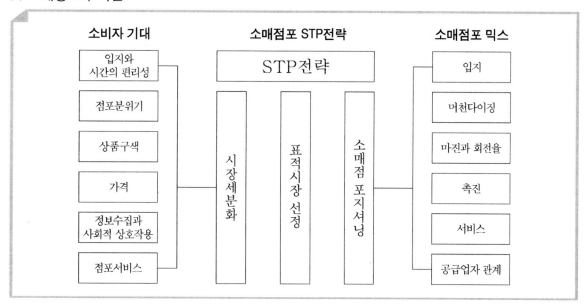

① 소비자 기대

　　㉠ 점포에 대한 소비자들의 기대는 점포이미지의 형성과 점포선택에 있어 많은 영향을 미친다.

　　㉡ 소매관리자는 소비자들이 점포에 기대하는 것들을 명확하게 파악해서 소매마케팅 전략수립에 반영해야
　　　한다.

　　㉢ 소비자 기대의 구성요소에는 점포분위기, 입지 및 시간의 편리성, 제품구색, 가격, 정보의 수집 및 사회
　　　적 상호작용, 점포서비스 등이 있다.

② 소매점포 STP 전략

　　㉠ 소비자들이 해당 점포에 기대하는 서비스의 수준은 상이하다.

　　㉡ 소매상들은 표적화된 소비자들의 기대서비스 수준에 맞는 소매시장을 세분화해야 한다.

　　㉢ 이러한 소매시장 세분화는 성공적 경쟁이 가능한 세분시장을 찾아내는 과정이다.

③ 소매점포 믹스

　　㉠ 소매점포 믹스의 결정은 표적세분시장 내 소비자들의 니즈에 맞춰 소매점이 통제 가능한 소매믹스 변수
　　　들의 최적의 조합을 찾아내는 과정이다.

　　㉡ 이는 결국 소매상들이 운영하는 점포의 업태, 제품구색, 마진 및 회전율, 촉진 등의 통제 가능한 소매믹
　　　스 변수에 대한 결정에 의해 실행된다.

참고 푸시 전략과 풀 전략

① 푸시 전략(Push Strategy)
  ㉠ 제조업자가 소비자를 향해 제품을 밀어낸다는 의미로 제조업자는 도매상에게 도매상은 소매상에게, 소매상은 소비자에게 제품을 판매하게 만드는 전략을 말한다.
  ㉡ 이것은 중간상들로 하여금 자사의 상품을 취급하도록 하고, 소비자들에게 적극 권유하도록 한다.
  ㉢ 푸시 전략은 소비자들의 브랜드 애호도가 낮고, 브랜드 선택이 점포 안에서 이루어지며, 동시에 충동구매가 잦은 제품의 경우에 적합한 전략이다.
② 풀 전략(Pull Strategy)
  ㉠ 풀 전략은 제조업자 쪽으로 당긴다는 의미로 소비자를 상대로 적극적인 프로모션 활동을 하여 소비자들이 스스로 제품을 찾게 만들고 중간상들은 소비자가 원하기 때문에 제품을 취급할 수밖에 없게 만드는 전략을 말한다.
  ㉡ 풀 전략은 광고와 홍보를 주로 사용하며, 소비자들의 브랜드 애호도가 높고, 점포에 오기 전에 미리 브랜드 선택에 대해서 관여도가 높은 상품에 적합한 전략이다.

CHAPTER 06 유통전략

(1) 경로 커버리지

① 집약적 유통

- ㉠ 가능한 한 많은 소매상들에게 자사의 제품을 취급하게 함으로서 포괄되는 시장의 범위를 확대시키는 전략이다. 집약적 유통에는 대체로 편의품이 속한다.
- ㉡ 소비자가 제품구매를 위해 많은 노력을 기울이지 않을 때 적절하다.
- ㉢ 장점 : 충동구매의 증가 및 인지도의 확대, 편의성의 증가 등이 있다.
- ㉣ 단점 : 낮은 순이익, 소량주문, 재고 및 주문관리 등의 어려움, 중간상 통제에 대한 어려움 등이 있다.

② 전속적 유통

- ㉠ 각 판매지역별로 하나 또는 극소수의 중간상들에게 자사제품의 유통에 대한 독점권을 부여하는 방식의 전략을 말한다.
- ㉡ 소비자가 자신이 제품구매를 위해 적극적으로 정보탐색을 하고, 그러한 제품을 취급하는 점포까지 가서 기꺼이 쇼핑하는 노력도 감수하는 특성을 지닌 전문품에 적절한 전략이다.
- ㉢ 장점 : 중간상들에게 독점판매권과 함께 높은 이익을 제공함으로써, 그들의 적극적인 판매노력을 기대할 수 있고, 중간상의 판매가격 및 신용정책 등에 대한 강한 통제를 할 수 있다. 동시에, 자사의 제품 이미지에 적합한 중간상들을 선택함으로써 브랜드 이미지 강화를 꾀할 수 있다.
- ㉣ 단점 : 제한된 유통으로 인해 판매기회가 상실될 수 있다.

③ 선택적 유통

- ㉠ 집약적 유통과 전속적 유통의 중간 형태에 해당하는 전략이다.
- ㉡ 판매지역별로 자사의 제품을 취급하기를 원하는 중간상들 중에서 일정 자격을 갖춘 하나 이상 또는 소수의 중간상들에게 판매를 허가하는 전략이다.
- ㉢ 소비자가 구매 전 상표 대안들을 비교, 평가하는 특성을 지닌 선매품에 적절한 전략이다.
- ㉣ 특징 : 판매력이 있는 중간상들만 유통경로에 포함시키므로 만족스러운 매출과 이익을 기대할 수 있으며, 생산자는 선택된 중간상들과의 친밀한 거래관계의 구축을 통해 적극적인 판매노력을 기대할 수 있다.

(2) 수직적 유통경로 시스템(VMS : Vertical Marketing System)

수직적 유통경로시스템은 경로 기구의 수직통합을 어떤 주체가 어떠한 방식으로 하는지에 따라 보통, 기업형 통합, 관리형 통합, 계약형 통합의 3가지로 구분된다.

① **기업형 마케팅 시스템** : 이것은 기업이 생산 및 유통을 모두 소유함으로써 결합되는 형태를 의미한다.

② **관리형 마케팅 시스템**

㉠ 이것은 규모나 힘에 있어 우월한 위치에 있는 기업의 조정을 위해 생산 및 유통이 통합되는 형태를 의미한다.

㉡ 소유권, 계약관계에 의해서가 아니라 어느 한쪽의 규모와 힘에 의해 생산과 유통이 조정되는 것이 특징이다.

③ **계약형 마케팅 시스템**

㉠ 계약통합은 수직통합의 가장 일반적인 형태로서, 이것은 생산이나 유통활동에 있어 상이한 수준에 있는 독립기관들이 상호 경제적인 이익을 취득하기 위해서 계약을 체결하고, 그러한 계약에 따라 수직적 통합을 하는 형태를 말한다.

㉡ 모회사나 본부가 가맹점에게 특정 지역에서 일정기간 영업을 할 수 있는 권리나 특권을 부여하고, 그 대가로 로열티를 받는 프랜차이즈 시스템이 대표적이다.

(3) 수평적 마케팅 시스템(HMS: Horizontal Marketing System)

① 수평적 마케팅 시스템은 동일한 경로에 있는 둘 이상의 기업들이 새로운 마케팅 기회를 활용하기 위해 협력하는 것을 의미한다.

② 두 개 이상의 조직의 마케팅 잠재력을 개선하기 위해 자원이나 프로그램을 결합하는 것이다.

③ 수평적 통합은 각 기업이 힘을 모아 서로의 이익을 증가시킬 수 있기 때문에 공동마케팅이라고도 한다.

참고 신 유통업체의 종류

① **전문점(Specialty Store)**

ㄱ 취급제품의 범위가 한정되고, 전문화되어 있다.

ㄴ 취급상품에 관한 전문적 지식과 전문적 기술을 갖춘 경영자나 종업원에 의해 가공수리를 한다.

② **편의점(Convenience Store)**

ㄱ 보통 접근이 용이한 지역에 위치하여 24시간 연중무휴 영업을 하며, 재고회전이 빠른 한정된 제품계열을 취급한다.

ㄴ 가격에 있어 생필품을 취급하는 타 소매업체보다 다소 높은 가격을 유지하고 있지만, 위치적 효용과 24시간 구매가 가능하다는 시간상의 편리성이 이를 상쇄하는 역할을 하고 있다.

③ **슈퍼마켓(Supermarket)**

ㄱ 주로 식료품, 일용품 등을 취급하며, 염가판매, 셀프서비스를 특징으로 하는 소매 업태를 말한다.

ㄴ 다시 말해 식료품을 중심으로 일용잡화류를 판매하는 셀프서비스 방식의 대규모 소매점이다.

ㄷ 미국의 경우 1930년대 이후 크게 발달하였다.

④ **백화점(Department Sore)**

ㄱ 하나의 건물 안에 의식주에 관련된 여러 가지 상품을 부문별로 진열하고 이를 조직, 판매하는 근대적 대규모 소매상을 의미한다.

ㄴ 여러 종류의 상품, 부문별 조직에 의한 합리적 경영, 집중적 대경영 등을 백화점의 특징으로 들 수 있다.

⑤ **할인점(Discount Store)**

ㄱ 셀프서비스에 의한 대량판매방식을 이용하여 시중가격보다 20~30% 낮은 가격으로 판매하는 유통업체를 의미한다.

ㄴ 철저한 셀프서비스에 의한 대량판매방식을 활용하여 시중가격보다 20~30% 싸게 판매하는 가장 일반적인 유통업체로 '종합할인점'이라고도 한다.

⑥ **회원제 도매클럽(MWC : Membership Wholesale Club)** : 회원제 도매클럽은 메이커로부터의 현금 일괄 구매에 따른 저비용 제품을 구비해서, 회원제로 운영되는 창고형 도매상을 의미한다.

소비자 행동

① **관여도의 개념**: 특정 상황에서 특정 대상에 대한 개인의 관련성 지각정도 혹은 중요성 지각정도라고 정의되며, 제품이나 사람에 따라 그 수준이 모두 다르기 때문에 지극히 주관적이고, 상대적이며, 상황적이다.

② **고관여 제품의 구매 결정 과정**

　㉠ 문제를 인지한 후 상당한 시간과 노력을 투입하여 정보를 탐색하고 신중하게 대안을 평가하면 대안별 태도를 형성한 후 구매를 하고 구매결과에 따른 평가를 하게 된다.

　㉡ 고관여 제품은 구매전에 이미 상당한 시간과 노력을 투입하여 대안별 태도를 형성하였으므로 구매 후 불만족 상황이 나타나게 되면 인지부조화현상이 매우 심각하게 나타나고 소비자는 이 부조화현상을 제거하기 위하여 노력하게 된다.

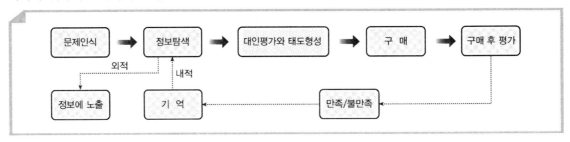

③ **저관여 제품의 구매 결정 과정**: 문제를 인지한 후 적극적인 외적 정보탐색 없이 구매행동으로 이어지고 구매후 평가를 한 후 제품에 대한 태도가 형성된다.

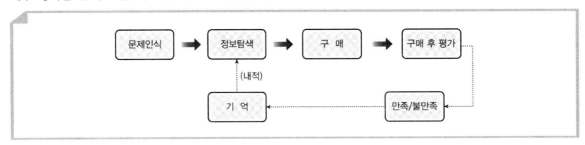

④ 고관여 제품과 저관여 제품의 소비자 구매행동의 유형

　㉠ 고관여 구매행동 : 소비자가 제품에 대해 많은 관심을 가질수록, 제품의 구매가 개인적으로 중요할수록,
　　소비자가 처한 구매관련 상황이 긴급할수록 소비자의 구매의사결정에 대한 관여도는 높아지며, 고관여
　　구매행동을 보이게 된다.

복잡한 구매행동	소비자들이 제품의 구매에 있어서 높은 관여를 보이고 각 브랜드간 뚜렷한 차이점이 있는 제품을 구매할 경우의 구매행동은 일반적으로 매우 복잡한 양상을 띄게 된다. 소비자들은 제품의 가격이 비교적 높고 브랜드간 차이가 크며, 일상적으로 빈번히 구매하는 제품이 아닌 소비자 자신에게 매우 중요한 제품을 구매할 때 높은 관여를 보인다.
부조화 감소 구매행동	소비자들이 구매하는 제품에 대하여 비교적 관여도가 높고 제품의 가격이 비싸고 평소에 자주 구매하는 제품이 아니면서 구매 후 결과에 대하여 위험부담이 있는 제품의 경우, 각 브랜드간 차이가 미미할 때 일어난다.

　㉡ 저관여 구매행동 : 소비자들이 그 제품이나 서비스에 대해서 관심이 적거나, 별로 중요한 구매의사결정
　　이라고 생각하지 않거나, 제품의 구매가 긴급한 상황이 아닌 경우에는 저관여 구매행동을 보이게 된다.
　　저관여 구매행동은 다시 제품의 특성에 따라 습관적 구매행동과 다양성 추구 구매행동으로 나누어 볼
　　수 있다.

다양성 추구 구매행동	구매하는 제품에 대하여 비교적 저관여 상태이며 제품의 각 상표간 차이가 뚜렷한 경우에 소비자들은 다양성 추구 구매를 하게 된다. 따라서 다양성 추구 구매를 하기 위하여 소비자들은 잦은 상표 전환을 하게 된다.
습관적 구매행동	제품에 대하여 소비자가 비교적 낮은 관여도를 보이며 브랜드간 차이가 미미할 경우에 일어난다.

구분	고관여 구매행동	저관여 구매행동
제품특성(브랜드간) 차이가 클 때	복잡한 구매행동	다양성 추구 구매행동
제품특성(브랜드간) 차이가 작을 때	부조화 감소 구매행동	습관적 구매행동

⑤ 소비자 구매의사결정 과정

문제인식 → 정보탐색 → 대안평가 → 구매 → 구매 후 행동

문제인식	실제 상태와 바람직한 상태간의 차이를 지각하게 되는 단계로 문제의 중요성이 제약요인보다 크다면 구매의사결정의 다음 단계로 넘어간다. • 내적요인 – 소비자 내적인 욕구의 발생 • 외적요인 – 외부의 자극에 의한 것으로 마케팅 자극 등
정보탐색	소비자가 욕구를 인식한 후 정보를 수집하는 단계로, 소비자가 정보를 탐색하는 과정이다. • 내적탐색 – 기억 속에 저장되어 있는 정보 중 의사결정을 하는데 도움이 되는 정보를 기억속에서 끄집어내는 과정, 내적탐색의 결과가 만족스러우면 소비자는 구매과정의 다음 단계로 나아가고 그렇지 않으면 외적탐색을 하게 된다. • 외적탐색 – 자기의 기억 이외의 원천으로부터 정보를 탐색하는 활동을 의미한다. 어떤 소비자가 내적탐색의 방법으로 정보를 탐색할 때, 그의 머릿속에 떠오르는 상표들은 환기상표군이라 한다. 환기상표군과는 달리 소비자가 외적 탐색을 하는 경우 외적 탐색으로 인하여 추가되는 상표와 환기상표군을 합하여 고려상표군이라 한다.
대안의 평가	소비자가 상표 대안들을 평가하는 방식이다. • 보완적 방식 – 소비자가 각 상표의 어떤 속성의 약점을 다른 속성의 강점에 의해 보완하여 전반적인 평가를 수행하는 방식이다. (다속성 태도 모형) • 비보완적 방식 : 한 평가기준에서의 약점이 다른 평가기준에서의 강점에 의하여 보완이 되지 않도록 하는 평가 방식이다.(사전편집식, 순차적 제거식, 결합식, 분리식)
구매결정	소비자는 선택 대안들을 비교·평가하고 자신의 지불능력에 비추어 가장 마음에 드는 대안에 대한 구매의도를 가지고 구매를 하게 된다.
구매 후 결정	소비자의 만족과 불만족은 기억된 후 다음번 구매시에 영향을 미칠 뿐만 아니라 타인의 구매의사결정에도 영향을 미친다. 기업은 소비자가 인지부조화를 느낄 때 그것을 빨리 해결해 줄 수 있는 제도장치를 마련할 필요가 있다.

> **⊞ 참고**
>
> ※ **인지부조화** : 자신이 구매한 상표가 다른 대안들보다 더 나은 것인가에 대한 확신이 없는 경우, 소비자들은 구매 후 부조화라는 심리적 갈등을 겪는다. 구매 후 부조화는 자신의 의사결정이 과연 잘 한 것인가 하는 일종의 의구심이므로 불만족과는 그 성격이 다른 것이다. 소비자가 구매 후 부조화를 느끼게 되면 자연히 부조화 감소를 위한 노력을 하게 된다. 구매 후 부조화가 긍정적인 방향으로 감소되면 만족으로 이어질 것이고 그렇지 못한 경우 불만족으로 이어질 것이다.
>
> ※ **구매 후 부조화가 더욱 커지게 되는 상황**
> 제품을 반품할 수 없을 때, 가격이 높은 제품일 때, 선택한 제품이 갖지 못한 장점이 다른 제품에 있을 때, 관여도가 높을 때, 모든 의사결정을 전적으로 자신이 스스로 했을 때

기출문제분석

2018 코레일

1 수현이는 명절을 맞이하여 고향에 내려갈 계획을 세우고 있는데 아직 교통편에 대한 고민을 하고 있는 상태이다. 수현이가 아래와 같은 대안 중 고를 경우 선택한 대안은? (단, 보완적 평가방식에 따른 대안으로 교통편을 선택한다.)

평가기준	중요도	교통편에 대한 평가				
		KTX	고속버스	승용차	비행기	자전거
경제성	60	8	3	5	9	4
품질	40	7	2	3	6	1
디자인	30	5	5	3	5	3
승차감	20	2	5	5	3	2

① 수현이는 자전거를 선택한다.

② 수현이는 고속버스를 선택한다.

③ 수현이는 KTX를 선택한다.

④ 수현이는 승용차를 선택한다.

⑤ 수현이는 비행기를 선택한다.

> **NOTE** 보완적 평가방식은 각 상표에 있어 어떤 속성의 약점을 다른 속성의 강점에 의해 보완하여 전반적인 평가를 내리는 방식을 말하는 것으로 각 교통편에 대한 보완적 평가방식을 계산하면 다음과 같다.
> KTX=$(60 \times 8)+(40 \times 7)+(30 \times 5)+(20 \times 2)=950$
> 고속버스=$(60 \times 3)+(40 \times 2)+(30 \times 5)+(20 \times 5)=510$
> 승용차=$(60 \times 5)+(40 \times 3)+(30 \times 3)+(20 \times 5)=610$
> 비행기=$(60 \times 9)+(40 \times 6)+(30 \times 5)+(20 \times 3)=990$
> 자전거= $(60 \times 4)+(40 \times 1)+(30 \times 3)+(20 \times 2)=410$
> ∴ 보완적 평가방식에 의해 수현이는 명절 교통편으로 비행기를 선택하게 된다.

⊙ answer 1.⑤

2 다음은 아래의 기사를 읽고 5명의 사람들이 이에 대한 이야기를 하고 있는 상황이다. 이 중 내용을 가장 잘못 말하고 있는 사람을 고르면?

> 전북에서 더불어 민주당의 강세가 뚜렷해지고 있다. 현역인 정운천 새로운 보수당 의원도 이를 비켜가지 못했다. 전주시 을은 지난 20대 총선 당시 새누리당 후보였던 정운천 의원이 35.7%의 득표율을 획득, 민주당 후보를 111표차로 누르고 신승을 거둔 지역이다. 당시 정 의원은 보수정당의 불모지인 전북에서 당선되면서 크게 화제가 된 바 있다.
>
> 하지만 뉴스1 전북취재본부가 여론조사 전문기관인 조원 씨 앤 아이에 의뢰해 17~19일 실시한 전주 을 여론조사에 따르면 민주당 후보들이 현역인 정운천 의원을 비롯해 다른 후보들을 압도하고 있는 것으로 전해졌다.
>
> '21대 총선 전주시 을 선거구에 다음 인물들이 출마한다면 누구를 지지하겠냐는 질문에 이 변호사는 37.1%의 지지율을 획득, 15.0%에 그친 정 의원을 2배 이상 앞섰다. 조계철 자유한국당 당협위원장이 4.2%로 뒤를 이었으며, 무소속인 성치두 전 20대 총선 후보(이하 후보)가 3.7%의 지지율을 기록했다. 기타인물은 19.8%, 없음은 13.2%, 잘모름은 6.9%였다. 이덕춘 변호사는 △서신동(34.1%) △효자4·5동(39.6%) △효자1·2·3동(39.0%), △삼천1·2·3동(34.7%) 등 전 지역과 전 연령대에서 다른 후보들을 압도했다. 성별 지지율은 남성이 32.0%, 여성이 41.9%였고, 정운천 의원은 △효자4·5동(16.7%)과 △삼천 1·2·3동(16.2%), 60대 이상(23.3%)에서 상대적으로 높은 지지를 얻었다.
>
> − 중략 −
>
> 이번 조사는 뉴스1 전북취재본부의 의뢰로 조원 씨 앤 아이가 1월 17일부터 18일까지 사흘간 실시했다. 전주시 을 선거구 거주 만 19세 이상 남녀를 대상으로 ARS 여론조사(유선전화 8%, 통신사 제공 휴대전화 가상번호 92% 방식, 성, 연령, 지역별 비례할당무작위추출)로 진행했다. 표본 수는 500명이었으며, 선거관리위원회 예비후보에 등록한 국가혁명배당금당과 일부 무소속 후보는 활동 등을 평가해 조사에 포함시키지 않았다.
>
> 전주시 갑·을·병 조사부터는 새로운 보수당이 국회에 정식 승인돼 정당지지도를 묻는 질문에서 의석수에 따라 보기 4번째에 배치했다. 안심번호 100%를 목표로 조사를 시행했으나 부족한 샘플을 수집하기 위해 유선번호 RDD를 사용했다. 또 안심번호 100% 위해 18세가 포함되지 않은 설문안으로 진행했다.

① 유희 : 전화를 사용하여 조사를 하게 되면 접촉의 범위가 상당히 넓어

② 준현 : 전화조사가 빠르긴 하지만 복잡하거나 긴 질문의 사용은 불가능해

③ 예진 : 다른 조사방식에 비해 신속하게 이루어지는 이점이 있지

④ 돌쇠 : 빠른 전화조사 방식을 채택하고 있으니 이해를 돕기위해 시각적인 것들을 활용하면 더 좋을 거야

⑤ 흥부 : 전화조사 시에 면접진행자에 의한 오류의 발생이 있을 수 있어

📝**NOTE** | 위 기사에서는 각 후보들에 대한 지지율을 전화조사방식을 활용하여 나타내고 있다. 전화조사는 전화에만 의존해야 하는 조사방식으로 시각적인 자료의 활용이 어렵다.

⊙answer 2.④

3 아래에 제시된 그림과 관련한 사항으로 가장 바르지 않은 것을 고르면?

① 구매 전 계획정도는 거의 없다.

② 소비자들의 경우 품절이 되면 기다렸다가 사려는 경향이 상당히 강하다.

③ 제품을 구매하기 위한 소비자들의 쇼핑 노력은 거의 없다.

④ 소비재 중 제품회전율이 가장 빠르다는 특징을 지닌다.

⑤ 가격은 소비재 중 가장 저가라고 할 수 있다.

> **NOTE** 일상적으로 쉽게 구매할 수 있는 편의품의 경우 관여도가 높지 않으므로 소비자들의 경우 원하는 제품이 없을 경우 대체품으로 대체 가능하다. ②번의 경우는 소비자가 제품구매를 위해 상당한 노력을 기울이게 되는 전문품에 대한 내용이다.

ⓞ answer 3.②

4 다음의 그림을 참조하여 추측 가능한 관련한 경로 커버리지 전략에 대한 설명으로 가장 부적절한 것을 고르면?

① 판매지역별로 하나 또는 극소수의 중간상들에게 자사제품의 유통에 대한 독점권을 부여하는 방식의 전략을 의미한다.

② 소비자들이 제품 구매 전에 상표 대안들을 비교 및 평가하는 특성을 지닌 선매품에 적합한 전략이다.

③ 중간상들에 대해서 적극적인 판매노력을 기대할 수 있다.

④ 자사 제품 이미지에 적합한 중간상들을 선택함으로써 브랜드 이미지를 강화할 수 있다.

⑤ 제한된 유통으로 인해 판매기회가 상실될 우려가 있다.

📝NOTE | 위 사진은 자동차 중에서도 고가의 차량인 "람보르기니"를 나타낸 것이다. 경로 커버리지 전략 중 고가의 제품을 다루는 전략은 전속적 유통전략이다. 이 문제의 핵심은 전속적 유통전략에 관한 내용을 묻고 있는 것이다. 전속적 유통전략은 극소수의 중간상들에게 자사제품의 유통에 대한 독점권을 부여하는 방식의 전략으로 소비자가 자신이 제품구매를 위해 적극적으로 정보탐색을 하고, 스스로가 원하는 제품을 취급하는 점포에까지 가서 기꺼이 쇼핑하는 노력도 감수하는 특성을 지닌 전문품에 적절한 전략이다. ②번은 선택적 유통에 대한 내용이다.

5 아래의 기사를 읽고 이에 관련된 내용으로 유추 가능한 것으로 가장 적절하지 않은 것을 고르면?

– 프랜차이즈 산업협회, 가맹점 관리 앱 출시 –

한국프랜차이즈산업협회는 가맹점 관리에 필요한 서비스를 한 데 모은 어플리케이션을 선보였다. 프랜차이즈산업협회는 단국대학교 기술 지주회사 산하 단국상의원과 'KFA 스토어 케어 앱'을 20일부터 서비스 한다고 밝혔다.

'KFA 스토어 케어 앱'은 △생활용품부터 여행까지 저렴한 가격으로 제공하는 복지몰 △ 후불식으로 비용 부담을 낮춘 전통수의 상조서비스(단국상의원·한국시니어케어㈜) △ 위생수준 향상 지원을 위한 해충방제 서비스(㈜밸킨스) △가맹점 청결 관리를 위한 청소용역 서비스(㈜클라우스오투) △가맹점 통합관리를 위한 인터넷·보안 서비스(통신 3사) 등으로 구성돼 있다. △ 가맹점사업자 간 직거래를 위한 중고장터 △ 회원사 – 소속 가맹점 간 소통을 위한 공지·교신 △협회·업계 주요 뉴스 수신 등 기능도 갖췄다.

협회 관계자는 "프랜차이즈 산업의 경우 92%가 매출 100억 미만 중소기업으로, 가맹본부마다 가맹점 지원정책의 편차가 큰 만큼 서비스 제공 수준 향상을 지원하기 위해 협회 차원의 전용 앱을 출시했다"면서, "회원사 복지 증진과 소통, 가맹점 운영 편의 증진을 통한 상생문화 확산을 위해 다양한 서비스를 담았으며, 앞으로도 수요를 반영해 서비스들을 보강해 나갈 것"이라고 말했다.

---

① 통상적으로 상호, 특허 상표 등의 노하우를 지닌 자가 계약을 통해서 타인에게 상표의 사용권, 제품의 판매권, 기술 등을 제공하고 그 대가로 가맹금, 보증금, 로열티 등을 받는 것을 프랜차이즈 시스템이라고 한다.

② 상호, 상표 등의 노하우를 가진 자를 프랜차이지(Franchisee)라고 하는데 이를 본부, 본사라고 하며, 이들로부터 상호의 사용권, 제품의 판매권, 기술, 상권분석, 점포 디스플레이, 관계자 훈련 및 교육지도 등을 제공받는 자를 프랜차이저(Franchisor) 라고 하는데 보통 가맹점으로 표현된다.

③ 프랜차이지는 처음부터 소비자에 대한 신뢰도를 구축할 수 있다.

④ 프랜차이저는 대량구매에 의한 규모의 경제달성이 가능하다.

⑤ 프랜차이지는 스스로의 문제해결 및 경영개선의 노력을 등한시 할 수 있다.

> 🔖NOTE │ 위 내용은 프랜차이즈에 관한 내용을 설명하고 있다. 상호, 상표 등의 노하우를 가진 자를 프랜차이저(Franchisor)라고 하는데 우리말로는 본부, 본사로 표현되고, 이러한 프랜차이저로부터 상호의 사용권, 제품의 판매권, 기술, 상권분석, 점포 디스플레이, 관계자 훈련 및 교육지도 등을 제공받는 자를 프랜차이지(Franchisee)라고 하는데 이는 일반적으로 가맹점이라 표현된다.

○ answer │ 5.②

6 연애를 시작한 지 1년이 되는 오늘 유리는 남자친구로부터 구두선물을 받게 되었고, 현재 구두를 보러 온 상황(가격 비교, 품질 및 브랜드를 모두 비교)이다. 이 때 아래의 그림은 몇몇 브랜드의 구두를 나타낸 것이다. 이를 보고 유추할 수 있는 내용으로 가장 옳지 않은 것을 고르면?

① 중간상에게 지나치게 통제를 할 경우에는 시장의 축소를 초래할 수 있다.

② 소비자들은 어느 정도의 구매노력을 기울인다.

③ 구매 전 상표들 간의 비교 및 평가가 가능하다.

④ 소비재 중에서 주로 선매품이 이에 속한다고 할 수 있다.

⑤ 이러한 경우는 한정된 범위에서 단일의 판로로 상품을 판매한다.

> 🅱NOTE│ 문제에서 몇몇 브랜드라 했으므로 선택적 유통경로를 묻는 문제라는 것을 알 수 있다. 하지만, ⑤번은 전속적 유통에 관한 설명이다. 선택적 유통은 한정된 영역에서 몇 개(2~3) 정도의 브랜드를 판매(중간상 : 2~3)하며, 전속적 유통은 한정된 영역에서 단일의 상품을 판매(중간상 : 1개)하는 방식을 취하게 된다.

● answer 6.⑤

7 아래에 제시된 기사를 읽고 이에 관련한 설명으로 가장 적절한 것을 고르면?

티몬은 정해진 특정 시간에 다양한 상품을 파격가에 판매하는 '타임 마케팅'이 중소파트너들의 매출을 크게 신장시키며 이커머스의 새로운 프로모션 트렌드가 되고 있다고 7일 밝혔다.

티몬에 따르면 지난달 7일부터 시작한 '1212타임'의 경우 정오(12시)와 심야(12시)에 프로모션을 진행, 500여개 참여 파트너들 중 30% 가량인 152개 딜의 12시간 매출이 1000만 원을 넘겼다.

파트너사들은 상품 가격을 온라인 최저가 이하로 맞추며 마진을 낮췄지만 판매량은 이전 대비 20배 이상 뛰었다. 중소파트너의 경우 하루 매출이 1000만 원을 넘으면 큰 성공으로 여긴다. 특히 메인 상단 노출이 어려운 중소 파트너사에게 있어서 타임마케팅을 통한 노출 확대는 매출을 올릴 수 있는 기회가 됐다.

타임마케팅을 통해 구매한 고객 중 추가로 다른 상품을 구매하는 교차구매 비중도 평균 60%로 티몬 전체 고객의 교차구매 비중이 평균 23% 보다 3배 가까이 높은 것으로 나타났다.

티몬은 오전 6시~10시와 밤 10시~새벽 6시대에 열리는 '모닝타임'과 '심야타임', 정오를 기준으로 매 12시간마다 바뀌는 '1212타임', 오전 9시부터 3시간 단위로 저녁 6시까지 진행하는 '타임어택'까지, 매일 24시간 내내 타임마케팅을 진행하고 있다.

---

① 기업의 제품이 생산자에서 최종소비자에게로 이전되어 가는 중에 공급과 수요 간의 시간적인 불균형을 해소시켜 주는 기능을 말하고 있다.

② 다른 어떤 것보다도 무조건적으로 보다 나은 양질의 제품을 생산하고 이를 개선하는 데 노력을 기울이고 있음을 말하고 있다.

③ 같은 유통경로 수준에 있는 기업들이 자본, 생산, 마케팅기능 등을 결합하여 각 기업의 경쟁우위를 공유하려는 마케팅 방식을 취하고 있다.

④ 자사의 제품을 한번 구매한 고객은 영원한 고객으로 유지되도록 장기적인 관계를 맺고 관리해 나가는 것을 말하고 있다.

⑤ 개인의 필요와 욕구를 만족시키되 사회적 환경과 더불어 복지를 해치지 않는 범위 내에서 행해져야 한다는 것을 말하고 있다.

📝 NOTE "정해진 특정 시간에 다양한 상품을 파격가에 판매하는 '타임 마케팅'이 중소파트너들의 매출을 크게 신장시키며 이커머스의 새로운 프로모션 트렌드가 되고 있다"에서 보면 알 수 있듯이 위 기사는 티몬과 파트너사들의 제휴를 통한 공생마케팅 기법임을 알 수 있다. 공생마케팅은 고객의 취향이 다양화되고 수요가 불안정하며 기업 간 경쟁이 치열해짐에 따라 한 기업의 자원뿐만 아니라 여러 기업의 마케팅 자원을 공동으로 이용함으로써 상호 이익을 극대화하고 위험을 회피할 수 있는 효율적인 방안을 모색한다.

예 회사 간의 협력광고, 유통망의 공동이용, 공동 브랜드의 개발, 카드사와 항공사의 제휴 마일리지 등

⊙ answer 7.③

8 다음 그림을 보고 유추한 내용으로 가장 거리가 먼 것을 고르면?

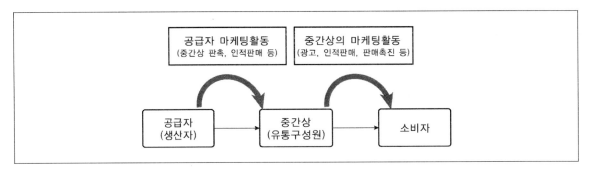

① 소비자들의 브랜드에 대한 애호도가 낮음을 알 수 있다.

② 소비자들의 제품 브랜드에 관한 선택이 점포 안에서 이루어진다.

③ 공급자가 최종 소비자들을 향해 제품을 밀어낸다는 의미로 볼 수 있다.

④ 관여도가 상당히 높은 제품에 적절한 전략이다.

⑤ 충동구매가 잦은 제품의 경우에 적합한 전략임을 알 수 있다.

> 📖NOTE │ 위 그림은 푸시전략(Push Strategy)을 나타낸 것이다. 푸시전략은 제조업자는 도매상에게 도매상은 소매상에게, 소매상은 소비자에게 제품을 판매하게 만드는 전략을 의미하는데, 이는 주로 충동구매로 제품을 구입하는 경우가 많으므로 소비자들은 제품의 브랜드에 대한 애호도가 낮은 편이다. ④번은 풀전략(Pull Strategy)에 관한 설명이다.

answer 8.④

9 아래의 내용을 읽고 문맥상 괄호 안에 들어갈 말로 알맞은 것을 고르면?

법무부 장관 후보자 청문회 전후로 조국 장관의 딸 봉사상 허위 논란 등으로 때 아닌 유명세를 탄 동양대가 (　　　) 효과는 보지 못한 것으로 나타났다.

11일 동양대에 따르면 6~10일까지 진행한 2020학년도 수시전형 원서접수 결과 영주캠퍼스는 17개, 동두천캠퍼스 5개, 모두 22개 모집단위에서 930명(전체 정원의 90.5%) 모집에 3,702명이 지원해 경쟁률 4.55대 1을 기록했다. 간호학과는 54명 모집에 714명이 지원해 13.2대 1의 높은 경쟁률을 기록했다. 지난해 동양대는 861명 모집에 4,219명이 지원해 경쟁률 5.1대 1을 기록했다.

최근 국내 주요 포털사이트에 동양대 관련 키워드가 상위 검색어 등에 오른 데 반해 입시는 빛을 보지 못했다. 지난 3일 검찰의 압수수색 등 곤혹을 치른 동양대에 취재진이 몰려들고 질문이 쏟아지는 와중에도 동양대 고위 간부는 "학교이름이 알려지니 다행"이라고 했지만 결과적으로 이미지만 실추됐다는 지적이다.

한편 동양대는 다음달 11일부터 면접고사와 실기고사 등을 실시, 간호학과를 제외한 최초 합격자를 오는 11월 대학 홈페이지에 공고할 예정이다. 간호학과는 12월에 합격자를 발표할 계획이다.

---

① 바이럴 마케팅

② 니치 마케팅

③ 그린 마케팅

④ 코즈 마케팅

⑤ 노이즈 마케팅

> **NOTE** "법무부 장관 후보자 청문회 전후로 조국 장관의 딸 봉사상 허위 논란 등으로 때 아닌 유명세를 탄 동양대가~"에서 보면 알 수 있듯이 노이즈 마케팅은 각종 이슈를 요란스럽게 치장해 구설수에 오르도록 하거나, 화젯거리를 만들어 소비자들의 이목을 현혹시켜 인지도를 늘리는 마케팅 기법을 의미한다.

answer 9.⑤

10 아래 기사를 읽고 유추한 내용 중 가장 옳지 않은 항목을 고르면?

광주지역 백화점들이 빅데이터 등을 접목한 CRM(Customer Relationship Management : 고객관계관리) 마케팅에 한층 열을 올리고 있다. 점포 내에 배치된 전담인력을 활용, 전국 단위 마케팅 전략과는 별개로 해당 지역의 고객군을 분석해 최적화된 DM을 전송하거나 기획행사를 진행하는 한편 온·오프라인을 연계하는 맞춤 영업을 강화하고 있다.

백화점 CRM의 기반은 자사 멤버십카드에 가입한 고객 정보를 데이터화한 자료다. 고객이 백화점에서 상품을 구매하고 멤버십카드를 내밀면 해당 고객의 성별이나 혼인 여부 등의 정보가 데이터베이스로 쌓인다. 그 고객이 어떤 상품군을 주로 사는지, 선호하는 브랜드는 무엇인지 등을 파악해 DM, 할인쿠폰 등의 발급에 반영한다.

지난 2014년부터 2년간 롯데백화점 광주점에서 CRM 업무를 맡았던 롯데백화점 광주점 아웃도어 관리 매니저는 "전국의 롯데백화점이 기본적으로 진행하는 홍보 방향과 함께 지점별 고객군 특성을 파악, 마케팅에 활용하고 있다"며 "고객에게 발송하는 DM 중 20% 정도는 각 지점이 지점별 데이터를 바탕으로 독자적으로 수립해 진행한다"고 말했다. 백화점 성장세가 꺾이고 고객군이 다변화하면서 마케팅의 IT화는 더욱 속도가 붙을 것이라는 전망이다.

실제 롯데백화점 광주점은 지난 2014년부터 해외 명품 오프라인 직구 매장들을 본격 개장했다. 이후 부족했던 젊은 층의 수요를 끌어올려 지난해 20~30대 기준 매출 신장률이 전국 지점 중 1위를 기록했다. 고객이 모바일·온라인에서 상품을 구매하면 이를 오프라인에서 상품을 찾아가는 '스마트 픽 배송 서비스'도 젊은 층을 중심으로 하루 평균 10여건 꾸준히 접수되고 있다. 현재 롯데그룹은 롯데쇼핑 산하 계열사 간 '스마트 픽' 상품 상호 수령도 추진 중이다. DM도 기존 종이쿠폰북에 모바일 앱(애플리케이션)을 추가로 적극 활용하는 고객들이 많아지고 있다. 실내 위치기반서비스인 비콘을 활용해 백화점 안에서 특정 장소를 지나가면 스마트폰 앱에서 자주 찾는 매장이나 선호하는 브랜드 등 주변 매장들의 할인 쿠폰 알림을 보내주는 형태의 서비스도 시행 중이다. 롯데백화점 온라인 홈페이지에서도 DM쿠폰북과 eco전단 등을 확인할 수 있다.

광주신세계도 마찬가지다. 신세계는 삼성카드, 시티카드 2개사에서 발급하는 '신세계 삼성카드', '신세계 시티카드' 등을 통해 고객 데이터를 추출한다. 전국 단위의 대규모 행사를 제외한 나머지를 100% 자체적으로 분석, 활용한다. 스마트폰 앱인 '신세계백화점', 'SSG.COM' 등을 통해 쿠폰을 받거나 사용할 수도 있다. 아직 비콘을 활용한 서비스는 시행하고 있지 않다.

다만 종이 DM이 온라인으로 전면 전환하는 데엔 다소 시간이 걸릴 것으로 예측된다. 주요 고객들이 온라인보다 오프라인에 친숙한 40대 이상이기 때문이다.

이종성 광주신세계 홍보과장은 "광주·전남 지역의 인구 비중 자체가 고 연령층이 상대적으로 많지만 아직 우리 백화점과는 많은 연관관계가 있는 고객이 아니다"라고 말하며 "현재 종이쿠폰북 활용도가 높지만 최근 들어선 젊은 층뿐 아니라 우리 백화점에 비 고객층인 중장년층도 스마트폰 등으로 할인 혜택을 누리면서 향후 데이터를 마케팅에 활용하는 사례는 점차 많아지고 자점과의 관계를 통해 충성고객이 될 것이다"라고 말했다.

---

① 최상의 서비스를 제공하는 등 고객들마다 선별적인 관계를 형성한다.

② 고객 데이터 세분화를 실시함으로써 적극적으로 관리하고 유도하며 고객의 가치를 극대화시킬 수 있는 전략이다.

③ 고객들의 욕구를 파악한 후에 이를 뒷받침할 수 있는 기술적인 솔루션을 제공함으로써 고객과의 관계가 긴밀하게 유지될 수 있는 것이다.

④ 고객의 니즈를 찾아 이를 만족시켜 줄 수 있도록 하며, 그로 인해 자사의 이익을 창출하게 된다.

⑤ 신규고객의 확보를 위한 전략은 CRM의 대상이라고 할 수 없다.

> **NOTE** CRM 마케팅의 경우에는 기존고객 유지 및 이탈방지를 주로 하고 있지만 신규고객을 창출하는 데에도 그 업무의 대상이 된다. CRM에 대한 위의 기사에서 유추가 가능한 내용은 다음과 같다.
>
> ① CRM은 조직에 가장 도움이 되는 고객을 식별해내고, 그들에게 최상의 서비스를 제공하는 등 고객들마다 선별적인 관계를 형성한다. → "점포 내에 배치된 전담인력을 활용, 전국 단위 마케팅 전략과는 별개로 해당 지역의 고객군을 분석해 최적화된 DM을 전송하거나 기획행사를 진행하는 한편 온·오프라인을 연계하는 맞춤 영업을 강화"에서 유추할 수 있다.
>
> ② 고객 데이터의 세분화를 실시해 고객을 적극적으로 관리하고 유도하며 고객의 가치를 극대화시킬 수 있는 전략을 통해 마케팅을 실시한다. → "고객이 백화점에서 상품을 구매하고 멤버십카드를 내밀면 해당 고객의 성별이나 혼인 여부 등의 정보가 데이터베이스로 쌓인다. 그 고객이 어떤 상품군을 주로 사는지, 선호하는 브랜드는 무엇인지 등을 파악해 DM, 할인 쿠폰 등의 발급에 반영"에서 유추할 수 있다.
>
> ③ 고객들의 욕구를 파악한 후에 이를 뒷받침할 수 있는 기술적인 솔루션을 제공함으로써 고객과의 관계가 긴밀하게 유지될 수 있는 것이다. → "백화점 성장세가 꺾이고 고객군이 다변화하면서 마케팅의 IT화는 더욱 속도가 붙을 것이라는 전망"에서 유추할 수 있다.
>
> ④ 고객의 니즈를 찾아 이를 만족시켜 줄 수 있도록 하며, 그로 인해 자사의 이익을 창출하게 된다. → "부족했던 젊은 층의 수요를 끌어올려 지난해 20~30대 기준 매출 신장률이 전국 지점 중 1위를 기록"에서 유추할 수 있다.

answer 10.⑤

11 전체시장을 비슷한 기호와 특성을 가진 차별화된 마케팅 프로그램을 원하는 집단별로 나누는 것을 시장세분화라고 한다. 아래의 내용을 참조하여 공통적으로 해당되는 시장세분화 변수를 고르면?

㉠ 맥도널드 햄버거 회사는 어린이용, 10대 청소년용, 어른용, 노인용에 따라 광고방법을 달리한다. 즉 10대 용 광고는 댄스음악을 효과음으로 넣고, 모험적인 광고장면이 빨리 바뀌는 형식을 취하며, 노인용 광고는 부드럽고 감상적인 광고를 취한다.

㉡ 말보로 담배는 전통적으로 남성담배의 전형인 반면에 버지니어 슬림 또는 이브 등은 여성고객을 주된 대상으로 하는 담배제품이다.

㉢ 여러 명 또는 혼자 사는지에 따라서도 소비패턴은 달라진다. 혼자 사는 여성들은 혼자 사는 남자들에 비해 병원출입이나 약의 사용, 건강보험을 위해 2배 정도 더 소비한다고 한다. 그리고 선물을 많이 사며, 자선단체에 남자들보다 3배 이상의 돈을 쓴다고 한다. 하지만 남성들은 여성들에 비해 외식횟수가 많고 비용도 2배 정도를 더 쓰며, 세탁 및 외부 활동비용에 더 많이 소비한다.

---

① 심리 행태적 세분화 변수
② 인구통계학적 기준 변수
③ 지리적 세분화 기준 변수
④ 인지 및 행동적 세분화 변수
⑤ 산업재 구매자 시장의 세분화 변수

📝 NOTE 인구통계적 시장세분화에서는 주로 고객의 나이(연령), 성별, 소득수준, 직업, 가족 수 등 인구통계적 변수에 의해 시장이 나뉘어진다. ㉠은 연령, ㉡은 성별, ㉢은 가족 수에 따라 각각 세분화한 형태이다.

○ answer 11.②

12 포지셔닝이란 자사 제품의 경쟁우위를 찾아내어 이를 선정된 목표시장의 소비자들의 마음속에 자사 상품을 자리 잡게 하는 것을 뜻하는데, 다음 중 포지셔닝에 대한 아래의 각 사례를 연결한 것으로 가장 적절한 것은 무엇인가?

> ㉠ "파로돈탁스"는 잇몸질환 치료 치약입니다.
> ㉡ "Olympus 디지털카메라"의 경우, 당신의 디카는 비 앞에서 당당한가?
> ㉢ 하우젠 세탁기의 경우, "삶지 않아도 ~ 하우젠 드럼 세탁기"
> ㉣ 맥심 커피 "가슴이 따뜻한 사람과 만나고 싶다", "커피의 명작. 맥심"
> ㉤ Avis는 렌트카 업계 2위의 기업입니다. 하지만, 더더욱 열심히 노력하고 있습니다.

① ㉠은 제품속성에 의한 포지셔닝을 설명한 사례이다.
② ㉡은 이미지 포지셔닝을 설명한 사례이다.
③ ㉢은 경쟁제품에 의한 포지셔닝을 설명한 것이다.
④ ㉣은 사용상황에 의한 포지셔닝을 설명한 것이다.
⑤ ㉤은 제품사용자에 의한 포지셔닝을 설명하고 있다.

⊟ NOTE 제품속성에 의한 포지셔닝은 자사제품의 속성이 경쟁제품에 비해 차별적 속성을 지니고 있어서 그에 대한 혜택을 제공한다는 것을 소비자에게 인식시키는 전략을 의미한다. ㉠에서 자사의 치약은 경쟁사들의 일반적인 치약이 가져다주는 치약과는 속성이 다르고 차이가 있다는 것(단순 치약이 아닌 잇몸질환 치료 치약이라는)을 많은 소비자들에게 알리고 있음을 알 수 있다.

⊙ answer 12.①

13 가격 전략의 종류와 그 내용을 바르게 연결한 것은?

⑺ 관습가격   ⑷ 모방가격

⑻ 종속제품 가격책정   ⑸ 스키밍 가격결정

㉠ 신제품을 초기에 고가로 책정하여 출시한 후 서서히 가격을 낮추는 것

㉡ 일반적으로 소비자들이 인정하는 수준의 가격으로 결정하는 것

㉢ 특정 제품의 가격은 저렴하게 판매하면서 그에 필요한 부속품의 가격을 비싸게 판매하는 것

㉣ 시장가격이나 선도기업의 가격을 그대로 따르는 것

	⑺	⑻	⑷	⑸
①	㉠	㉢	㉡	㉣
②	㉠	㉣	㉡	㉢
③	㉠	㉢	㉣	㉡
④	㉡	㉣	㉢	㉠
⑤	㉡	㉢	㉣	㉠

🖰NOTE ㉠은 스키밍 가격결정, ㉡은 관습가격, ㉢ 종속제품 가격책정, ㉣은 모방가격에 해당한다.

---

14 아래 내용은 B사의 제품믹스를 파악할 수 있도록 정리된 제품 목록표를 제시한 것이다. 다음 중 아래 도표 상에서 파악될 수 있는 제품믹스의 넓이(width)를 구하면?

분류	세제	치약	비누	기저귀	화장지
내용	아이보리 비트 액츠 퐁퐁 유아 베이비	알카액션 A 콤비크리닉 B 하얀이 소나무 노프라그 진짜	누크 스킨 베이비 천연 아이보리 모이스처	하기 위생 헬로스 소프니 팸프 아기사랑	깨끗한 잘풀림 팜파스 에이쿠 크리넥 빠삐

① 35개   ② 30개

③ 7개   ④ 6개

⑤ 5개

◆answer 13.⑤ 14.⑤

2019 서울시설공단

15 고객관계관리는 소비자들과 관련된 기업 조직의 내·외부 자료를 분석 및 통합하고 고객들의 특성에 기초한 마케팅 활동을 수립할 수 있도록 지원하는 시스템을 의미하는데, 고객관계관리의 세부내용에 관한 다음 설명 중 옳은 것만을 모아 놓은 것은?

> ㉠ 최적고객획득을 위하여 가장 가치 있는 고객을 확인하며, 자사의 제품과 서비스에 대해 고객의 지갑에서 점유율을 계산한다.
> ㉡ 교차판매의 한 예로서, 은행이 여러 가지 금융상품을 판매하고 있는 경우, 기존의 적금상품고객이 새롭게 신규펀드를 추가로 구매토록 하는 것을 들 수 있으며 이를 적극 활용해야 한다.
> ㉢ 과거 구매 고객은 휴면고객으로 고객관계관리의 대상에서 제외된다.
> ㉣ 현재 및 미래의 고가치 고객을 확인하기 위해 고객 수익과 비용을 계산한다.
> ㉤ 경쟁사가 현재 제공하고 있는 제품 및 서비스 그리고 미래에 제공할 제품과 서비스가 무엇인지 조사하며 또한 자사가 제공해야 할 제품과 서비스가 무엇인지 파악한다.

① ㉠, ㉡, ㉢, ㉣

② ㉡, ㉢, ㉣, ㉤

③ ㉠, ㉡, ㉣, ㉤

④ ㉢, ㉣, ㉤

⑤ ㉡, ㉣

📝 NOTE 고객관계관리(CRM)는 신규고객 확보, 기존고객 유지 및 고객수익성 증대를 위해 지속적인 커뮤니케이션(또는 피드백)을 통해 고객 니즈 및 개별특성을 파악하려는 것이다. 과거의 구매고객 역시 고객관계관리의 대상이 된다.

⊙ answer 15.③

16 아래의 사례들을 읽고 이와 가장 밀접한 연관성을 가지고 있는 마케팅 전략을 고르면?

> 가) "루이비통"의 파리 본점에서 여행객이 제품을 구입하게 되면 여권번호를 컴퓨터에 입력하고 1년에 한 품목만 구입하도록 제한하는 판매방식
>
> 나) 은행의 자동화코너는 객장바깥에, 입출금 등 단순업무 창구는 출입문과 가까운 쪽에, 대출과 프라이빗 뱅킹 등 우대고객용 창구는 객장 안쪽에 각각 배치하는 방식
>
> 다) 서울시로 진입하는 도시고속도로의 심각한 교통정체를 해소하기 위해 서울시는 통근자들이 대중교통을 이용하도록 독려하는 웹사이트를 설치/운영
>
> 라) 비우량고객에 대한 마케팅 투자를 최소화함으로써 우량고객집단의 고객만족을 증대시킬 수 있는 기회로 활용하는 것 즉, 고객차별화로 우량고객 중심의 사업구조를 유지하고자 하는 마케팅 활동

① 프레스티지(Prestige-marketing)

② 그린 마케팅(Green marketing)

③ 프로슈머(Prosumer-marketing)

④ 럭셔리마케팅(Luxury-marketing)

⑤ 디마케팅(De-marketing)

> 📝**NOTE** 디마케팅(De-marketing)은 수요수준이 공급자의 공급능력이나 기대공급수준을 초과하는 초과수요(overfull demand) 상황에서 수요를 감소(reduce demand)시키려는 마케팅이다. 이러한 경우에는 가격인상이나 마케팅 활동의 감소 등을 통해 수요를 일시적 또는 영구적으로 억제하게 된다.

⚬ answer 16.⑤

17 다음과 같이 기존 유통채널에 새로운 유통채널이 추가되는 경우, 이로 인해 발생하는 이익에 대한 설명으로 가장 적절하지 않은 것을 고르면?

기사제목 : 자동차 판 하이마트 문 연다.

국산차, 수입차를 브랜드 구분 없이 한 장소에서 비교해보고 구매할 수 있는 이른바 자동차 판 하이마트 (양판점)가 연내에 전국 19곳에서 문을 연다. 차 전문 양판점은 이번에 국내에서 처음 시도되는 것이다. 수십 년 간 계속된 기존 국내 자동차시장의 '원 브랜드 숍(one brand shop : 하나의 브랜드만으로 상품을 구비한 매장)' 방식의 유통구조에 적지 않은 변화가 예상된다.

---

① 제조업자는 규모의 경제를 실현하기 위해 가능한 한 전통적 유통채널을 활용하여 자신이 생산한 제품의 차별화를 원하지만 구매자들은 가능한 많은 대안들 중에서 특정제품을 선택하고 싶어 함으로써 양자 간에 불일치가 발생하게 되는데, 이는 이러한 유통경로에 의해 해소될 수 있다.

② 제조업자와 소비자 사이에 이러한 중간상이 개입하게 되면 제조업자는 소수의 중간상과 거래할 수 있으므로 수많은 소비자와 개별적 거래를 하는 불편에서 벗어날 수 있다.

③ 유통경로에서 다양하게 수행되는 기능들, 즉 수급조절, 보관, 위험부담, 정보수집 등을 제조업자가 모두 수행하기보다는 전문성을 갖춘 이러한 유통업체에게 맡기는 것이 보다 경제적이다.

④ 중간상의 참여로 생산자와 소비자 간의 직접거래에 비해 거래빈도의 수 및 이로 인한 거래비용을 낮춘다.

⑤ 제조업자들은 목표 잠재고객들이 어디에 위치하고 있고 어떻게 그들에게 도달할 수 있는지를 알기가 어려워 이를 파악하기 위해 상당한 비용을 지불하여야 하므로, 이러한 중간상을 이용하면 적은 비용으로 더 많은 잠재고객에 도달할 수 있고 탐색비용도 줄일 수 있다.

> **NOTE** 위에 제시된 내용은 복수경로 시스템 또는 혼합 마케팅 경로에 대한 내용을 나타낸 것이다. 복수경로 시스템은 규모가 크고 복잡한 시장에 직면하고 있는 기업에게 매출을 증가시키고, 시장범위를 확대할 수 있고 상이한 세분시장 소비자의 특별한 요구에 자사의 제품과 서비스를 맞출 수 있는 기회를 얻을 수 있다.
> ① 규모의 경제 및 제품의 차별화는 서로 상충되는 개념이다.

● answer 17.①

2018 한국가스공사

18 도매상의 유형분류는 1) 유통경로에서 대부분의 기능들을 수행하는 완전서비스도매상과 2) 특정 기능을 집중적으로 수행하는 한정서비스도매상으로 분류할 수 있다. 또 한정(서비스)도매상은 또 다시 어떤 기능을 전문적으로 수행하느냐에 따라 보다 세부적으로 분류된다. 아래 기능들에 따른 도매상의 세부 분류를 순서대로 올바르게 나열한 것을 고르면?

ㄱ 재고회전이 빠른 한정된 계열의 제품만을 소규모 소매상에게 현금지불을 조건으로 판매를 하며 배달은 하지 않는 도매상

ㄴ 거래 소매상들에게 직접 제품을 수송하는 도매상으로, 이들은 주로 과일과 야채 등의 신선식품을 취급하며 소규모의 슈퍼마켓을 비롯하여 소규모 채소 상인이나 병원 및 호텔 등을 순회하며 현금판매를 실시하는 도매상

ㄷ 상품을 구매하고자 하는 소매상 고객들과 협상을 통해 계약을 체결하고, 제조업자가 고객에게 직접 제품을 선적 및 운반하며, 상품에 대한 소유권을 갖지만 직접 재고를 유지하지 않는 도매상으로 주로 석탄, 목재, 중장비 등을 취급하는 도매상

ㄹ 소매상들에게 매출비중이 높지 않으면서 회전율이 높은 캔디, 껌, 건강미용 용품 등을 판매하며 소매 점포까지 직접 트럭배달을 해주면서 소매상을 대신하여 진열대에 진열하거나 재고를 관리해주는 도매상

---

① 현금거래 도매상 - 트럭 중개상 - 직송 도매상 - 진열 도매상
② 직송 도매상 - 현금거래 도매상 - 트럭 중개상 - 진열 도매상
③ 현금거래 도매상 - 트럭 중개상 - 진열 도매상 - 직송 도매상
④ 직송 도매상 - 현금거래 도매상 - 진열 도매상 - 트럭 중개상
⑤ 트럭 중개상 - 직송 도매상 - 진열 도매상 - 현금거래 도매상

NOTE ㄱ 현금거래 도매상은 현금무배달 도매상이라고도 한다.
ㄴ 트럭배달 도매상 또는 트럭 중개상은 판매와 배달기능을 트럭을 이용하여 직접 수행한다.
ㄷ 직송 도매상은 소매상 고객으로부터 주문이 왔을 때, 해당 상품을 생산자가 직접 구매자에게 배송하도록 하는 형태이다. 제품을 주문받은 도매상은 재고를 보유하거나 운송하는 기능을 수행하지 않는다. 직송도매상은 상품에 대한 소유권을 가지며 보관기능과 운송기능만을 생산자에게 의존한다는 점에서 거간과는 다르다.
ㄹ 선반진열 중개인 또는 진열도매상은 소매상들에게 매출비중이 높지 않은 상품들을 주로 공급하며, 상대적으로 이윤이 적고 매출비중은 낮지만 회전율이 높은 상품들을 취급한다. 위탁판매를 주로 한다.

answer 18.①

2019 한국서부발전공사

19 최종 소비자에서 생산자 쪽으로 거슬러 올라갈수록 정보가 왜곡되어 수요의 변동성이 증폭되는 현상을 무엇이라 하는가?

① 풍선효과

② 채찍효과

③ 밴드왜건효과

④ 립스틱 효과

⑤ 자물쇠 효과

📝 NOTE | ① 풍선효과 : 한 부분의 문제를 해결하면 다른 부분에서 새로운 문제가 생기는 현상
③ 밴드왜건효과 : 유행에 따라 특정 상품에 대한 소비가 늘어나고, 수요가 증가하는 현상
④ 립스틱 효과 : 경기 불황기에 립스틱 같은 저가 제품의 매출이 증가하는 현상
⑤ 자물쇠 효과 : 전환비용이나 기타 이유로 인해 기존 제품에서 다른 유사제품으로의 수요 이전이 어렵게 되는 현상

2018 서울교통공사

20 다음 중 마케팅 전략 수립 과정에서 상품의 특성 및 경쟁상품과의 관계, 자사의 기업 이미지 등 각종 요소를 평가·분석하여 그 상품을 시장에 있어서 특정한 위치에 설정하는 것은 어느 것인가?

① 브랜딩

② 마케팅믹스

③ 시장세분화

④ 포지셔닝

⑤ 표적시장 선정

📝 NOTE | ④ 상품의 특성 및 경쟁상품과의 관계, 자사의 기업 이미지 등 각종 요소를 평가·분석하여 그 상품을 시장에 있어서 특정한 위치에 설정하는 것을 포지셔닝이라고 한다.

ⓞ answer 19.② 20.④

21 다음 내용과 같은 특징을 가진 상품은 어느 것인가?

> 품질, 스타일이 적합성과 가격 등의 비교의 기준이 되고 상당한 정도의 소비자 취미에 의하여 결정되며, 구매횟수는 불규칙적이나 구입을 위해 비교 검토를 아끼지 않는다.

① 재너릭 상품　　　　　　　　　　② 시즈너블 아이템

③ 선매품　　　　　　　　　　　　④ 편의품

⑤ 전문품

> NOTE ① 재너릭 상품 : 상표가 부착되지 않은 상품으로 노브랜드 상품이라고도 한다.
> ② 시즈너블 아이템 : 일정 시기동안 활발히 소비되는 아이템으로 계절별 상품 등을 의미한다.
> ④ 편의품 : 일반적으로 값이 비싸지 않고 최소의 구매노력으로 구매가 가능한 품목이다.
> ⑤ 전문품 : 소비자가 상품 구매에 있어 시간과 노력을 아끼지 않으며 상품에 대한 상당한 지식을 보유하고 있으며 대용품은 불가하다.

22 포지셔닝에 대한 설명 중 바르지 않은 것은?

① 초기에는 적절한 포지셔닝이었다고 하더라도 환경변화에 의해 적절하지 않은 포지셔닝으로 변화될 수 있다.

② 포지셔닝은 경쟁제품과의 상대적 위치를 탐색하는 것으로, 소비자에 대한 분석이 사전에 반드시 이루어져야 한다.

③ 소비자의 지각속에 경쟁제품과의 비교를 암시적으로 지각하게 만들어 차별적 편익을 강조하는 것은 제품사용자에 의한 포지셔닝에 해당한다.

④ 포지셔닝 맵을 통해 잠재적 경쟁자를 파악할 수는 없지만 현재 경쟁제품과의 경쟁강도를 파악하는 것은 가능하다.

⑤ 경쟁제품과 비교하여 자사제품이 경쟁우위를 갖는 요인을 검토하고 차별화 요인을 선정하는 작업이 필요하다.

> NOTE ③ 제품 사용자에 의한 포지셔닝이란 표적시장 내의 전형적인 소비자를 겨냥하여 자사제품이 그들에게 적절한 제품이라고 소구하는 것이다. 소비자의 지각 속에 경쟁제품과의 비교를 암시적으로 지각하게 만들어 차별적 편익을 강조하는 것은 경쟁제품에 의한 포지셔닝에 해당된다.

answer 21.③ 22.③

23 밑줄 친 시장세분화 기준 및 표적시장에 대한 마케팅 전략이 바르게 짝지어진 것은?

L사는 여성용 화장품을 전문적으로 제조하는 업체이다. L사는 마케팅 전략을 수정하는 차원에서 자시 브랜드를 이용하는 여성 고객에 대한 특성을 분석하였다. 이들은 ㉠평균 30세의 미혼 여성이었으며, ㉡취미 생활을 즐기고 패션에 대한 관심이 높은 고객인 것으로 나타났다. 이에 따라 L사는 ㉢트랜디한 감성의 30대 직장인 여성을 타깃으로 하여 마케팅 활동을 수행하기로 했다.

① ㉠ 인구통계적 기준, ㉡ 심리적 기준, ㉢ 집중적 마케팅
② ㉠ 인구통계적 기준, ㉡ 심리적 기준, ㉢ 차별적 마케팅
③ ㉠ 지리적 기준, ㉡ 심리적 기준, ㉢ 집중적 마케팅
④ ㉠ 인구통계적 기준, ㉡ 행동적 기준, ㉢ 차별적 마케팅
⑤ ㉠ 인구통계적 기준, ㉡ 행동적 기준, ㉢ 집중적 마케팅

📝 NOTE ① 시장세분화 기준 - 인구통계적 기준, 심리적 기준, 행동적 기준, 지리적 기준 / 표적시장에 대한 마케팅 전략 - 비차별적 마케팅, 차별적 마케팅, 집중적 마케팅

24 다음 내용은 관계마케팅에 대한 특징을 서술한 것이다. 빈 칸에 들어갈 것은?

관계마케팅은 개별 고객과의 관계를 유지하고, 상호 간의 이익을 위한 네트워크를 지속적으로 강화시키는 것이다. 관계마케팅은 (㉠) 고객생애가치에 중점을 두고, 마케팅의 초점을 교환 주체인 (㉡)에 두며, 목표는 (㉢)이다.

① ㉠ 장기적인, ㉡ 서비스, ㉢ 고객과의 관계형성 및 유지
② ㉠ 장기적인, ㉡ 고객, ㉢ 고객과의 관계형성 및 유지
③ ㉠ 단기적인, ㉡ 상품, ㉢ 고객과의 관계형성 및 유지
④ ㉠ 장기적인, ㉡ 상품, ㉢ 거래의 성과
⑤ ㉠ 단기적인, ㉡ 서비스, ㉢ 거래의 성과

📝 NOTE ② 관계마케팅은 개별고객과의 관계를 유지하고 강화시키는 것이며, 또한 장기간 동안의 상호작용, 개별화와 부가가치 부여 등을 통해 상호간의 이익을 위한 네트워크를 지속적으로 강화시키는 것을 의미한다. 단기적 거래가 아닌 관계적 거래라는 것에 초점을 둔다. 결국 장기적 거래를 가능케하는 관계적 거래를 만들어 냄으로써 거래비용을 최소화하고, 전체 비용의 효율성을 높이는데 큰 기여를 할 수 있는 사실을 중히 여긴다.

● answer 23.① 24.②

25 다음 박스 안의 서비스 제품전략 내용을 참조하여 각 내용이 의미하는 서비스의 특성을 순서대로 바르게 나열한 것은?

> - (㉠)으로 동일한 상품일지라도 소비자에 따라 품질이나 성과가 다르게 평가되는데, 예를 들면 동일한 여행 일정으로 여행을 다녀온 소비자들 간에도 해당 여행에 대한 평가는 서로 다를 수 있다.
> - 한국병원경영연구원 신현희 연구원은 24일 대한병원협회에서 개최된 '국내병원의 START 홍보전략' 세미나에서 변화하고 있는 병원 홍보 트렌드에 대해 소개했다. 신현희 연구원은 "의료서비스는 사물이 아니기 때문에 진열이나 설명이 어렵고 환자가 직접 시술을 받기 전에는 확인이 불가능한 (㉡)적인 측면이 있다"고 말했다.

① 소멸성, 무형성　　　　　　　② 비분리성, 소멸성
③ 무형성, 이질성　　　　　　　④ 소멸성, 이질성
⑤ 이질성, 무형성

📝NOTE ㉠ 이질성은 서비스의 생산 및 인도과정에서의 가변성 요소로 인해 서비스의 내용과 질이 달라질 수 있다는 것을 의미하며, ㉡ 무형성은 소비자가 제품을 구매하기 전, 오감을 통해 느낄 수 없는 것을 말한다. 다시 말해, 무형의 혜택을 소유할 수는 없다는 것이다.

26 마케팅 조사를 할 때, X라는 상표를 소비하는 전체 모집단에 대해 구매량을 중심으로 빈번히 구매하는 사람과 가끔 구매하는 사람으로 분류하고, 각각의 집단에서 무작위로 일정한 수의 표본을 추출하는 표본추출방식은 어느 것인가?

① 할당 표본추출　　　　　　　② 층화 표본추출
③ 체계적 표본추출　　　　　　④ 주관적 표본추출
⑤ 임의 표본추출

📝NOTE ② 층화 표본추출의 장점은 중요한 하위 모집단을 모두 포함하기 때문에 정확성이 있으며, 단점은 적절한 층화변수를 선정하기가 어렵고, 다양한 변수에 대해 층화를 하는 것이 불가능하며, 비용이 많이 발생한다.

🔵 answer 25.⑤ 26.②

27 시장세분화에 대한 설명 중 바르지 않은 것은?

① 마케팅 관점에서 보면 개별세분시장에 알맞은 제품과 마케팅 프로그램을 개발, 실행할 수 있는 경우에만 시장세분화의 의의가 존재한다.

② 고객의 욕구와 선호 면에서 동질성과 이질성이라는 개념들을 사용하여 고객그룹을 분류한 후 차별화된 구매집단을 발견하고 규명하는 작업이다.

③ 시장세분화를 통해 다양한 소비자의 욕구를 파악해 이들의 욕구를 보다 잘 충족시킨다.

④ 동일한 세분시장 내에 있는 소비자들은 이질성이 극대화되며, 세분시장 간에는 동질성이 존재한다.

⑤ 시장을 특정 기준에 따라 분류한 후 이들 중 하나 혹은 몇몇 시장을 표적으로 삼아 공략하기 위한 작업과정의 일부분을 의미한다.

🖥NOTE | ④ 동일한 세분시장내에 있는 소비자들은 동질성이 극대화되며, 세분시장 간에는 이질성이 존재한다.

28 마케팅믹스 4요소에 관한 설명 중 바르지 않은 것은?

① 현대 마케팅의 중심이론은 경영자가 통제 가능한 마케팅 요소인 제품(Product), 유통경로 (Place), 판매가격(Price), 판매원(People) 등 이른바 4P를 합리적으로 결합시켜 의사를 결정하는 것을 의미한다.

② 마케팅 믹스의 구성요소에는 이외에도 제품계획, 판매경로, 광고, 수송보관, 포장, 디스플레이 등이 있다.

③ 기업이 기대하는 마케팅 목표를 달성하기 위해 마케팅에 관한 각종 전략·전술을 종합적으로 실시하는 것이다.

④ 믹스는 기업의 종류, 상태에 따라 전략적으로 변경되며, 시장표적에 따라 달리 형성된다.

⑤ 가격은 소비자들이 지불하는 노력 및 시간, 금전적인 부담, 심리적인 부담 등의 모든 비용을 의미한다.

🖥NOTE | ① 마케팅 믹스 4P's: Product(제품), Place(유통), Price(가격), Promotion(판매촉진) 이다.

answer 27.④ 28.①

29 촉진 수단에 대한 설명 중 바르지 않은 것은?

① 판매촉진을 하게 되면 단기적으로 매출이 상승하지만 판매촉진 중단 시 매출이 급감하다가 일정 시간이 흐른 후 매출이 회복되는 추세를 보이게 된다.

② 풀전략을 취하는 회사는 광고나 소비자 판촉을 중시하는 반면 푸시전략을 취하는 회사는 인적판매나 중간상판촉을 중시한다.

③ 제품 세일로 인한 상표전환의 효과는 고가의 제품을 세일할 경우보다 저가의 제품을 세일할 경우가 더 크게 나타난다.

④ 고가이며 구매자들이 구매에 위험부담을 안고 있는 제품은 인적판매가 광고보다 효과적이다.

⑤ 경품증정, 할인행사, 경연대회 등은 판매촉진에 포함되는 활동이다.

> 📝NOTE | ③ 제품 세일로 인한 상표전환의 효과는 저가의 제품을 세일할 경우보다 고가의 제품을 세일할 경우가 더 크게 나타난다.

30 가격결정에 관한 설명 중 바르지 않은 것은?

① 종속제품에 대한 가격결정은 특정 제품과 같이 사용될 수 없는 제품에 대해 부과되는 가격이다.

② 사양제품에 대한 가격결정은 주력 제품과 함께 판매되는 각종 사양제품 혹은 액세서리에 부과되는 가격이다.

③ 묶음제품 가격결정은 기업이 관련 제품들을 함께 묶어 저렴한 가격으로 판매하는 것이다.

④ 제품계열에 대한 가격결정은 한 제품계열을 구성하는 여러 제품들 간에 어느 정도의 가격차이를 둘 것인가를 결정하는 것이다.

⑤ 손실유도가격결정은 특정제품의 가격을 대폭 인하하여 다른 품목의 수익성을 확보하기 위한 일종의 심리가격결정이다.

> 📝NOTE | ① 종속제품 가격 결정은 주요 제품과 함께 사용하는 종속 제품을 동시에 생산하는 경우 기본제품은 낮은 가격으로, 종속제품은 높은 가격으로 설정하는 방법이다. 노획가격이라고도 한다.

answer 29.③ 30.①

31 경제적 가치에 대비한 가격 전략에 관한 설명 중 바르지 않은 것은?

① 고가격전략은 특정 제품에 대하여 대다수 잠재 구매자들이 지각하는 경제적 가치에 비해 가격을 높게 설정하는 것이다.

② 침투가격전략은 경제적 가치에 비하여 저가격을 설정함으로써 신속하게 시장에 침투하여 시장점 유율 또는 판매량 증대를 통해 이익을 얻고자 하는 가격전략이다.

③ 균형가격전략은 가격을 경제적 가치와 일치하게 하여 마케팅 수단으로서 가격의 역할을 축소시키는 전략이다.

④ 고가격전략은 신제품 출시 초기에 높은 가격을 설정한다.

⑤ 균형가격전략은 낡은 모델이나 기술에 집착할 가능성과 낮은 품질을 연상할 가능성이 있다는 문제점이 있다.

📄NOTE | ⑤ 침투가격전략의 문제점을 설명한 것이다.

32 메가마케팅(Mega-Marketing)에 관한 설명으로 옳은 것은?

① 기존의 마케팅 믹스인 4P(Product, Price, Place, Promotion)에 2P(Politics, Public Opinion Information)를 추가하여 활용하는 마케팅이다.

② 현대적 마케팅이라고 하며, 소비자 지향적 활동으로서 소비자 만족을 추구하고 소비자의 욕구를 확인하며 욕구를 충족시켜 줄 수 있는 제품을 생산하여 판매하는 형식이다.

③ 점점 감소해 가는 수요를 다시 증가시키기 위한 마케팅으로 표적시장, 제품, 서비스 등을 수정하는 방법으로 마케팅을 수행한다.

④ 소비자의 잠재적 수요를 파악하고 신제품을 개발하여, 새로운 수요를 창출하는 유형의 마케팅이다.

⑤ 불규칙한 수요 상황에서 제품이나 서비스의 공급능력에 맞게 수요의 발생시기를 조정 또는 변경하는 마케팅이다.

📄NOTE | ② 선행적 마케팅, ③ 재마케팅, ④ 개별적 마케팅, ⑤ 동시화마케팅

◉ answer 31.⑤ 32.①

출제예상문제

1 수요 상황에 따른 적절한 마케팅 방식의 연결이 바르지 않은 것은?

① 부정적 수요 – 전환적 마케팅

② 완전수요 – 유지적 마케팅

③ 잠재적 수요 – 개발적 마케팅

④ 초과수요 – 디마케팅

⑤ 불규칙적 수요 – 메가 마케팅

> 📄NOTE 불규칙적 수요 – 동시화 마케팅, 개발적 상품의 수요가 시간이나 계절 등의 영향으로 불규칙하지만 이를 특별 할인 등을 통해서 수요의 차이를 극복하는 마케팅 활동이다. 심야 시간에 전기료 할인, 겨울철 에어컨 특가 세일, 극장의 조조할인 등이 이에 해당된다.

2 제품수명주기 중 성숙기에 대한 설명으로 옳은 것은?

① 판매율이 증가해서 수익은 상당한 수준에 이르며, 다수의 경쟁자들이 시장에 진입하고, 제품이 시장에 수용되어 정착된다.

② 가장 많은 장애물에 직면하며, 경쟁강도가 약하더라도 빈번한 제품 변경이 발생하고, 유통이 제한적이며 활발한 촉진활동을 수행한다.

③ 고객기호변화, 기술변화, 경쟁격화 등으로 판매가 감소하고 이익이 잠식된다.

④ 판매성장률은 둔화되고 과잉생산이 초래되며, 기본제품을 다양하게 변형시키는 라인확장이 발생한다.

⑤ 선택적 수요보다는 기본적 수요를 자극하는 노력이 필요하다.

> 📄NOTE ① 성장기 ② 도입기 ④ 쇠퇴기 ⑤ 도입기

3 아래의 표에서 시장세분화 조건에 해당하는 것을 모두 고르면?

㉠ 유지 가능성	㉡ 실행 가능성
㉢ 측정 가능성	㉣ 접근 가능성
㉤ 외부적 동질성	㉥ 내부적 이질성

① ㉠, ㉡
② ㉠, ㉣, ㉤
③ ㉡, ㉢, ㉣
④ ㉢, ㉣, ㉤
⑤ ㉠, ㉡, ㉢, ㉣

📖NOTE 시장세분화의 조건으로는 유지가능성, 접근가능성, 측정가능성, 실행가능성, 내부적 동질성 및 외부적 이질성 등이 있다.

4 마케팅믹스에 관한 설명 중 바르지 않은 것은?

① 제품믹스의 일관성은 다양한 제품들이 최종 용도 등의 측면에서 제품계열들이 얼마나 밀접하게 관련되어 있는가 하는 정도이다.
② 소비자 행동분석의 결집을 의미한다.
③ 마케팅 계획과 전략을 의미한다.
④ 마케팅믹스 개발 시 고려할 사항으로는 지역별 특징에 따른 차이, 개인의 선호도, 창의성, 판단 등 마케팅활동에 투입되는 총금액이다.
⑤ 4P's 요소는 Product, Promotion, Price, People 이다.

📖NOTE 마케팅믹스의 4P's 요소는 Product, Promotion, Price, Place 이다.

5 다음 마케팅 분석방법에 관한 설명에 해당하는 것은?

> 자료의 추세를 이해하고, 이를 통해 미래의 추세를 예측하기 위한 것으로, 보통 자료의 추세를 시간의 함수로 나타낸다.

① SWOT 분석
② 상관관계 분석
③ 시계열 분석
④ 컨조인트 분석
⑤ 군집 분석

📑NOTE • 컨조인트 분석 : 소비자가 제품을 구매할 때 중요시하는 제품속성과 속성수준에 부여하는 가치를 산출해냄으로써 최적 신제품의 개발을 지원해 주는 분석 방법이다.
• 군집 분석 : 다양한 특성을 지닌 대상들을 동질적인 집단으로 분류할 때 이용하는 기법이다.

6 유통에 관한 설명 중 바르지 않은 것은?

① 상품이 생산자로부터 소비자 또는 최종수요자의 손에 이르기까지 거치게 되는 과정이나 통로이다.
② 재고자산 등의 물적흐름을 관리하여 고객서비스 향상과 관련 물류비용을 최소화하는 효과를 얻게 되는 것이 물적유통관리이다.
③ 마케팅 경로상에 중간상 없이 생산자가 소비자에게 직접 판매하는 것을 직접유통이라고 한다.
④ 간접유통을 하게 되면 유통기능이 전문화되어 유통의 길이가 짧아지게 된다.
⑤ 제조회사가 최대한으로 많은 점포를 이용하여 자사의 상품을 팔도록 하게 하는 정책으로, 주로 편의품을 만드는 회사들이 사용하는 정책을 집약적 유통이라고 한다.

📑NOTE 유통경로 중 간접유통을 하게 되면 유통 기능이 전문화되고, 유통의 길이가 길어진다.

answer 5.③ 6.④

7 다음 그림을 참조하여 서술된 내용으로 옳지 않은 것은? (단, ㉠은 생산콘셉트, ㉡은 제품콘셉트, ㉢은 판매콘셉트, ㉣은 마케팅콘셉트, ㉤은 사회적 마케팅콘셉트를 각각 의미한다.)

① ㉠의 경우 소비자들이 제품의 활용가능성이나 저가격에만 관심을 지니고 있다.
② ㉡의 경우 기업에서는 질 좋은 제품을 만들고 개선하는 데 관심을 기울인다.
③ ㉢의 경우 저압적 마케팅 방식에 의존하는 경향이 강하다.
④ ㉣의 경우 고객만족을 통한 이익을 실현하고자 한다.
⑤ ㉤의 경우 소비자를 포함해 사회 전체에 미치게 될 영향에 대해서도 관심을 가져야 한다.

☞NOTE ㉢은 판매개념에 해당하는 것으로 생산의 증대로 인해 제품공급이 과잉된 상태이다. 그러므로 이를 해결하기 위해 고압적 마케팅 방식에 의존하게 된다.

8 다음 중 마케팅 조사과정을 바르게 나열한 것은?

① 조사문제의 정의 → 마케팅조사의 설계 → 조사목적의 결정 → 자료의 수집과 분석 → 보고서 작성
② 조사문제의 정의 → 조사목적의 결정 → 자료의 수집과 분석 → 마케팅조사의 설계 → 보고서 작성
③ 조사문제의 정의 → 조사목적의 결정 → 마케팅조사의 설계 → 자료의 수집과 분석 → 보고서 작성
④ 조사문제의 정의 → 마케팅조사의 설계 → 자료의 수집과 분석 → 조사목적의 결정 → 보고서 작성
⑤ 조사목적의 결정 → 조사문제의 정의 → 마케팅조사의 설계 → 자료의 수집과 분석 → 보고서 작성

☞NOTE 마케팅 조사과정 … 조사문제의 정의 → 조사목적의 결정 → 마케팅조사의 설계 → 자료의 수집과 분석 → 보고서 작성

ⓞanswer 7.③ 8.③

9 다음 질문의 형태와 가장 관련이 깊은 설명은?

> • 당신의 집 앞 마트의 서비스에 대한 당신의 생각은 어떤가요?
> • 어젯밤 뉴스속보의 내용이 당신에게는 어떠한 의미를 주고 있나요?

① 위 질문은 폐쇄형 질문의 형태를 취하고 있다.
② 조사자의 조사 작업과 분석과정이 용이하다.
③ 조사자는 응답자로 하여금 사전에 주어진 답을 강요하지 않는다.
④ 설문 조사자가 제시하는 응답범주는 응답자들의 응답에 영향을 미친다.
⑤ 내용에 대해 자유롭게 응답하는 형식이므로 응답자들의 응답거부율이 높을 가능성은 거의 없다.

> 🖱NOTE 지문의 질문형태는 개방형 질문으로 이는 응답자로 하여금 응답자 스스로의 말로 대답하도록 하는 형식을 의미하는데, 즉 응답자들은 자신들의 생각을 솔직담백하게 풀어 표현할 수 있다.

10 기업이 소비자에게 무료샘플, 경품, 리베이트, 쿠폰 등을 제공하는 마케팅 활동은?

① 광고
② 홍보
③ 판매촉진
④ 인적 판매
⑤ DM(직접 우편)

> 🖱NOTE 무료샘플, 경품, 리베이트, 쿠폰 등을 제공하는 것은 모두 소비자들의 소비 욕구를 불러일으키고 자극함으로써 판매가 늘어나도록 하는 마케팅 활동으로 판매촉진에 해당한다.

❶ answer 9.③ 10.③

11 마케팅 조사(marketing research)를 위한 표본추출 방법 중에서 할당 표본추출(quota sampling) 방법에 대한 설명으로 옳은 것은?

① 확률 표본추출 방법 중의 하나이다.

② 모집단 내의 각 대상이 표본에 추출될 확률이 모두 동일한 방법이다.

③ 모집단의 특성을 반영하도록 통제 특성별로 미리 정해진 비율만큼 표본을 추출하는 방법이다.

④ 모집단을 어떤 기준에 따라 상이한 소집단으로 나누고 각 소집단으로부터 표본을 무작위로 추출하는 방법이다.

⑤ 희귀한 특성도 추정이 가능하다.

> **📝NOTE** 할당 표본추출 방법은 모집단을 일정한 범주로 나누고 이들 범주에서 정해진 요소를 작위적으로 표본추출하는 비확률 표본추출 방법 중 하나이다.

12 포장화, 상표명, 특성, 품질, 스타일 등 소비자들이 제품으로부터 추구하는 혜택을 구체적이고 물리적인 속성들의 집합으로 유형화시킨 것을 무엇이라고 하는가?

① 비매품

② 비탐색품

③ 핵심제품

④ 확장제품

⑤ 유형제품

> **📝NOTE** 유형제품은 제품의 유형적 측면을 나타내는 것으로, 즉 제품의 물리적 형태를 취하고 있는 제품을 의미한다.

● answer 11.③ 12.⑤

13 다음은 시장세분화에 활용되는 기준변수에 대한 내용이다. 이 중 괄호 안에 들어갈 말을 순서대로 바르게 나열한 것을 고르면?

변수	세부변수	실제 분류방법
(㉠)	– 나이 – 성별 – 직업 – 가족구성 단위	– 취학이전, 초등생, 중학생, 고교생, 10, 20, 30, 40, 50, 60대 이상 – 남, 여 – 전문직 및 기술직, 경영자, 공무원, 자영업자, 사무직 및 판매원직, 근로자, 농어민, 학생, 주부, 실업자
(㉡)	지역 단위	– 특별시, 광역시 및 각 도 – 대도시, 중소도시, 농어촌
(㉢)	– 구매 및 사용상황 – 추구 편익 – 제품사용 경험 – 사용률 – 애호도 – 제품에 대한 태도	– 제품에 따라 다름 – 기능적 편익, 심리적 편익 – 비사용자, 이전사용자, 잠재적 사용자, 초기 사용자 – 소량 사용자, 보통 사용자, 다량 사용자 – 없음, 보통, 강함, 매우 강함 – 비호의적, 중립, 호의적
(㉣)	– 라이프스타일 – 개성 – 사회계층	– 전통적 알뜰형, 합리적 생활만족형, 진보적 유행추구형, 보수적 생활 무관심형 – 강제적, 사교적, 권위주의적, 야심적 – 농촌하층, 도시하층, 중하층, 중상층, 상층

① ㉠ 구매행동 변수 – ㉡ 인구통계 변수 – ㉢ 지리적 변수 – ㉣ 심리통계 변수
② ㉠ 심리통계 변수 – ㉡ 구매행동 변수 – ㉢ 지리적 변수 – ㉣ 인구통계 변수
③ ㉠ 구매행동 변수 – ㉡ 심리통계 변수 – ㉢ 인구통계 변수 – ㉣ 지리적 변수
④ ㉠ 인구통계 변수 – ㉡ 지리적 변수 – ㉢ 구매행동 변수 – ㉣ 심리통계 변수
⑤ ㉠ 지리적 변수 – ㉡ 인구통계 변수 – ㉢ 심리통계 변수 – ㉣ 구매행동 변수

📑NOTE 시장세분화 변수의 종류

기준 변수	구체적 변수
지리적 특성	거주 지역, 도시규모, 인구밀도, 기후, 지형적 특성
인구통계적 특성	연령, 성별, 가족규모, 가족생활주기, 소득, 직업, 종교, 교육수준
심리분석적 특성	사회계층, 라이프스타일, 개성
행동적 특성	구매계기, 추구하는 편익, 사용경험여부, 사용량, 상표충성도, 상품구매단계, 가격민감도, 제품에 대한 태도

answer 13.④

14 다음은 제품계획에 따른 제품의 분류를 표로 정리한 것이다. 이 중 괄호 안에 들어갈 말로 가장 적절한 것을 고르면?

구분	Convenience Goods	Shopping Goods	Specialty Goods
가격	저가이다.	중&고가이다.	최고가이다.
구매 전 계획정도	거의 없다.	있다.	상당히 있다.
고객쇼핑노력	(㉠)	보통이다.	(㉡)
브랜드충성도	거의 없다.	있다.	특정상표를 선호한다.
제품회전율	빠르다.	느리다.	가장 느리다.

① ㉠ 최소한이다. – ㉡ 최대한이다.

② ㉠ 최대한이다. – ㉡ 최소한이다.

③ ㉠ 최소한이다. – ㉡ 최소한이다.

④ ㉠ 최대한이다. – ㉡ 최대한이다.

⑤ ㉠ 중간이다. – ㉡ 중간이다.

📌**NOTE** 편의품(Convenience Goods)은 소비자들이 언제, 어디서든지 구입이 가능한 제품으로 제품구입을 위한 쇼핑의 노력은 거의 들이지 않으며, 전문품(Specialty Goods)은 소비재 중에서 가장 높은 가격의 제품에 해당되며, 이는 소비자들의 기호, 및 취미에 의해 구입하게 되는 제품이므로 전문품 구입의 경우 소비자가 해당 제품을 찾기 위해 들이는 쇼핑의 노력은 최대한이다.

ⓞ answer 14.①

15 다음의 그림을 참조하여 서술된 내용 중 가장 옳지 않은 것을 고르면?

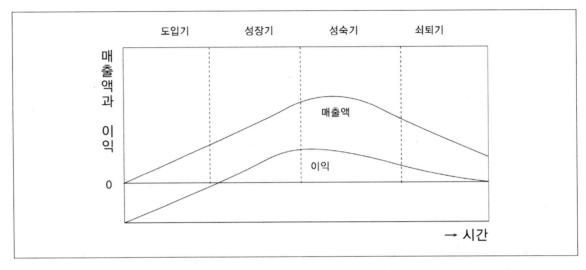

① 도입기의 경우에는 신제품이 개발된 상태이므로 소비자들의 해당 제품에 대한 인지도 및 수용도가 상당히 높은 단계이다.

② 성장기의 경우에는 실질적인 이윤이 발생하는 단계라 할 수 있다.

③ 성숙기에서는 대부분의 잠재소비자가 신제품을 사용하게 됨으로써 판매성장률은 둔화되기 시작한다.

④ 또한, 성숙기에서는 제품에 대한 마진을 줄이고, 가격을 평균생산비 수준까지 인하하는 정책을 활용한다.

⑤ 쇠퇴기에서는 제품이 개량품에 의해 대체되거나 제품라인으로부터 삭제되는 시기라 할 수 있다.

> 🖹 NOTE | 제품수명주기에서 도입기의 경우에는 제품이 시장에 처음 소개된 시기로, 제품이 처음으로 출시되고 해당 제품에 대한 인지도나 수용도가 낮고, 판매성장률 등이 매우 낮은 단계이다.

🔴 answer 15.①

16 다음의 사례들이 공통적으로 시사하는 바와 가장 관련성이 높은 것을 고르면?

> ○ 면도기 본체는 저렴하게 팔고 면도날은 비싸게 파는 경우
> ○ 레이저프린터나 잉크젯프린터를 저렴하게 팔면서 카트리지나 튜너는 비싸게 판매하는 경우
> ○ 비싼 정수기는 설치비만 받고 설치해주면서 필터교체를 매달 2만원에 약정하는 경우
> ○ 휴대폰은 공짜로 제공하고 통화요금으로 수익을 올리는 경우

① 해당 기업이 제공하는 여러 개의 제품 및 서비스 등을 하나로 묶어 하나의 가격으로 판매하는 전략이다.

② 기본 사용료 및 추가 사용료 등의 수수료를 결부하여 정하는 가격방식이다.

③ 좋은 품질 및 서비스를 잘 결합하여 소비자들에게 적정가격으로 제공하는 가격전략이다.

④ 타 사의 가격에 맞춰 가격인하를 하기보다는 부가적 특성 및 서비스의 추가로 제품의 제공물을 차별화함으로써 더 비싼 가격을 정당화하는 방식이다.

⑤ 본 제품에 대해서는 저렴한 가격을 책정하고 이윤을 줄이면서 해당 제품의 시장점유율을 늘리고 그 후에 종속제품의 부속품에 대해 이윤을 추구하는 가격전략이다.

📝NOTE 본 사례는 종속가격(Captive Pricing) 결정전략에 대한 내용이다. 종속가격 결정전략은 주 제품에 대해서는 가격을 낮게 책정해서 이윤을 줄이더라도 시장 점유율을 늘리고 난 후 종속 제품인 부속품에 대해서 이윤을 추구한다.

17 혁신적인 신제품의 수용에 대한 설명으로 옳지 않은 것은?

① 소비자의 기존 사용습관에 부합할수록 신제품의 수용 속도는 느려진다.

② 기존 제품대비 상대적 이점이 크고, 시험사용이 가능한 경우 신제품의 수용 속도는 빨라진다.

③ 제프리 무어(Geoffrey A. Moore)는 혁신수용이론의 조기수용층(early adopters)과 조기다수층 (early majority) 사이에 캐즘(chasm)이라는 간극이 존재한다고 주장하였다.

④ 로저스(E. Rogers)가 주장한 혁신수용이론(innovation-diffusion theory)은 혁신수용 속도에 따라 소비자를 혁신층(innovators), 조기수용층(early adopters), 조기다수층(early majority), 후기다수층(late majority), 지연층(laggards)으로 구분한다.

⑤ 소비자가 기존지식을 많이 가지고 있을수록 신제품 수용에 호의적이다.

📝NOTE ① 소비자의 기존 사용습관에 부합할수록 신제품의 수용 속도는 빨라진다.

18 괄호 안에 들어갈 말을 순서대로 바르게 표현한 것을 고르면?

> 제품믹스는 통상적으로 기업 조직이 다수의 소비자에게 제공하는 모든 형태의 제품계열과 제품품목을 통합한 것을 의미하는데, (㉠)은/는 기업이 지니고 있는 제품계열의 수를 의미하고, (㉡)은/는 각각의 제품계열 내에 있는 품목 수를 의미하며, (㉢)은/는 제품믹스 내에 있는 전체 제품품목의 수를 의미한다.

① ㉠ 제품믹스의 폭(Width), ㉡ 제품믹스의 길이(Length), ㉢ 제품믹스의 깊이(Depth)
② ㉠ 제품믹스의 깊이(Depth), ㉡ 제품믹스의 길이(Length), ㉢ 제품믹스의 폭(Width)
③ ㉠ 제품믹스의 길이(Length), ㉡ 제품믹스의 폭(Width), ㉢ 제품믹스의 깊이(Depth)
④ ㉠ 제품믹스의 깊이(Depth), ㉡ 제품믹스의 폭(Width), ㉢ 제품믹스의 길이(Length)
⑤ ㉠ 제품믹스의 폭(Width), ㉡ 제품믹스의 깊이(Depth), ㉢ 제품믹스의 길이(Length)

> 📝NOTE 제품믹스의 폭(Width)은 기업조직이 지니고 있는 제품계열의 수를 의미하고, 제품믹스의 깊이(Depth)는 각 제품계열 안에 있는 품목 수를 의미하며, 제품믹스의 길이(Length)는 제품믹스 내의 전체 제품품목의 수를 의미한다.

19 다음은 신제품 개발과정을 도식화한 것이다. 괄호 안에 들어갈 말을 순서대로 바르게 나열한 것은?

> 아이디어 창출→아이디어 선별(평가)→(㉠)→마케팅전략 개발단계→(㉡)→제품개발→시험마케팅→상업화

① ㉠ 시장조사, ㉡ 타당성 분석
② ㉠ 사업성 분석, ㉡ 제품개념개발 및 테스트
③ ㉠ 제품개념개발 및 테스트, ㉡ 사업성 분석
④ ㉠ 타당성 분석, ㉡ 시장조사
⑤ ㉠ 포지셔닝 결정, ㉡ 포지셔닝 맵 설정

> 📝NOTE 신제품 개발과정 … 아이디어 창출 → 아이디어 선별(평가) → 제품개념개발 및 테스트 → 마케팅전략 개발단계 → 사업성 분석 → 제품개발 → 시험마케팅 → 상업화

⊙ answer 18.⑤ 19.③

20 신제품 가격 전략에 대한 설명으로 옳지 않은 것은?

① 신제품 출시 초기 높은 가격에도 잠재 수요가 충분히 형성되어 있는 경우 스키밍 가격전략이 효과적이다.

② 목표 소비자들의 가격 민감도가 높은 경우 시장침투 가격전략이 효과적이다.

③ 시장 진입장벽이 높아 경쟁자의 진입이 어려운 경우 시장침투 가격전략이 많이 활용된다.

④ 특허기술 등의 이유로 제품이 보호되는 경우 스키밍 가격전략이 많이 활용된다.

⑤ 시장침투 가격전략은 대량생산이나 마케팅 제반비용 등을 감소시키는 데 있어 효과적이다.

📄NOTE ③ 시장침투 가격전략은 소비자들이 가격에 민감하게 반응하는 시장이거나 규모의 경제가 존재하여 가격 인하에도 이익을 확보할 수 있는 경우, 제품의 차별화가 어려운 경우, 혹은 시장의 후발주자가 기존 경쟁제품으로부터 고객을 빼앗고 시장점유율을 확보하기 위해 사용한다.

※ 스키밍 가격전략과 시장침투 가격전략
　㉠ 스키밍 가격전략 : 시장에 신제품을 선보일 때 고가로 출시한 후 점차적으로 가격을 낮추는 전략으로 브랜드 충성도가 높거나 제품의 차별점이 확실할 때 사용한다.
　㉡ 시장침투 가격전략 : 신제품을 시장에 선보일 때 초기에는 낮은 가격으로 제시한 후 시장점유율을 일정 수준 이상 확보하면 가격을 점차적으로 인상하는 전략이다.

21 다음은 제품수명주기 중 한 단계의 마케팅 전략이다. 이에 해당하는 제품수명주기의 단계를 고르면?

- 원가는 낮고, 이익은 높은 편에 속한다.
- 제품 브랜드와 모델의 다양화를 실시한다.
- 브랜드의 차별화와 편의를 강조하는 광고를 한다.
- 마케팅의 목표는 이전 점유율 유지 및 이윤 극대화이다.

① 도입기　　　　　　　　　　② 성장기
③ 성숙기　　　　　　　　　　④ 침체기
⑤ 쇠퇴기

📄NOTE 제품수명주기는 '도입기→성장기→성숙기→쇠퇴기'이며, 제시된 글은 성숙기의 마케팅 전략에 대한 내용이다.

answer　20.③　21.③

22 다음 괄호 안에 들어갈 말과 가장 관련성이 높은 것을 고르면?

> (㉠)은/는 제품 자체가 손실을 초래할 수도 있는 반면에, 타 사의 제품 판매를 유도하기도 하는 역할을 수행한다. (㉡)은/는 단기적 매출증대와 상품회전을 통한 재고감소의 효과를 가져오는 가격결정 전략이다.

① ㉠의 경우 소비자가 제품을 대량으로 구입할 경우 현금할인을 해주는 것이고, ㉡의 경우 소비자가 자사의 제품을 구입하고, 중고품 등을 가져오는 경우 판매가의 일부를 공제해주는 것을 의미한다.

② ㉠의 경우 제품의 가격체계를 기본가격과 사용가격으로 구분하여 책정하는 가격전략이고, ㉡의 경우 가치가 없던 것들을 다시 재가공하여 또 다른 부가가치로 만드는 가격전략이라 할 수 있다.

③ ㉠의 경우 통상적으로 소비자들에게 잘 알려진 제품의 가격을 저렴한 가격으로 공급함으로써 소비자들에게 해당 점포의 가격수준이 저렴하다는 이미지를 심어주기 위한 것이고, ㉡의 경우 통상적으로 백화점 등에서 일정한 기간 동안에 취급하는 품목의 가격을 할인해서 판매하는 방식이다.

④ ㉠의 경우 판매자들 간의 경쟁에 의해 가격이 결정되는 것을 말하고, ㉡의 경우 정해진 수의 소비자들이 모이면 저렴한 가격에 제품을 구입할 수 있게 해 주는 방식의 일종의 공동구매의 성격을 띠는 가격방식이다.

⑤ ㉠의 경우 가격을 이용해서 여러 제품들 간의 품질 차이를 납득시킬 수 있는 것을 말하고, ㉡의 경우 시장 진입 초기에 비슷한 제품에 비해 상대적으로 가격을 높게 정한 후에 점차적으로 하락시키는 전략을 말한다.

> 📝 NOTE│ 유인가격은 제품 자체가 손실을 초래할 수도 있는 반면에, 타 사의 제품 판매를 유도하기도 하는 역할을 수행하며, 세일행사는 단기적 매출증대와 상품회전을 통한 재고감소의 효과를 가져오는 가격결정 전략이다.

ANSWER 22.③

23 다음의 대응전략 모두와 밀접한 관련이 있는 서비스 특성은?

- 서비스 가격을 차별화한다.
- 비성수기 수요를 개발한다.
- 보완적 서비스를 제공한다.
- 예약시스템을 도입한다.

① 소멸가능성(perishability)

② 동시성 / 비분리성(simultaneity / inseparability)

③ 이질성 / 변화성(heterogeneity / variability)

④ 무형성(intangibility)

⑤ 불변성(invariability)

> 📝NOTE │ 서비스의 특성
> ㉠ 무형성: 서비스는 형태가 없다. 이로 인해 저장 및 진열이 불가능하고 특허 등으로 보호하기 어렵다.
> ㉡ 이질성: 서비스를 제공하는 제공자에 따라 품질이 달라진다.
> ㉢ 비분리성: 서비스는 생산과 소비가 분리되지 않고 동시에 일어난다.
> ㉣ 소멸성: 저장이 곤란하여 한번 생산된 서비스는 소비되지 않으면 곧바로 소멸한다.

24 다음 중 인적판매에 대한 설명으로 옳지 않은 것을 고르면?

① 소비자들과의 직접적인 대면접촉을 통해 많은 양의 정보제공이 가능한 방식이다.

② 판매낭비를 최소화시키며, 실제적인 판매를 발생시킨다.

③ 타 촉진수단에 비해 소요비용이 적은 편이다.

④ 소비자들의 니즈 및 구매시점에서의 반응 및 판매상황에 따라 상이한 제안을 할 수 있다.

⑤ 타 촉진수단에 비해 개인적인 방식이다.

> 📝NOTE │ 판매원이 직접 소비자와 접촉·활동하므로 접촉 비용이 많이 소요된다.

25 다음은 넬슨이 주장한 소매상점 입지의 원칙 8가지 중에서 그 일부를 발췌하여 설명한 것이다. 이를 참조하여 각각이 의미하는 바를 정확하게 나열한 것을 고르면?

- 수익을 올릴 수 있는 잠재력을 가진 상권이어야 한다. → 상권의 잠재력
- 소비자를 실질적으로 확보할 수 있어야 한다. → (㉠)
- 서로 보완되는 상품을 취급하는 점포와 양립하면 유리하다. → 양립성
- 고객의 주거지와 기존 점포의 중간에 위치하는 것이 좋다. → 중간저지성
- 비슷하거나 같은 점포가 몰려 있어야 한다. → (㉡)
- 향후 성장할 수 있어야 한다. → 성장가능성

---

① ㉠은 누적적 흡인력을 의미하고, ㉡은 접근가능성을 의미한다.
② ㉠은 경쟁회피성을 의미하고, ㉡은 경제성을 의미한다.
③ ㉠은 접근가능성을 의미하고, ㉡은 누적적인 흡인력을 의미한다.
④ ㉠은 경제성을 의미하고, ㉡은 경쟁회피성을 의미한다.
⑤ ㉠은 장애요소를 의미하고, ㉡은 공생가능성을 의미한다.

> 📑NOTE 소비자를 실질적으로 확보할 수 있어야 한다는 것은 접근가능성(㉠)을 나타내며, 비슷하거나 같은 점포가 몰려 있어야 하는 것은 누적적 흡인력(㉡)을 의미한다.

26 '극장' 혹은 '야구장'처럼 많은 고객이 운집하는 엔터테인먼트 서비스에서 고객들에게 훌륭한 경험을 제공하는 것이 고객만족을 통한 기업의 수익창출에 중요하다. 이러한 서비스에서 고객에게 훌륭한 경험을 제공하는 핵심 요인의 사례로 가장 적절하지 않은 것은?

① 고객 참여를 위한 파도타기 같은 집단 응원
② 고객의 오감을 만족시킬 수 있는 의자 및 음향설비와 같은 시설
③ 고객의 기억을 지속하기 위한 티셔츠와 같은 기념품
④ 고객을 지속적으로 유인하기 위한 마일리지 프로그램
⑤ 고객의 즐거움을 충족시키기 위한 행사 중간 이벤트

> 📑NOTE ④ 마일리지 적립 프로그램은 고객에게 특별한 경험을 제공한다고 보기 어렵다.

27 홍길동은 다속성태도모형에 기반해 자동차에 대한 태도를 형성한다. 중요도가 높을수록 해당 속성을 중요하게 여기는 것이고 속성별 브랜드의 평가 점수가 높을수록 해당 브랜드의 속성에 대해 우수하게 평가하는 것이다. 다음은 홍길동의 자동차 선택과 관련된 속성의 중요도 및 각 속성별 브랜드 평가에 대한 내용이다. 홍길동이 가장 선호하는 자동차 브랜드는?

		제품 속성		
		가격	성능	스타일
중요도		0.5	0.3	0.2
속성별 평가	A 브랜드	4	6	8
	B 브랜드	5	5	6
	C 브랜드	3	7	6
	D 브랜드	4	7	5

① A 브랜드

② B 브랜드

③ C 브랜드

④ D 브랜드

⑤ 알 수 없다.

> **NOTE** 다속성태도모형은 소비자가 고관여 제품을 구매할 때 제품의 각 속성에 대한 정보를 바탕으로 신념(belief)을 형성하고 긍정적이거나 부정적인 태도(attitude)를 갖게 되며 이를 토대로 구매행동(behavior)을 하게 된다는 이론이다. 따라서 홍길동은 각 속성에 대한 중요도를 반영한 점수의 합이 가장 높은 A브랜드를 선택하게 된다.

answer 27.①

28 다음의 사례에서 공통적으로 나타난 마케팅 전략을 정확하게 나타낸 것은?

[사례 1]
- 분유회사 중 네슬레는 광고에서 아기가 태어난 지 2~3개월까지는 모유를 먹이라고 권하면서 모유를 먹이기 힘든 상황에 직면해 있다면 엄마의 젖과 가장 비슷한 자사의 제품을 이용하는 것도 나쁘지 않다고 홍보하고 있다.

[사례 2]
- 지난 2002년 프랑스 맥도날드는 "어린이들은 1주일에 한 번만 맥도날드에 오세요"라는 광고를 내보냈다. 이러한 광고가 나간 후 일반 소비자뿐만 아니라 미국 맥도날드 본사까지도 황당함을 금치 못했다. 이에 프랑스 맥도날드는 패스트푸드가 비만의 원인'이라는 사회적 비판이 높아지자 우리는 다른 패스트푸드 업체와는 달리 소비자의 건강을 생각하는 회사'라는 긍정적인 이미지를 심기 위해 구매하지 말라는 광고를 제작하게 된 것이고 해당 광고 후 맥도날드의 방문횟수는 정반대로 늘어났다.

[사례 3]
- SK텔레콤은 2001년 신세기통신을 합병하면서 시장점유율이 57%로 확대되었다. 당시 정통부는 점유율을 50% 이하로 낮추는 조건으로 인수를 허용했다. 그로 인해 SK텔레콤은 이동전화 사업을 시작한 이래 처음 가입자를 받지 말아야 하는 상황에 이르게 되었다. 이 때 등장한 광고가 그 유명한 '꼭 011이 아니어도 좋습니다' 입니다. 속사정을 모르는 일반 시청자들이 봤을 때는 역시 1위 사업자니까 저런 여유도 부리는 구나 했겠지만 당시 SK텔레콤의 속은 타들어갔는데, 하지만 이를 통해 SK텔레콤의 이미지는 한결 산뜻해졌고, 불량가입자도 솎아내는 성과를 거둘 수 있었다.

---

① 터보 마케팅
② 그린 마케팅
③ 노이즈 마케팅
④ 디 마케팅
⑤ 바이럴 마케팅

📝NOTE 디 마케팅(Demarketing)은 기업 조직들이 자사의 제품을 많이 판매하기보다는 반대로 소비자들의 시장에서의 구매를 의도적으로 줄임으로 인해 적절한 수요를 창출하게 되고, 장기적으로는 보았을 때 수익의 극대화를 꾀하는 마케팅 기법이다.

● answer 28.④

29 다음 자료를 이용하여 구매전환율(Conversion Rate)을 계산하면?

> 100,000명의 소비자가 e-쇼핑몰 광고를 보았고 1,000명의 소비자가 광고를 클릭하여 e-쇼핑몰을 방문하였다. e-쇼핑몰을 방문한 소비자 중 실제 제품을 구매한 소비자는 50명이며 이들 구매고객 중 12명이 재구매를 하여 충성고객이 되었다.

① 24%

② 5%

③ 1%

④ 0.05%

⑤ 10%

> NOTE 구매전환율 $= \dfrac{\text{구매자수}}{\text{방문자수}} \times 100 = \dfrac{50}{1,000} \times 100 = 5(\%)$

30 서비스 마케팅에 대한 설명으로 옳지 않은 것은?

① 서비스는 누가, 언제, 어디서, 누구에게 제공하느냐에 따라 품질이 달라질 수 있다.

② 제품과 다른 서비스의 특성으로 무형성, 분리성, 변동성, 소멸성 등을 들 수 있다.

③ 서비스 마케팅 믹스에는 전통적인 마케팅 믹스 4P 이외에 물리적 증거, 사람 및 프로세스가 포함된다.

④ 고객은 지각된 서비스가 기대된 서비스에 미치지 못할 경우 불만족하게 된다.

⑤ 서비스 마케팅은 1990년 중반에 접어들면서 서비스 산업의 비약적인 발전과 서비스 수요의 증대, 그리고 서비스산업의 고용 창출 효과에 따라 그 중요성이 증대되고 있다.

> NOTE ② 서비스의 특성으로는 무형성, 비분리성, 변동성, 소멸성 등을 들 수 있다.

31 다음의 그림을 참조하여 가장 옳지 않은 것을 고르면?

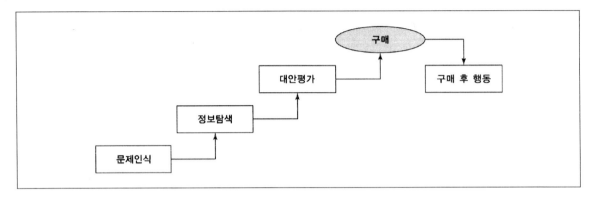

① 문제인식은 어떤 사람이 추구하는 바람직한 상태와 실제로는 그렇지 못한 상태와의 차이라고 할 수 있다
② 정보탐색 중 내부탐색은 자신의 기억 외의 원천으로부터 정보를 탐색하는 활동을 의미한다.
③ 대안의 평가는 정보를 수집하는 중간이나 또는 정보를 수집한 후에 소비자는 그 동안의 정보탐색을 통해 알게 된 내용을 기반으로 구매대상이 되는 여러 대안들을 평가하게 되는 단계이다.
④ 구매단계는 소비자의 여러 대안에 대한 태도가 정해지면, 구매의사를 결정해서, 구매행동으로 옮기는 단계이다.
⑤ 구매 후 행동은 구매의사결정 과정의 마지막 단계로써, 소비자의 구매결과를 평가하는 단계이다.

> 📄 NOTE 내부탐색은 자신의 기억 또는 내면 속에 저장되어 있는 관련된 정보에서 의사결정에 도움이 되는 것을 끄집어내는 과정을 의미한다.

🅰 answer 31.②

32 다음 지문을 읽고 괄호 안에 들어갈 말로 가장 적합한 것을 고르면?

> (   )가 필요한 이유는 기업이 현재 당면한 마케팅 문제와 상황, 조사목적 또는 필요한 정보에 대한 정확한 정의 없이 조사 진행을 하면, 도출된 결과가 마케팅 문제를 해결하는 데 도움이 되지 못하고, 오히려 비용과 시간 및 노력을 낭비한 결과를 초래할 확률이 커지기 때문이다.

① 인과조사   ② 기술조사
③ 탐색조사   ④ 마케팅조사
⑤ 역학조사

📓NOTE 탐색조사는 업의 마케팅 문제와 현 상황을 보다 잘 이해하기 위해서, 조사목적을 명확히 정의하기 위해서, 더불어 필요한 정보를 분명히 파악하기 위해서 시행하는 예비조사를 의미하는데, 특정 문제가 잘 알려져 있지 않은 경우에 적합한 조사방법을 말한다.

33 자료수집 방법에 대한 설명 중 2차 자료에 대한 설명으로 바르지 않은 것은?

① 2차 자료는 현재 조사자의 조사 목적에 도움을 줄 수 있는 기존에 나와 있는 모든 자료를 의미한다.
② 2차 자료는 통상적으로 자료의 취득이 쉬운 편이다.
③ 비용이나 시간 면에서 1차 자료에 비해 상당히 저렴하다고 할 수 있다.
④ 자료를 수집하는 목적이 조사의 목적과 일치하지 않을 수 있다.
⑤ 전화서베이, 대인면접법 등이 대표적인 조사방법이다.

📓NOTE 2차 자료는 현 조사의 목적에 도움을 줄 수 있는 모든 자료이므로 2차 자료의 대표적인 예로는 정부간행물, 각종 통계자료 등이 있다. ⑤는 1차 자료의 조사방법에 해당한다.

🅾answer 32.③ 33.⑤

34 다음 중 관찰법의 내용으로 바르지 않은 것은?

① 통상적으로 조사대상에 해당하는 사람의 행동이나 상황을 직접적 또는 기계장치를 통해서 관찰함으로써 자료를 수집하는 방법을 의미한다.

② 관찰법은 정확성 및 객관성이 떨어지는 문제점이 있다.

③ 설문지 등에 비해 비용이 많이 들어가는 문제점이 있다.

④ 조사자에게 발생 가능한 오류의 제거가 가능하다.

⑤ 관찰대상자가 자신이 관찰되고 있다는 사실을 알면 평상시와 다른 행동을 할 수도 있다.

> **NOTE** 관찰법은 조사자가 직접 또는 기계적 장치를 활용하여 조사 및 관찰하는 것이므로 정확성 및 객관성이 높은 조사방법이다.

35 다음 중 면접법에 대한 설명으로 가장 옳지 않은 것을 고르면?

① 연구자와 응답자 서로간의 언어적인 상호작용을 통해 필요한 자료를 수집하는 방법을 의미한다.

② 타인에 대한 영향의 배제가 가능한 조사방법이다.

③ 절차가 상당히 단순하고 용이하다.

④ 응답을 표준화해서 비교할 시에 어려움이 따를 수도 있다.

⑤ 넓은 지역에 걸쳐 분포된 사람을 대상으로 하는 어려움이 있다.

> **NOTE** 면접법의 경우 사전에 전화를 해서 협력을 얻어야 하고, 조사대상 자의 시간에 맞추어 일정을 잡고, 직접 찾아가 만나야 하는 등의 문제가 있으므로 절차가 복잡하고 불편하다는 문제점이 있다.

36 다음 중 전화면접법에 대한 설명으로 바르지 않은 것을 고르면?

① 특정 주제에 대해 응답의 회피가 나타날 수 있다.

② 컴퓨터를 이용한 자동화 조사가 가능하다.

③ 한 시점에 나타나는 일에 대해 정도가 높은 정보취득이 가능하다.

④ 표본의 분포가 좁고 한정되어 있다.

⑤ 보조도구를 사용하기 어렵다.

> **NOTE** 전화면접법은 전화라는 도구의 사용으로 인해 표본의 분포가 상당히 폭 넓고 다양하다.

answer 34.② 35.③ 36.④

37 고관여(high involvement) 상황 하에서 소비자 구매의사결정 과정 5단계가 순서대로 바르게 나열된 것은?

① 문제 인식 → 정보 탐색 → 구매 → 대안 평가 → 구매 후 행동

② 문제 인식 → 정보 탐색 → 대안 평가 → 구매 → 구매 후 행동

③ 정보 탐색 → 문제 인식 → 구매 → 대안 평가 → 구매 후 행동

④ 정보 탐색 → 문제 인식 → 구매 → 구매 후 행동 → 대안 평가

⑤ 정보 탐색 → 구매 → 문제 인식 → 대안 평가 → 구매 후 행동

📵NOTE 구매의사결정의 가장 첫 단계는 문제 인식이다. 문제를 인식한 소비자는 정보를 탐색하고 몇 가지 대안을 평가 한 후 구매에 들어가며, 구매 후 행동으로 이어진다.

38 다음 중 우편질문법에 대한 설명으로 옳지 않은 것은?

① 응답에 대한 회수율이 상당히 낮다.

② 면접자가 없으므로 면접자의 개인적 특성 및 면접자들 사이의 차이에서 나올 수 있는 오류가 나타나지 않게 된다.

③ 질문에 대한 통제가 가능하다.

④ 주제에 관심이 있는 사람들만이 응답할 우려가 많다.

⑤ 무응답된 질문에 대한 처리가 어렵다.

📵NOTE 우편질문법은 이미 질문이 인쇄되어 응답자들에게 보내지고, 조사자 없이 응답자가 응답해야 하므로 질문에 대한 통제가 불가능하다는 문제점이 있다.

39 제품 가격을 990원 혹은 9,990원 등으로 책정하는 가격결정 방법은?

① 관습가격결정(customary pricing)

② 단수가격결정(odd pricing)

③ 준거가격결정(reference pricing)

④ 위신가격결정(prestige pricing)

⑤ 유인가격결정(loss leader)

> **NOTE** 준거가격이란 어떤 제품에 대하여 이 정도의 가격이면 적당하다고 설정한 기준이 되는 가격을 말한다. 990원, 9,990원과 같이 가격을 책정하는 것은 소비자로 하여금 준거가격보다 싸다는 느낌을 갖게 하여 구매를 촉진하기 위해서이다.

40 다음의 설명 중 틀린 것을 고르면?

① 표본 프레임은 표본이 실제 추출되는 연구대상 모집단의 목록을 의미한다.

② 모집단은 통계적 관찰의 대상에 포함되는 집단의 일부를 의미한다.

③ 표본크기의 결정은 조사의 중요도에 따라 정해진 목표정도를 만족시킬 수 있는 범위에서 적절한 수준이 좋다.

④ 표본추출방법의 결정방법에는 크게 확률 표본추출방법과 비확률 표본추출방법이 있다.

⑤ 조사대상자의 선정에서는 실제적인 조사대상자를 선정하는 단계이다.

> **NOTE** 모집단은 통계적 관찰의 대상에 포함되는 집단의 전체를 의미한다.
>
> ※ 모집단 및 표본
>   ㉠ 모집단: 관심의 대상이 되는 모든 개체의 집합
>   ㉡ 표본: 모집단을 대표할 수 있도록 선택된 모집단 일부, 실제의 분석에 사용되는 집단

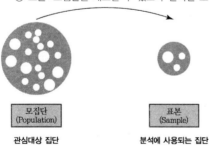

모집단
(Population)

표본
(Sample)

관심대상 집단   분석에 사용되는 집단

answer 39.③ 40.②

41 다음 중 확률표본추출방법에 대한 설명으로 가장 옳지 않은 것은?

① 모집단에 대한 정보를 필요로 하지 않는다.

② 표본오차에 대한 추정이 가능한 방법이다.

③ 시간 및 비용 등이 상당히 필요한 방법이다.

④ 무작위 추출방식을 선택한다.

⑤ 표본으로써의 추출될 확률이 알려져 있을 때 활용하는 방법이다.

> NOTE │ 확률표본추출방법은 모집단에 대한 정보를 필요로 한다.

42 다음 중 비확률표본추출방법에 대한 내용으로 가장 거리가 먼 것은?

① 표본오차의 추정이 불가능하다.

② 인위적인 추출이 가능한 방법이다.

③ 모집단에 대한 정보를 필요로 하지 않는 방법이다.

④ 표본으로 추출될 확률을 알 수 있을 때 활용가능한 방법이다.

⑤ 시간과 비용이 적게 들어가는 방법이다.

> NOTE │ 비확률표본추출방법은 표본으로 추출될 확률을 모를 때 활용가능한 방법이다.

43 다음 중 시장침투가격(penetration pricing) 전략이 적합한 상황과 가장 거리가 먼 것은?

① 소비자들이 가격에 민감하지 않을 때

② 시장 성장률이 높을 때

③ 경쟁자의 진입을 사전에 방지 하고자 할 때

④ 규모의 경제가 존재할 때

⑤ 시장 진입 초기 때

> NOTE │ 시장침투가격은 재빨리 시장에 깊숙이 침투하기 위해 최초의 가격을 고가로 정하기보다는 낮게 설정하여 많은 수의 고객을 빨리 확보하고, 시장 점유율을 확대하려는 가격정책이다. 따라서 시장침투가격은 소비자들이 가격에 민감할 때 효과적이다.

44 다음 그림과 관련한 설명으로 가장 거리가 먼 것은?

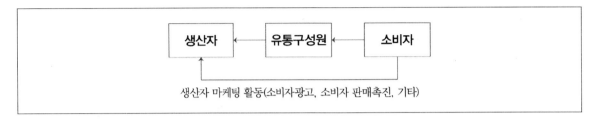

① 위 그림은 소비자를 상대로 적극적인 프로모션 활동을 하여 소비자들이 스스로 제품을 찾게 만들고 중간상들은 소비자가 원하기 때문에 제품을 취급할 수밖에 없게 만드는 전략을 의미한다.
② 홍보 및 광고를 주로 활용하는 전략이다.
③ 충동구매가 잦은 제품의 경우에 적합한 전략이다.
④ 소비자들이 점포에 오기 전에 미리 브랜드 선택에 대해 관여도가 높은 제품에 적합한 전략이다.
⑤ 그림으로 미루어 보아 소비자들의 제품에 대한 브랜드 애호도가 높다고 할 수 있다.

> NOTE 위 그림은 풀(Pull Strategy)전략에 대한 것이다. 충동구매가 잦은 제품에 활용되는 것은 푸시전략이다.

45 다음 그림과 관련한 설명으로 가장 거리가 먼 것은?

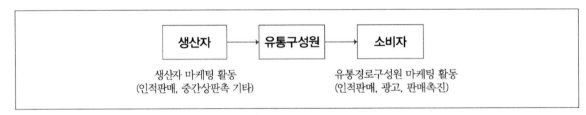

① 그림으로 보아 제조업자는 도매상에게 도매상은 소매상에게, 소매상은 소비자에게 제품을 판매하게 만드는 전략을 의미한다.
② 이러한 전략의 목적은 중간상들로 하여금 자사의 상품을 취급하도록 하고, 소비자들에게 적극 권유하도록 하는 데에 있다고 볼 수 있다.
③ 소비자들의 제품에 대한 브랜드 애호도가 낮다.
④ 이러한 전략의 경우 제품에 대한 브랜드 선택이 점포 방문 전에 미리 이루어진다.
⑤ 충동구매가 잦은 제품의 경우에 적합한 전략이다.

> NOTE 위 그림은 푸시(Push Strategy)전략에 대한 것이다. 이러한 전략은 제품 브랜드에 대한 선택이 점포 안에서 이루어진다.

answer 44.③ 45.④

46 다음 중 새로운 제품의 출시와 관련하여 시장에서 잠재적 소비자들을 대상으로 하는 탐색적 조사에 해당하지 않는 것은?

① 관찰조사　　　　　　　　　　② 면접조사
③ 패널조사　　　　　　　　　　④ 사례조사
⑤ 문헌조사

　NOTE │ ③은 기술 조사에 속한다. 나머지는 탐색적 조사에 속한다.

47 다음 중 제품의 판매를 소매, 도매, 정부로 나눌 때 그 기준은?

① 기능별　　　　　　　　　　　② 고객별
③ 지역별　　　　　　　　　　　④ 형태별
⑤ 역사별

　NOTE │ ② 제품 판매를 소매, 도매, 정부로 분류할 때 분류 기준은 고객별로 분류함이 알맞다.

48 다음 중 소비자 대상 판매촉진에 해당하는 것들로 바르게 묶은 것은?

㉠ 견본품	㉡ 구매공제
㉢ 입점공제	㉣ 프리미엄
㉤ 할인쿠폰	㉥ 진열공제

① ㉠, ㉡　　　　　　　　　　　② ㉠, ㉢
③ ㉢, ㉥　　　　　　　　　　　④ ㉣, ㉤
⑤ ㉣, ㉥

　NOTE │ 소비자 판촉을 위한 수단으로는 할인쿠폰, 리베이트, 보너스 팩, 보상판매, 할인행사, 샘플 및 무료 시용권, 사은품, 경품, 게임, 콘테스트 등이 있다.

49 마케팅에 대한 다음 설명으로 잘못된 것은?

① 시장세분화는 동질적 시장을 전제로 하여 하위시장으로 구분하는 것이다.

② 시장세분화가 성공하기 위해서는 시장 사이에 충분한 차별성이 존재하여야 한다.

③ 시장세분화를 통해 경쟁자보다 해당시장에서 먼저 경쟁 우위를 확보할 수 있다.

④ 제품구매고객을 분류하는 대표적인 기준으로는 인구통계적 기준, 가치관·성격을 비롯한 심리특성적 기준 등이 있다.

⑤ 마케팅은 단순히 영리를 목적으로 하는 기업뿐만 아니라 비영리조직까지 적용되고 있다.

🖉 NOTE 시장세분화는 이질적 시장을 동질의 시장으로 나누는 것이다. 따라서 세분화된 시장 안에는 최대한 동질적이고, 세분화된 시장 간에는 최대한 이질적이다.

50 다음은 전통적 마케팅과 현대적 마케팅에 대한 설명이다. 이 중 옳은 것은?

① 전통적 마케팅은 판매자 중심의 선행적 마케팅이다.

② 현대적 마케팅은 소비자 중심의 후행적 마케팅이다.

③ 전통적 마케팅은 고압적이며 선형 마케팅의 형태를 띤다.

④ 현대적 마케팅은 선형 마케팅의 형태를 띠고 있다.

⑤ 전통적 마케팅과 현대적 마케팅 모두 전략의 중점은 매출증대이다.

🖉 NOTE ①② 전통적 마케팅은 판매자 중심의 후행적 마케팅, 현대적 마케팅은 소비자 중심의 선행적 마케팅이다.
④ 선형 마케팅은 전통적 마케팅에 해당한다.
⑤ 전통적 마케팅이 매출 위주의 전략이었다면, 현대적 마케팅은 전사적 통합 전략의 성격을 띤다.

51 다음 중 4P가 아닌 것은 무엇인가?

① Product
② Price
③ Place
④ Package
⑤ Promotion

🖉 NOTE 마케팅 믹스에서 4P는 제품(Product), 가격(Price), 유통(Place), 촉진(Promotion)이다.

⊙ answer 49.① 50.③ 51.④

52 다음은 포지셔닝에 대한 설명들이다. 설명으로 가장 바르지 않은 것을 고르면?

① 경쟁제품에 의한 포지셔닝은 소비자들이 인지하고 있는 기존의 경쟁제품과 비교함으로써 자사 제품의 편익을 강조하는 전략을 말한다.

② 속성에 의한 포지셔닝은 자사제품의 속성이 경쟁제품에 비해 차별적인 속성을 가지고 있어 그에 대한 혜택을 제공한다는 것을 소비자에게 인지시키는 전략을 의미한다.

③ 이미지에 의한 포지셔닝은 제품이 가지고 있는 실제적인 편익을 소비자들에게 소구하는 전략이다.

④ 사용상황에 의한 포지셔닝은 자사 제품의 적절한 사용상황을 묘사함으로서 경쟁사의 제품과는 사용의 상황에 따라 차별적으로 다르다는 것을 소비자에게 인지시키는 전략을 의미한다.

⑤ 제품사용자에 의한 포지셔닝은 제품이 특정 사용자의 계층에 적합하다고 소비자에게 강조하여 포지셔닝하는 전략을 의미한다.

🔒NOTE 이미지에 의한 포지셔닝은 제품이 지니고 있는 추상적인 편익을 소구하는 전략을 말한다.

53 다음 중 아래의 내용이 설명하는 것이 감소되는 경우에 해당하는 것은?

> 자신이 구매한 상표가 다른 대안들보다 더 나은 것인가에 대한 확신이 없는 경우에 소비자 들이 겪는 심리적 갈등

① 가격이 비교적 저렴한 제품일 경우

② 제품의 반품이 불가능할 경우

③ 고관여의 제품일 경우

④ 모든 의사결정을 본인 스스로 했을 경우

⑤ 선택 제품에는 없는 장점이 타 제품에 있을 경우

🔒NOTE 제시된 글이 설명하는 것은 '인지부조화'이다. 구매 후 부조화가 더욱 커지게 되는 상황은 다음과 같다.
ⓐ 제품을 반품할 수 없을 때
ⓑ 가격이 높은 제품일 때
ⓒ 선택한 제품이 갖지 못한 장점이 다른 제품에 있을 때
ⓓ 관여도가 높을 대
ⓔ 모든 의사결정을 전적으로 자신이 스스로 했을 때

54 아래의 내용을 참조하여 괄호 안에 들어갈 말을 차례로 표기한 것을 고르면?

> • (㉠)은 판매지역별로 자사의 제품을 취급하기를 원하는 중간상들 중에서 일정 자격을 갖춘 하나 이상 또는 소수의 중간상들에게 판매를 허가하는 전략이다.
> • (㉡)은 각 판매지역별로 하나 또는 극소수의 중간상들에게 자사제품의 유통에 대한 독점권을 부여하는 방식의 전략을 말한다.
> • (㉢)은 가능한 한 많은 소매상들로 해서 자사의 제품을 취급하게 하도록 함으로서, 포괄되는 시장의 범위를 확대 시키려는 전략이다.

① ㉠ 전속적 유통, ㉡ 선택적 유통, ㉢ 개방적 유통
② ㉠ 선택적 유통, ㉡ 전속적 유통, ㉢ 개방적 유통
③ ㉠ 전속적 유통, ㉡ 개방적 유통, ㉢ 선택적 유통
④ ㉠ 선택적 유통, ㉡ 개방적 유통, ㉢ 전속적 유통
⑤ ㉠ 개방적 유통, ㉡ 선택적 유통, ㉢ 전속적 유통

> 📝**NOTE** ㉠의 선택적 유통은 판매지역별로 자사의 제품을 취급하기를 원하는 중간상들 중에서 일정 자격을 갖춘 하나 이상 또는 소수의 중간상들에게 판매를 허가하는 전략이다. ㉡의 전속적 유통은 각 판매지역별로 하나 또는 극소수의 중간상들에게 자사제품의 유통에 대한 독점권을 부여하는 방식의 전략을 말한다. ㉢의 집약적 유통은 가능한 한 많은 소매상들로 해서 자사의 제품을 취급하게 하도록 함으로서, 포괄되는 시장의 범위를 확대 시키려는 전략이며 개방적 유통이라고도 한다.

55 제품수명주기에서 성장기에 대한 설명 중 옳은 것은?

① 제품의 품질에 대한 신뢰성을 확보하고 경쟁기업의 진입에 대비한다.
② 제품을 차별화하면서 기존고객의 점유율을 유지하고 새로운 고객을 창출한다.
③ 마케팅믹스를 수정하고, 상품모델의 다양화를 추구한다.
④ 마케팅 전략을 통하여 수익성이 낮은 시장에서 철수하거나 시장 참여를 축소한다.
⑤ 비용의 절감 및 투자비의 회수가 중요한 문제로 떠오른다.

> 📝**NOTE** 성장기에는 수익이 생기기 시작하면 경쟁기업이 시장에 들어오기 시작한다. 그래서 이에 대비해야 한다. ②,③은 성숙기에 해당하고 ④,⑤는 쇠퇴기에 해당한다.

ⓞ answer 54.② 55.①

56 일반적으로 소비자들이 슈퍼마켓이나 할인점에 가면 1,980원짜리의 라면 묶음, 980원짜리 노트, 9,900원짜리 생활용품 등의 가격표가 많이 있는 것을 볼 수 있다. 제품에 1천 원, 2천 원, 1만 원 대신 980원, 1,980원, 9,900원과 같이 가격을 사용하는 것은 소비자들로 하여금 소비자가 지니고 있는 9나 8이라는 숫자에 대해 '최대한 인하된 가격'이라는 이미지를 극대화시키는데 목적이 있다. 그러므로 실제의 차액보다도 저렴한 인상을 주는 효과로 제품의 판매를 증진시킬 수 있게 되는데 이와 관련해서 연관성이 가장 높은 설명을 고르면?

① 산업재 제조업자·중간상 간의 거래 등에 상당히 많이 활용되는 가격결정방식이다.

② 제품에 대해 소비자 나름대로의 기준이 되는 가격을 마음속에 가지고 있어서, 제품을 구매할 경우에 마음속에 담아둔 가격과 비교해보고 구매하고자 하는 제품 가격이 비싼지 여부를 결정하게 되는 가격결정방식이다.

③ 일시적으로 가격이 상승함에 따라 수요가 증가되는 경향을 보이기도 하는데, 이를 이용하여 고가격으로 가격을 설정하는 방식이라 할 수 있다.

④ 제품의 생산원가가 변동되었다 하더라도 제품의 품질 및 수량 등을 가감해서 기존의 가격을 그대로 유지하는 가격결정방법으로 볼 수 있다.

⑤ 이 같은 가격결정방법은 여러 소비자들에게 정확한 계산에 의해 제품의 가격이 책정되었다는 메시지를 줄 수 있는 가격결정방식이라 할 수 있다.

> 🅑NOTE │ 위 지문은 단수가격에 대한 설명이다. 단수가격은 소비자들에게 심리적으로 값싸다는 느낌을 주어 판매량을 늘리려는 가격결정방법으로 소비자의 입장에서는 가격이 상당히 낮은 것으로 느낄 수 있고, 더불어 정확한 계산에 의해 가격이 책정되었다는 느낌을 줄 수 있는 심리적 가격결정방법이다.

57 다음 경로 커버리지 결정에 대한 설명 중 집약적 유통에 대한 설명으로 보기 가장 어려운 것을 고르면?

① 집약적 유통은 포괄되는 시장의 범위를 확대 시키려는 전략이라고 볼 수 있다.

② 중간상의 제품에 대한 판매가격 및 신용정책 등에 대해 강한 통제를 할 수 있는 방식이다.

③ 충동구매의 증가 또는 편의성의 증가되는 이점이 있다.

④ 순이익이 낮고 중간상들의 통제에 대한 어려움 등이 있다.

⑤ 집약적 유통에는 통상적으로 편의품이 속한다.

> 🅑NOTE │ ②는 전속적 유통에 대한 설명이다.

58 다음 중 푸시(Push)전략에 대한 설명으로 가장 옳지 않은 것을 고르면?

① 푸시전략은 제조업자가 소비자를 향해 제품을 밀어낸다는 의미이다.

② 푸시전략은 소비자들의 브랜드 애호도가 낮다.

③ 푸시전략은 제품 브랜드 선택이 점포 안에서 이루어지는 특성이 있다.

④ 푸시전략은 광고와 홍보를 주로 사용한다.

⑤ 푸시전략은 충동구매가 잦은 제품의 경우에 적합한 전략이다.

> 🄱NOTE ④는 풀(Pull)전략에 대한 설명이다.

59 다음 그림을 보고 관련한 설명으로 가장 거리가 먼 것을 고르면?

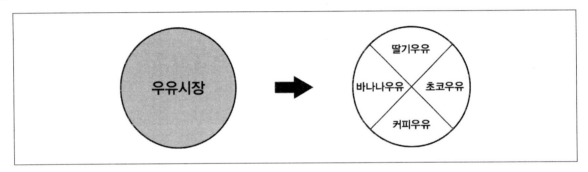

① 위 그림은 하나의 전체 시장을 소비자들의 욕구에 맞게 여러 개의 세분시장으로 나누어 소비자들의 니즈에 부응하도록 하는 마케팅 전략이다.

② 전체 시장에서의 매출은 증가되는 현상을 보이게 된다.

③ 각각의 세분시장에 차별화된 제품 및 광고 판촉을 제공하기 위해 비용은 줄어드는 현상을 보이게 된다.

④ 이러한 경우에는 자원이 풍부한 대기업 등에서 주로 활용하게 된다.

⑤ 위 그림과 같은 경우는 다른 말로 복수 세분시장 전략이라고도 한다.

> 🄱NOTE 차별적 마케팅 전략(Differentiated Marketing Strategy)은 소비자들의 니즈에 맞게 시장을 세분화하여 각각의 세분시장에 차별화된 제품 및 광고의 판촉을 제공하기 위해 비용 또한 늘어나게 된다.

🄞 answer 58.④ 59.③

60 광고를 보면 현재 시중에 나와 있는 대다수의 화장품 광고는 화장품이 제공하게 되는 기본적 기능 및 브랜드보다는 아름다움을 노출하고 있고, 아파트 광고의 경우에도 '푸르지오' 역시 브랜드보다는 소비자들을 향한 감성광고 쪽으로 여러 매체에 노출되고 있는데 이것은 P. Kotler교수가 말한 제품의 분류 중에서 어디에 속한다고 할 수 있나?

① 확장제품
② 선매품
③ 핵심제품
④ 전문품
⑤ 유형제품

📝NOTE | 확장제품은 물리적 형태의 제품(유형제품)에서 해당 제품이 소비자들에게 제공하는 효익(핵심제품)이 있으며, 해당 제품이 제공하는 편익에서 파생 되어지는 효용가치(확장제품)를 증가시키는 일종의 부가서비스 차원의 제품을 의미한다.

61 다음은 전통적인 소비자 구매행동모델인 AIDMA 모델과 새롭게 등장한 AISAS 모델에 대한 설명이다. 이 중 옳지 않은 것을 모두 고르면?

> ㉠ AIDMA은 Attention, Interest, Desire, Memory, Acceptance의 앞머리를 딴 모델이다.
> ㉡ AIDMA의 Attention 단계에서는 상품에 대한 고객의 긍정적인 반응이 시작된다.
> ㉢ AIDMA 모델에 따르면 A→I→D→M→A, 5단계를 순서대로 거쳐 제품의 구매까지 이르게 된다.
> ㉣ AISAS에서 S는 Share를 의미하며, 구매 이후의 공유단계가 생긴 것이 특징이다.

① ㉠, ㉡
② ㉠, ㉢
③ ㉡, ㉢
④ ㉡, ㉣
⑤ ㉢, ㉣

📝NOTE | ㉠ AIDMA은 Attention, Interest, Desire, Memory, Action의 앞머리를 딴 모델이다.
㉡ 상품에 대한 고객의 긍정적인 반응이 시작되는 단계는 Interest 단계이다.

62 다음 그림은 포지셔닝 맵에 대한 것이다. 다음 중 이와 관련한 내용으로 보기 가장 어려운 것을 고르면?

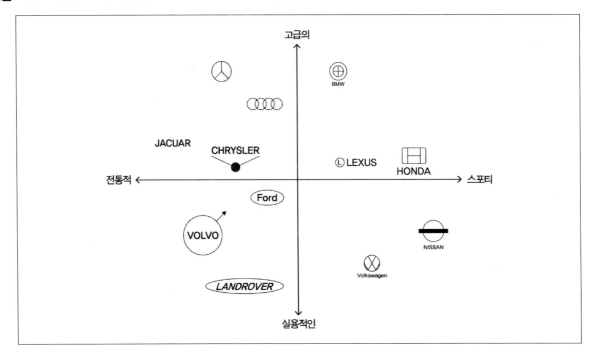

① 위 그림은 기업 및 제품에 대해 위상을 정립하기 위해 마케팅 믹스를 통해서 소비자들에게 자사 제품의 정확한 위치를 인식시키는 것이라 할 수 있다.

② 소비자가 시장에 있는 각각의 제품에 대해 지각하고 있는 유사점과 차이점을 선별하여 2차원 또는 3차원의 도면으로 작성하는 방법이다.

③ 포지셔닝의 기준이 되는 지표의 선정이 중요하다.

④ 지표의 경우 제품에 대한 공급자들이 판매를 할 때 중요하게 고려되는 것으로 선정해야 한다.

⑤ 이 경우 직접 또는 간접적으로 경쟁하고 있는 브랜드들의 시장 내에서 차지하는 위치와 소비자들의 인식을 한눈에 확인 할 수 있다.

> NOTE 포지셔닝 맵에서 지표는 제품에 대해 소비자들이 구매의사결정을 할 시에 중요하게 고려하는 것을 선정해야 한다.

● answer 62.④

63 다음은 시장세분화 조건에 대한 내용들이다. 이 중 가장 옳지 않은 것은?

① 마케터가 각 세분시장에 속하는 구성원을 확인하고, 세분화 근거에 따라 그 규모 및 구매력 등의 크기를 측정할 수 있어야 한다는 것은 측정 가능성을 의미하는 것이다.

② 각 세분시장은 별도의 마케팅 노력을 할애할 만큼 규모가 크고 수익성이 높아야 한다는 것은 유지 가능성을 의미하는 것이다.

③ 마케터가 각 세분시장에게 기업이 별도의 상이한 마케팅 노력을 효과적으로 집중시킬 수 있어야 한다는 것은 접근 가능성을 의미하는 것이다.

④ 마케터가 각 세분시장에게 적합한 마케팅 믹스를 실제로 개발할 수 있는 능력 및 자원을 가지고 있어야 한다는 것은 실행 가능성을 의미하는 것이다.

⑤ 특정 마케팅 믹스에 대한 반응 및 세분화 근거에 있어 같은 세분시장의 구성원은 이질성을 보여야 하고, 다른 세분시장의 구성원과는 동질성을 보여야 한다는 것은 내부적 동질성과 외부적 이질성을 의미하는 것이다.

📄NOTE 특정한 마케팅 믹스에 대한 반응이나 세분화 근거에 있어서 같은 세분시장의 구성원은 동질성을 보여야 하고, 다른 세분시장의 구성원과는 이질성을 보여야 한다는 것은 내부적 동질성과 외부적 이질성을 의미하는 것이다.

※ 시장세분화 조건

구분	내용
측정 가능성	마케터는 각 세분시장에 속하는 구성원을 확인하고, 세분화 근거에 따라 그 규모나 구매력 등의 크기를 측정할 수 있어야 한다.
유지 가능성	각 세분시장은 별도의 마케팅 노력을 할애할 만큼 규모가 크고 수익성이 높아야 한다.
접근 가능성	마케터는 각 세분시장에게 기업이 별도의 상이한 마케팅 노력을 효과적으로 집중시킬 수 있어야 한다.
실행 가능성	마케터는 각 세분시장에게 적합한 마케팅 믹스를 실제로 개발할 수 있는 능력과 자원을 가지고 있어야 한다.
내부적 동질성 및 외부적 이질성	특정한 마케팅 믹스에 대한 반응이나 세분화 근거에 있어서 같은 세분시장의 구성원은 동질성을 보여야 하고, 다른 세분시장의 구성원과는 이질성을 보여야 한다.

64 다음 중 표적 집단면접법에 대한 설명으로 바르지 않은 것은?

① 전문적인 정보의 획득이 가능한 방법이다.

② 다양하고도 많은 주제의 자료수집이 가능한 방법이다.

③ 행위에 있어서의 내면의 이유 파악이 가능한 방법이다.

④ 주관적인 해석을 내릴 수 있는 우려가 있는 방법이다.

⑤ 나타난 결과에 대한 일반화가 상당히 용이한 방법이다.

> 🖩 NOTE | 표적 집단면접법은 도출된 결과에 대한 일반화가 어려운 방법이다.

65 다음 중 명목척도(Nominal Scale)에 대한 설명으로 바르지 않은 것은?

① 조사하고자 하는 대상을 분류시킬 목적으로 임의로 숫자를 부여하는 척도를 말한다.

② 평균 및 표준편차에 대한 의미가 없다.

③ 빈도수를 활용하는 계산의 경우에도 의미가 없다.

④ 수치 간 거리는 무의미하다.

⑤ 상하의 관계는 없으며, 구분만 존재하는 척도이다.

> 🖩 NOTE | 명목척도는 빈도수를 활용하는 계산의 경우에는 의미가 있는 척도이다.

66 다음 중 제품을 수송 및 보관함에 있어서 이에 대한 가치나 상태 등을 보호하기 위해 적정한 재료 및 용기 등에 탑재하는 것과 동시에, 상표에 대해 소비자들로 하여금 바로 인지하게 하는 역할을 수행하게 하는 것을 포장이라고 한다. 다음 중 포장의 목적으로 보기 어려운 것을 고르면?

① 제품 보호성   ② 제품 편리성

③ 제품 공급성   ④ 제품 경제성

⑤ 제품 촉진성

> 🖩 NOTE | 포장의 목적으로는 제품 보호성, 제품 편리성, 제품 촉진성, 제품 경제성, 제품 환경보호성 등이 있다.

67 다음 그림을 보고 이에 관련한 내용으로 보기 어려운 것은?

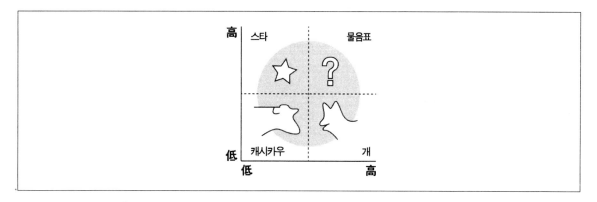

① BCG 매트릭스에서의 시장성장률은 각 SBU가 속하는 산업 일부의 평균매입액 증가율로서 표시된다.

② 위 모형은 SBU의 수익과 현금흐름이 실질적으로 판매량과 밀접한 관계에 있다는 가정 하에 작성된 모형이라 할 수 있다.

③ BCG 매트릭스에서는 현금흐름에 초점을 두고, 상대적 시장점유율과 시장성장률이란, 2가지 변수를 고려하여 사업 포트폴리오를 구성하였다.

④ BCG 매트릭스는 세로축을 시장성장률로 두고, 가로축을 상대적 시장점유율로 두어 2×2 매트릭스를 형성하고 있다.

⑤ 최초의 표준화된 포트폴리오 모형은 BCG 매트릭스이다.

> **NOTE** BCG 매트릭스에서의 시장성장률은 각 SBU가 속하는 산업 전체의 평균매출액 증가율로서 표시되며, 시장성장률의 고, 저를 나누는 기준점으로는 전체 산업의 평균성장률을 활용하게 된다.

68 다음은 제품에 대한 관여도에 따른 소비자의 구매행동 유형을 구분한 것이다. 이 중 옳은 것을 모두 고르면?

> ㉠ 제품특성 간 차이가 작고, 관여도가 높은 제품에 대해서는 복잡한 구매행동이 나타난다.
> ㉡ 제품특성 간 차이가 크고, 관여도가 높은 제품에 대해서는 부조화 감소 구매행동이 나타난다.
> ㉢ 제품특성 간 차이가 작고, 관여도가 낮은 제품 제품에 대해서는 다양성 추구 구매행동이 나타난다.
> ㉣ 제품특성 간 차이가 크고, 관여도가 낮은 제품에 대해서는 습관적 구매행동이 나타난다.

① ㉠, ㉡
② ㉢, ㉣
③ ㉠, ㉡, ㉣
④ ㉡, ㉢. ㉣
⑤ ㉠, ㉡, ㉢, ㉣

🖹NOTE 고관여 제품과 저관여 제품의 소비자 구매행동 유형

구분		제품 구매에 대한 관여도	
		높을 때	낮을 때
제품특성의 차이	클 때	복잡한 구매행동	다양성 추구 구매행동
	작을 때	부조화 감소 구매행동	습관적 구매행동

69 다음 중 Selective Distribution (선택적 유통)에 대한 설명으로 바르지 않은 것은?

① 선택적 유통은 자사 제품을 취급하기 원하는 중간상들 중에서 일정 자격을 갖춘 하나 이상 또는 소수의 중간상들에게 판매를 허가하는 것을 말한다.
② 판매력이 있는 중간상들만 유통경로에 포함시키므로 만족스러운 매출과 이익을 기대할 수 있는 장점이 있다.
③ 개방적 유통에 비해 적은 비용만으로도 경로구성원들의 통제가 가능하다.
④ 전속적 유통에 비해 더욱 많은 소비자들에게 자사의 제품을 노출시킬 수 있다는 이점이 있다.
⑤ 주로 편의품에 적용되는 유통전략이다.

🖹NOTE 선택적 유통은 일정 자격을 갖춘 하나 이상 또는 소수의 중간상들에게 판매를 허가하는 것으로 시장의 범위를 무조건 확장시키려고 퍼뜨리려 하는 편의품이 아닌 선매품이 이에 해당된다.

🔵answer 68.⑤ 69.⑤

70 다음 중 촉진관리과정을 순서대로 바르게 배열한 것은?

① 표적청중의 확인→메시지의 결정→목표의 설정→매체의 선정→촉진예산의 설정→촉진믹스의 결정→촉진효과의 측정

② 표적청중의 확인→매체의 선정→촉진예산의 설정→목표의 설정→메시지의 결정→촉진믹스의 결정→촉진효과의 측정

③ 표적청중의 확인→목표의 설정→메시지의 결정→매체의 선정→촉진예산의 설정→촉진믹스의 결정→촉진효과의 측정

④ 표적청중의 확인→촉진예산의 설정→촉진믹스의 결정→목표의 설정→메시지의 결정→매체의 선정→촉진효과의 측정

⑤ 표적청중의 확인→촉진믹스의 결정→촉진예산의 설정→메시지의 결정→매체의 선정→촉진효과의 측정→목표의 설정

📁 NOTE│ 촉진관리과정 … 표적청중의 확인→목표의 설정→메시지의 결정→매체의 선정→촉진예산의 설정→촉진믹스의 결정→촉진효과의 측정

PART

V

인적자원관리

CHAPTER 01

인적자원관리의 개념

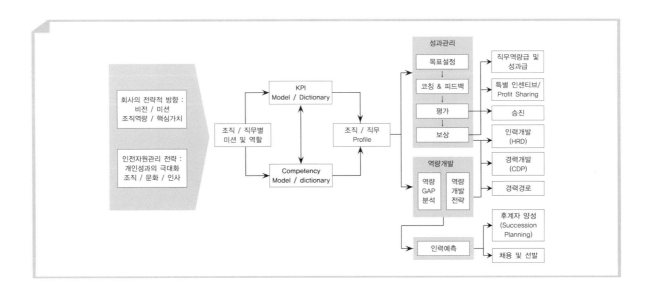

01 인사관리의 의의

① 의의 : 인사관리는 "기업 조직에 필요한 인력을 획득, 이를 조달하고 유지 및 개발하며, 유입된 인력을 효율적으로 관리, 활용하는 체제"를 말한다.

② 기능 : 인사관리의 주요 기능으로는 직무의 분석 및 설계, 모집 및 선발, 훈련 및 개발, 보상 및 후생복지, 노조와의 관계 등이 있다.

구분	전통적 인사관리	현대적 인사관리
중점	직무중심의 인사관리	경력중심의 인사관리 예 CDP제도
강조점	조직목표만을 강조	조직목표와 개인목표의 조화 예 MBO
인간관	소극적, 타율적 X론적 인간관	주체적, 자율적 Y론적 인간관
안목	주어진 인력을 활용하는 단기적인 안목	인력을 육성, 개발하는 장기적 안목
노동조합	노동조합의 억제(부정)	노사간 상호협동에 의한 목적달성

02 인사관리의 환경

① 내부환경

㉠ **조직규모의 확대** : 기업 조직 규모의 확대와 더불어 인사관리의 기능분화

㉡ **노동력 구성비의 변화** : 구성원들의 중고령화, 관리직 및 전문직의 증가, 여성근로자의 증가로 인한 여성들의 사회 참여 의욕이 점차적으로 증가

㉢ **가치관의 변화** : 조직중심에서 개인주의적인 성향이 우선시되는 방향으로 가치관이 변화

② 외부환경

㉠ **정부개입의 증대** : 사회보장에 관한 관심의 증가로 인해 정부개입도 증가

㉡ **경제여건의 변화** : 경기 호황 시에는 임금, 승진, 복지후생 등의 고용조건이 증가되지만, 경기 불황 시에는 유휴인력, 실업, 정리해고 등의 문제가 발생

㉢ **노동조합의 발전** : 근로자에 대한 노동조건의 향상과 더불어 경영참가 등 인사관리 상의 참여도 요구

㉣ **정보기술의 발전** : 사무자동화, 공장자동화, 경영정보시스템 등의 정보기술의 발달로 인해 新인사체제 확립이 필요

CHAPTER 02

인적자원 모집 및 교육

01 모집

모집이란, 외부노동 시장으로부터 기업의 공석인 직무에 관심이 있고, 자격이 있는 사람들을 구별하고 유인하는 일련의 과정을 말한다. 모집활동은 인적자원계획이 완료된 후에 실시하는 활동으로, 이는 기업에서 선발을 전제로 양질의 인력을 조직적으로 유인해가는 과정을 말한다.

02 모집 방법

① 사내 모집
- ㉠ 기업 내의 모집은 기존의 종업원에 대한 인사고과기록 등을 보유하고 있어서 통상적으로 기업의 입장에서는 간편하다.
- ㉡ 기존 종업원이 기업을 잘 알고 있어 추가적인 홍보활동이 필요 없으며, 종업원들의 사기에 긍정적인 영향을 미친다.
- ㉢ 공개모집제도는 조직이 외부인들에게 신문광고 등을 통해 모집을 알리는 것과 마찬가지로 기업이 사보나 사내 게시판을 통해 충원해야할 직위를 종업원들에게 알려서 관심 있는 사람들이 응모하게 만드는 방법인데, 이러한 방식은 각 종업원에게 균등한 기회를 부여한다는 점에서 긍정적으로 받아들여지고 있는 방식이다.
- ㉣ **장점**: 비용이 저렴하며, 조직 구성원들에 대한 정확한 정보를 바탕으로 적임자를 발견할 수 있으며, 기존 구성원들의 사기를 증진시키는 효과를 가져온다.
- ㉤ **단점**: 기존 구성원들에게 새로운 능력이나 기술 등을 기대하기가 힘들다.

② 사외 모집
- ㉠ **광고를 통한 모집활동**: 신문이나 잡지 등에 광고를 할 때에는 모집부문에 맞는 집단에 집중적으로 광고를 할 수 있어 기업에 대한 이미지를 심어주는 효과가 발생한다.
- ㉡ **직업소개소를 이용한 모집활동**: 비영리로 운영하는 공공기관과 일정 정도의 수수료를 받고 영리적으로 운영하는 기관의 소개를 이용하는 방식을 말한다.
- ㉢ **종업원의 추천에 의한 모집활동**: 기업에 종사하고 있는 종업원이 추천을 한 경우, 추천한 종업원은 추천 대상자와 기업의 대한 것을 모두 잘 알고 있으므로 그에 따른 정보전달이 용이하다.

03 선발도구

① 신뢰성

    ㉠ 어떠한 선발 도구를 활용해 얻어진 결과치가 언제 또는 누가 측정을 했든지 간에 측정하려는 요소가 변하지 않는 한 동일하게 나타나는 정도를 말한다.

    ㉡ 어떠한 시험을 동일한 환경 하에서 동일한 사람이 이를 몇 번이나 보았을 때, 결과가 서로 일치하는 정도를 의미한다.

    ㉢ 신뢰성 측정방법

- 시험–재시험법 : 같은 상황에서 같은 대상에 대해서 동일한 선발도구를 시기를 달리하여 두 번 측정해서 그 결과치를 비교하는 것을 말한다. 그래서, 여기에서 얻어진 상관계수를 통해 신뢰성을 추측할 수 있다.
- 양분법 : 선발도구의 항목을 임의로 반으로 나누고, 각각의 독립된 두 가지의 척도로 활용함으로써 신뢰성을 측정하는 방법을 말한다. 이 방식은 일반적으로 짝수항목과 홀수항목으로 양분하거나 무작위 상태에서 항목의 반을 추출하고, 나머지를 다른 하나의 척도로 만드는 식을 사용한다.
- 대체형식방법 : 신뢰도를 알아보기 위해 만들어진 선발도구와 비슷한 또 하나의 선발도구를 만들어 놓고, 이와 본래의 선발도구를 동일한 대상에게 적용하여 신뢰성을 추측하는 방식이다.

② 타당성

    ㉠ 어떠한 시험이 측정하는 내용이나 대상을 정확히 검증하는 정도를 의미한다.

    ㉡ 타당성 측정방법

- 내용 타당성 : 선발도구의 내용이 측정하고자 하는 취지를 얼마나 반영하고 있는지를 나타내는 것을 말한다.
- 기준관련 타당성 : 선발도구를 통해 얻어진 예측치와 직무성과와 같은 기준치의 관련성을 말한다. 이 때, 예측치는 선발이나 면접에 의해 구해진 점수를 의미하고, 기준치란 선발된 인원이 담당직무를 수행한 결과로 드러낸 직무성과를 의미한다. 또한, 기준관련 타당성은 동시 타당성과 예측 타당성으로 구분된다.
- 구성 타당성 : 측정도구가 실제로 무엇을 측정했는지 또는 측정도구가 측정하고자 하는 대상을 실제로 적절하게 측정했는지를 나타내는 것을 말한다. 또한, 구성 타당성은 논리적 분석과 이론적 체제에서 각 개념들 간의 관계를 밝히는데 기준을 두고 평가하며, 측정 그 자체보다는 측정되는 대상이나 그 속성에 대해서 이론적으로 충실하게 수행되었는지의 여부를 평가하는데 사용된다.

③ 선발도구

선발시험	• 필기시험, 인지능력검사(적성검사, 지능검사) • 인성검사, 흥미검사
면접	비구조적 면접, 구조적 면접, 패널면접, 집단면접, 스트레스면접

> 집단면접에서는 맥락효과가 발생할 수 있다. 맥락효과란 어떤 정보에 대한 평가는 그 정보가 어떤 맥락 안에서 제시되는가에 의해 영향을 받는다는 것이다. 예를 들어, 4명의 피면접자가 집단면접을 할 경우, 3명의 피면접자들은 열등한데 비해 우월한 1명의 피면접자가 있다면 이 우월한 1명이 선발될 확률이 높아질 수 있고, 반대로 모든 피면접자들이 비슷한 경우 이 4명의 피면접자 그룹에서는 선발되는 인원이 없을 확률이 높아지는 것을 의미한다. 즉 집단면접에서는 어떤 그룹에 속하느냐에 따라 선발될 확률이 달라질 수 있다는 것이다.

04 인적자원교육

(1) OJT(on the Job training)

① OJT는 현장감독자 등 직속 상사가 작업현장에서 작업을 통해 개별지도·교육하는 것을 말한다.

② 이용의 범위가 넓다.

③ 작업요령, 급소를 잘 이해해서 올바른 방법을 체득하여 무리, 낭비, 불균형이 없이 작업능률이 향상하는 등의 효과를 기대할 수 있다.

④ 이러한 방법은 구체적인 교육방법이지만 때로는 지도자에 의해 계획성이 없는 교육이 될 가능성을 포함하고 있기 때문에, 지도자에 대한 교육·지도 등에 유의가 필요하다.

⑤ 일손 부족과 임금 급등의 시대에서 기업은 교육 훈련에 힘을 기울여 종업원의 가일층의 능력 개발에 노력하는데, 특히 최근에는 현장 훈련이 중시되고 있다.

⑥ 종업원의 교육 훈련에는 OJT 외에 강의나 세미나에 참가하거나 롤플레잉 등의 현장 외 훈련이 있는데, 직장은 그야말로 최상의 교실로 일을 하면서 교육한다고 하는 견해가 강해졌다.

(2) Off-JT

① 현장 업무수행과는 별개로 예정된 계획에 따라 교육실시가 가능하며, 많은 구성원들을 동시에 교육할 수 있는 방법이다.

② 그 형태에는 여러 가지가 있으나 대표적인 것으로는 외부 교육훈련기관에 위탁하는 것, 기업 부설의 연수기관이나 양성소 등에서 집중적으로 실시하는 것, 정기 또는 부정기적으로 강습회나 강연회를 개최하는 것 등이 있다. 또 Off-JT는 대개 경영계층별로 실시되는데, 그 종류로는 TWI(training within industry : 감독자에 대한 교육훈련), MTP(management training program : 관리자에 대한 교육훈련), CCS(civil communication section : 경영자에 대한 교육훈련) 등이 있다.

(3) 교육훈련의 목적

① 기업 입장에서의 교육훈련 : 능력 있는 인재육성을 통해 그에 따른 기술배양과 구성원간의 커뮤니케이션을 통한 기업조직의 협력 강화

② 종업원 입장에서의 교육훈련 : 자기 자신의 발전에 대한 욕구를 충족시킴과 동시에 그에 따른 성취동기 유발과 자아실현

> **참고 일반적인 교육훈련 및 개발에 대한 평가단계**
>
> | 단계 | 초점 | 내용 | 평가방법 |
> |---|---|---|---|
> | 1단계 | 반응 | 참가한 구성원들이 훈련을 어떻게 생각하고 있는가? | 질문법, 설문조사법 |
> | 2단계 | 학습 | 참가한 구성원들이 어떤 원칙과 사실 그리고 기술 등을 학습하였는가? | 고사법, 시험 |
> | 3단계 | 행동 | 참가한 구성원들이 교육훈련을 통하여 직무수행상의 어떤 행동변화를 이끌어냈는가? | 인사고과법 |
> | 4단계 | 결과 | 참가한 구성원들이 품질의 개선 및 생산성 증대 그리고 코스트 절감 면에서 어떤 결과를 이끌어냈는가? | 현장성과측정법, 경영종합평가법 |

CHAPTER 03 인사고과

(1) 개요

① 통상적으로 기업 조직의 고위관리자가 일정한 기준에 따라 종업원의 업무실적·수행능력·근무태도 등을 종합적으로 평가하는 일 또는 그 제도를 말하며, 일명 근무평정·종업원평정·능률평정이라고도 한다.

② 인사고과란 조직의 관리자가 인사관리(→인사행정)의 합리화·능률화·공정화를 기하기 위해, 즉 종업원들에 대해 인사이동·임금책정·능력개발 등을 행하기 위해 종사자 개개인의 업무실적·수행능력·근무태도 등을 평가하는 것을 말한다.

③ 그러므로 인사고과에서는 일반적으로 임금관리나 인사이동의 기초자료, 또는 종업원의 잠재능력 발견, 교육훈련 및 지도의 기초 자료 등을 확보·평정하게 된다.

(2) 인사관리의 유래

인사고과는 1800년대 스코틀랜드에서 방적회사를 경영했던 로버트 오웬(Robert Owen : 1771-1858)이 도입한 성과수첩과 성과표지판에서 유래된 것으로 전해진다. 오웬은 종업원에게 매일의 근무상황을 기록케 했으며, 이 보고서에 따라 근무성적을 성과표지판에 색으로 구분하여 게시함으로써 조용한 경고자(silent monitor) 역할을 하도록 했다.

(3) 인사고과의 구성요건

① 평가내용이 고과목적을 얼마나 잘 반영하고 있느냐와 관련되는 타당성

② 평가하려는 내용이 정확하게 측정되어지는 정도를 말하는 신뢰성

③ 인사고과 제도를 피고과자인 종업원이 정당하다고 느끼는 정도인 수용성

④ 고과제도가 비용 / 효과 측면에서 얼마나 실용적인가를 가졌는가의 실용성

(4) 인사고과의 방법

종류 / 항목	서열법(상) (1. 교대 서열법) (2. 쌍대 비교법)	평정척도법(상)	체크리스트 법
내용	• 우수한 자, 가장 못한 자 선발 반복하여 전체 서열 선정 • 한 쌍씩 짝지어 비교, 반복	능력, 특성, 성과 평가를 위해 평가요소 제시, 이를 단계별로 차등하여 평가	표준행동들을 제시하고, 해당서술문을 체크하여 평가
타당성	서열간 격차 불일정	특정 고과요소에 대한 수중 판단, 평가결과의 계량화 가능 = 임금책정에 유용한 정보 제공	평가요소에 요소 포함 용이, 양호 한편
신뢰성	구체적 측정 불가	고과자의 의도적 고평가 방지 미흡	의도적 고평가나 저평가 최소화
수용성	서열의 구체적 기준 미제시	고과자의 주관적 평가에 문제 제기 가능성	피고과자 측면에서 고과자의 자유재량권 ↓
실용성	평가 용이, 비용저렴	어느 정도의 비용 발생	개발비, 검토과정에서의 비용 ↑

종류 / 항목	강제 선택 서술법	중요사건 기술법	행동기준 평가법 1. 행동기대 평가법 2. 행동관찰 평정법
내용	둘로 된 평가항목 서술문을 고과자에게 제시 후 한 곳에만 체크 하게 하는 기법	일상에서 피고과자의 업적을 기록하고, 고과시점에서 정리, 평가	중요사실 추출→범주분류→사건을 척도에 따라 평가
타당성	인사고과 개별목적 반영 할 수 있음	중요 정보 제공의 어려움	직무성과에 초점 임금에 대한 목적으로 활용 때 높다.
수용성	고과자의 저항 예상	사건의 평가, 승진, 임금 등 반영시 낮아짐	성공적, 비효과적 행동패턴 알려줌 →간접적 교육효과
실용성	복잡, 정교한 과정→비용 ↑	실시 용이, 비용발생 적음	막대한 개발비, 개발복잡, 정교(소기업 적용 어려움)

종류 항목	목표관리법	평가센터법
내용	차기년도의 목표설정 → 작업 → 목표평가 → 평가보고	피고과자 → 합숙 → 여러 종류의 선발도구를 이용하여 동시 평가
타당성	임금 의사결정 ↑, 교육훈련 목표 인정, 다른 인사고과 목표는 높지 않음.	승진, 교육훈련, 인력공급예측 등은 매우 ↑, 임금결정은 ↓
신뢰성	부하참여 → 고과자의 주관적 편견 최소화	많은 평가기법, 고과자 동원 정확도 ↑
수용성	상사와 협의하여 결정 → ↑, 상사가 무리한 목표 요구시 갈등 발생	종업원의 심리적 저항 예상
실용성	긴 평가 과정과 목표달성 과정, 목표설정 어려움, 형식에 치우칠 가능성, 비용 ↑	시간, 비용 가장 많이 소요

(5) 인사평가에서 발생하는 오류들

논리적 오류	평가자가 평소 논리적인 사고에 얽매여 임의적으로 평가해 버리는 것을 말한다. 각 평가 항목간 논리적인 상관관계가 있는 경우, 비교적 높게 평가된 평가항목이 있으면 다른 항목도 높게 평가하는 경향을 의미한다.
대비 오류	직무기준과 직무능력 요건에 나타난 절대기준이 아닌 평가자 자신을 기준으로 두고 자신과 부하를 비교하는 것을 의미한다. 이러한 오류를 방지하기 위해서는 직무기준과 직무능력 요건에 비추어 평가를 해야 하며, 평가자 훈련을 통해 판단기준을 통일하도록 해야 한다.
근접 오류	인사평가표상에서 근접하고 있는 평가요소의 평가결과 혹은 특정평가 시간 내에서의 평가요소간의 평가결과가 유사하게 되는 경향을 의미한다.
후광효과	어느 한 요소에서의 평가결과가 다른 요소에 대한 평가에 긍정적 영향을 주거나 피평가자의 인상이 긍정적 영향을 주어 평가되는 경향을 의미한다.
분포상의 오류	평가자들은 흔히 평가 척도의 한 부분에 편중되게 평가하려는 경향이 있다. 물론 특정 집단 종업원들은 정말 비슷한 수준으로 업무를 수행하는 경우도 있다. 그러나 대부분의 경우 모든 구성원에 대한 비슷한 평가는 정확한 성과의 평가가 아니라 오히려 점수 분포의 오류로 인한 실수이다. • 관대화경향 – 평가자가 모든 종업을 높게 평가하는 것 • 가혹화경향 – 평가자가 모든 종업을 낮게 평가하는 것 • 중심화경향 – 모든 사람들을 평균이라고 평가하는 것

임금 및 복리후생기법

(1) 임금관리 체제

임금관리 3요소	핵심 사항	분류(고려 대상)
임금수준	적정성	생계비 수준, 사회적 임금수준, 동종업계 임금 수준 감안 등
임금체계	공정성	연공급, 직능급, 성과급, 직무급 등
임금형태	합리성	시간급제, 일급제, 월급제, 연봉제 등

(2) 임금 결정요소

① **기업의 지불능력** : 임금수준의 상한선에서 조정이 된다.

② **사회 일반적 임금수준** : 임금수준의 가운데에서 조정이 된다.

③ **생계비 수준** : 임금수준의 하한선에서 조정되는 것을 말한다. 또한, 생계비는 생활수준의 중요한 지표이며 임금산정의 기초자료로서 그 의미가 있다.

(3) 최저임금제

① 국가가 종업원에 대한 임금액의 최저한도선을 정하고, 사용자에게 그 지급을 법적으로 강제하는 제도이다.

② 최저 임금제는 저임금을 받는 종업원들을 보호한다.

③ 노동력의 질적인 부분을 향상시킨다.

④ 저임금은 불황이라는 결과를 초래한다는 케인즈 이론으로 인해 최저선을 정해야 한다.

⑤ 최저 임금제는 노사 간의 분쟁을 예방하고 비능률적인 경영 및 불공정한 기업경쟁을 방지한다.

(4) 임금피크제도(Salary Peak System)

기업 조직의 종업원이 일정한 나이가 지나면 생산성에 따라 임금을 지급하는 제도로, 현실적으로는 나이가 들어 생산성이 내려가면서 임금을 낮추는 제도를 의미한다.

(5) 임금형태

① 시간급제는 종업원의 직무성과의 양이나 질에 관계없이 실제 노동에 종사한 시간에 따라 임금을 지급하는 제도를 의미한다.

② 성과급제는 종업원 작업성과에 따라 임금을 지급해서 종업원들의 노동률을 자극하려는 제도를 의미한다.

③ 특수임금제는 성과급제나 시간급제하고는 관계없는 임금지급방식을 통합한 것을 의미한다.

표참고 특수임금형태

① 집단자극제는 개인임금방식에 대립되는 개념으로서, 임금의 책정, 지급방식을 종업원 집단별로 산정해서 지급하는 것

② 순응임률제(슬라이딩 임금제)는 1875년 영국의 어느 탄광에서 처음 시행된 것으로, 기업의 여러 가지 제조건이 변동하게 되면, 이에 순응하여 임금률도 자동적으로 변동 내지 조정되는 제도

③ 생계비 순응임률제는 기업에서는 생계비에 순응하여 그에 따라 임률도 자동적으로 변동 조정하도록 하는 것

④ 판매가격순응임률제는 제품가격과 종업원에 대한 임금률을 연관시켜서 제품에 대한 판매가격이 변동하면 그에 따라 임률도 변동하도록 하는 것

⑤ 이익 순응임률제는 기업의 이윤지수가 변할 때 그에 순응하여 임률을 변동 및 조정하는 것

---

(6) 보상시스템의 설계

가장 중요한 것은 종업원들이 자신이 받고 있는 임금에 대하여 공정하다고 느끼느냐 하는 것인데, 임금과 관련된 공정성은 외부공정성, 내부공정성, 개인공정성 3가지로 구분된다.

외부공정성	외부경쟁력이라고도 하며, 임금수준으로 구체화된다. 임금수준은 다른 기업과의 평균임금을 비교하는 것으로 회사의 규모, 산업, 위치 등의 차이에 따라 조직간 임금은 차등화 됨을 의미한다. 임금수준을 결정하는 주요한 방법은 시장임금조사이다.
내부공정성	내부형평성이라고도 하며, 임금체계로 구체화된다. 임금총액의 배분기준에 관한 것으로 보통 연공, 기술, 직무의 가치, 업적 등을 기준을 사용한다. 만약 내부공정성이 확보되지 않는다면 인력의 내부이동에 대한 종업원의 전반적 태도, 부서간 협력 등에 변화가 발생할 수 있다.
개인공정성	동일 조직에서 동일한 임금체계를 갖는 종업원들간의 임금차등화 문제이다. 따라서 이는 종업원의 연공, 성과, 기술, 역량에 따른 차등화로 확보된다.

(7) 집단 성과 배분(Gainsharing)의 유형

구분	스캔론 플랜	럭커 플랜	임프로셰어
종업원 참여정도	제안위원회 또는 작업팀	럭커 위원회	훌륭한 아이디어의 제안 및 즉각적인 활용
목표	비용(인건비) 감소	비용(인건비) 감소	직·간접적인 근무시간 단축
보너스 기준	생산의 판매가치	부가가치	표준 작업시간과 비교한 절약된 작업시간
보너스 간격	월별 또는 분기별	월별 또는 분기별	주별
분배 대상	모든 종업원	시급 종업원	시급 종업원만

(8) 복리후생기법

① **복리후생** : 기업 조직이 종업원과 가족들의 생활수준을 높이기 위해서 마련한 임금 이외의 제반급부를 의미한다.

② **특징**

    ㉠ 신분기준에 의해 운영되며, 용도가 제한되어 있다.

    ㉡ 소속된 종업원들의 생활수준을 안정시키는 기능을 수행한다.

    ㉢ 집단적인 보상, 기대소득의 성격을 가진다.

    ㉣ 필요성의 원칙에 의해서, 한 가지 형태가 아닌 다양한 형태로 지급된다.

(9) 복리후생의 종류

① **법정 복리후생제도** : 법정 복리후생은 종업원의 개인적인 의사나 기업의 정해진 방침과는 상관없이, 국가에서 정한 법률에 의해서 강제적으로 실시해야하는 복리후생제도로서 국민연금, 건강보험, 산업재해보험, 고용보험 등의 4대 보험이 대표적인 예라 할 수 있다.

    ㉠ **국민연금보험** : 기업 조직의 종업원이 근로능력의 상실 및 사망했을 시에, 종업원 당사자와 그 가족들의 생계를 위해 시행하고 있는 보험 등을 의미한다.

    ㉡ **국민건강보험** : 기업 조직의 종업원과 그 가족 등이 업무 이외의 이유로 인해 질병 및 부상 또는 사망 등에 대해서 진료비 및 건강진단 등 국민건강과 삶의 안정을 위해 그 기능을 유지하고 있다.

    ㉢ **고용보험** : 인간의 실업을 예방하고 나아가 고용의 촉진 및 종업원들의 직업능력의 개발 및 향상을 도모하며, 종업원이 실업자가 된 경우에 생활에 필요한 급여를 제공함으로써 그들의 삶의 안정 및 구직활동을 돕는 매개체를 의미한다.

    ㉣ **산업재해보험** : 기업 조직의 종업원이 업무문제로 얻은 부상 또는 질병에 대해서 빠르고 정확한 보상을 해서 종업원을 보호하고 또한 각종 복지에 필요한 시책을 행하는 것을 의미한다.

② **법정 외 복리후생** : 경조사 지원, 자녀 학자금 지원, 도서구입비 지원, 동호회 지원, 휴게실 운영 등이 있다.

> **참고 카페테리아식 복리후생**
>
> 기업 조직에 소속된 구성원들이 기업이 제공하는 복리후생제도나 시설 중에서 구성원이 원하는 것을 선택함으로서 자신의 복리후생을 구성원 스스로가 원하는 대로 설계하는 것을 의미한다.

노사관계관리

(1) 노사관계관리의 개념

노동조합과 사용자(경영자) 사이의 관계라고 정의할 수 있으나 최근에는 실업문제, 최저임금 등 각종 문제들에 개입하는 정부의 역할이 커지면서 노사관계의 범위를 사용자, 노동자, 정부간의 관계라고 규정하고 있다. 본질적으로 조직의 목적달성을 위하여 함께 노력해야 하는 협력관계임과 동시에 창출된 경영성과 배분(임금, 근로조건 등) 측면에서는 이해관계가 대립되는 양면적인 특성이 있다.

> **参고 노사관계의 역사적 발전 과정**
>
> 전제적 노사관계 → 온정적 노사관계 → 근대적 노사관계 → 민주적 노사관계

(2) 노동조합

① **노동조합의 개념** : 노동자가 주체가 되어 자주적으로 단결하여 근로조건의 유지 및 개선, 기타 노동자의 경제적·사회적인 지위의 향상을 도모하기 위한 목적으로 조직하는 단체 또는 그 연합단체를 의미한다.

> **参고 노동조합의 집행 기능**

단체교섭 기능	노동자와 사용자 간의 단체교섭을 통해서 근로조건 유지, 개선 내용에 대해 노사간에 일치점이 나타나게 되면 이를 단체협약으로 이행한다.
경제활동 기능	• 공제적 기능 – 노동조합의 자금원조 기능으로 볼 수 있는데, 이는 노동자들이 어떠한 질병이나 재해, 사망 또는 실업에 대비해서 노동조합이 사전에 공동기금을 준비하는 상호부조의 활동을 의미한다. • 협동적 기능 – 노동자가 취득한 임금을 보호하기 위한 소비측면의 보호로서 생산자 협동조합이나 소비자 협동조합 및 신용조합, 노동은행의 활동 등을 의미한다.
정치활동 기능	노동자들이 자신들의 경제적인 목적을 달성하기 위해 부득이하게 정치적인 행동을 전개하는 것으로서, 노동관계법 등의 법률 제정이나 그에 대한 촉구와 반대 등의 정치적 발언권을 행사하며, 이를 위해서 어느 특정 정당을 지지하거나 반대하는 등의 정치활동을 전개하는 것을 가리킨다.

② 노동조합의 조직형태

직업별 노동조합	동일 직종 또는 동일 직업에 종사하는 근로자들이 조직하는 노동조합으로, 생산이 근로자의 숙련도에 크게 의존하고 있던 산업자본주의 초기의 숙련근로자가 노동시장을 배타적으로 독점하기 위하여 조직한 형태이다.
산업별 노동조합	숙련공이나 미숙련공의 구분없이 동일 산업에 종사하는 근로자들을 모두 가입시켜 노동조합의 교섭력을 강화시킨 노동조합으로 오늘날 노동조합의 가장 대표적인 조직형태이다.
일반 노동조합	직종이나 산업에 관계없이 일반근로자들을 폭넓게 규합하는 노동 조합의 형태로, 한국노총 산하의 연합노조연맹 등을 예로 들 수 있다.
기업별 노동조합	동일한 기업에 종사하는 근로자들에 의해 조직되는 노동조합을 의미하는 것으로, 동일 기업내의 근로장이므로 근로조건 등의 결정에 있어서 통일성 및 종합성을 기하기 쉬우나 개별기업을 존립기반으로 하고 있기 때문에 노동시장에 대한 지배력이 없어서 교섭력이 떨어질 수 있다.

(3) 숍제도(Shop System)

① 의미 : 노동조합의 가입 방법을 의미하는 것으로 노동조합의 세력을 확보 · 유지하기 위한 제도이다.

② 숍의 형태

오픈 숍	• 사용자가 비조합원을 자유로이 고용할 수 있는 제도로 조합가입이 고용의 전제조건이 아닌 제도이다. 따라서 노동조합의 안정도 측면에서는 가장 취약한 제도라고 할 수 있다. • 즉 조합원, 비조합원에 관계없이 채용 가능하며, 사용자측에 가장 유리하다.
유니온 숍	• 사용자가 비조합원도 자유로이 고용할 수 있지만 고용된 근로자는 일정한 기간 내에 조합에 가입하여야 하는 제도이다. • 즉 비조합원이 채용 가능하나, 채용 후 일정기간 내의 조합 가입이 의무화된다.
클로즈드 숍	신규 직원 채용시 조합원만 사용자에게 고용될 수 있는, 노동 조합이 노동공급의 유일한 원천이 되는 제도이므로 노동조합에 가장 유리한 제도이다.
에이전시 숍	조합원이든 비조합원이든 간에 모든 종업원은 단체교섭의 당사자인 노동조합에 조합비를 납부할 것을 요구하는 제도이다.
프레퍼렌셜 숍	채용에 있어서 조합원에 우선 순위를 주는 제도이다.
메인터넌스 숍	일단 단체협약이 체결되면 기존 조합원은 물론 단체협약이 체결된 이후에 가입한 조합원도 협약이 유효한 기간 동안은 조합원으로 머물러야 한다는 제도이다.

(4) 노동조합의 행동

① 단체교섭 : 노동조합이 임금이나 근로시간 등 노동자의 권리와 관계되는 문제에 대하여 사용자 또는 사용자 단체와 상호의 조직력을 배경으로 대등한 입장에서 교섭하는 과정을 의미한다.

② 단체협약 : 노동조합과 사용자 또는 사용자 단체가 단체교섭과정을 거쳐서 근로조건 및 기타 사항에 대하여 합의를 보고 이를 협약의 형태로 서면화 한 것을 의미한다.

③ **노동쟁의** : 노사가 평화적인 단체교섭에 의해 각 주장에 합의점을 찾지 못하게 되어 단체교섭이 결렬될 경우 발생하는 사용자와 노동조합간의 분쟁을 의미한다.

　㉠ **이익분쟁** : 임금 및 근로조건 등에 관한 새로운 계약을 체결하기 위하여 합의하면서 발생하는 분쟁으로 법적 노동쟁의행위를 할 수 있다.

　㉡ **권리분쟁** : 협약체결 후 기존 협약의 이행이나 해석 과정에서 발생하는 분쟁으로 쟁의행위를 하지는 못하고 노동위원회의 해석이나 견해를 따르도록 되어 있다.

④ **쟁의행위의 유형**

	파업	근로자가 단결하여 집단적으로 노동의 제공을 거부하는 행위를 의미한다.
노동조합측 쟁의행위	태업	근로자들이 외형적으로는 작업을 계속하지만 실제적으로는 작업을 하지 않아 작업능률을 저하시키는 행위이다.
	사보타지	태업에서 더 나아가 능동적으로 생산 및 사무를 방해하거나 원자재 또는 생산시설 등을 파괴하는 행위이다.
	보이콧 (불매운동)	노동조합의 통제 등에 따라 사용자 또는 그와 거래관계에 있는 제3자의 제품이나 서비스에 대한 불매운동을 전개하는 행위이다.
	피켓팅	파업을 효과적으로 하기 위하여 파업불참자들의 사업장 또는 공장의 출입을 감시하거나 파업 참여에 협력할 것을 설득하는 행위이다.
	생산관리	노동조합이 직접적으로 사업장이나 공장 등을 점거하여 직접 나서서 기업경영을 하는 행위이다.
	준법투쟁	노동조합이 법령, 단체협약, 취업규칙 등의 내용을 정확하게 이행한다는 명분하에 업무의 능률 및 실적을 떨어뜨려 자신의 주장을 받아들이도록 사용자에게 압력을 가하는 집단행동이다.
사용자측 쟁의행위	직장폐쇄	사용자가 근로자측의 파업, 태업 등에 대항하기 위하여 근로자들의 생산시설에의 접근을 차단하고 근로자들의 노동력 제공을 집단적, 일시적으로 거부하여 무노동 무임금 원칙을 적용하려는 행위이다.
	조업계속	사용자가 비조합원들을 활용하여 조업을 계속함에 따라 조합원들의 쟁의행위를 무력화시키려는 행위이다.

⑤ **노동쟁의 조정 수단**

조정	• 관계당사자의 의견을 듣고 조정안을 만들어 노사의 수락을 권고하는 형태이다. • 노동위원회에서 구성한 조정위원 3인으로 구성된 조정위원회에서 담당한다.
중재	조정과는 다르게 노사의 자주적인 해결의 원칙과는 거리가 먼 형태로 중개절차가 개시되면 냉각기간이 경과했더라도 그 날로부터 15일 간 쟁의행위를 할 수 없고, 중재재정의 내용은 단체협약과 동일한 효력을 지닌다.
긴급조정	쟁의행위가 국민경제 및 국민의 일상생활을 위태롭게 할 경우 당사자에게 의견을 묻지 않고 고용노동부 장관의 직권으로 결정하는 것이다.

⑥ 부당노동행위제도 : 개별적인 근로자를 대상으로 한 부당노동행위와 노동조합을 대상으로 하는 부당노동행위로 구별해서 부당노동행위를 규정하여 이를 금지하고 있다.

불이익대우	근로자가 노조에 가입하여 활동하는 행위 등을 사유로 불공정하게 대우하는 것을 의미한다.
황견계약	근로자에게 조합에 가입하지 않을 것, 조합행위를 하지 말 것 등을 고용조건으로 하여 작성한 계약으로 근로자의 합법적인 기본권을 제한하는 계약을 의미한다.
단체교섭거부	단체교섭이 발생되면 경영자는 단체교섭에 성실하게 응할 의무가 있는데 경영자가 단체교섭을 하지 않겠다고 하는 불법행위를 의미한다.
지배, 중개, 자금원조	경영자가 노동조합에 자금을 지원하여 노동조합에 영향력을 행사하려 하거나 기타 방법으로 노동조합을 지배하여 어용노조로 만들려고 하는 행위를 의미한다.

⑦ 협력적 노사관계 구축 방안 : 노사간 파트너십의 구축이 중요하다. 구축 방안에는 크게 경영참여, 고충처리제도, 인간관계 개선제도로 구분된다.

경영참여제도	노사간 협력행동의 하나로써 근로자 또는 노동조합이 어떤 형태로든지 사용자의 관리행위에 참여하여 영향력을 행사하는 것이 경영참가이다. 주주의 경영권이 고유권한인지, 아닌지 근로자도 참여할 수 있는지의 주장에 대해서는 찬반 양론이 있지만 어쨌든 경영참가의 의미는 경영에 대한 사용자 지배에 대신하여 근로자 지배를 확립하자는 의도가 있다. 예 자본참여(종업원지주제도), 이익참여, 의사결정 참여
고충처리제도	근로자가 조직내의 일상생활에서 발생하는 여러 가지 고충들을 공식적으로 처리하는 절차를 말한다. 고충이란 근로자가 근로조건이나 직장 환경, 관리자의 종업원에 대한 불공평한 대우 또는 단체협약이나 취업규칙의 해석, 적용에 관해 갖고 있는 불평, 불만을 의미한다. 근로자들의 이러한 일상적인 고충을 공식적으로 처리하게 되면 이로 인해 야기될 분쟁을 사전에 예방하는 효과도 가지면서 단체협약의 원만한 관리효과도 갖는다.
인간관계 개선제도	근로자나 사용자 모두 공동운명체 안에서 서로 협력해야 하는 인격체이며 감정적 존재이다. 따라서 서로가 인격적 대우를 받지 못하고 감정적 유대관계가 부족하면 관계 개선도 어렵고 기업 목표의 효과적 달성이 어렵다. 그러므로 노사관계의 개선에는 상호 의사소통이나 인간적 교류가 필요하며, 이를 제도화하여 장기적 노사안정에 공헌하게 한 것이 노사관계 개선기법이다. 예 상담제도, 제안제도

기출문제분석

2017 한국산업인력공단

1 다음의 사례를 읽고 문맥 상 괄호 안에 공통적으로 들어갈 말을 고르면?

> (   ) 란 머릿속에 비슷한 정보들이 계속해서 들어올 경우 가장 처음에 들어왔던 정보가 기억에 오래 남는 현상을 말한다. 심리학에서는 첫사랑을 잊지 못하는 것 역시 (   )라고 본다. 사랑의 감정을 처음으로 느끼게 해준 이성이 가장 오랫동안 머릿속에 남는 것도 그 일환이라는 것이다.
>
> (   )에 민감한 사람은 첫사랑을 잊지 못한다. 그렇기 때문에 새로운 사람을 만나도 예전과 비슷한 사람이나 비슷한 상황에서 다시 사랑에 빠지게 된다.
>
> 중앙대병원 정신건강의학과 한덕현 교수는 비슷한 것을 찾는 사람의 습성은 어릴 때까지 거슬러 올라가 설명할 수 있다고 한다. 한 교수는 "새로운 사람을 만나면 자신도 모르게 어릴 때 좋아하던 친구나 첫사랑 선생님, 심지어 어머니, 아버지와 닮은 사람을 더 좋아하고 그 사람들의 모습을 찾게 된다"고 말했다.
>
> 또한 안 좋은 기억 때문에 어떠한 상황이 진전되기 전에 미리 판단하고 극단적인 결정을 내려버리는 경우에 대해 한 교수는 "안 좋은 일로 정신적 충격을 받았거나 그 기억이 오래 남으면 일종의 트라우마, 선입견을 가지게 돼 비슷한 상황이 닥쳤을 때 자신의 기준에서 판단하게 된다."며 (   )의 부작용을 설명했다.

① 부정효과

② 최근효과

③ 중간효과

④ 긍정효과

⑤ 초두효과

📝 **NOTE** 초두효과는 서로 상반되는 정보가 시간 간격을 두고 주어지면 정보처리의 과정에서 초기의 정보가 후기의 정보보다 더 중요하게 작용한다는 것을 의미한다. 즉, 상대로부터 처음 입력된 정보가 나중에 습득하는 정보보다도 더 강력한 영향력을 발휘하는 것을 말하는 것이다.

ⓞ answer 1.⑤

2 다음의 사례를 가장 잘 표현한 것을 고르면?

처음 보는 사람을 평가할 때 몇 초 안에 판단되는 첫인상이 모든 것을 좌우한다고 할 수 있다. 첫인상이 좋으면 이후에 발견되는 단점은 작게 느껴지지만 첫인상이 좋지 않으면 그의 어떠한 장점도 눈에 들어오지 않는 경우가 많다. 면접관들이 면접자들을 평가 할 때 그들의 부분적인 특성인 외모나 용모, 인상 등만을 보고 회사 업무에 잘 적응할 만한 사람이라고 판단하는 경우 이러한 효과가 작용했다고 할 수 있다. 미국 유명 기업 CEO들의 평균 신장이 180cm를 넘는다는 것 역시 큰 키에서 우러나오는 것들이 다른 특징들을 압도했다고 볼 수 있을 것이다.

소비자들이 가격이 비싼 명품이나 인기 브랜드의 상품을 판단할 때 대상의 품질이나 디자인에 있어 다른 브랜드의 상품들에 비해 우수할 것이라고 생각하는 경우도 역시 이러한 효과가 작용한 결과라고 볼 수 있다. '브랜드의 명성'이 라는 일부에 대한 특성이 품질, 디자인 등 대상의 전체적인 평가에까지 영향을 준 것이다.

축구선수 차두리는 아버지 차범근의 영향을 받아 국가대표 시절 큰 기대를 받았다. 차범근의 축구 실력을 아들도 이어받았을 것이라고 생각한 것이다. 배우 이완과 엄태웅 역시 각각 누나인 김태희와 엄정화의 효과를 받아 데뷔부터 큰 주목을 받았다.

---

① 스스로가 지각할 수 있는 사실들을 집중적으로 조사해가면서, 알고 싶지 않은 것들을 무시해 버리는 경향이다.

② 고과자가 스스로가 가지고 있는 특성과 비교하여 피고과자를 고과하는 것이다.

③ 근무성적평정 등에 있어서 평정 결과의 분포가 우수한 쪽으로 집중되는 경향을 말하는 것이다.

④ 논리적으로 놓고 볼 때 관련이 있다고 생각되는 특성들 간에 비슷한 점수들을 주는 것이다.

⑤ 어떠한 사람의 어떤 한 부분에 대해서 호의적인 태도 등이 다른 부분에 있어서도 그 사람에 대한 평가에 영향을 주는 것이다.

NOTE 현혹효과 (Halo Effect)는 어떤 한 부분에 있어 어떠한 사람에 대해서 호의적인 태도 등이 다른 부분에 있어서도 그 사람에 대한 평가에 영향을 주는 것을 의미한다. 예를 들어 종업원 선발 시 면접관에게 면접에서 좋은 인상을 준 사람에 대해, 면접관들이 생각할 때 그 사람에게서 좋은 인상을 받은 만큼 업무에 대한 책임감이나 능력 등도 좋은 것이라고 판단하는 것을 의미한다. ①번은 지각적 방어, ②번은 대비오차, ③번은 관대화 경향, ④번은 논리적 오류를 각각 설명한 것이다.

⊙ answer 2.⑤

2018 한국마사회

3 **인적자원의 보상에 관한 설명 중 바르지 않은 것은?**

① 판매가격 순응임률제는 기업 조직의 이윤 및 임금을 결부시키는 것으로, 기업의 이윤지수가 변할 때 그에 순응하여 임률을 변동 및 조정하도록 하는 제도를 의미한다.

② 집단자극제는 집단의 조화가 중요하므로, 팀워크와 협동심이 높아진다.

③ 럭커플랜은 노사협력체제에 의해 달성된 생산성의 향상분을 해당 기업의 안정적 부가가치 분배율로 노사간 배분하는 방식이다.

④ 스캔론플랜은 구성원들의 참여의식을 독려하기 위해 구성원들의 참여 및 개선된 생산의 판매 가치를 기반으로 한 성과배분제이다.

⑤ 순응임률제란 조건이 변동하게 되면, 이에 순응하여 임금률도 자동적으로 변동 내지 조정되는 제도를 의미한다.

📖NOTE | ① 판매가격 순응임률제는 제품의 가격과 구성원에 대한 임금률을 연관시켜서 제품에 대한 판매가격이 변동하면 그에 따라 임률도 변동하도록 하는 제도를 의미한다.

2019 서울교통공사

4 **교육훈련방식에 대한 내용 중 사내교육훈련(OJT)에 대한 설명이 바르지 않은 것은?**

① 다수의 구성원들을 훈련시키기에는 부적절한 기법이다.

② 저렴한 비용으로 훈련이 가능한 방식이다.

③ 훈련 내용은 추상적이지 않고, 실제적이다.

④ 상사 및 동료 직원들 서로 간의 이해 또는 협동정신 등을 높일 수 있다.

⑤ 현업을 벗어나 교육훈련기관에서 교육이 이루어지므로 교육의 효율성이 제고되는 이점이 있다.

📖NOTE | ⑤ OJT는 실제 업무를 보면서 훈련을 하는 기법으로 현장실무 중심의 교육훈련이다. 현업에서 벗어나 외부의 교육훈련기관에서 교육을 받는 것은 사외교육훈련(Off-JT)이다.

🅰answer 3.① 4.⑤

5 **노동조합에 관한 설명 중 바르지 않은 것은?**

① 기업별 노동조합은 동일한 기업에 종사하는 근로자들에 의해 조직되는 것으로, 산업이나 기업 내 근로자들의 직종 또는 숙련의 정도에 관계없이 오로지 개별기업을 조직단위로 하는 종단적 조직이다.

② 노동조합은 조합원이 질병, 재해, 노령, 사망 등으로 일시적, 영구적으로 노동력을 상실할 경우 조합원의 생활안전을 위해 준비된 기금으로 공제수당을 지급하는 공제적 기능을 지닌다.

③ 노동조합의 경제적 기능은 가장 기본적이며 중심적인 기능으로, 노동조합이 직접 사용자에 대해 노동력의 판매자로서 교섭을 하는 기능을 의미한다.

④ 산업별 노동조합은 영국에서 1889년 신 조합운동의 대두와 함께 태동한 노동조합의 조직형태로서 직종이나 산업에 관계없이 일반근로자, 특히 옥외 노동에 종사하는 미숙련근로자들로 조직된 노동조합을 의미한다.

⑤ 직업별 노동조합은 어떤 산업이나 기업에 관계없이 동일 작업 또는 동일 직종에 종사하는 근로자들이 조직하는 노동조합을 의미한다.

📝NOTE ④ 산업별 노동조합은 어떤 직종이나 기업에 관계없이 동일 산업에 종사하는 근로자들이 조직하는 노동조합을 의미하며, 오늘날 산업별 노동조합은 노동조합의 대표적인 조직형태이다. 일반 노동조합은 영국에서 1889년 신 조합운동의 대두와 함께 태동한 노동조합의 조직형태로서 직종이나 산업에 관계없이 일반근로자 특히 옥외노동에 종사하는 미숙련근로자들로 조직된 노동조합을 의미한다.

6 **노동조합의 안정도가 가장 취약하며 사용자는 노동조합원이든 비조합원이든, 차별을 두지 않고 채용할 수 있고, 노동조합에 가입 여부는 전적으로 노동자의 의사에 따르는 제도는 어느 것인가?**

① 클로즈드 숍   ② 에이전시 숍
③ 유니언 숍   ④ 오픈 숍
⑤ 메인터넌스 숍

📝NOTE ① 클로즈드 숍 : 신규 직원 채용시 조합원만 사용자에게 고용될 수 있는 제도로 노동 조합이 노동공급의 유일한 원천이 되는 제도이므로 노동조합에 가장 유리한 제도이다.
② 에이전시 숍 : 조합원이든 비조합원이든 간에 모든 종업원은 단체교섭의 당사자인 노동조합에 조합비를 납부할 것을 요구하는 제도이다.
③ 유니언 숍 : 사용자가 비조합원도 자유로이 고용할 수 있지만 고용된 근로자는 일정한 기간 내에 조합에 가입하여야 하는 제도이다. 즉 비조합원은 채용 가능하나, 채용후 일정기간내에 조합 가입이 의무화된다.
⑤ 메인터넌스 숍 : 일단 단체협약이 체결되면 기존 조합원은 물론 단체협약이 체결된 이후에 가입한 조합원도 협약이 유효한 기간 동안은 조합원으로 머물러야 한다는 제도이다.

⊙answer 5.④ 6.④

7 다음 중 동일노동, 동일임금의 원칙에 입각하여 직무의 상대적 가치를 분석·평가하고, 그 가치에 알맞게 지급하는 임금체계를 무엇이라 하는가?

① 자격급　　　　　　　　　　　　② 연공급

③ 직무급　　　　　　　　　　　　④ 직능급

⑤ 성과급

> 📄NOTE | ③ 임금체계 중 직무급은 동일노동, 동일임금의 원칙에 입각하여 직무의 상대적 가치를 분석, 평가하고 그 가치에 알맞게 지급하는 임금을 의미한다.

8 인사고과에 대한 설명 중 바르지 않은 것은?

① 강제할당법을 적용할 경우 평가자의 관대화나 중심화 경향이 쉽게 나타날 수 있으므로 이를 방지하기 위한 대안으로 평정척도법이 적용된다.

② 인사고과에 있어 절대평정은 다른 구성원의 성과에 기초하여 평정하는 것이 아니므로 집단 간 비교가 가능하다.

③ 목표관리법은 목표를 설정한다는 점에서 직무분석과 유사하지만, 그 목표가 직무에 대해서가 아니라 개인에 대하여 설정된다는 점에서 다르다.

④ 1차 고과자가 평가한 내용을 반영해 2차 고과자가 적당히 평가하는 행동에서 발생하는 오류는 2차 고과자의 오류이다.

⑤ 연공오류는 피고과자가 내포한 연공속성, 즉 연령, 학력 등이 평가에 영향을 미치는 오류이다.

> 📄NOTE | ① 평정척도법을 적용할 경우 평가자의 관대화나 중심화 경향이 쉽게 나타날 수 있으므로 이를 방지하기 위한 대안으로 강제할당법이 적용된다. 평정척도법은 피평가자의 자질을 직무수행상 달성한 정도에 따라 사전에 마련된 척도를 근거로 하여 평가할 수 있도록 하는 방법이다.

ⓞ answer 7.③ 8.①

2017 공무원연금공단

9 인사평가의 오류 중 평가자가 평가 측정을 하여 다수의 피평가자에게 점수를 부여할 때 점수의 분포가 특정 방향으로 쏠리는 현상으로 인해 발생하는 분배적 오류 혹은 항상 오류에 해당하는 것은?

① 관대화 오류, 중심화 오류, 가혹화 오류

② 유사성 오류, 대비오류, 관대화 오류

③ 유사성 오류, 관대화 오류, 중심화 오류

④ 대비오류, 관대화 오류, 중심화 오류

⑤ 대비오류, 가혹화 오류, 중심화 오류

> 📝NOTE ① 평가자 개인의 성향 때문에 항상 규칙적으로 발생하는 오류를 분배적 오류 혹은 항상 오류라 하며, 점수의 분배시 발생하는 오류라는 의미이다.

2019 지역난방공사

10 다음 중 임금관리와 관련된 설명으로 바르지 않은 것은?

① 성과배분제란 기업경영의 성과(원가절약, 생산성증가, 이익증가 등)를 근로자, 경영자 등의 이해 관계집단 사이에 배분하는 제도이다.

② 카이저플랜은 성과급과 이윤분배제도를 결합한 형태이다.

③ 임프로셰어는 표준생산시간과 실제 생산시간의 차이로 인한 이익을 회사와 종업원이 50%씩 나눈다.

④ 스캔론플랜은 절약 임금의 25%는 회사에 유보하고 75%를 종업원과 회사측이 배분한다.

⑤ 럭커플랜은 부가가치를 기준으로 성과 배분한다.

> 📝NOTE ② 럭커플랜에 관한 설명이며, 이는 종업원의 기업 경영에 대한 이해도를 높이고 나아가 개별적 협력을 유지, 촉진시키기 위하여 실시된 것이다. 이것은 노동자의 협력을 증진시키고 생산성의 향상을 주목적으로 한다.
>
> ※ 집단 성과 배분(Gainsharing)의 유형
>
> | 구분 | 스캔론 플랜 | 럭커 플랜 | 임프로셰어 |
> |---|---|---|---|
> | 종업원 참여정도 | 제안위원회 또는 작업팀 | 럭커 위원회 | 훌륭한 아이디어의 제안 및 즉각적인 활용 |
> | 목표 | 비용(인건비) 감소 | 비용(인건비) 감소 | 직,간접적인 근무시간 단축 |
> | 보너스 기준 | 생산의 판매가치 | 부가가치 | 표준 작업시간 대비 절약된 작업시간 |
> | 보너스 간격 | 월별 또는 분기별 | 월별 또는 분기별 | 주별 |
> | 분배 대상 | 모든 종업원 | 시급 종업원 | 시급 종업원만 |

ⓞ answer 9.① 10.②

2018 국민연금공단

11 카페테리아 복리후생제도에 관한 설명 중 바르지 않은 것은?

① 선택적 지출계좌형은 종업원이 주어진 복리예산의 범위안에서 복리후생항목을 선택하게 하는 제도이다.

② 선택항목추가형은 필수적인 복리후생항목이 일괄지급되고 나머지 항목은 종업원이 선택하도록 하는 제도이다.

③ 모듈형은 여러 개의 복리후생 항목을 집단화시켜 프로그램화하여 종업원에게 제시하는 형태로서 그 중에서 하나를 선택하는 것이다.

④ 다양한 복리후생항목을 제공하고 종업원이 스스로 원하는 것을 선택하게 하는 것을 의미한다.

⑤ 모듈형의 단점은 관련 항목에 대한 예산의 합리적인 배분이 불가능한 것이다.

> **NOTE** ⑤ 모듈형의 장점은 관련 항목에 대한 예산의 합리적인 배분이 가능한 것이고, 단점은 집단화로 인하여 선택의 폭이 제한된다는 것이다.

2018 제주관광공사

12 외부모집의 효과에 관한 설명 중 바르지 않은 것은?

① 권력에 의한 부적격자 채용 가능성이 줄어든다.

② 조직에 활력을 줄 수 있다.

③ 신규 직원의 적응 기간이 장기화될 우려가 있다.

④ 모집범위가 넓어서 유능한 인재영입이 가능하다.

⑤ 내부 인력의 사기가 저하될 수 있다.

> **NOTE** ① 외부모집은 권력에 의해 부적격자 채용 가능성이 있으며, 기관 내부에 파벌이나 불화조성의 우려, 안정되기까지의 비용과 시간 소모, 내부 인력의 사기 저하, 채용에 따른 비용 부담, 신규직원 적응 기간의 장기화 우려 등의 단점을 가지고 있다.

2019 한국자산관리공사

13 OJT(On-the-Job Training)에 관한 설명 중 바르지 않은 것은?

① 지도자의 높은 자질이 요구된다.　　② 업무와 관련된 실질적인 훈련이다.

③ 훈련과 직무가 바로 연결된다.　　④ 저비용이며 훈련 실시가 용이하다.

⑤ 현장에서 즉시 활용할 수 없다.

> **NOTE** ⑤ 기업의 필요에 합치되는 교육훈련을 작업환경에서 직장상사 또는 직장선배가 부하직원에게 실무 또는 기능을 교육함으로써 현장에서 즉시 활용할 수 있다.

ㅇanswer 11.⑤ 12.① 13.⑤

2019 한국서부발전공사

14 임금피크제(Wage Peak System)에 관한 설명 중 바르지 않은 것은?

① 기업은 인건비의 과다한 부담을 해소할 수 있다.

② 정년을 조정하면서 일정시점을 정하여 최고임금(피크임금)으로 삼고 그 이후부터 임금액을 감소시키는 제도이다.

③ 주로 종업원의 생산 기여에 비해 과다한 인건비의 지출을 완화시키기 위한 제도이다.

④ 연공형 임금제도 하에서는 인건비의 과다한 부담을 해소할 수 없다.

⑤ 조직 활력의 저하, 고령자의 생산성 저하, 동기부여의 어려움과 같은 문제점이 생길 수 있다.

🖬NOTE ④ 임금피크제는 연공형 임금제도 하에서 연공에 따라 인건비가 증가하는 부담을 해소 할 수 있다.

2018 교통안전공단

15 노동자들이 자신들의 요구를 실현시키기 위해 집단적으로 업무나 생산활동을 중단하는 것은?

① 불매운동(Boycott)

② 직장폐쇄(Lock-Out)

③ 일시해고(Lay-off)

④ 파업(Strike)

⑤ 태업(Soldiering)

🖬NOTE ④ 파업(Strike)은 근로자가 단결하여 집단적으로 노동의 제공을 거부하는 행위를 의미한다.

ⓞ answer 14.④ 15.④

16 성과급에 관한 설명 중 바르지 않은 것은?

① 작업의 안정성을 높이려는 데 주된 목적이 있다.

② 개개인의 작업량이나 성과에 관계없이 업무에 종사한 시간을 단위로 하여 정액으로 지급하는 고정급과 대비된다.

③ 제도가 성공하기 위해서는 성과의 객관적 측정이 가능해야 한다.

④ 조직구성원이 달성한 성과에 따라 보상을 차등적으로 제공하는 보수제도를 의미한다.

⑤ 개인이나 집단이 수행한 작업성과나 능률을 평가해 그 결과에 따라 지급하는 보수로 업적급·능률급이라 부르기도 한다.

> 🖪NOTE ① 종업원에게 동기부여를 함으로써 노동생산성(원가절감 및 작업능률)을 향상시킬 수 있는 효과를 가져올 수 있다.

17 인력 모집과 선발에 관한 설명 중 바른 것은?

① 내부모집 방식은 모집범위가 제한적이고 승진을 위한 과다경쟁이 생길 수 있다.

② 내부모집을 통해 조직에 새로운 관점과 시각을 가진 인력을 선발할 수 있다.

③ 위원회 면접은 다수의 면접자가 다수의 피면접자를 평가하는 방법이다.

④ 클로즈드 숍 제도는 사용자가 비조합원을 자유로이 고용할 수 있는 제도이다.

⑤ 여러 상황에서도 똑같은 측정 결과를 나타내는 일관성을 타당도라고 한다.

> 🖪NOTE 외부모집을 통해 조직에 새로운 관점과 시각을 가진 인력을 선발할 수 있으며, 집단면접은 다수의 면접자가 다수의 피면접자를 평가하는 방법이다. 오픈 숍 제도는 사용자가 비조합원을 자유로이 고용할 수 있는 제도로, 조합가입이 고용의 전제조건이 아닌 제도이다. 여러 상황에서도 똑같은 측정 결과를 나타내는 일관성을 신뢰도라고 한다.

◉ answer 16.① 17.①

출제예상문제

1 **직무급(job-based payment)에 대한 설명으로 가장 옳지 않은 것은?**

① 직무급의 임금체계를 도입하기 위해서 직무평가가 선행적으로 요구된다.

② 직원의 연령, 근속 연수, 학력 등 속인적 요소가 강조된다.

③ 동일노동에 대한 동일임금의 원칙에 입각한 임금체계이다.

④ 조직 내 직무들 간 상대적 가치를 기준으로 임금이 결정된다.

⑤ 각 직무의 직능내용이나 책임도를 명확히 해야 한다.

> 📙NOTE ② 근속연수에 따라 임금수준을 결정하는 임금체계인 연공급에 대한 설명이다. 연공급은 연령·근속 연수·학력 등 속인적 요소에 따라 임금을 결정하는 것이 기본적인 구조이다.

2 **노동조합의 숍제도 중 다음의 설명에 해당하는 것은?**

> 사용자가 비조합원을 자유로이 고용할 수 있는 제도로 조합가입이 고용의 전제조건이 아닌 제도이다. 따라서 노동조합의 안정도 측면에서는 가장 취약한 제도라고 할 수 있다. 즉 조합원, 비조합원에 관계없이 채용 가능하며 사용자측에 가장 유리하다.

① 유니온 숍

② 오픈 숍

③ 클로즈드 숍

④ 에이전시 숍

⑤ 메인터넌스 숍

> 📙NOTE •유니온 숍: 사용자가 비조합원도 자유로이 고용할 수 있지만 고용된 근로자는 일정한 기간 내에 조합에 가입하여야 하는 제도이다.
> •클로즈드 숍: 신규 직원 채용시 조합원만 사용자에게 고용될 수 있는 제도로 노동 조합이 노동공급의 유일한 원천이 되는 제도이므로 노동조합에 가장 유리한 제도이다.
> •에이전시 숍: 조합원이든 비조합원이든 간에 모든 종업원은 단체교섭의 당사자인 노동조합에 조합비를 납부할 것을 요구하는 제도이다.
> •메인터넌스 숍: 일단 단체협약이 체결되면 기존 조합원은 물론 단체협약이 체결된 이후에 가입한 조합원도 협약이 유효한 기간 동안은 조합원으로 머물러야 한다는 제도이다.

3 종업원의 복리 및 안전욕구를 충족하기 위해 기업이 제공하는 복리후생제도는 크게 법정 복리후생과 법정 외 복리후생(자발적 복리후생)으로 구분할 수 있다. 법정 외 복리후생에 해당하지 않는 것은?

① 건강검진 및 건강상담과 같은 보건위생에 대한 지원
② 주택 구입 및 임차 비용 지원, 자사주 매입 등과 같은 경제적 지원
③ 오락, 체육, 문화생활에 대한 지원
④ 건강보험, 고용보험, 산업재해보상보험 등의 지원
⑤ 경조사 지원

>NOTE | ④ 4대보험은 법정 복리후생에 해당한다.

4 인력 채용 시에 외부 모집의 유리한 점으로 옳은 것은?

① 승진 기회 확대로 종업원에게 동기부여
② 조직 분위기 쇄신 가능
③ 모집에 소요되는 시간, 비용 단축
④ 채용된 기업의 문화에 대한 적응이 쉬움
⑤ 추가적인 홍보활동이 필요 없다.

>NOTE | ①③④⑤ 내부 모집의 장점이다.

5 복리후생제도에 관한 설명 중 바르지 않은 것은?

① 노동의 질이나 양, 능률 등과 무관하게 필요성에 입각하여 지급한다.
② 종업원의 생활수준을 안정화시키는 기능을 한다.
③ 내용에 따라 용도가 한정되며, 다양한 형태로 지급하고 집단적으로 보상한다.
④ 재해보험은 법정복리후생이며 법정 외 복리후생에는 주택시설 및 진료 시설 제공 등이 있다.
⑤ 복리후생제도는 현금지급이 일반적이다.

>NOTE | 복리후생제도는 획일적으로 현금으로 지급하기 보다는 다양한 형태로 제공한다는 특징이 있다.

answer 3.④ 4.② 5.⑤

6 최근 확산되고 있는 연봉제에 대한 설명으로 옳지 않은 것은?

① 개별 종업원의 능력, 실적, 공헌도를 평가하여 연간 임금을 결정한다.

② 종업원에게 지급하는 임금을 1년분으로 묶어서 결정한다.

③ 기본급이나 수당과 같이 세분화된 임금 항목이 있고 별도로 지급되는 상여금이 있다.

④ 전년도 근무 성과를 기초로 당해 연도의 1년분 임금을 지급하는 방식이 보편적으로 사용된다.

⑤ 개인과 회사 간의 개별계약에 의한 개별성과급을 특징으로 한다.

📖NOTE 연봉제는 개별 구성원의 능력·실적 및 조직 공헌도 등을 평가해 계약에 의해 연간 임금액을 결정하는 보수 체계를 말한다.
③ 월급제에 대한 설명이다.

7 임금관리 공정성에 대한 설명으로 옳은 것은?

① 내부공정성은 노동시장에서 지불되는 임금액에 대비한 구성원의 임금에 대한 공평성 지각을 의미한다.

② 외부공정성은 단일 조직 내에서 직무 또는 스킬의 상대적 가치에 임금수준이 비례하는 정도를 의미한다.

③ 직무급에서는 직무의 중요도와 난이도 평가, 역량급에서는 직무에 필요한 역량 기준에 따른 역량평가에 따라 임금수준이 결정된다.

④ 개인공정성은 다양한 직무 간 개인의 특질, 교육정도, 동료들과의 인화력, 업무몰입 수준 등과 같은 개인적 특성이 임금에 반영된 척도를 의미한다.

⑤ 조직은 조직구성원에 대한 면접조사를 통하여 자사 임금수준의 내부, 외부공정성 수준을 평가할 수 있다.

📖NOTE 내부 공정성은 기업 내부의 공정성을 의미하는 것으로 조직의 직무·직능·근속 및 성과에 따라 보상을 달리함으로써 공정성을 유지·확보하는 것이다. 내부공정성 확보는 개인의 만족과 효용성 증대에 중요한 역할을 한다.
개인공정성은 근로자 자신의 노력에 대한 적정보상 차원의 공정성이고, 대인비교 공정성은 다른 사람이 받는 보상과 나의 것을 비교하는 공정성을 말한다.
외부공정성은 기업이 종업원에게 나누어 줄 임금총액의 크기와 관련되는 것으로 해당 기업의 임금수준이 동종경쟁기업의 임금수준과 비교하였을 때 공정성을 확보하고 있느냐에 관한 것이다.

8 아래의 글에서 설명하는 인사고과의 오류는?

> 평가자가 평소 논리적인 사고에 얽매여 임의적으로 평가해 버리는 경우를 의미한다. 각 평가 항목 간 논리적인 상관관계가 있는 경우, 비교적 높게 평가된 평가항목이 있으면 다른 항목도 높게 평가하는 경향을 말한다.

① 논리적 오류   ② 중심화 경향

③ 대비오류   ④ 현혹효과

⑤ 분포상의 오류

> 📑 NOTE | ② 중심화 경향 : 강제할당법을 사용하거나 평소 부하와의 일상의 접촉을 늘리고 면접의 기회를 가져 개별적으로 부하를 관찰 및 이해할 수 있도록 한다.
> ③ 대비오류 : 직무기준과 직무능력 요건에 나타난 절대기준이 아닌 평가자 자신을 기준으로 두고 자신과 부하를 비교하는 것을 의미한다. 이러한 오류를 방지하기 위해서는 직무기준과 직무능력 요건에 비추어 평가를 해야 하며, 평가자 훈련을 통해 판단기준을 통일하도록 해야 한다.
> ④ 현혹효과 : 평가자가 어느 한 사람의 전체 항목에 대한 평가를 하지 않고, 한 가지 특성에 대하여 모든 구성원들이 전부 평가하도록 한다.
> ⑤ 분포상의 오류 : 평가자들은 흔히 평가 척도의 한 부분에 편중되게 평가하려는 경향이 있다. 물론 특정 집단 종업원들은 정말 비슷한 수준으로 업무를 수행하는 경우도 있다. 그러나 대부분의 경우 모든 구성원에 대한 비슷한 평가는 정확한 성과의 평가가 아니라 오히려 점수 분포의 오류로 인한 실수이다.

9 OJT(On the Job Training)에 대한 설명으로 옳지 않은 것은?

① 보통 훈련전문가가 담당하기 때문에 훈련의 효과를 믿을 수 있다.

② 피훈련자는 훈련받은 내용을 즉시 활용하여 업무에 반영할 수 있다.

③ 기존의 관행을 피훈련자가 무비판적으로 답습할 가능성이 있다.

④ 훈련자와 피훈련자의 의사소통이 원활해진다.

⑤ 직속 상사가 작업현장에서 개별지도 하는 것을 의미한다.

> 📑 NOTE | OJT는 기업 내에서의 종업원 교육 훈련방법의 하나로, 피훈련자인 종업원은 직무에 종사하면서 지도교육을 받게 된다.
> ① Off-JT에 대한 설명이다.

● answer   8.① 9.①

10 다음의 내용은 현대적 고과기법 중 무엇에 대한 설명인가?

> • 현실적이고, 목표에 대한 달성이 가능해야 한다.
> • 설정한 목표에 대해 결과의 확인이 가능해야 한다.
> • 측정의 가능한 및 계량적인 목표여야 한다.

① Ranking Method
② Assessment Center
③ Rating Scales, Graphic Rating Scales
④ Behaviorally Anchored Rating Scales
⑤ Management By Objectives

> ✎NOTE 목표에 의한 관리(Management By Objectives : MBO)는 조직의 구성원과 직속상사가 서로 협의하여 작업에 대한 목표량을 결정하고, 그로 인한 성과를 부하 및 상사가 함께 측정하며, 고과하는 방법이다.

11 행위강화전략 중 소거(extinction)에 해당하는 것은?

① 품행이 좋은 학생에게 칭찬과 격려를 아끼지 않는다.
② 성적이 기준에 미달한 학생에게 장학금의 지급을 일시적으로 중지한다.
③ 수형생활을 모범적으로 하는 죄수에게 감형이나 가석방의 기회를 부여한다.
④ 업무수행 실적이 계속해서 좋지 않은 직원을 징계한다.
⑤ 장난감을 잘 정리한 아이에게 사탕을 준다.

> ✎NOTE 소거란 바람직하지 않은 행위가 일어났을 때 긍정적인 자극을 제거함으로써 그 행위를 감소시키는 강화전략이다.
> ① 긍정적강화 ③ 부정적강화 ④ 벌 ⑤ 긍정적강화

12 다음 기사를 읽고 밑줄 친 부분과 관련한 내용으로 가장 거리가 먼 것을 고르면?

> 최근 포항·경주 등 경북지역 기업들에 정부의 일학습병행제가 본격 추진되면서 큰 관심을 보이고 있는 가운데, 포스코 외주파트너사인 ㈜세영기업이 지난 17일 직무개발훈련장의 개소식을 열고 첫 발걸음을 내디뎠다. 청년층의 실업난 해소와 고용 창출의 해법으로 정부가 시행하는 일학습병행제는 기업이 청년 취업희망자를 채용해 이론 및 실무교육을 실시한 뒤 정부로부터 보조금을 지원받을 수 있는 제도로, ㈜세영기업은 최근 한국산업인력공단 포항지사와 함께 취업희망자를 선발했고 오는 8월 1일부터 본격적인 실무교육에 나설 전망이다.
>
> ㈜세영기업 대표이사는 "사업 전 신입사원 <u>OJT</u>는 단기간 수료해 현장 배치 및 직무수행을 하면서 직무 능력 수준 및 조직 적응력 저하, 안전사고 발생위험 등 여러 가지 문제가 있었다"며 "이번 사업을 통해 2~3년 소요되던 직무능력을 1년 만에 갖출 수 있어 생산성 향상과 조직만족도가 향상될 것"이라고 밝혔다.

① 전사적인 교육훈련이 아닌 통상적으로 각 부서의 장이 주관하여 업무에 관련된 계획 및 집행의 책임을 지는 일종의 부서 내 교육훈련이다.

② 종업원들이 수행해야 하는 훈련은 추상적이 아닌 실제적이다.

③ 다수의 종업원을 훈련하는 데에 있어 가장 적절한 훈련기법이다.

④ 교육훈련에 대한 내용 및 수준에 있어서의 통일성을 기하기 어렵다.

⑤ 상사 또는 동료 간 이해 및 협조정신 등을 높일 수 있다.

> 🗐 NOTE OJT(On The Job Training : 사내교육훈련)는 다수의 종업원을 훈련하는 데에 있어 부적절하다.

13 다음 중 Off-JT에 대한 설명으로 보기 가장 어려운 것은?

① 구성원들은 현업의 부담에서 벗어나 오로지 훈련에만 집중하게 되므로 교육의 효율성이 제고되는 장점이 있다.

② 한 번에 많은 수의 종업원들 교육이 가능한 훈련방식이다.

③ 훈련받은 교육에 대한 결과를 현장에서 곧바로 활용하기가 어렵다.

④ 현 업무와는 별개로 예정된 계획에 따라 실시가 불가능하다.

⑤ 비용이 많이 소요되는 훈련방식이다.

> 🗐 NOTE Off-JT(Off The Job Training : 사외교육훈련)는 현재의 업무와는 별개로 예정된 계획에 따라 실시가 가능한 교육훈련방식이다.

ⓞ answer 12.③ 13.④

14 어떤 기업이 지난달 8천만 원의 매출을 달성하였는데, 직원 10명이 지난달에 각각 160시간씩 근무했고, 장비 5대가 지난달에 각각 300시간씩 운용되었다. 이 기업의 지난달 노동생산성으로 올바른 것은? (단, 소수점 첫째 자리에서 반올림한다.)

① 10,000원/시간

② 22,222원/시간

③ 40,000원/시간

④ 50,000원/시간

⑤ 60,000원/시간

> **NOTE** 노동생산성은 산출량을 투입한 노동시간으로 나누어 계산한다.
>
> 따라서 $\dfrac{80,000,000}{10 \times 160} = 50,000$(원/시간)이다.

15 다음 괄호 안에 들어갈 말을 순서대로 바르게 나열한 것을 고르면?

> (㉠)은/는 임금수준의 하한선에서 조정되는 것이고, (㉡)은/는 임금수준의 상한선에서 조정이 되며, (㉢)은/는 임금수준의 가운데에서 조정이 된다.

① ㉠ 생계비 수준, ㉡ 기업의 지불능력, ㉢ 사회 일반적 임금수준

② ㉠ 생계비 수준, ㉡ 사회 일반적 임금수준, ㉢ 기업의 지불능력

③ ㉠ 기업의 지불능력, ㉡ 사회 일반적 임금수준, ㉢ 생계비 수준

④ ㉠ 기업의 지불능력, ㉡ 생계비 수준, ㉢ 사회 일반적 임금수준

⑤ ㉠ 사회 일반적 임금수준, ㉡ 생계비 수준, ㉢ 기업의 지불능력

> **NOTE** 생계비 수준은 임금수준의 하한선에서 조정되는 것이고, 기업의 지불능력은 임금수준의 상한선에서 조정이 되며, 사회 일반적 임금수준은 임금수준의 가운데에서 조정이 된다.

answer 14.④ 15.①

16 성과평가 시 평가자들이 종업원들의 성과를 정확하게 측정하지 못하는 오류에 대한 설명으로 적절하지 않은 것은?

① 후광효과(halo effect)는 피평가자의 일부 특성이 전체 평가기준에 영향을 미치는 오류이다.
② 상동효과(stereotyping)는 피평가자 간 차이를 회피하기 위해 모든 피평가자들을 유사하게 평가하는 오류이다.
③ 투사효과(projection)는 평가자의 특성을 피평가자의 특성이라고 생각하고 잘못 판단하는 오류이다.
④ 대비효과(contrast effect)는 피평가자를 평가할 때 주위의 다른 사람과 비교하여 잘못 평가하는 오류이다.
⑤ 맥락효과(context effect)는 어떤 정보에 대한 평가는 그 정보가 어떤 맥락 안에서 제시되는 가에 의해 영향을 받는다는 것이다.

> 🗐NOTE ② 상동효과는 타인에 대한 평가가 그가 속한 사회적 집단에 대한 지각을 기초로 해서 이루어지는 것으로 일종의 고정관념에 해당한다.

17 다음 중 성과급에 대한 설명으로 옳지 않은 것은?

① 정확한 작업량의 측정이 어려운 점과 작업량에만 치중하여 품질저하를 초래할 위험이 있다.
② 근로자를 동기부여하게 하고, 생산성을 향상하며, 노무비 절감의 장점이 있다.
③ 품질 저하가 발생한다.
④ 기본급이 고정되어 있으므로 계산이 용이하다.
⑤ 개인 성과급과 집단 성과급으로 나눌 수 있다.

> 🗐NOTE 성과급은 계산이 용이하지 않고 까다롭다.

answer 16.② 17.④

18 다음 기사의 괄호 안에 들어갈 말로 가장 적절한 것은?

> 본격적인 임금·단체협약시기를 앞두고 경제계가 통상임금, 정년연장, 근로시간 단축 등 노사 간 쟁점에 대한 교섭방안을 내놨다. 대한상공회의소는 노동시장 제도변화에 따른 기업의 대응방안을 담은 '2014년 임단협 대응방향 가이드'를 19일 발표했다. 대한상의에서 기업의 임단협 안내서 성격인 가이드를 발표한 것은 이번이 처음이다. 대한상의 관계자는 "올해 노동시장은 대법원 통상임금 확대판결, 2016년 시행되는 정년 60세 의무화, 국회에서 추진 중인 근로시간 단축 등 굵직한 변화를 겪고 있다"며 "어느 때보다 혼란스럽고 중요한 임단협이 될 것이란 판단에 가이드를 발표했다"고 밝혔다. 가이드에는 통상임금, 정년연장, 근로시간 등 3대 노동현안에 대한 기업의 대응방안이 중점적으로 제시됐다. 통상임금의 경우, 각종 수당과 상여금을 통상임금에서 무조건 제외하기보다 노조·근로자와 성실한 대화로 연착륙 방안을 찾아야 한다고 강조했으며, 임금구성항목 단순화, 임금체계 개편, 근무체계 개선, 소급분 해소 등이 필요하다고 권고했다. 또한 2016년 시행되는 정년 60세 의무화와 관련, 준비 없는 정년연장의 부작용을 예방하기 위해 (   ) 도입을 적극 고려할 것을 주문했다.

① Profit Sharing Plan

② Profit Sliding Scale Plan

③ Salary Peak System

④ Selling Price Sliding Scale Plan

⑤ Sliding Scale Wage Plan

> **NOTE** 임금피크제도(Salary Peak System)는 조직의 종업원이 일정한 나이가 지나면 생산성에 따라 임금을 지급하는 제도로 현실적으로는 나이가 들어 생산성이 내려가면서 임금을 낮추는 제도인데, 조직의 구성원이 일정한 연령에 이르면 그때의 연봉을 기준으로 임금을 줄여나가는 대신 계속 근무를 할 수 있도록 하는 새로운 정년보장 제도를 의미한다.

19 다음의 내용 중 인사관리의 기능에 해당하지 않는 것을 고르면?

① 직무분석 및 설계   ② 모집 및 선발

③ 훈련 및 개발   ④ 보상 및 후생복지

⑤ 근태율 분석

> **NOTE** 인사관리의 주요 기능으로는 직무의 분석 및 설계, 모집 및 선발, 훈련 및 개발, 보상 및 후생복지, 노조와의 관계 등이 있다.

20 다음 중 목표에 의한 관리의 목표조건에 대한 설명으로 옳은 것을 모두 고르면?

> ㉠ 정해진 시간 내 달성 가능한 목표가 아니어도 된다.
> ㉡ 비현실적이면서, 달성 가능한 목표이어야 한다.
> ㉢ 정해진 목표에 대해 기대되는 결과를 확인할 수 없어도 된다.
> ㉣ 측정이 가능해야 하고, 계량적 목표이기도 해야 한다.
> ㉤ 구체적 목표의 제시가 이루어져야 한다.

① ㉠, ㉡　　　　　　　　　　② ㉡, ㉣

③ ㉢, ㉣　　　　　　　　　　④ ㉢, ㉤

⑤ ㉣, ㉤

📝 NOTE) 목표에 의한 관리의 목표조건은 다음과 같다.

목표조건	• 측정 가능함과 동시에 계량적인 목표이어야 한다. • 구체적인 목표 제시가 되어야 한다. • 설정된 목표에 대해 기대되는 결과를 확인할 수 있는 목표이어야 한다. • 현실적이면서, 달성 가능한 목표이어야 한다. • 정해진 시간 안에 달성 가능한 목표이어야 한다.

21 다음은 행위기준고과법(BARS)의 특징을 설명한 것이다. 이 중 가장 거리가 먼 것은?

① 행위기준고과법은 올바른 행위에 대한 내용들을 구성원 개인에게 제시해 줄 수 있다.
② 행위기준고과법은 다양하면서도 구체적인 직무에의 활용이 불가능하다.
③ 행위기준고과법은 목표에 의한 관리의 일환으로 활용이 가능하다.
④ 행위기준고과법은 척도를 실질적으로 활용하는 평가자가 개발과정에도 실제 적극적으로 참여하므로 평가자가 최종 결과에 대한 책임을 부담하는 경우가 있다.
⑤ 행위기준고과법은 어떤 행동들이 조직의 목표달성에 연관이 되는지를 알 수 있게 해준다.

📝 NOTE) 행위기준고과법은 직무성과에 초점을 맞추기 때문에 높은 타당성을 유지하며, 피고과자의 구체적인 행동 패턴을 평가 척도로 사용하므로 신뢰성 또한 높고, 고과자 및 피고과자 모두에게 성공적인 행동 패턴을 알려줌으로써, 조직의 성과향상을 위한 교육효과도 있어 수용성 또한 높은 편이므로, 다양하면서도 구체적인 직무에의 활용이 가능하다.

22 기업 조직의 구성원이 어느 일정한 연령에 이르게 되면 당시의 연봉을 기준으로 해서 임금을 줄여나가는 대신에 반대급부로 지속적인 근무를 할 수 있도록 하는 제도를 일컫는 말은?

① 카페테리아 제도

② 임금피크제도

③ 법정 외 복리후생

④ 최저임금제도

⑤ 정답 없음

📁NOTE 임금피크제도(Salary Peak System)는 기업 조직의 구성원들이 일정 정도의 연령에 이르게 되면 해당 구성원들의 생산성에 의해 임금을 지급하는 제도를 말한다.

23 다음 기사의 내용을 읽고 밑줄 친 부분과의 연관성이 가장 높은 설명을 고르면?

> 경북 포항시에 본사를 둔 대기환경관리 전문업체 ㈜에어릭스는 직원들의 업무능력을 배양하고 유기적인 조직운영을 위해 '직무순환제'를 실시하고 있다. 에어릭스의 직무순환제는 대기환경설비의 생산, 정비, 설계, 영업 파트에 속한 직원들이 일정 기간 해당 업무를 익힌 후 다른 부서로 이동해 또 다른 업무를 직접 경험해볼 수 있도록 하는 제도다. 직무순환제를 통해 젊은 직원들은 다양한 업무를 거치면서 개개인의 역량을 쌓을 수 있을 뿐 아니라 풍부한 현장 경험을 축적한다. 특히 대기환경설비 등 플랜트 사업은 설계, 구매·조달, 시공 등 모든 파트의 유기적인 운영이 중요하다. 에어릭스의 경우에도 현장에서 실시하는 환경진단과 설비 운영 및 정비 등의 경험을 쌓은 직원이 효율적으로 집진기를 설계하며 생생한 현장 노하우가 영업에서의 성과로 이어진다. 또한 직무순환제를 통해 다른 부서의 업무를 실질적으로 이해함으로써 각 부서 간 활발한 소통과 협업을 이루고 있다.

① 직무순환의 실시로 인해 직무에 대한 전문화의 수준이 상당히 증대된다.

② 직무순환을 실시함으로써 구성원들이 노동에 대한 싫증 및 소외감을 많이 느끼게 될 수 있다.

③ 직무순환을 실시할 경우 구성원 자신이 조직의 구성원으로써 가치 있는 존재로 인식을 하게끔 하는 역할을 수행한다.

④ 구성원들을 승진을 시키기 전 단계에서 하나의 단계적인 교육훈련방법으로 파악하기 어렵다.

⑤ 직무순환은 조직변동에 따른 부서 간의 과부족 인원의 조정 또는 사원 개개인의 사정에 의한 구제를 하지 않기 위함이다.

📁NOTE 직무순환은 종업원들의 여러 업무에 대한 능력개발 및 단일직무로 인한 나태함을 줄이기 위한 것에 그 의미가 있으며, 여러 가지 다양한 업무를 경험함으로써 종업원에게도 성장할 수 있는 기회를 제공한다

24 다음 중 인적자원계획의 효과에 대한 설명으로 바르지 않은 것은?

① 효율적 인적자원 계획으로 인해 구성원들의 사기 및 만족도가 증가한다.

② 구성원들에 대한 적절한 교육훈련계획의 수립이 가능해진다.

③ 새로운 사업기회에 대한 확보능력이 상승된다.

④ 적정 수의 인적자원 확보를 통한 노동의 비용이 감소된다.

⑤ 불필요한 노동력의 감소 및 증대에 따른 통제가 어렵다.

ᗺNOTE 인적자원 계획으로 인해 불필요한 노동력의 감소 및 증대에 따른 통제가 용이하다.

25 다음 종업원들 교육훈련에 대한 내용 중 On The Job Training에 대한 내용으로 가장 옳지 않은 것을 고르면?

① On The Job Training은 대부분이 각 부서의 장이 주관하여 업무에 관련된 계획 및 집행의 책임을 지는 부서 내 교육훈련이다.

② On The Job Training은 구성원들의 교육훈련의 내용 및 수준 등에 있어 하나로 통일시키기가 용이하다.

③ On The Job Training은 많은 수의 구성원들 훈련에 있어서는 부적절한 방식이다.

④ On The Job Training은 적은 비용으로도 구성원 훈련이 가능하다.

⑤ On The Job Training의 교육훈련방식은 추상적이 아닌 실제적이다.

ᗺNOTE On The Job Training은 일률적인 교육방식이 아닌 부서의 장이 주관하여 상사 등이 실제 업무를 보면서 습득하는 것으로, 구성원 개인차로 인해 일률적인 교육훈련방식을 적용하기가 쉽지 않다는 문제점이 있다.

26 다음 중 관료제 조직관에 대한 내용으로 바르지 않은 것은?

① 사적인 요구 및 관심이 조직 활동과는 완전하게 분리된다.

② 선발 및 승진결정에 있어서 기술적인 자질, 능력, 업적 등에 근거한다.

③ 조직 내 경력경로를 제공하여 직장 안정을 확보한다.

④ 개인적인 특성, 기호 등이 개입되지 않도록 동일한 제재 및 강제력을 적용한다.

⑤ 관료제 조직관은 작업상의 유동성을 보장한다.

ᗺNOTE 관료제 조직관은 각 사람들의 직무를 명백한 과업으로 세분화한다.

● answer　24.⑤　25.②　26.⑤

27 다음 박스 안의 내용이 설명하는 것으로 바른 것을 고르면?

> 이 제도는 기업 조직의 경우에 종업원에 대한 임금률을 일정한 수준에 고정하면 임금과 관련되는 물가의 변동, 기업의 성쇠가 있을 때엔 이 같은 현실에 부합할 수 없기 때문에 이러한 경우에 대비해서 고안된 제도이다.

① Cost Of Living Sliding Scale Plan

② Profit Sharing Plan

③ Sliding Scale Wage Plan

④ Profit Sliding Scale Plan

⑤ Selling Price Sliding Scale Plan

🅱NOTE 순응임률제(Sliding Scale Wage Plan)는 기업 조직의 여러 가지 제 조건이 변동하게 되면, 이에 순응하여 임금률도 자동적으로 변동 내지 조정되는 제도를 의미한다.

28 다음 중 집단자극제에 관련한 내용으로 가장 거리가 먼 것을 고르면?

① 업무의 요령 등을 타인에게 감추지 않는다.

② 업무배치를 함에 있어 구성원들의 불만을 감소시킨다.

③ 집단의 조화가 중요하기 때문에 구성원 서로 간 팀워크 및 협동심 등이 증대된다.

④ 집단의 노력이지만, 개개인의 노력 및 성과로도 직접적으로 반영된다.

⑤ 새로 들어온 신입 직원의 경우 훈련에 상당히 적극적으로 임하게 된다.

🅱NOTE 집단자극제는 집단의 노력이므로, 개개인의 노력이나 성과가 직접적으로 반영되지 않는다.
　　※ 집단자극제

장점	단점
• 업무의 요령 등을 다른 사람들에게 감추지 않는다. • 신입 종업원의 경우, 훈련에 상당히 적극적이다. • 작업배치를 함에 있어 종업원들의 불만을 감소시킨다. • 집단의 조화가 중요하므로, 서로간의 팀워크와 협동심이 높아진다.	• 집단의 노력이므로, 개개인의 노력이나 성과가 직접적으로 반영되지 않는다. • 성과에 대한 기준설정이 명확하게 시간연구에 의한 것이 아닌, 기존의 실적에 의한 것일 경우에, 해당 성과 상승의 원인이 업무방식의 개선에 의한 것인지, 아니면 실제 종업원의 노력에 의한 것인지 판단하기가 어렵다.

answer 27.③ 28.④

29 다음 법정 복리후생제도 중 구성원이 실업자가 된 경우에 생활에 필요한 급여를 제공함으로써 그들의 삶의 안정 및 구직활동을 돕는 매개체 역할을 하는 것은?

① 산업재해보험

② 국민건강보험

③ 국민연금보험

④ 고용보험

⑤ 경조사 지원

> **✓NOTE** 고용보험은 인간의 실업을 예방하고 나아가 고용의 촉진 및 종업원들의 직업능력의 개발 및 향상을 도모하는 역할을 수행한다.

30 다음 기사를 읽고 문맥 상 괄호 안에 들어갈 말로 가장 적절한 것을 고르면?

> 복리후생제도도 활용하기에 따라 직원들의 가정 돌보기 지원에 도움을 줄 수 있다. 엘지화학은 복지제도 선진화를 위해 엘지그룹 계열사 가운데 처음으로 2006년 (   )을/를 도입했다. 이 제도는 회사가 제공하는 다양한 복리후생 메뉴 가운데 일정 금액 한도 안에서 개인이 필요로 하는 항목을 선택할 수 있게 하는 복리후생제도이다. 연간 한도로 임직원들에게 일정 포인트를 제공하고, 여가·휴양, 자기계발, 건강증진, 선물 및 제품 구입 등 카테고리별로 자유롭게 활용할 수 있다. 외부의 다양한 서비스와 솔루션 제공 업체와의 연계를 통해 같은 비용으로 높은 복지혜택을 누릴 수 있는 장점도 있다. 특히 전국에 있는 콘도, 펜션, 호텔에서 자유롭게 사용할 수 있을 뿐만 아니라 사내 온라인 복지매장에 콘도, 펜션 등을 예약할 수 있는 시스템을 갖추고 있다.

① 카페테리아식 복리후생   ② 보건위생제도

③ 임금피크제도   ④ 고용보험제도

⑤ 국민연금제도

> **✓NOTE** 카페테리아식 복리후생은 기업 조직에 소속된 구성원들이 기업이 제공하는 복리후생제도나 시설 중에서 종업원이 원하는 것을 선택함으로서 자신의 복리후생을 스스로 원하는 대로 설계하는 것을 의미한다.

31 다음 박스 안의 내용이 설명하는 것으로 바른 것을 고르면?

> 이 제도는 기업 조직이 생산해 내는 제품 판매가격이 일정액 이하에 해당하는 경우에는 기준률 또는 최저율을 적용하고, 반대로 제품 판매가격이 일정액 이상에 해당하는 경우에는 올라간 상승률만큼 임률을 높이는 것을 의미한다.

① Sliding Scale Wage Plan

② Profit Sliding Scale Plan

③ Profit Sharing Plan

④ Selling Price Sliding Scale Plan

⑤ Cost Of Living Sliding Scale Plan

🅱NOTE 판매가격 순응임률제는 제품가격과 종업원에 대한 임금률을 연관시켜서 제품에 대한 판매가격이 변동하면 그에 따라 임률도 변동하도록 하는 제도를 의미한다.

32 다음 중 이익분배제에 대한 설명으로 바르지 않은 것은?

① 구성원의 이익배당 참여권 및 분배율을 근속년수와 연관시킴으로써, 종업원들의 장기근속을 유도할 수 없다.

② 구성원은 자신의 이윤에 대한 배당을 높이기 위해 작업에 집중하여 능률증진을 기할 수 있다.

③ 기업과 구성원 간 협동정신을 고취, 강화시켜서 노사 간의 관계개선에 도움을 준다.

④ 회계정보를 적당히 처리함으로써, 기업 조직의 결과를 자의적으로 조정할 수 있으므로 신뢰성이 낮아진다.

⑤ 이익분배는 결산기에 가서 확정되는 관계로 구성원들의 작업능률에 대한 자극이 감소될 우려가 있다.

🅱NOTE 이익분배제는 노사 간의 계약에 의한 기본임금 외에 기업 조직의 각 영업기마다 결산이윤의 일부를 종업원들에게 부가적으로 지급하는 제도로써, 종업원의 이익배당 참여권 및 분배율을 근속년수와 연관시킴으로써, 종업원들의 장기근속을 유도할 수 있다.

※ 이익분배제의 효과 및 제약사항

효과	제약사항
• 구성원은 자신의 이윤에 대한 배당을 높이기 위해 작업에 집중하여 능률증진을 기할 수 있다. • 구성원은 이익배당 참여권 및 분배율을 근속년수와 연관시킴으로써, 종업원들의 장기근속을 유도할 수 있다. • 기업과 종업원간의 협동정신을 고취, 강화시켜서 노사 간의 관계개선에 도움을 준다.	• 이익분배는 결산기에 가서 확정되는 관계로 구성원들의 작업능률에 대한 자극이 감소될 수 있다. • 회계정보를 적당히 처리함으로써, 기업 조직의 결과를 자의적으로 조정할 수 있으므로 신뢰성이 낮아진다.

⊙ answer 31.④ 32.①

33 복리후생에 대한 설명 중 사용자에 대한 이익으로 보기 어려운 것은?

① 고용이 안정되고 생활수준이 나아지는 효과를 가져온다.

② 생산성의 향상 및 원가절감의 효과를 가져온다.

③ 인간적 관계에 대한 부분이 상당히 개선된다.

④ 팀 워크의 정신이 점차적으로 높아진다,

⑤ 기업 조직의 목적 및 방침 등을 보여주는 기회가 많아진다.

> 🗒NOTE ①번은 구성원(종업원)에 대한 이익을 설명한 것이다.

34 일반적으로 기업 조직이 종업원과 가족들의 생활수준을 높이기 위해서 마련한 임금 이외의 제반급부를 복리후생이라고 한다. 다음 중 복리후생에 대한 설명으로 바르지 않은 것을 고르면?

① 복리후생은 기대소득의 성격을 띠고 있다.

② 복리후생은 여러 가지 형태로 지급된다.

③ 복리후생은 구성원들의 생활수준을 안정시키는 역할을 수행한다.

④ 복리후생은 신분기준에 의해 운영되어진다.

⑤ 복리후생은 개인적인 보상의 성격을 지니고 있다.

> 🗒NOTE 복리후생은 기업에 있어서의 노사 간의 관계에 있어서의 안정, 공동체의 실현 및 종업원들의 생활안정과 문화향상 등의 필요에 의해 발전하고 있는 형태이며, 집단적인 보상의 성격을 지니고 있다.

35 다음 그림을 보고 이와 관련된 설명으로 옳지 않은 것을 고르면?

고용보장연령	임금조정시기	지원기간	비고
55세	54세	54세 도달 이후 ~ 55세 도달 이전(1년)	
57세	53세	54세 도달 이후 ~ 57세 도달 이전(3년)	최저지원시점적용(54세)
57세	55세	55세 도달 이후 ~ 57세 도달 이전(2년)	
58세	53세	54세 도달 이후 ~ 58세 도달 이전(4년)	최저지원시점적용
59세	54세	54세 도달 이후 ~ 59세 도달 이전(5년)	
60세	58세	58세 도달 이후 ~ 60세 도달 이전(2년)	
62세	55세	55세 도달 이후 ~ 61세 도달 이전(6년)	최대지원기간적용(6년)
62세	52세	54세 도달 이후 ~ 60세 도달 이전(6년)	최저지원시점 및 최대지원기간 적용
65세	58세	58세 도달 이후 ~ 64세 도달 이전(6년)	

① 위 그림은 기업 조직의 구성원이 일정 나이가 지나면 생산성에 따라 임금을 지급하는 제도이다.

② 위 제도의 경우 보다 더 저렴한 비용으로 훈련된 인적자원을 유지 및 확보할 수 없으며, 경감된 비용으로 신규인력의 채용이 불가능하다.

③ 사용자의 경우 해고를 둘러싼 노사갈등을 피할 수 있다는 이점이 있다.

④ 구성원들의 경우 해고를 당하지 않고 정년 이후에도 계속 일할 수 있다.

⑤ 위 제도는 중·고령자들의 고용보장은 물론이고 사회의 활력증대를 꾀할 수 있는 현실적인 방안 이라 할 수 있다

🖹NOTE│ 임금피크제도(Salary Peak System)는 일정한 연령에 이르면 그때의 연봉을 기준으로 임금을 줄여나가는 대신 계속 근무 를 할 수 있도록 하는 새로운 정년보장 제도를 의미한다. 사용자의 입장에서는 보다 더 저렴한 비용으로 훈련된 인적자 원을 유지 및 확보할 수 있는 한편, 경감된 비용으로 신규인력을 채용할 수 있다는 이점이 있다.

⊙answer 35.②

36 다음 중 노동조합에 관한 설명으로 옳지 않은 것을 고르면?

① 노동조합은 노동자가 주체가 되어 자주적으로 단결하여 근로조건의 유지 및 개선, 기타 노동자의 경제적 또는 사회적인 지위의 향상을 도모하기 위한 목적으로 조직하는 단체이다.

② 노동조합의 집행기능에는 경제활동 기능, 단체교섭 기능, 정치활동 기능 등이 있다.

③ 통상적으로 노동조합에서의 참모기능은 기본기능 및 집행기능 등을 보조 또는 참모하는 역할을 수행한다.

④ 노동조합은 국가, 역사적 시기 및 이념 등에 따라 여러 가지의 형태로 구분된다.

⑤ 노동조합은 사용자와 노동자 간의 지배관계를 대등관계가 아닌 종속관계로 변화시키는 역할을 한다.

🔁NOTE 노동조합은 사용자와 노동자 간의 지배관계를 상하관계가 아닌 대등관계로 변화시키는 역할을 수행한다.

37 다음 노동조합의 조직형태 중 조합원 자격에 의한 노동조합의 분류로만 바르게 모두 묶은 것은?

㉠ 연합체 조합	㉡ 단일 조합
㉢ 직업별 노동조합	㉣ 기업별 노동조합
㉤ 산업별 노동조합	㉥ 일반 노동조합

① ㉠, ㉡, ㉢   ② ㉠, ㉣, ㉤

③ ㉡, ㉢, ㉣   ④ ㉡, ㉢, ㉤

⑤ ㉢, ㉣, ㉤, ㉥

🔁NOTE ㉠, ㉡은 결합방식에 의한 노동조합에 속한다.

♦ answer 36.⑤ 37.⑤

38 다음 지문의 내용이 설명하는 것은 어떤 노동조합에 대한 것인가?

> 노동자들의 고용에 있어 자신들의 독점적인 지위확보 및 노동력의 공급제한을 기본방침으로 삼고 있기 때문에 미숙련 노동자들에 대한 가입에 있어서는 제한을 한다. 어떠한 직장단위의 조직은 아니기 때문에 설령 실직을 했다 하더라도 조합의 가입은 가능하며, 현 조합원들의 실업도 예방할 수 있다는 장점이 있는 반면에 타 직업에 대해서는 노동자들이 지나치게 배타적이면서도 독점적인 성격을 가지므로, 전체 노동자들에 대한 분열을 초래할 우려가 있다.

① Craft Union
② Company Labor Union
③ General Labor Union
④ Industrial Union
⑤ Companydominated Union

> 🖹 **NOTE** 직업별 노동조합(Craft Union)은 기계적인 생산방법이 도입되지 못하던 수공업 단계에서 산업이나 기계에 관련 없이 서로 동일한 직능에 종사하는 숙련노동자들이 자신들이 소속되어 있는 회사를 초월하여 노동자 자신들의 직업적인 안정과 더불어 경제적인 부분에서의 이익을 확보하기 위해 만든 배타적인 노동조합을 의미한다.

39 다음 괄호 안에 들어갈 말로 가장 적절한 것은?

> 사업장에 종사하는 노동조합 노동자의 3분의 2이상을 대표하는 노동조합의 경우에는 단체 협약을 통해 제한적이나마 유니언 숍이 인정되지만, 그렇다고 해서 조합이 설령 노동자를 해고했다 하더라도 기업에서 노동자가 해고되는 조항은 실시되고 있지 않은 상황이다. 만약에, 다수의 조합원이 탈퇴하여 유니언 숍 조합이 통일적 기반을 잃게 되면(조합원이 근로자 (　　　)에 미달된 때)에는 이들의 탈퇴 조합원에게 해고조치 등의 유니언 숍 제도의 효력은 미치지 않는다.

① $\frac{1}{2}$
② $\frac{1}{3}$
③ $\frac{2}{3}$
④ $\frac{3}{4}$
⑤ $\frac{1}{5}$

> 🖹 **NOTE** 만약에, 다수의 조합원이 탈퇴하여 유니언 숍 조합이 통일적 기반을 잃게 되면(조합원이 근로자 $\frac{2}{3}$ 에 미달된 때)에는 이들의 탈퇴 조합원에게 해고조치 등의 유니언 숍 제도의 효력은 미치지 않는다.

⊙ answer 38.① 39.③

40 노동조합이 사용주와 체결하는 노동협약에 있어 종업원의 자격 및 조합원 자격의 관계를 규정한 조항을 삽입하여 노동조합의 유지 및 발전을 도모하려는 제도를 숍 시스템이라고 하는데 아래의 내용은 어떠한 숍 제도를 의미하는가?

> 노동조합에 대한 가입 및 탈퇴에 대한 부분은 종업원들의 각자 자유에 맡기고, 사용자는 비조합원들도 자유롭게 채용할 수 있기 때문에, 조합원들의 사용자에 대한 교섭권은 약화되어진다.

① Union Shop

② Closed Shop

③ Preferential Shop

④ Maintenance Of – Membership Shop

⑤ Open Shop

ⓑNOTE 오픈 숍(Open Shop)은 사용자가 노동조합에 가입한 조합원 말고도 비조합원도 자유롭게 채용할 수 있도록 하는 제도를 의미한다.

41 다음 지문의 내용이 설명하는 것은 어떤 노동조합에 대한 것인가?

> 이러한 형태의 노동조합은 조합원의 수에 있어서 커다란 조직임과 동시에 그들만의 단결력을 강화시켜 압력단체로서의 지위를 확보할 수 있다는 이점이 있는 반면에 산업별 조직 안에서 직종간의 이해대립이나 의견충돌을 초래할 위험이 있고, 이로 인해 조직 자체가 형식적인 단결에서 머물면 그 힘을 발휘할 수가 없다는 문제점이 있다.

① Industrial Union

② Companydominated Union

③ Company Labor Union

④ General Labor Union

⑤ Craft Union

ⓑNOTE 산업별 노동조합(Industrial Union)은 직종이나 계층 또는 기업에 상관없이 동일한 산업에 종사하는 모든 노동자가 하나의 노동조합을 결성하는 새로운 형태의 산업별 노동조합을 의미한다.

answer   40.⑤ 41.①

42 노동자가 노조의 가입을 거부, 또는 노동조합이 제명을 하게 되면 해당 종업원은 기업으로부터 해고를 당하게 되는 숍 제도를 무엇이라고 하는가?

① Agency Shop
② Union Shop
③ Preferential Shop
④ Open Shop
⑤ Closed Shop

> ✑NOTE 유니언 숍(Union Shop)은 사용자의 노동자에 대한 채용은 자유롭지만, 일단 채용이 되고 나서부터는 종업원들은 일정 기간이 지난 후에는 반드시 노동조합에 가입해야만 하는 제도를 의미한다.

43 다음 중 성격이 다른 하나는?

① 불매동맹
② 준법투쟁
③ 직장폐쇄
④ 피케팅
⑤ 파업

> ✑NOTE ①②④⑤는 노동자 측면에서의 쟁의행위에 속하며, ③은 사용자 측면의 쟁의행위에 속한다.

44 태도의 변화과정은 (㉠)→(㉡)→(㉢)의 과정을 거치게 된다. 다음 중 괄호 안에 들어갈 말을 각각 바르게 연결한 것을 고르면?

① ㉠ 해빙, ㉡ 재동결, ㉢ 변화
② ㉠ 변화, ㉡ 해빙, ㉢ 재동결
③ ㉠ 변화, ㉡ 재동결, ㉢ 해빙
④ ㉠ 해빙, ㉡ 변화, ㉢ 재동결
⑤ ㉠ 재동결, ㉡ 변화, ㉢ 해빙

> ✑NOTE 태도의 변화과정은 해빙 → 변화 → 재동결의 순서를 거치게 된다.

45 다음 내용 중 괄호 안에 들어갈 말을 순서대로 바르게 나열한 것은?

> A감사는 인적자원정책의 (㉠)을 대상으로 하여 실시되는 감사를 의미하고, B감사는 인적자원정책의 (㉡)을 대상으로 실시되는 예산감사를 의미하며, C감사는 (㉢)을 대상으로 하는 감사를 말한다.

① ㉠ 경영면, ㉡ 인적자원관리의 효과, ㉢ 경제면
② ㉠ 경영면, ㉡ 경제면, ㉢ 인적자원관리의 효과
③ ㉠ 경제면, ㉡ 경영면, ㉢ 인적자원관리의 효과
④ ㉠ 경제면, ㉡ 인적자원관리의 효과, ㉢ 경영면
⑤ ㉠ 인적자원관리의 효과, ㉡ 경영면, ㉢ 경제면

> 📄NOTE │ A감사는 경영에 있어 전반적인 관점을 가지고, 전체적인 인적자원에 관련된 정책에 대한 사실들을 조사하고, 조직 내 인적자원관리의 방침 및 시행과의 연관성, 시행정책의 기능 및 운용실태 등에 대해서 정기적으로 평가를 진행한다. B감사는 인사정책에 대해 소요되는 경비를 알아내고, 그로 인한 예산의 적정성 등을 분석 및 평가하고 적절한 예산할당의 적합성 등에 주안점을 두게 된다. C감사는 인적자원과 관련한 제반 정책들의 실제효과를 대상으로 해서 조사하여 해당 연도에 있어서의 조직균형 상태와 더불어 인적자원정책에 대해서 재해석하고, 이를 종합하여 새로운 정책을 수립하는데 있어 유용한 자료를 제공한다.

46 다음 중 노사관계의 역사적 발달과정을 순서대로 바르게 나열한 것을 고르면?

① 온정적 노사관계 → 근대적 노사관계 → 전제적 노사관계 → 민주적 노사관계
② 전제적 노사관계 → 온정적 노사관계 → 근대적 노사관계 → 민주적 노사관계
③ 전제적 노사관계 → 근대적 노사관계 → 온정적 노사관계 → 민주적 노사관계
④ 전제적 노사관계 → 근대적 노사관계 → 민주적 노사관계 → 온정적 노사관계
⑤ 온정적 노사관계 → 전제적 노사관계 → 근대적 노사관계 → 민주적 노사관계

> 📄NOTE │ 노사관계의 역사적 발달과정은 "전제적 노사관계 → 온정적 노사관계 → 근대적 노사관계 → 민주적 노사관계"의 순이다.

47 다음 중 전통적 인사관리에 대한 설명으로 가장 옳지 않은 것은?

① 오로지 기업 조직의 목표만을 강조하고 있다.

② 현재의 인력을 활용하는 정도의 단기적 안목을 지니고 있는 인사관리 방식이다.

③ CDP와 같은 경력중심의 인사관리에 중점을 두고 있다.

④ 타율적이면서 소극적인 X이론적인 인간관을 바탕으로 하고 있다.

⑤ 노동조합에 대해 억제하는 경향을 지니고 있다.

NOTE 전통적 인사관리에서는 직무중심의 인사관리에 중점을 두고 있다.

구분	전통적 인사관리	현대적 인사관리
중점	직무중심의 인사관리	경력중심의 인사관리(예 : CDP제도)
강조점	조직목표만을 강조	조직목표와 개인목표의 조화(예 : MBO)
인간관	소극적, 타율적 X론적 인간관	주체적, 자율적의 Y론적 인간관
안목	주어진 인력을 활용하는 단기적인 안목	인력을 육성, 개발하는 장기적 안목
노동조합	노동조합의 억제(부쟁)	노사간 상호협동에 의한 목적달성

48 집단성과급제의 한 유형으로, 단순한 성과에 대한 보너스를 나누어 주는 것이 아닌 종업원들의 잠재력을 극대화시키는데 목적을 둔 제도는?

① 럭커 플랜

② 스캔론 플랜

③ 임프로쉐어 플랜

④ 커스터마이즈 플랜

⑤ 브로드밴딩 플랜

NOTE 스캔론 플랜 … 조직개발이론에 바탕을 두고 참여형 경영의 실현에 중점을 둔 제도로, 단순한 성과에 대한 보너스를 지급하는 보너스제도와 달리 종업원들의 잠재력 극대화를 위한 제도이다. 다른 성과배분제도에 비해 보너스 계산방식이 단순하여 회계지식과 장부처리가 필요하지 않으며, 참가자들이 이를 이해하기 쉽고 종업원들의 노력과 지급되는 보너스간의 인과관계가 명확하다는 장점이 있다.

answer 47.③ 48.②

49 다음 중 피평가자들에 대한 전반적인 인상 등에 의해서 구체적 성과 차원에 대한 평가가 영향을 받거나, 또는 평가자가 평가 차원 등을 구별하지 않으려는 경향에 의해 발생되는 오류를 뜻하는 것은?

① 현혹효과　　　　　　　　　　② 공간적 오류
③ 시간적 오류　　　　　　　　　④ 대비 오차
⑤ 중심화 경향

　　　📝NOTE 현혹효과는 피평가자들을 평가하면서 해당 대상의 특질이 타 부분의 특질에까지 영향을 미치게 해서 발생하게 되는 오류를 말한다.

50 다음 성과배분제도에 중 성격이 다른 하나는?

① 럭커플랜　　　　　　　　　　② 링컨플랜
③ 스캔런플랜　　　　　　　　　④ 프랜치 시스템
⑤ 종업원 지주제도

　　　📝NOTE ①②③④는 공장단위의 성과배분제도에 속하며, ⑤는 일반적 성과배분제도에 속한다.

51 다음은 고용보험에 관련한 설명이다. 이 중 틀리게 서술하고 있는 것은?

① 노동자가 실업에 빠진 기간 동안 생활안정을 목적으로 하는 것이다.
② 강제 적용방식의 성격을 띠고 있다.
③ 노사의 보험료를 주요 재원으로 하고 있다.
④ 일정한 기간 동안 각출을 수급의 기본 요건으로 하고 있다.
⑤ 통상적으로 급부기간은 2년 이내의 단기로 하고 있다.

　　　📝NOTE 통상적으로 고용보험의 급부기간은 1년 이내의 단기로 하고 있다.
　　　※ 고용보험 관련 내용
　　　　㉠ 강제 적용방식이다.
　　　　㉡ 노사의 보험료를 주요 재원으로 한다.
　　　　㉢ 급부기간은 통상적으로 1년 이내의 단기로 한다.
　　　　㉣ 임금노동자의 실업 중 생활안정을 목적으로 한다.
　　　　㉤ 일정기간 동안 각출을 수급의 기본 조건으로 한다.
　　　　㉥ 수급자에 대한 직업소개소의 운영과 불가분의 관계를 맺고 있다.

○answer　49.① 50.⑤ 51.⑤

52 다음 중 인사관리의 주요 활동을 순서대로 바르게 나열한 것은?

① 확보 → 개발 → 보상 → 활용 → 유지

② 확보 → 보상 → 활용 → 개발 → 유지

③ 확보 → 활용 → 개발 → 보상 → 유지

④ 확보 → 개발 → 활용 → 보상 → 유지

⑤ 확보 → 보상 → 개발 → 활용 → 유지

📖NOTE │ 인사관리의 주요활동 … 확보 → 개발 → 활용 → 보상 → 유지

53 다음 중 후광효과 등 심리적 오류의 발생소지가 있으며, 관대화 및 중심화 등 규칙적 오류의 발생소지가 있는 것을 무엇이라고 하는가?

① 평정척도법
② 목표에 의한 관리
③ 가혹화 경향
④ 행위기준 고과법
⑤ 중요사건 서술법

📖NOTE │ 평정척도법이란 평가의 요소를 선정해서 각 평가요소별 척도를 정한 후에 피평가자를 평가요소 척도 상의 우열을 표현하는 방법을 말한다. 이러한 방식은 중심화 및 관대화 등 규칙적 오류의 발생소지가 있고, 후광효과 등 심리적 오류의 발생소지가 있는 방식이다.

54 다음 내용은 인사관리의 환경에 대한 것이다. 이 중 외부환경에 속하는 것들로 바르게 짝지어진 것은?

㉠ 가치관의 변화	㉡ 정보기술의 발전
㉢ 노동조합의 발전	㉣ 조직규모의 확대
㉤ 노동력 구성비의 변화	

① ㉠, ㉢
② ㉡, ㉢
③ ㉢, ㉤
④ ㉢, ㉣
⑤ ㉣, ㉤

📖NOTE │ 인사관리의 외부환경은 이 외에도 경제여건의 변화, 정부개입의 증대 등이 있다.

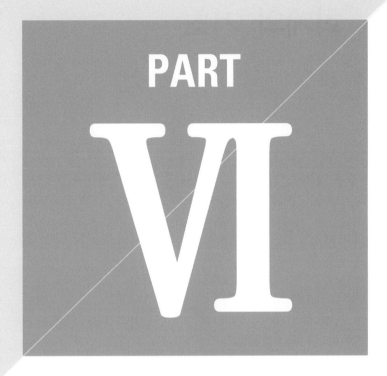

PART

VI

재무관리

회계의 기초

① **회계의 개념** : 경제 단위의 경영활동을 측정하고 요약하고, 보고서를 만들고, 경제단위의 이해관계자들에게 정보를 제공하는 기능을 수행하는 시스템이다. 회계의 목적은 기업의 이해관계자들의 의사결정에 유용한 회계적 정보를 제공하는 것이며, 회계적 정보는 특정 기업의 재정상태나 영업성과 및 현금의 흐름상태에 관한 것이다.

② **회계의 구분**

재무회계	외부정보이용자(투자자, 채권자 등)들에게 기업의 재무상태와 경영성과를 나타내는 회계정보를 제공하는 것을 목적으로 하는 회계를 의미한다.
관리회계	경영자가 경영활동에 필요로 하는 모든 회계정보를 생산하고 이를 분석하는 것을 주요 목적으로 하는 회계로 내부보고용 회계를 이미한다.
세무회계	기업은 여러 종류의 과세, 즉 법인세, 부가가치세, 관세, 지방세 등에 대한 세무 신고를 해야 하며, 세무 신고는 관련 법규가 정하는 바에 따라 작성되어야 한다. 따라서 세무신고를 위한 회계라고 할 수 있다.

③ **재무회계와 관리회계 비교**

구분	재무회계	관리회계
보고대상	외부정보 이용자	내부정보 이용자
보고시기	정기보고	수시보고
기준	GAAP	원가계산시스템
형식	일정한 형식	일정한 형식 없음
보고내용	주로 재무제표와 부속자료	제한 없음 (주로 원가, 예산, 기타 분석 자료)

④ **재무제표의 개념** : 기업의 재무상태와 경영성과 및 재무상태의 변동을 표시하는 일정한 형식의 여러 가지 회계보고서를 의미한다. 재무제표는 일반적으로 회계기간의 종료시점(결산일)에 작성 보고된다는 점에서 결산보고서라고도 한다. 재무제표는 재무상태표, 포괄손익계산서, 현금흐름표, 자본변동표 등으로 구성된다.

⑤ **재무상태표의 개념** : 특정 시점에서 기업의 재무상태를 표시하는 회계보고를 의미한다. 재무상태란 결산일 현재 기업이 보유하고 있는 자산, 부채, 자본의 구성상태를 의미한다.

자산 = 부채 + 자본

⊙ 자산 : 기업이 거래를 통하여 취득하였고, 현재 기업이 지배하고 있으며, 미래에 현금유입을 가져다줄 수 있는 가능성이 있는 것을 의미한다.

유동자산	당좌자산	현금 및 현금성 자산, 단기매매금융자산, 매출채권, 단기대여금, 미수금, 미수수익, 선급금 등
	재고자산	상품, 제품, 재공품, 원재료, 저장품, 반제품 등
비유동자산	투자자산	• 타기업의 지배나 여유자금을 장기적으로 투하한 것 • 지분증권, 영업활동에 사용되지 않는 투자부동산, 설비확장 목적으로 보유하고 있는 특정목적예금 등
	유형자산	• 실물이 구체적인 물리적인 형태로 존재하는 자산 • 토지, 건물, 구축물, 기계장치, 선박, 차량운반구, 건설중인 자산 등
	무형자산	• 구체적인 물리적 형태는 존재하지 않지만 식별가능하고 기업이 통제하고 있으며 미래에 경제적 효익이 있는 비화폐성 자산 • 영업권, 특허권, 산업재산권, 광업권, 저작권, 개발비 등
	기타비유동자산	임차보증금, 이연법인세자산 등

⊙ 부채 : 이미 발생한 사건의 결과로 기업이 현재시점에서 부담하고 있는 경제적 의무를 의미한다. 자산과 마찬가지로 부채의 경우에도 일반적으로 1년 이내에 지급기한이 도래하는 부채는 유동부채로 구분되고, 만기일 또는 상환일이 1년 이상인 부채는 비유동부채로 분류된다.

유동부채	• 기업의 일상 영업거래 및 재무거래에서 발생하는 것이다. • 단기금융부채(매입채무, 단기차입금, 미지급금), 선수금, 예수금, 미지급비용, 미지급법인세, 선수수익 등
비유동부채	사채, 장기차입금, 장기제품보증충당부채, 장기성매입채무, 이연법인세부채, 장기미지급금 등

⊙ 자본 : 자산에서 부채를 차감한 후 남은 잔여지분을 의미한다. 기업이 보유한 자산에서 채권자에게 귀속될 채권자 지분인 부채를 차감하고 남은 잔액은 소유주(주주)에게 귀속될 지분이고, 이 소유주 지분을 회계에서는 자본이라고 한다. 자본중에서 자본금, 자본잉여금과 자본조정은 회사의 소유주와의 거래에서 발생한 출자자본이고, 기타포괄손익누계액과 이익잉여금은 출자된 자본으로 영업활동을 통해 기업이 벌어들인 이익누계액중에서 소유주에게 배분하지 않고 기업이 보유하고 있는 벌어들인 자본이다.

자본금	• 기업의 주주가 기업에 출자한 금액이다. • 보통주자본금, 우선주자본금 등
자본잉여금	• 증자나 감자 등 주주와의 거래에서 발생하여 자본을 증가시키는 잉여금이다. • 주식발행초과금, 감자차익, 자기주식처분이익 등
자본조정	• 당해 항목의 특성상 소유주지분에서 가감되어야 하거나 또는 아직 최종결과가 미확정 상태여서 자본의 구성항목 중 어느 것에 가감해야 하는지 알 수 없는 항목이다. • 주식할인발행차금, 자기주식, 감자차손, 자기주식처분손실, 배당건설이자, 미교부주식배당금 등

기타포괄손익누계액	• 포괄손익이란 자본의 변동중에서 주주와의 거래에서 생긴 자본의 변동을 제외한 모든 변동을 의미한다. • 매도가능증권평가손익, 해외사업환산손익, 위험회피파생상품평가손익 등
이익잉여금	• 손익계산서에 보고된 손익과 다른 자본 항목에서 이입된 금액의 합계액에서 주주에 대한 배당, 자본금으로의 전입 및 자본조정 항목의 상각 등으로 처분된 금액을 차감한 잔액이다. • 법정적립금, 임의적립금, 미처분이익잉여금 등

⑥ **포괄손익계산서의 개념** : 일정한 회계기간(1년) 동안의 영업성과를 집약적으로 표시한 회계보고서를 의미한다. 기업의 경영성과를 나타내는 가장 중요한 지표는 포괄이익이라 할 수 있다.

당기순이익 = 수익 − 비용
포괄손익 = 당기순이익 + 기타포괄손익

㉠ **수익** : 기업이 일정기간 동안에 고객에게 재화나 용역을 제공함으로써 받은 경제적 효익의 유입액을 의미한다. 경제적 효익의 유입액은 곧 고객에게 제공한 재화나 서비스의 대가를 의미한다.

매출액	기업의 주된 영업활동을 통해 고객에게 판매한 재화 또는 서비스의 판매액을 의미하며, 수익 중에서 가장 금액이 크고 중요한 수익이다.
영업외수익	기업의 주된 영업활동 이외의 부수적인 활동의 결과로 발생한 수익이나, 비정상적인 사건의 결과로 인하여 발생한 차익을 의미한다.

㉡ **비용** : 수익을 얻기 위해 유출되거나 소비된 경제적 효익을 의미한다.

매출원가	제품, 상품 등의 매출액에 대응되는 원가로서 판매된 제품이나 상품 등에 대한 제조원가 또는 매입원가이다.
판매비와 일반관리비	• 재화 또는 서비스의 판매와 기업의 경영을 위하여 지출되는 판매관련 비용과 일반관리비와 관련된 비용을 의미한다. • 광고비, 접대비, 사무실관리비, 여비 및 교통비, 통신비, 본사 임직원의 급여 등과 같이 상품의 매입 또는 제품의 제조활동과 직접관계되지 않고, 상품 또는 서비스의 판매활동 또는 기업의 일반적인 경영관리와 관련된 비용을 의미한다.
영업외비용	기업의 기본적인 영업활동 이외의 부수적 활동의 결과로 발생하는 비용이나 비정상적인 사건의 결과로 발생한 차손을 의미한다.
법인세비용	회사가 부담하는 소득세를 포괄손익계산서상의 비용 항목으로 표시한 것을 법인세 비용이라고 한다.

⑦ **현금흐름표의 개념** : 기업의 영업활동과 재무활동, 그리고 투자활동에 의하여 발생되는 현금흐름의 특징이나 변동원인에 대한 정보를 제공하는 회계보고서이다. 현금의 유입과 유출, 그리고 현재 현금의 보유상태를 의미한다. 즉 기업이 필요로 하는 현금을 어떻게 조달하였으며, 조달된 현금을 어떻게 사용했는가를 보여주는 회계보고서이다.

영업활동	재화 및 서비스의 생산과 판매활동
투자활동	조달된 자금을 자산에 합리적으로 투자하는 활동
재무활동	기업이 필요로 하는 자금의 조달 및 상환활동

⑧ **자본변동표의 개념** : 회계기간 동안 소유주지분(자본)의 변동을 구성항목별로 구분하여 보고하는 회계보고서이다. 자본을 구성하고 있는 자본금, 자본잉여금, 자본조정, 기타포괄손익누계액, 이익잉여금의 변동에 대한 포괄적인 정보를 제공한다.

⑨ **회계 원칙**

역사적 원가원칙	• 모든 자산은 원칙적으로 취득당시의 교환가격, 즉 취득원가로 표시한다는 것이다. 이를 역사적 원가주의 또는 취득원가주의라고 한다. • 취득원가는 재무제표 작성일 현재의 시가와 차이가 있는 경우가 많으므로 정보의 유용성을 해치는 문제가 있다. • 오늘날에는 역사적 원가주의가 상당히 퇴색되어 철저하게 지켜지지 않고 있는 실정이다.
발생주의 원칙	• 수익과 비용은 현금의 수입 또는 지출과 관계없이 발생한 때를 기준으로 인식한다는 원칙이다. • 발생주의 회계원칙을 기준으로 한다는 것은 현금주의 회계원칙을 따르지 않는다는 것을 의미한다. • 기업회계에서 가장 중요한 회계원칙 중 하나라고 할 수 있다. • 기업회계에서는 반드시 발생주의를 적용해야 하는데 이는 기업회계에서는 기간손익계산을 합리적으로 하자는데 가장 큰 이유가 있다.
수익실현의 원칙	• 수익은 실현되었을 때 이를 포괄손익계산서 상의 수익으로 인식한다는 원칙이며 실현주의라고도 한다. • 따라서 실현되지 않는 미실현수익은 일종의 예상수익이므로 포괄손익계산서 상의 당기의 수익으로 인식하면 안된다는 원칙이다. • 재화 또는 서비스의 매매계약체결 시점이 아니라 고객에게 제공한 시점(판매시점)을 수익실현 시점으로 본다.
수익 · 비용 대응의 원칙	• 일정기간에 발생한 수익과 이에 대응하는 비용을 대응시켜 당기순이익을 산출하는 것을 원칙으로 한다는 것이다. • 비용은 관계된 수익이 인식되는 동일한 기간의 비용으로 인식해야 한다는 원칙이다. • 일정기간의 경영성과를 보고하는 포괄손익계산서를 작성하는 원칙이 된다.

> **⊠참고 회계 정보의 질적 특성**
>
> 정보이용자의 유용한 의사결정을 위해 회계정보가 갖추어야 할 주요 속성으로 정의할 수 있다. 주요 질적 특성으로는 목적적합성과 신뢰성이 있다.
>
> | | |
> |---|---|
> | **목적적합성** | 정보가 유용하기 위해서는 이용자의 의사결정에 목적적합해야 한다. 의사결정 시점에서 과거 및 현재 사건의 평가 또는 미래 사건이 결과예측에 도움을 주거나, 과거의 평가를 확인 또는 수정함으로써 이용자의 경제적 의사결정에 영향을 미치는 정보를 의미한다. |
> | **신뢰성** | 정보가 유용하기 위해서는 신뢰할 수 있어야 한다. 정보에 중대한 오류나 편의가 없고 객관적으로 검증가능하며 그 나타내고자 하는 바를 충실하게 표현하고 있다고 이용자가 믿을 수 있는 정보를 의미한다. |

회계처리와 CVP

① **상품의 개념** : 기업이 판매를 하기 위한 목적으로 구입한 재화를 의미한다. 특정 재화가 상품인지 여부를 판단할 때 주의해야 할 것은 기업이 구입한 재화의 물리적 형태가 아니라 기업이 재화를 구입한 목적이 중요하다는 것이다. 상품은 판매 목적으로 구입된 재화를 의미하고, 제품은 제조업에서 생산 과정을 거쳐 완성된 재화를 의미한다.

② **상품매입거래의 회계** : 자산의 증가이므로 차변에 기록된다. 대부분의 기업에서는 상품계정 대신에 매입계정을 사용한다. 상품을 구입했을 때 상품계정 대신 매입계정을 이용하는 이유는 상품중에서 당기에 매입된 상품과 전기에서 이월된 상품을 구분하기 위한 것이다.

③ **매입계정의 조정항목**

매입환출	매입된 상품을 검사하는 과정에서 상품에 하자가 있거나 주문한 품목과 일치하지 않아 상품을 반환하고 매입거래를 취소하는 것을 의미한다.
매입에누리	매입한 상품에 하자가 있어 매입대금에 대해 할인을 받는 것을 의미한다.
매입할인	상품을 외상으로 매입한 후 대금을 조기에 상환하는 경우 계약에 따라 할인을 받는 것을 의미한다.

순매입액 = 총매입액 − (매입환출 + 매입에누리 + 매입할인)

④ **상품매출거래의 회계** : 상품의 매출을 분개할 때 상품계정을 사용하지 않고 매출계정을 사용하게 되는데 이는 상품을 매입할 때 매입계정을 사용하기 때문에 상품계정을 사용하는 것은 적절하지 않고, 또한 상품계정을 사용하게 되면 거래마다 상품의 구입원가를 비교하여 상품매매이익을 계산해야 하는 불편함이 생기기 때문이다.

⑤ **매출계정의 조정항목**

매출환입	상품의 품목, 품질, 규격 등에 이상이 있거나 운반도중 파손 등의 이유로 매입자가 상품을 반환하여 매출거래가 취소되는 것을 의미한다.
매출에누리	판매한 상품에 하자가 있어 판매가격에 대해 할인을 제공하는 것을 의미한다.
매출할인	상품을 외상으로 판매한 후 그 대금을 매입자가 조기에 상환하는 경우 계약에 따라 할인을 제공하는 것을 의미한다.

순매출액 = 총매출액 − (매출환입 + 매출에누리 + 매출할인)

⑥ **재고자산** : 정상적인 영업과정에서 판매를 위하여 보유하거나 생산과정에 있는 자산 및 생산과정에 투입될 원재료나 영업과정에서 소비될 것으로 기대되는 소모품의 형태로 존재하는 자산을 의미한다.

⑦ 기말재고자산의 단가 결정(평가방법)

개별법	• 기말에 남아있는 상품 수량에 대해 일일이 취득원가가 얼마인지를 추적하여 기말재고자산의 단가를 결정하는 방법이다. • 개개의 상품 또는 제품에 대하여 개별적인 원가를 계산하는 방법이다.	
	장점	실제원가와 실제수익이 대응되므로 대응원칙에 가장 충실하다.
	단점	• 재고자산 종류, 수량이 많은 경우 적용이 어렵다. • 원가를 실무자가 임의로 조정하여 당기손익을 조작할 수 있다. • 여러 재고자산에 공통적인 부대비용을 임의로 배분하여 원가를 조작할 수 있다.
가중평균법 (총평균법)	기초재고와 회계기간 중의 매입액을 합계한 후 이를 총상품수량으로 나누어 가중 평균매입단가를 산출하고, 이 단가를 기말재고의 단가로 하는 방법이다. 기말에 남아있는 재고자산 속에는 그 회계기간에 매입한 상품이 평균적으로 섞여있다고 가정하고 기말상품재고액을 계산하는 방법이라고 할 수 있다.	
	장점	• 실무적 적용이 편리하며 이익조작의 가능성이 적다. • 실제 물량흐름을 개별적으로 파악하기 힘들므로 평균원가 사용이 보다 적절할 수 있다.
	단점	• 수익과 비용의 적절한 대응이 어렵다. • 기초재고의 원가가 평균단가에 합산되어 기말재고의 금액에 영향을 미칠 수 있다.
선입선출법 (FIFO)	먼저 매입된 상품이 먼저 판매된다는 가정 하에 기말재고자산의 취득원가를 결정하는 방법이다. 즉, 상품이 매입된 순서대로 팔렸다고 가정하는 것이므로 기말에 남아 있는 재고는 제일 나중에 사온 상품이 남아 있다고 가정하고 기말상품재고액을 계산하는 방법이다.	
	장점	• 실제 물량흐름과 유사하므로 개별법과 유사한 결과를 얻을 수 있다. • 체계적이고 객관적이므로 이익조작의 가능성이 적다. • 기말재고자산이 현행 원가의 근사치로 표시된다.
	단점	• 현행 수익에 과거 원가를 대응시키므로 대응 원칙에 충실하지 못하다. • 물가가 상승하는 경우 과거의 취득원가가 현행 매출수익에 대응되므로 당기순이익이 과대 계상된다.
후입선출법 (LIFO)	선입선출법과는 반대로 가장 최근에 매입한 상품이 먼저 판매된다는 가정 하에 기말재고단가를 결정하는 방법이다. 최근에 사온 상품이 먼저 팔리고 먼저 사온 상품이 기말재고로 남아 있다고 가정하고 기말상품재고액을 계산하는 방법이다.	
	장점	• 대응원칙에 충실 : 현행 수익에 현행 원가가 대응되므로 대응원칙에 충실하다. • 가격정책결정에 유용 : 판매가격은 최근 구입한 원가를 초과해야 하므로 최소한 후입선출법을 적용할 때도 이익이 발생하여야 한다. • 세금효과로 인한 현금흐름 개선 : 당기순이익이 적게 계상되어 세금 납부를 이연할 수 있으므로 현금흐름이 좋아진다.
	단점	• 기말 재고자산의 부적절한 평가 : 기말 재고자산이 과거 취득원가로 기록된다. • 후입선출청산현상 : 판매량 급증의 경우 과거 가격으로 평가된 재고층이 매출원가로 계상되어 당기순이익이 증가된다. • 불건전한 구매관습 : 후입선출청산을 회피하기 위해 불필요한 재고자산을 구입하거나, 당기순이익을 증가시키기 위해 재고자산을 구입하지 않고 고갈시키는 불건전한 구매관습을 통해 당기순이익을 조작할 수 있다. • 낮은 당기순이익 : 당기순이익이 적게 계상된다. • 실제 물량흐름과 불일치

⑧ 유형자산 : 사용가능기간이 1년 이상이고 물리적 형태가 있는 것으로, 토지를 제외한 유형자산은 상각 자산이다. 장기간 사용하는 자산이며, 그 보유목적이 영업에 사용하기 위한 것이며, 영업에 사용된다는 것은 수익을 창출하는데 사용된다는 것이다. 토지, 건물, 기계장치 등과 같이 물리적인 실체를 가진 내구성 자산이다.

⑨ 감가상각 : 유형자산의 원가 또는 기초가액에서 잔존가액을 차감한 잔액을 그 자산의 추정내용연수 기간에 조직적이고 합리적인 방법으로 배분하는 것을 목적으로 하는 회계제도이다. 감가상각비는 현금지출을 수반하지 않는 비용이며, 감가상각은 유형자산의 취득원가의 배분과정이지 평가과정은 아니다.

㉠ 감가상각의 결정요소

추정내용연수	감가상각대상자산을 영업에 사용할 것으로 기대되는 기간을 추정한 것으로, 즉 감가상각기간을 의미한다.
잔존가치	내용연수가 만료되어 유형자산을 폐기처분할 때에 회수될 것으로 예상되는 처분가액을 추정한 금액을 의미한다.
감가상각대상금액	해당 자산의 내용 연수 동안 감가상각될 수 있는 금액을 의미하며, 감가상각대상금액은 해당 자산의 취득원가에서 잔존가치를 차감한 금액이다.

㉡ 감가상각 방법

정액법	해당 자산의 내용연수 동안 감가상각될 수 있는 금액을 의미한다. 이러한 감가상각대상금액은 해당 자산의 취득원가에서 잔존가치를 차감한 금액이다. $상각률 = \dfrac{1}{추정내용연수}$ 매년 감가상각비 = (취득금액 − 잔존가치) × 상각률
정률법	매 회계연도 초의 유형자산의 장부가액(취득원가 − 감가상각누계액)에 일정한 상각률을 곱하여 해당 연도의 감가상각액을 산출한다. $상각률 = 1 - \sqrt[n]{\dfrac{잔존가치}{취득금액}}$ (n = 내용연수) 매년 감가상각비 = (취득원가 − 상각전 감가상각누가액) × 상각률
연수합계법	정률법과 마찬가지로 감가상각 초기에 많은 금액을 상각하고 내용연수가 경과함에 따라 점차 적게 상각하는 방법이며, 내용연수의 합계와 잔여 내용연수의 비율을 이용하여 감가상각액을 결정한다. $특정연도의 \ 상각률 = \dfrac{특정연도초의 \ 잔존내용연수}{내용연수의 \ 합계}$ 특정연도의 감가상각비 = (취득원가 − 잔존가치) × 상각률

⑩ CVP(Cost − Volume − Profit) 분석 : 원가 − 조업도 − 이익 분석은 원가와 조업도의 변화가 이익에 미치는 영향을 분석하는 기법으로서 CVP분석이라고도 한다. 총원가를 변동원가와 고정원가로 분리하고 공헌이익이라는 이익개념을 중심으로 매출수량 및 매출액과의 이익의 상호관계를 살펴보는 분석기법이다.

> 이익 = 매출액 − 총비용 = 매출액 − (총변동비 + 총고정비)
> = (매출액 − 총변동비) − 총고정비 = 공헌이익 − 총고정비

㉠ 공헌이익(CM : Contribution Margin) : 재무회계의 매출총이익과 같이 순이익 산출과정의 중간이익 개념으로서 고정원가를 회수하고 순이익창출에 공헌하는 이익이라고 정의할 수 있다. 따라서 매출액에서 변동비를 차감하면 공헌이익이 되며, 공헌이익에서 고정비를 차감하면 순이익이 된다.

공헌이익	매출액 – 변동비
	고정비 + 이익
단위공헌이익	총공헌이익 / 판매수량
	판매가격 – 단위변동비
	판매가격 / 공헌이익률
공헌이익률	공헌이익 / 매출액
	단위공헌이익 / 판매가격

㉡ 손익분기점(BEP : Break-Even Point) : 매출액이 총원가와 동일한 지점, 즉 이익이 '0'이 되는 매출액 수준을 나타내는 개념으로서 원가–조업도–이익 분석에서 자주 사용된다.

매출수량을 X, 단위당 판매가격을 P, 목표이익을 TI, 고정비를 a, 변동비를 b라고 하면

$$P \cdot X = a + bX + TI$$

$$(P-b)X = a + TI$$

$$X = \frac{a+TI}{P-b} = \frac{\text{고정비} + \text{목표이익}}{\text{단위당 공헌이익}}$$

$$P \cdot X = \left(\frac{a+TI}{P-b}\right)P = \frac{a+TI}{\frac{P-b}{P}} = \frac{\text{고정비} + \text{목표이익}}{\text{공헌이익률}}$$

한편 손익분기점(BEP)은 정의상 이익이 '0'이므로

$$BEP\text{매출수량} = \frac{\text{고정비}}{\text{단위당 공헌이익}}$$

$$BEP\text{매출액} = \frac{\text{고정비}}{\text{공헌이익률}}$$

회계정보의 이용

① 재무비율 분석 : 비율분석이라고도 하는데 주로 재무제표의 자료를 이용하여 재무비율을 계산하고 이 재무비율을 표준과 비교하여 기업의 재무상태와 경영성과를 평가하는 것이다.

② 재무비율의 종류

구분	내용	세부 비율
유동성비율	기업이 채무를 지급하기 위한 현금을 동원할 수 있는 능력을 의미한다. 일반적으로 기업의 단기유동성, 즉 기업의 단기채무 변제능력을 평가하는 비율로서, 재무상태표에서 유동자산항목과 유동부채항목을 비교하는 구조가 된다.	• 유동비율=유동자산/유동부채 • 당좌비율=당좌자산/유동부채
안정성비율	레버리지비율이라고도 하며, 기업의 장기지급능력을 측정하는 데 사용되는 비율이다. 이 비율은 채권자에게 장기채무에 대한 원금과 이자를 원만하게 지급할 수 있는 기업의 능력을 평가하게 하며, 기업의 경영자에게는 자본조달에 관한 의사결정을 효율적으로 하는데 이용될 수 있다.	• 부채비율=부채/자본 • 자기자본비율=자본/자산 • 고정비율=비유동자산/자본 • 이자보상비율=영업이익/이자비용 • 고정장기적합율=비유동자산/(자기자본+비유동부채)
수익성비율	회계기간 중에 어느 정도의 경영성과를 거두었는지를 측정하는 비율이다. 수익성은 경영자는 물론이고, 기업의 소유주와 채권자들에게 기업의 미래가치에 대한 정보를 제공해주기 때문에 중요한 정보가 된다.	• 매출액이익률=당기순이익/매출액 • 총자본이익률=당기순이익/총자본=(순이익/매출액)X(매출액/총자본)=매출액순이익률X총자본회전율 • 자기자본순이익률=당기순이익/자기자본=(순이익/매출액)X(매출액/총자본)X(총자본/자기자본)=매출액순이익률X총자본회전율X[(자기자본+부채)/자기자본]=매출액순이익률X총자본회전율X(1+부채비율)=총자본순이익률X(1+부채비율)
활동성비율	기업이 보유하고 있는 자산을 얼마나 효율적으로 운용하고 있는가를 측정하는 비율로서, 매출액에 대한 각 중요 자산의 비율로 계산된다. 종합적인 기업의 활동에 대한 분석이라는 점에서 재무상태항목과 포괄손익계산서 항목을 상호 비교하는 구조가 된다.	• 매출채권회전율=매출액/평균매출채권 • 재고자산회전율=매출액/평균재고자산 • 총자산회전율=매출액/평균총자산 • 자기자본회전율=매출액/평균자기자본
주가관련비율	현재 유통되고 있는 보통주식의 시가와 관련되는 비율로서, 보통주 1주당 시가에 대한 순이익이나 배당액을 측정하는 것이다.	• 주당순이익(EPS)=당기순이익/보통주식총수 • 주가수익률=보통주1주당시가/주당순이익 • 주가장부금액비율=보통주1주당시가/주당순자산장부금액 • 배당수익률=보통주1주당 현금배당/보통주1주당시가 • 배당성향=배당총액/당기순이익=주당배당액/주당순이익

③ ROI분석 : 재무통제를 위한 관리시스템으로 기업의 경영성과를 재무요인으로 분해하여 경영성과의 변동원인을 분석하는 것으로서 재무활동을 통제하는 수단으로 이용된다.

ROI(Return On Investment) 투자자본수익률	(당기순이익/투자자본)×100
ROA(Return On Assets) 총자산순이익률	(당기순이익/총자산)×100
ROE(Return on eauity) 자기자본이익률	(당기순이익/자기자본)×100

CHAPTER
04

재무관리의 개념

01 재무관리의 기능

(1) 재무관리(Financial Management)의 개념

① 재무관리는 기업 조직이 필요로 하는 자금을 합리적으로 조달하고, 이렇게 조달된 자금을 효율적으로 운용하는 것을 의미한다.

② 재무관리의 분석대상은 기업 조직이며, 기업재무에서 다루게 되는 재무의사결정으로는 기업 조직의 투자의사결정, 기업 조직의 지배구조 및 인수합병, 자본조달 및 배당의사 결정, 유동자산 또는 고정자산의 관리 등이다.

(2) 재무관리의 영역

① 자금조달의 측면
   ㉠ **자기자본** : 이는 잉여금 또는 주식발행 등을 통한 자본조달을 의미한다.
   ㉡ **자본비용** : 이는 기업의 자금사용에 대한 대가를 의미하는 것으로, 부채의 경우에는 이자, 우선주나 보통주의 경우에 배당이 자본비용에 속한다.
   ㉢ **타인자본** : 이는 기업이 은행으로부터 차입하거나 또는 자본시장에서 사채발행을 통한 자본조달을 말한다.

② 자금운용의 측면
   ㉠ **투자의 대상** : 이는 인적 자원에 대한 투자는 추상적이면서 계량화하기 어렵다는 문제로 인해 재무관리에서는 실물자산에 대한 투자만을 다룬다.
   ㉡ **투자결정의 결과** : 이는 기업 조직의 사업의 방향이 정해지고, 이로 인해 자산의 규모 및 구성, 기업의 영업위험, 유동성 등이 결정된다.

> **교 참고 재무관리의 기능**
> 투자결정기능, 자본조달결정기능, 유동성관리기능, 배당결정기능, 재무분석 및 계획기능

③ **기타 영역의 측면** : 이에는 기업 영업성과를 평가하는 재무분석, 영업활동으로부터 발생한 순이익의 배분 및 관련된 배당정책, 국제금융, 기업합병, 기업 운영에 있어 필요한 운전자본의 관리, 국제재무에 관련한 문제 등이 있다.

02 재무관리의 목표

(1) 재무관리 목표

재무관리의 목표는 기업 가치를 극대화시키는 것이다. 일반적으로 기업 조직의 목표는 이익의 극대화를 추구하는 것이지만, 재무관리에서의 이익은 단순한 회계적인 이익이 아닌 경제적인 이익을 말한다.

① 이익의 극대화 : 회계적 이익을 극대화하는 것이 재무관리의 목표가 되어야 한다는 주장이다. 하지만 개념이 모호하고 회계처리방법에 따라 값이 달라지고, 화폐의 시간가치를 무시하며, 미래의 불확실성을 무시하기 때문에 적절치 못하다.

② 기업가치의 극대화 : 전통적인 목표인 이익극대화는 문제점 때문에 재무관리의 목표로서 적절치 못하다. 따라서 현대 재무관리에서는 기업가치의 극대화가 보다 적절한 재무관리의 목표로 받아들여지고 있다.

③ 자기자본가치의 극대화 : 기업가치는 부채가치와 자기자본가치의 합에 해당되므로, 기업가치의 극대화는 채권자와 주주 모두를 기업의 소유주로 본다. 그러나 기업의 진정한 주인은 주주이므로, 주주의 몫인 자기자본가치를 극대화하는 것이 재무관리의 목표가 되어야 한다는 주장이 자기자본가치의 극대화이다.

> 자기자본가치 = 기업가치 − 부채가치

부채가치가 기업가치와 관계없이 일정하다면, 기업가치가 증가하는 만큼 자기자본가치가 증가하게 되므로, 자기자본가치의 극대화가 기업가치의 극대화와 같은 의미가 된다.

(2) 자금운용 측면에서의 기업가치

이 측면에서의 기업 가치는 해당 기업 조직이 실행하고 있는 사업의 수익성 및 위험도에 의해 결정되는 것이 통상적이다.

(3) 자금조달 면에서의 기업가치

① 기업 가치는 자금조달의 측면에서 자기자본 가치 및 타인자본 가치의 합으로 표현된다.

② 자기자본의 가치는 증권의 시장가격에 발행증권수를 곱해 얻을 수 있다.

③ 더불어 타인자본의 가치는 사채가 증권시장에서 상장되어 있을 경우와 비슷한 방식으로 계산이 가능하다.

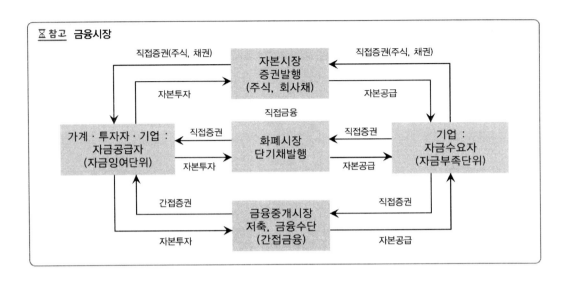

참고 금융시장

03 확실성하의 자본예산

① **자본예산** : 현금흐름이 1년 이상의 장기간에 걸쳐서 나타나는 자산에 대한 투자결정과 관련된 계획 및 평가 과정을 의미한다. 투자안의 개발, 투자안의 현금흐름 추정, 투자안의 경제성 분석, 투자안의 재평가 과정을 거치는데, 재무관리에서는 투자안의 현금흐름 추정과 투자안의 경제적 분석을 주로 다룬다.

② **증분현금흐름** : 투자안의 현금흐름은 증분현금흐름으로 추정하여야 한다. 그 투자안에 투자할 경우에 예상되는 기업현금흐름과 투자하지 않을 경우에 예상되는 기업현금흐름간의 차액을 의미한다.

부수적 효과	새로운 투자로 인하여 기존 투자안의 현금흐름이 증가하는 효과를 의미하며, 새로운 투자안의 현금유입에 포함해야 한다.
잠식비용	새로운 투자로 인하여 기존 투자안의 현금흐름이 감소하는 효과로 새로운 투자안의 현금유출에 포함해야 한다.
기회비용	특정 자원을 현재의 용도 이외의 다른 용도로 사용할 경우에 얻을 수 있는 최대금액으로 보유중인 자원을 특정 투자안에 사용하는 경우에는 그에 따른 기회비용을 투자안의 현금유출에 포함해야 한다.
매몰비용	과거의 의사결정에 의해서 이미 발생한 비용으로 이는 현재의 투자 결정과는 무관하기 때문에, 투자안의 현금흐름을 추정할 때 고려해서는 안 된다.

③ **투자안의 경제적 분석** : 투자안으로부터 예상되는 현금흐름을 추정하고 나면, 해당 투자안이 경제성이 있는 지를 분석하여야 한다. 투자안의 경제성을 분석하는 기법은 크게 화폐의 시간가치를 고려하지 않는 비할인 현금흐름법과 화폐의 시간가치를 고려하는 할인현금흐름법으로 나눌 수 있다.

비할인현금흐름법	회수기간법, 회계적 이익률법 등
할인현금흐름법	순현재가치법, 내부수익률법, 수익성지수법 등

㉠ 경제성 분석기법

회수기간법	투자안에서 발생하는 현금유입액으로 투자원금을 회수하는데 걸리는 시간을 의미한다. • 장점 : 투자안의 위험을 나타내는 지표이며, 짧은 투자안을 선택하면, 유동성 측면에서 유리한 투자안을 선택할 수 있다. 또한 방법이 간단하며 시간과 비용이 적게 든다. • 단점 : 회수기간 이후에 발생하는 현금흐름은 무시하며, 화폐의 시간가치를 고려하지 않는다. 목표회수기간의 설정이 자의적이다.
회계적 이익률법(ARR)	투자안으로부터 얻게 될 연평균 순이익을 연평균 투자액으로 나눈 값을 의미하며, 평균이익률이라고도 한다. • 장점 : 간단하여 이해가 쉽고, 자료수집이 용이하다. • 단점 : 현금흐름이 아닌 회계적 이익에 기초하며, 화폐의 시간 가치를 고려하지 않는다. 목표이익률의 설정이 자의적이다.
순현재가치법(NPV)	투자로부터 얻게 될 현금유입액의 현재가치에서 현금유출액의 현재가치를 뺀 값을 의미한다. • 장점 : 내용연수 동안의 모든 현금흐름을 고려해야 하며, 적절한 할인율을 사용하여 화폐의 시간가치를 고려해야 한다. 기업가치 극대화 목표에도 부합하고 가치자산의 원리가 성립하며, 평가기준이 객관적이다. • 단점 : 실무적으로 적절한 할인율을 구하기 어렵다.
내부수익률법(IRP)	투자로부터 얻게 될 현금유입액의 현재가치가 현금유출액의 현재가치와 같게 해 주는 할인율이다. • 장점 : 내용연수 동안의 모든 현금흐름을 고려할 수 있으며, 화폐의 시간가치를 고려한다. • 단점 : 계산이 어렵고, 기업가치를 극대화하는 선택이 이루어지지 않을 수 있으며, 가치가산의 원리가 성립하지 않는다. 또한 평가기준이 현금흐름의 형태에 따라 달라지며, 투자기간 동안 자본비용이 변하는 경우에는 적용하기 어렵다.
수익성지수법(PI)	현금유입액 현재가치를 현금유출액의 현재가치로 나눈 값을 의미한다. • 장점 : 내용연수 동안의 모든 현금흐름과 적절한 할인율을 사용하여 화폐의 시간가치를 고려한다. • 단점 : 기업가치를 극대화하는 선택이 이루어지지 않을 수 있으며, 가치가산의 원리가 성립하지 않는다.

04 위험과 수익률

① **위험** : 미래에 실제로 실현되는 성과가 기대성과와 다를 가능성이다. 미래 성과의 변동성으로 정의되기도 하며, 미래 성과의 변동성이 클수록 미래의 성과가 기대성과와 다를 가능성이 커진다. 불확실성하에서는 기대수익뿐 아니라 위험도를 고려해야 합리적인 선택을 할 수 있다. 분산이나 표준편차를 이용하여 측정할 수 있다.

② **불확실성** : 미래 수익을 현재시점에서 확실하게 알 수 없고, 단지 확률분포의 형태로 예측할 수 있는 상황을 의미한다. 확실성하에서는 수익을 극대화하는 대안이 효용을 극대화하는 대안이 되기 때문에 수익의 극대화만으로도 합리적 선택을 할 수 있다. 그러나 불확실성하에서는 미래의 수익이 갖는 불확실성 때문에 수익의 극대화로는 합리적인 선택을 할 수 없다.

참고 불확실성하의 선택 기준	
기대가치 극대화 기준	미래에 예상되는 성과의 기댓값을 구해서 기댓값이 가장 큰 대안을 선택하는 기준이다. 이 기준은 기대가치만 고려할 뿐 위험을 고려하지 않기 때문에 합리적인 선택기준이라고 볼 수 없다.
기대효율 극대화 기준	각 대안으로부터 얻게 될 기대효용을 구해서, 기대효용 가장 큰 대안을 선택하는 기준이다. 기대효용은 효용의 기댓값을 의미한다. 즉 미래의 각 상황에서의 성과에 대한 효용에 그 상황이 발생할 확률을 곱해서 모두 더한 값이다. 그러나 기대효용을 구하기 위해서는 미래에 예상되는 수익의 확률분포와 의사결정자의 효용함수가 필요한데, 현실적으로 이를 파악한다는 것은 매우 어려운 일이다.
평균－분산 기준	미래 수익에 대한 확률분포의 평균(=기대값)과 분산(=표준편차)만을 이용하여 기대효용 극대화 기준과 동일한 선택을 할 수 있도록 해 주는 선택기준이다.

③ **평균－분산 무차별 곡선** : 동일한 효용을 가져다주는 기대수익과 표준편차의 조합을 연결한 선을 의미한다.
　　㉠ 합리적 투자자인 위험회피형 투자자의 무차별곡선의 특징

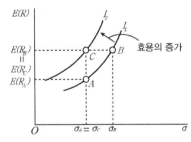

　　　ⓐ 우상향한다. 위험이 큰 대안에 대해서는 그만큼 높은 기대수익을 요구한다. B점에서의 기대수익이 최소한 A점에서의 기대수익보다는 높아야 A점에서 동일한 기대효용을 얻을 수 있다. 따라서 동일한 기대효용을 가져다주는 점들을 연결하면 우상향하는 선이 된다.

ⓑ 아래로 볼록하다. 위험이 한 단위 증가할 때마다 동일한 기대효용을 유지하기 위해 추가로 요구되는 기대수익률의 크기는 점차로 증가한다는 것을 의미한다.

ⓒ 좌상향으로 이동할수록 효용이 증가한다. C점은 A점과 비교하면 위험이 같은 상태에서 기대수익률이 더 큰 점이고, B점과 비교하면 기대수익률이 같은 상태에서 위험이 더 작은 점이다. 따라서 위험회피형 투자자는 A점이나 B점보다는 C점을 선호할 것이다. 이는 좌상향에 있는 무차별곡선상의 점일수록 더 높은 효용을 가져다주는 점임을 의미한다.

ⓓ 무차별곡선은 서류 겹치거나 교차할 수 없다.

ⓒ 보수적 투자자의 무차별곡선 : 위험을 아주 싫어하므로 추가적인 위험의 증가에 대해서 아주 높은 기대수익률의 보상을 요구하므로 보수적 투자자의 무차별곡선은 아주 가파른 기울기를 갖는다.

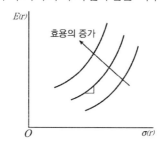

ⓒ 공격적 투자자의 무차별곡선 : 위험을 비교적 덜 싫어하므로 추가적인 위험의 증가에 대해서 다소 작은 기대수익률의 보상을 요구할 것이므로 공격적 투자자의 무차별곡선은 상대적으로 완만한 기울기를 갖는다.

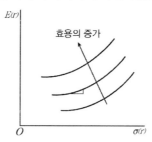

> **참고 위험회피도(Risk Aversion)**
>
> 같은 위험회피형 투자자라고 해도 위험을 싫어하는 정도는 사람마다 다를 수 있는데 이를 위험회피도라고 한다. 무차별곡선의 기울기를 통해 파악할 수 있다. 특정 투자점에서 무차별곡선의 기울기가 큰 투자자일수록 위험을 싫어하는 사람이다.

④ 평균 – 분산 기준에 의한 최적선택

1단계	지배원리를 적용해서 효율적 자산집합을 선정하는 단계이다. 지배원리에 의해 선정되는 효율적 자산집합은 위험회피도와 관계없이 누구에게나 동일하다.
2단계	효율적 자산들중에서 자신의 기대효용을 극대화할 수 있는 최적자산을 선택하는 단계이다. 최적자산의 선택은 위험회피도에 따라 투자자마다 달라진다.

05 소유 및 경영의 분리와 대리인 문제

(1) 소유 및 경영의 분리

기업 조직에 있어서의 소유권은 주주들에게 분산되어 있고, 경영의 경우에는 기업의 소유자인 주주의 대리인, 즉 경영자가 담당하게 된다.

(2) 대리인 문제

주주들의 경우에는 경영자가 자신들의 이익을 위해서라도 최선을 다할 것으로 생각하지만, 막상 경영자의 입장에서는 자신의 이익을 추구하려 하므로 주주와 경영자 간 사이에 이해상충문제가 발생하는데 이를 대리인 문제라고 한다.

(3) 주주 및 채권자 간 대리인 문제

① 주주와 경영자 간 대리인 문제에서는 경영자의 지분이 낮고 외부주주들의 지분이 많을수록 커지며 기업 조직 내 조직구조를 변경 또는 경영자의 보수 계약을 실적과 관련지음으로써 어느 정도의 해결이 가능하다.

② 리스크가 큰 투자안을 선택할 시에 채권자의 부는 감소하게 되고, 주주의 부가 증가하는 부의 이전현상이 발생하게 된다.

CHAPTER

05 포트폴리오 이론

01 포트폴리오 이론 및 자본시장의 균형이론

(1) 포트폴리오(Portfolio)의 개념

① 포트폴리오는 둘 이상의 투자자산의 배합을 의미한다.

② 포트폴리오의 구성 목적은 분산투자를 통해 투자에 따르는 리스크를 최소화시키는데 그 목적을 두고 있다.

> **참고 포트폴리오**
>
> 투자자가 투자한 자산의 집합이다.

> **참고 상관관계와 포트폴리오 위험**
>
>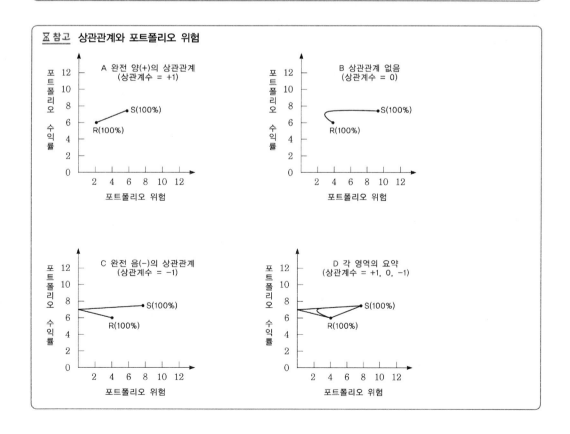

(2) 포트폴리오 이론

① 마코위츠에 의해 포트폴리오 이론이 처음으로 정립이 되었으며, 그는 증권투자에서 리스크를 최소화하면서 기대수익률을 높이는 문제를 평균 및 분산기준에 의해 확립하였다.

② 자본시장선(Capital Market Line : CML)

　　㉠ 무위험자산을 시장포트폴리오와 결합한 자본배분선이다.

　　㉡ 개인투자자들이 리스크가 포함되어 있는 주식뿐만 아니라 정기예금 또는 국공채 등과 같은 무위험자산도 투자대상에 포함시킬 때, 균형상태의 자본시장에서 효율적 포트폴리오의 기대수익과 리스크의 선형관계를 표현하는 것을 자본시장선이라고 한다.

③ 자본자산가격결정모형 : 자본시장선은 자본시장의 균형을 표현하기에는 다소 부족하기 때문에 자산의 균형수익률은 체계적 위험과 선형관계가 있음을 증권시장선으로 나타낸다.

(3) 평균-분산 포트폴리오

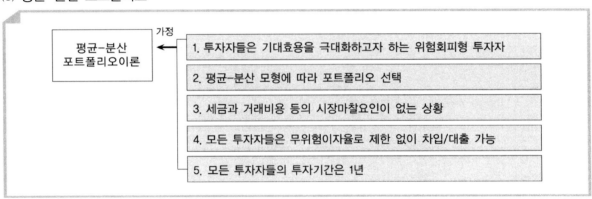

02 시장 포트폴리오(Market Portfolio)

시장 포트폴리오 M은 이론적으로 보면 증권시장에 존재하는 모든 위험이 있는 자산으로 구성된 포트폴리오를 의미한다. 하지만, 이론적인 시장포트폴리오와 동일한 포트폴리오는 현실적인 사회에서는 발견할 수 없다. 이론적인 시장포트폴리오 M의 대용으로서 실제로 많이 이용되고 있는 것은 한국종합주가지수나 S&P 500지수와 같이 대부분의 상장 주식을 포함하는 주가지수이다. 주가지수를 계산할 때 채택하는 표본 주식의 수가 비교적 크고 가중방법을 시가총액(주가×발행주식수)으로 할 경우에, 주가지수는 시장 포트폴리오를 어느 정도 대표한다고 볼 수 있다. 그러므로 시장 포트폴리오의 기대수익률과 위험은 주가지수의 기대수익률과 그 수익률의 표준편차로써 측정된다.

(1) 시장 포트폴리오의 개념

현재의 시장에서 거래되고 있는 전체의 위험자산을 포함하는 포트폴리오를 의미한다. 자본시장선에서는 무위험자산이 존재할 경우 투자자들은 무위험자산과 결합시킬 위험자산으로 지배원리를 충족하는 가장 우월한 투자 기회선을 가지는 점을 선택한다. 이렇게 무위험자산이 존재할 때 투자자들이 선택하는 마코위츠의 효율적 투자선상에서 가장 우월한 포트폴리오를 시장포트폴리오라고 한다.

$$\rightarrow W_j^M = \frac{\text{위험 자산 } j\text{의 총 시장가치}}{\text{시장전체 위험자산의 총 시장가치}}$$

$$\rightarrow W_{1j} = W_{2j} = \cdots = W_j^M$$

$$\text{여기서 } W_4 = \frac{\text{투자자 } i\text{의 위험자산 } j\text{에 대한 투자액}}{\text{투자자 } i\text{의 위험자산 총 투자액}}$$

(2) 포트폴리오 위험의 성격

① 체계적 위험

⊙ 경제의 전반적인 상태뿐만 아니라 조세 제도의 변화, 국제적인 원유가의 등락, 전쟁의 위험 등과 같은 요인들

ⓛ 외부적으로 영향을 받는 요인

② 비체계적 위험

⊙ 기술의 노후화에 따른 위험

ⓛ 경쟁의 심화에 의한 위험

ⓒ 특허권과 관계된 위험

ⓔ 노조문제에 따른 위험

ⓜ 경영스타일에 따른 위험

ⓗ 지역적 특성에 따른 위험

CHAPTER

06

자본자산가격결정모형
(Capital Asset Pricing Model)

(1) 개요

① 동질적 기대하에서는 각 투자자의 접점포트폴리오가 시장포트폴리오와 일치하므로 투자자는 시장포트폴리오와 무위험자산에 대한 자산배분을 통해 자본배분선을 만든다.

② 시장포트폴리오와 무위험 자산에 대한 자산배분을 통해 구성된 자본 배분선을 자본시장선(Capital Market Line : CML)이라 한다.

③ 자본시장선은 시장포트폴리오와 무위험자산에 대한 자산배분을 통해 구성 가능한 투자기회들의 기대수익률과 위험간의 관계를 나타낸다.

(2) 자본자산가격결정모형(Capital Asset Pricing Model)

모든 투자가들이 효율적 분산투자의 원리에 따라 행동(즉 모든 투자가들이 시장 선(CML)을 따라 투자)하는 경우 개별증권이나 포트폴리오의 위험과 수익은 어떠한 관계를 갖는가를 설명하는 모형이다. 이 모형을 도출하기 위해 필요한 시장 및 시장참가자들에 대한 가정은 다음과 같다.

① 투자가들이 투자를 결정할 때의 결정기준은 수익률의 평균과 표준 편차(수익률이 정규분포 이거나 투자가의 효용함수가 2차 함수임을 가정)이며, 평균은 높을수록 표준편차는 낮을수록 선호도가 높다.

② 증권이 거래되는 자본시장은 완전경쟁적인 시장으로서

    ㉠ 시장참가자는 개별적으로 시장가격(수익률)형성에 전혀 영향을 미치지 못한다.

    ㉡ 일체의 거래비용은 0이다.

    ㉢ 필요한 모든 정보는 무료로 모든 시장 참가자에게 동시적으로 공급하게 된다.

③ 투자가들의 수익률분포에 대한 예측은 동일하다.

④ 시장에는 무위험자산이 존재하며 차입과 대출이 자유롭다.

(3) 활용

① 증권의 내재가치평가

② 자본예산편성

③ 투자성과평가

④ 위험투자안의 요구수익률 추정

⑤ 기업의 자기자본비용 추정

⑥ 주주의 기회투자수익률 추정 등에 널리 이용

(4) CAPM모형의 확장(비현실적 가정에 대한 비판)

① 현실시장에서는 엄밀한 의미에서의 무위험자산이 존재하지 않는다.

② 투자자들의 투자기간은 단일기간에 국한되지 않는다.

③ 시장에서 거래되는 자산들의 수익률변동은 여러 공통요인들에 의해 영향을 받는다.

(5) CAPM의 가정

① 모든 투자자는 위험회피형이며, 기대효용이 극대화되도록 투자한다.

② 모든 투자자는 평균-분산 기준에 따라 투자한다.

③ 모든 투자자는 자산의 미래수익률 분포에 대해 동질적으로 기대한다.

④ 투자기간은 단일기간이다.

⑤ 무위험자산이 존재하며, 모든 투자자는 무위험이자율로 자금을 얼마든지 차입 또는 대출할 수 있다.

⑥ 자본시장은 완전시장이다.

ㅍ 참고 위험투자안의 요구수익률 산출

증권시장선(SML)의 이용 : 위험투자안 평가에 적용되어야 할 요구수익률을 추정할 때
① 주주 입장 : 투자한 개별증권의 요구수익률을 평가할 때 이용
② 기업 입장 : 생산시설 투자안의 요구수익률을 평가할 때 이용
③ 베타가 안정적으로 유지된다는 가정 하에 위험투자안의 위험에 대한 적정한 평가가 이루어지면, SML을 이용하여 요구수익률을 구할 수 있다.
④ 투자안의 선택기준 : 요구수익률 < 위험투자안의 기대수익률 ⇒ 채택, 요구수익률 > 위험투자안의 기대수익률 ⇒ 기각

---

(6) 자본시장선(Capital Market Line : CML)

균형시장에서 위험자산과 무위험자산을 포함하여 포트폴리오를 구성할 때, 최적포트폴리오가 어떻게 선택되는가를 설명해 주는 모형을 말한다.

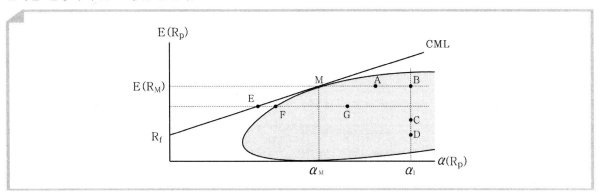

> 참고 **무위험자산**
>
> 미래의 어떤 상황에서나 동일한 수익률을 가져다주는 자산을 의미한다. 따라서 무위험자산은 미래 수익률의 변동성이 전혀 없는 자산 (또는 수익률의 표준편차가 0인 자산)이다.

① **자본시장선의 핵심내용**

　㉠ 자본시장선은 투자자들이 시장포트폴리오(M)와 무위험자산(R_f)을 결합하여 얻게 될 위험과 기대수익률의 관계를 나타내는 선형모형이다.

　㉡ 모든 투자자들은 시장포트폴리오와 무위험자산을 결합한 새로운 효율적 포트폴리오로 자본시장선상의 시장포트폴리오를 선택한다.

　㉢ 자본시장선에 따른 투자는 시장포트폴리오와 무위험자산이란 두 자산에만 투자자금을 배분하는 두 기금의 분리 투자로 이루어지며, 투자자금은 위험 및 수익률의 조합이 주는 가치평가에 따라 배분된다. 따라서 자본시장선은 자본배분선(capital allocation line : CAL)의 개념이다. 시장포트폴리오는 효율적 프론티어 위에 있고, 이 시장포트폴리오와 무위험자산을 잇는 자본배분선이 바로 자본시장선이다.

　㉣ 자본시장선은 자본배분선 중 기울기(위험보상비율)가 가장 큰 선이다.

　㉤ 자본시장선은 포트폴리오의 총 위험만을 고려하는 포트폴리오의 기대수익률 생성선형모형, 즉 가격결정선이다.

　㉥ 시장포트폴리오의 위험프리미엄은 시장포트폴리오의 분산(위험)과 투자자의 위험회피 정도에 비례한다.

② **자본시장선의 특성**

　㉠ 증권의 기대수익률을 결정함에 있어 오직 베타만이 중요한 역할을 한다.

　㉡ 증권의 기대수익률은 베타와 선형관계이다.

　㉢ SML의 기울기인 시장위험프리미엄은 양(+)의 값이다.

ⓐ SML의 절편은 명목무위험이자율을 나타내며 이의 크기는 실질무위험이자율과 예상인플레이션율에 의해 결정된다.

(7) 증권시장선(Security Market Line : SML)

① **개념** : 개별 투자자산의 체계적 위험(β)만 고려하여 기대수익률과 위험과의 관계를 설명해 주는 가격결정선을 의미한다.

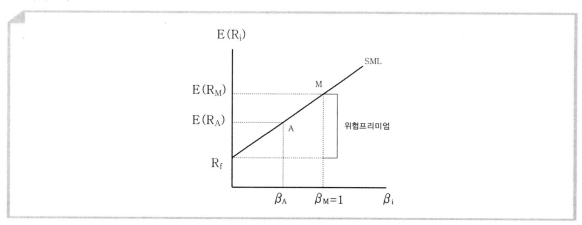

② **증권시장선의 특성**

㉠ 개별증권의 가격결정선. 체계적 위험(β)만 고려한다.

㉡ **CAPM의 가정** : 완전경쟁시장, 단일투자기간, 평균·분산기준 선택원리, 무위험자산의 도입, 수익률과 위험에 대해 동질적이다.

㉢ 투자자들은 효율적 분산투자, 즉 충분히 많은 수의 주식에 분산 투자한다면, 체계적 위험만을 부담하게 되므로 투자자들이 요구하는 개별자산의 위험프리미엄은 베타계수에 비례한다.

㉣ CAPM은 비효율적 개별자산의 분산불능위험(체계적 위험)을 측정할 수 있어서 개별증권의 체계적 위험과 완전 분산된 시장포트폴리오의 분산불능위험(체계적 위험)을 비교할 수 있다. 이 점이 바로 증권시장선의 우수성이며 공헌도이다.

㉤ 시장포트폴리오가 가장 효율적 포트폴리오이므로 기대수익률과 베타계수(체계적 위험) 사이에는 완전한 선형관계가 성립한다.

㉥ 기대수익률 $E(R_i)$은 무위험수익률(R_f)에다 체계적 위험(β_i)으로 측정되는 위험 프리미엄을 더한 값이다. 그래서 증권시장선(SML)을 수익률 및 베타 관계식이라 한다.

㉦ SML의 기울기인 시장포트폴리오의 위험프리미엄(시장위험 프리미엄) $E(R_M)-R_f$는 양(+)의 값을 갖는다.

㉧ 개별증권의 위험프리미엄(초과수익률)은 시장위험프리미엄과 개별증권의 베타계수에 비례한다.

㉨ SML의 절편 = 명목 위험이자율이다.

㉩ 일반적으로 시장베타는 1이다($\beta_M=1$)

CHAPTER 07 채권

01 채권

① **채권의 개념** : 채무자가 채권자에게 정해진 조건에 따라 이자와 원금을 상환하겠다는 것을 약속하기 위하여 발행해주는 증서를 의미한다. 채권에는 만기일, 액면가, 표면이자율이 기재된다.

만기일	원금을 상환하기로 약속한 날
액면가	만기일에 상환하기로 약속한 원금
표면이자율	만기까지 매기 지급하기로 약속한 이자율을 말하며, 액면이자율이라고도 한다.

※ **채권의 가치** : 채권을 보유할 경우에 얻게 될 미래 현금흐름(이자와 원금)을 적절한 할인율로 할인한 현재가치이다.

② **채권의 종류**

이표채	만기와 표면이자율이 정해져 있어서 만기일까지 매기 정해진 이자를 지급해주고 만기일에 원금을 상환해주는 채권을 의미한다.
무이표채	표면이자율이 0인 채권(즉, 이자는 지급하지 않고 만기일에 원금만 상환해주는 채권)을 의미한다.
영구채	만기가 무한대인 채권(즉, 원금상환은 없고 매기 말에 정해진 이자만 영구히 지급해주는 채권)을 의미한다.

③ **채권가격의 특성**

    ㉠ **시장이자율과 채권가격의 관계**

        ⓐ 채권가격은 시장이자율과 역의 관계에 있다. 즉, 시장이자율이 하락하면 채권가격은 상승하고, 시장이자율이 상승하면 채권가격은 하락한다.

        ⓑ 만기가 정해진 상태에서 이자율의 상승 또는 하락폭이 동일하다면, 이자율의 하락으로 인한 채권가격 상승폭이 이자율의 상승으로 인한 채권가격 하락폭보다 크다.

    ㉡ **만기와 채권가격 변동**

        ⓐ 다른 조건이 동일하다면, 만기가 길어질수록 일정한 이자율변동에 따른 채권가격 변동폭이 커진다.

        ⓑ 시장이자율의 변동에 따른 채권가격 변동폭은 만기가 길어질수록 증가하지만, 만기의 한 단위 증가에 따른 채권가격 변동폭은 만기가 길어질수록 감소한다.

    ㉢ **표면이자율과 채권가격 변동** : 시장이자율의 변동에 따른 채권가격의 변동 정도는 채권의 만기뿐만 아니

라 표면이자율에 따라서도 달라진다. 다른 조건이 동일하다면, 표면이자율이 낮아질수록 이자율 변동에 따른 채권가격 변동률이 커진다.

> **참고 말킬(B. Malkiel)의 정리**
> • 채권가격은 시장이자율과 역의 관계이다. 즉 시장이자율이 하락하면 채권가격은 상승하고, 시장이자율이 상승하면 채권가격은 하락한다.
> • 만기가 정해진 상태에서 이자율의 상승 또는 하락폭이 동일하다면, 이자율의 하락으로 인한 채권가격 상승폭이 이자율의 상승으로 인한 채권가격 하락폭보다 크다.
> • 만기가 길어질수록 일정한 이자율 변동에 대한 채권가격 변동폭이 크다.
> • 만기의 한 단위 증가에 따른 채권가격 변동폭은 만기가 길어질수록 감소한다.
> • 표면이자율이 낮아질수록 이자율 변동에 따른 채권가격 변동률이 커진다.

④ 채권의 듀레이션 : 채권투자로부터 발생하는 현금흐름을 회수하는 데 걸리는 평균기간을 의미하며, 각 현금흐름이 발생하는 시점까지의 시간을 각 시점에서 발생하는 현금흐름의 현재가치가 전체 현금흐름의 현재가치에서 차지하는 비중을 가중치로 평균한 값을 의미한다.

> **참고 듀레이션의 특징**
> • 만기가 길수록 듀레이션이 커진다.
> • 표면이자율이 높을수록 듀레이션이 작아진다.
> • 만기수익율이 높을수록 듀레이션이 작아진다.
> • 이자 지급빈도가 증가할수록 듀레이션은 작아진다.

02 증권의 종류

① 사채
　㉠ 개념 : 이는 발행기관이 계약에 의해 일정한 이자를 지급하면서 만기 시 원금을 상환하기로 한 일종의 증서로 회사가 대중으로부터 큰 규모의 자금을 오랜 기간 동안 집단적으로 조달하기 위해 발행하는 것을 말한다.
　㉡ 장점
　　ⓐ 일정기간 마다 확정이자소득이 가능한 안전 투자대상이다.
　　ⓑ 비교적 저렴한 자본비용으로 기업지배권의 변동이 없이 자금 조달이 가능하다.
　　ⓒ 투자자의 입장으로서는 유통시장에서 자유롭게 사채의 매매가 가능하다.
　㉢ 단점
　　ⓐ 일반적으로 인플레이션 발생 시에 실질가치가 하락한다.
　　ⓑ 주주와는 달리 의결권 행사가 불가능하다.

ⓔ 종류

　　ⓐ 담보유무에 따른 분류 : 담보부사채, 무담보사채

　　ⓑ 제3자의 보증유무에 따른 분류 : 무보증사채

　　ⓒ 이자지급 유무에 따른 분류 : 할인사채, 쿠폰부사채

　　ⓓ 상환시기, 방법 등에 따른 분류 : 정시분할사채, 만기전액상환사채, 감채기금부사채, 수의상환사채, 연속상환사채 등

03 발행시장

(1) 개념

처음으로 증권이 발행되는 1차 시장으로 투자자들로부터 자금수용자에게로 자금을 이전시킨다.

(2) 발행 형태

자금수요자 및 자금공급자 간 증권회사와 같은 발행기관들의 개입여부에 의해 직접발행 및 간접발행으로 분류된다.

04 유통시장

(1) 개념

이는 이미 발행된 증권이 공정한 가격으로 매매되는 시장을 말한다.

(2) 유통시장의 역할

유가증권의 공정한 가격의 형성, 유휴자금의 산업자금화, 새로운 증권 가격결정시의 지표, 기업 경영평가 기준의 제공 등

(3) 장외시장 및 거래소 시장

① 장외시장 : 이는 증권업자 및 투자자 사이에 비상장증권 또는 거래단위 미만의 상장증권이 개별적으로 거래가 이루어지는 시장이다.

② 거래소시장 : 이는 일정한 조건을 지닌 상장증권의 거래가 이루어지는 조직화된 시장을 의미한다.

05 기업공개

(1) 개념

이는 일정조건을 지닌 기업 조직이 새로운 주식을 발행해서 일반투자자에게 균등한 조건으로 공모하거나 또는 이미 발행되어 소수의 대주주가 소유하고 있는 주식을 일부 매각해서 다수의 주주에게 주식이 널리 분산하도록 하는 것을 의미한다.

(2) 장점

① 기업의 공신력이 제고된다.

② 독점 및 소유 집중 현상에 대한 개선이 가능하다.

③ 주주들로부터 직접금융방식에 의해 대규모의 장기자본을 쉽게 조달할 수 있다.

④ 투자자들에게 재산운용수단을 제공하며, 공개기업 종업원의 사기를 높일 수 있다.

⑤ 공개 후 증권거래소 상장 시에 경영활동 결과를 공시하고 이를 평가받아 경영합리화를 기할 수 있으며, 소유 및 경영의 분리가 가능하다.

06 종업원 지주제도

(1) 개념

이는 기업 조직의 종업원들에게 우리사주조합을 결성하도록 해서 자사주를 취득하게 하는 제도를 말한다.

(2) 효과

① 종업원들의 재산형성을 촉진 및 장기안정 주주를 확보해서 주가의 안정성 유지에 기여하도록 한다.

② 노사협조, 생산성의 향상, 경영권 안정 및 종업원들의 이직방지가 이루어진다.

07 자본자유화 및 증권시장의 국제화

(1) 자본자유화

① **개념** : 이는 유가증권의 매매, 국제 간 자본의 대차, 기타 채권 및 채무 등에 대한 거래 등 국제 간 자금의 이동을 원활하게 하는 경제적 조치를 의미한다.

② **구조** : 이는 국제 간 거래에 있어 간접투자 및 직접투자를 불문하고 외국으로부터의 자금유입 및 유출 등이 허용된다.

(2) 증권시장의 국제화

① **개념** : 이는 증권투자를 목표로 한 자본이 국제 간 자유로이 유입 및 유출될 수 있도록 제도적으로 보장된 상태를 의미한다.

② 증권시장의 개방은 자본시장 자유화의 마지막 단계를 의미한다.

③ **장점** : 다양하면서도 장기적인 직접금융에 의한 자금조달이 가능하다.

CHAPTER

08 기업 합병 및 인수

01 M&A(Merger And Acquisition)

한 기업의 주식을 매입함으로써 소유권을 획득하는 경영전략을 의미한다.

02 개요

① 기업의 외적성장을 위한 발전전략으로 특정기업이 다른 기업의 경영권을 인수할 목적으로 소유 지분을 확보하는 제반과정을 말한 것으로 기업합병과 한 기업이 다른 하나의 자산 또는 주식의 취득을 통해 경영권을 획득하는 기업인수가 결합된 개념이다.

② 기업인수합병은 기본적으로 주식확보를 통해 이뤄진다.

③ 기업인수합병에는 거래성격에 따라 목표기업의 경영층과 합의에 따라 이뤄지는 우호적 인수합병과 그 반대로 경영층이 반대하는 가운데 주주들을 대상으로 일어나는 적대적 인수합병이 있다.

03 기업인수합병과 M&A의 원인과 동기

(1) 경영전략

① **조직성장의 지속성** : 계속기업을 위해서는 지속적 성장과 개발이 요구되는 바, 기업내부자원의 활용, 즉 타기업과의 결합을 통해 성장을 추구할 수 있다.

② **국제화를 위한 경영전략** : 시장의 국제화, 제품 및 기술의 국제화 추세와 함께 개별기업 자체가 국제화되는 과정에서 M&A는 유용하다.

③ **연구개발의 효율성 제고** : 연구 개발상 요구되는 막대한 자금과 시간을 보완하는 방법으로서 이미 이러한 기술을 개발했거나 그러한 능력을 가진 기업 또는 기술개발에 도움이 되는 타기업을 매수, 합병한다.

④ **저평가(저개발)기업의 이용** : 외부기업 중 경영자의 능력 부족, 조직의 비능률, 증권시장의 비효율성 때문에 저평가된 기업이 있는 바, M&A를 통해 이런 기업을 인수하여 경영을 활성화시킴으로써 이익을 얻을 수 있다.

(2) 영업효과

① **시장 참여시간의 단축** : 기술개발속도가 가속화되면서 산업의 Life Cycle이 짧아짐에 따라 신규투자에 의한 시장참여보다 기업매수에 의한 시장참여가 경제적일 수 있다.

② **신규시장 참여시의 마찰회피** : 기존기업의 인수를 통해 기존 참여자와의 마찰을 경감시킨다.

③ **규모의 경제효과** : 동종기업간의 합병(수평적 또는 수직적 합병)으로 생산규모가 대형화되면, 각종 비용의 감소를 가져오는 규모의 경제 효과를 누릴 수 있다.

④ **시장 지배력의 증대** : M&A를 통해 기업규모가 대형화되거나, 기업투자 원리의 집중도가 커지면 시장에서의 지배력이 증가한다. 이 점을 노린 M&A는 시장의 경쟁윤리와 산업조직을 붕괴시킬 위험성을 내포하고 있어 사회적 문제점으로도 지적된다. 이에 따라 국가별로 독과점을 규제하는 법규가 이를 제한하고 있다.

04 M&A의 유형

M&A의 유형	핵심이슈	성공전략	주요사례
수평적 확장형	• 승자의 저주 • 구조조정, 문화갈등	• CEO 견제 시스템 • 조직문화통합	• 보다폰 – 만네스만 • 금호 – 대우건설 • 타타스틸 – 코러스
제품 포트폴리오 확장형	• 제품간 포지셔닝 • 유통망 갈등 • 제 살 깎아먹기	• 포트폴리오 전략 • 인접시장분석	P&G – 질레트
경쟁역량 강화형	• 무형자산 가치평가 • 핵심인력 이탈	보상 및 가치 공유 프로그램	노무라 – 리먼
전후방 통합형	• 내부 관리비 증가 • 전략적 유연성 감소	원점에서 가치사슬 재배열	록히드마틴 – 로럴
신사업 진출형	• 기존조직의 저항 • 이질적 업무 관행	피인수 기업에 독립성 부여	비아콤 – 파라마운트

기업 합병

① 기업 합병
  ㉠ 신설합병 : 결합하려는 기업이 모두 해산, 새로운 단일 기업이 설립되어 신설기업에게 합병에 참여한 모든 기업의 권리, 의무를 이전
  ㉡ 흡수합병 : 몇몇의 기업 조직이 결합할 때 그 중 한 기업이 법률적으로 존속하여 타 기업을 인수함으로써 인수되는 기업은 소멸
② 기업 합병의 목적
  ㉠ 시너지 효과
  ㉡ 시장 지배력
  ㉢ 제품의 다양화
  ㉣ 경영자주의
  ㉤ 절세효과

적대적 M&A에 대한 방어 방법

정관수정	정관을 수정하는 등 새로운 규정을 만드는 것으로 합병승인에 대한 주주총회의 의결 요건을 강화하는 방법이다.
불가침계약	인수를 목적으로 상당한 지분을 확보하고 있는 기업 또는 투자자와 시장가격보다 높은 가격으로 자사주를 매입해주는 대신 인수를 포기하도록 계약을 맺는 방법이다.
왕관의 보석	왕관의 보석과 같이 기업이 가장 핵심적인 자산을 매각함으로써 기업 인수의 위험을 피하는 방법이다.
독약처방	기업인수에 성공할 경우 인수기업에게 매우 불리한 결과를 가져다주도록 하는 내규나 규정을 만들어서 인수에 대비하는 방법이다.
황금낙하산	기업이 인수되어 기존 경영진이 퇴진하게 될 경우 이들에게 정상적인 퇴직금 외에 거액의 추가보상을 지급하도록 하는 고용계약을 맺는 방법이다.
백기사	적대적 인수의 공격을 받을 때 경영진한테 우호적인 제3자에게 기업을 인수시킴으로써 적대적 인수를 방어하고 경영자의 지위를 유지하는 방법이다.
팩맨	방어자가 거꾸로 공격자의 주식을 매집하는 등 정면 대결을 하는 방법이다.
사기업화	상장된 목표기업의 주식 대부분을 매입하여 공개기업을 사유화하여 M&A시도를 좌절시키는 방법이다.

참고 적대적 M&A 기법(공격기법)

그린 메일 (기업사냥꾼)	특정 기업의 일정 지분을 장내에서 사들인 뒤 경영권을 쥔 대주주를 협박하여, 장외에서 비싼 값에 주식을 되파는 수법을 의미한다.
파킹 (지분 감춰 두기)	우호적인 제3자를 통해 지분을 확보하게 한 뒤 주총에서 기습적으로 표를 던져 경영권을 탈취하는 방법을 의미한다.
공개 매수	특정 기업의 주주들로부터 공개적으로 장외에서 주식을 사들이는 행위를 말하며, 이때 주주들은 장내보다 비싼 값에 주식을 팔 수 있다.
토요일밤 기습작전	방어할 틈을 주지 않기 위해 토요일 저녁 황금 시간에 TV를 통해 공개 매수를 선언하는 방법으로 미국에서 주로 사용된다.
곰의 포옹	공개 매수를 선언하고 인수자가 해당 기업 경영자에게 행위를 그만두라고 권유하는 기법으로 최고 경영자간에 이뤄진다.

CHAPTER 09 자본구조

01 레버리지와 자본비용

① 레버리지의 개념 : 지레장치 또는 지렛대 작용을 의미하는 개념으로 이용되고 있다. 지레장치는 힘들이지 않고 무거운 물건을 들어올리는 데 이용되는 도구를 의미한다. 기업경영에서 지렛대 역할을 하는 것이 고정영업비용과 고정재무비용이다. 총비용중에서 고정영업비용이 차지하는 비중을 높게 조정함으로써 매출액의 변화에 따라 그보다 높은 비율로 영업이익이 변화하는 효과를 얻을 수 있으며, 고정재무비용의 비중을 높게 조정함으로써 영업이익의 변화에 따라 주당순이익이 그보다 높은 비율로 변화하는 효과를 얻을 수 있다.

> 레버리지 = 영업레버리지 + 재무레버리지

② 영업레버리지 : 기업이 고정영업비용을 발생시키는 비유동자산을 보유하는 것을 의미하며, 영업레버리지에 의해서 매출액의 변화율보다 영업이익의 변화율이 커지게 되는 현상을 영업레버리지효과라고 한다.
영업레버리지효과의 정도는 영업레버리지도(DOL : Degree of Operating Leverage)에 의해 측정된다.

> DOL = 영업이익의 변화율 / 매출액의 변화율
> 예를 들어, DOL = 10이고, 매출액이 5% 증가하면, 영업이익(EBIT)은 50% 증가한다.

③ 재무레버리지 : 총비용중에서 고정재무비용(이자비용 등)이 차지하는 비중으로 측정되며, 고정재무비용이 발생되는 부채를 이용하는 것을 의미한다. 재무레버리지에 의해서 영업이익의 변화율보다 주당순이익(EPS)의 변화율이 커지게 되는 현상을 재무레버리지효과라 한다. 재무레버리지 효과의 정도는 재무레버리지도(DFL : Degree of Financial Leverage)에 의해 측정된다.

> DFL = 주당순이익의 변화율 / 영업이익의 변화율
> 예를 들어, DEL = 4이고, 영업이익이 10% 증가하면, 주당순이익(EPS)은 40% 증가한다.

④ 결합레버리지 : 기업이 고정영업비용을 발생시키는 비유동자산을 보유하고, 동시에 이자비용을 발생시키는 부채를 사용하는 것을 의미한다. 영업레버리지와 재무레버리지가 동시에 존재함으로써 매출액의 변화율보다 주당순이익(EPS)의 변화율이 커지게 되는 현상을 결합레버리지효과라고 한다. 결합레버리지효과의 정도는 결합레버리지도(DCL : Degree of Combind Leverage)에 의해 측정된다.

> DCL = 주당순이익의 변화율 / 매출액의 변화율

02 자본구조와 기업의 가치

(1) 자본구조와 기업의 가치

① MM의 자본구조이론

　　㉠ 이는 1958년 모딜리아니와 밀러가 자본구조 무관계론을 발표하면서 본격적 발전을 시작하였다.

　　㉡ 기업 조직의 가치는 해당 기업이 하고 있는 사업의 수익성 및 위험도에 의해 결정될 뿐 투자에 있어 필요한 자금을 어떠한 방식으로 조달하였는가와는 무관하다.

② MM의 3가지 명제

　　㉠ 기업 가치는 자본구조와는 무관하다.

　　㉡ 투자안 평가는 자본조달과는 관련이 없으며, 가중평균자본비용에 의한다.

　　㉢ 부채의 증가에 의해 재무위험이 증가하며, 재무위험의 증가는 기업 주인인 주주들이 부담하게 되므로 자기자본비용의 상승을 초래하게 된다.

(2) MM의 수정이론

이는 부채에 대한 이자는 비용처리가 되므로 세금에 대한 절약효과가 발생하는 반면에 자기자본에 대한 배당은 비용처리가 되지 않으므로 부채를 많이 사용하면 할수록 기업의 가치가 증가한다는 것을 말한다.

(3) 국내 기업재무구조의 약화 원인

① 환경적인 요인

　　㉠ 세제상 요인 : 지상배당제, 이자비용의 손비인정, 자산재평가세, 이자소득의 분리과세

　　㉡ 거시경제 요인 : 성장위주의 경제정책, 만성적인 인플레이션

　　㉢ 금융 및 정책상 요인 : 담보위주 대출관행, 자본시장 취약성, 경직된 금리정책 및 정책금융, 주식의 액면가 발행제도 등

② 기업 내적 요인 : 기업 조직의 방만한 투자정책, 계열사 간 주식의 상호보유, 부채의 레버리지 효과, 기업윤리의식의 부재, 무분별한 기업의 확장 등

③ 기업 조직의 재무구조 개선방안

　　㉠ 자기자본조달을 우대하는 방법

　　㉡ 기업 조직의 체질개선 및 경영합리화

　　㉢ 금융의 자율화, 특혜금융 및 정책금융의 폐지

03 배당정책과 기업의 가치

(1) 배당관계론

이는 배당정책이 기업 조직의 가치에 영향을 준다는 배당관계로는 재투자수익률 및 기업 조직의 자본비용 간 관계를 고려해서 배당이나 또는 사내유보의 규모 및 비율 등을 결정해야 하는 것을 의미한다.

(2) 배당무관계론

MM은 기업 조직의 가치는 기본적으로 투자결정의 결과 기업 조직이 소유하고 있는 자산 수익력에 의해 결정되는 경향을 보이며, 기업가치 및 배당정책은 관련이 없음을 증명하였다.

> **요 참고 투자안의 평가**
> ① 현금흐름의 추정
>   ㉠ 현금흐름의 분류
>   • 현금유입 : 이는 제품의 판매로 인한 수익, 잔존가치, 투자세액공제에 따른 혜택 등이다.
>   • 현금유출 : 이는 경상운영비, 최초 투자지출액, 운전자본의 증가 등이다.
>   ㉡ 현금흐름 추정 시 고려사항
>   • 인플레이션을 반영시켜야 한다.
>   • 증분현금흐름을 반영시켜야 한다.
>   • 세금효과를 고려해야 하며, 그 중에서도 감가상각 등의 비현금지출비용 등에 각별히 유의해야 한다.
>   • 그 외에도 매몰원가, 기회비용 등에 대한 명확한 조정을 필요로 한다.
> ② 투자안의 경제성 분석
>   ㉠ 회수기간법 : 이는 기업에서 투자액을 회수하는 데 있어 소요되는 기간을 의미하는데, 특히 불확실성이 많은 상황에서 이러한 방식이 적용되며, 회수기간이 짧으면 짧을수록 유리하다고 판단한다.
>   ㉡ 회계적 이익률법 : 이는 연평균순이익을 연평균투자액으로 나눈 것을 말하는데, 회계적 이익률이 높으면 높을수록 양호하다고 판단한다.
>   ㉢ 내부수익률 : 이는 현금유입 및 유출의 현가를 동일하게 해주는 할인율이므로 이러한 방식에서는 순현재가치가 0이 되는 할인율을 찾는다.
>   ㉣ 순현재가치 : 이는 투자안의 위험도에 상응하는 적정 할인율을 활용해서 계산한 현금유입 현가에서 현금유출 현가를 제한 것이 된다.
>   ㉤ 현재가치지수 또는 수익성 지수 : 이는 현금유입 현가를 현금유출 현가로 나눈 값으로 투자안의 효율성을 표시한다. 또한 현재가치지수는 다른 말로 수익성지수라고도 하며, 이 값이 1보다 크게 되면 해당 투자안을 선택하게 된다.

선물 및 스왑

(1) 선물거래

① **개념** : 이는 매매쌍방 간 미래 일정시점에 약정된 제품을 기존에 정한 가격에 일정수량을 매매하기로 계약을 하고, 이러한 계약의 만기 이전에 반대매매를 수행하거나 또는 만기일에 현물을 실제로 인수 및 인도함으로써 그러한 계약을 수행하는 것을 의미한다.

② **내용**

    ㉠ 선물이 거래되는 공인 상설시장을 선물시장 또는 상품거래소라고 한다.

    ㉡ 선물계약을 매도하는 것은 해당 상품을 인도할 의무를 지는 것이 되며, 반대급부로 선물을 매입하게 되는 것은 해당 상품을 인수할 의무를 지게 되는 것을 말한다.

> **효 참고 재무분석**
>
> ① 개요
>> ㉠ 자본운영 및 자본조달이 효과적인지 기업 조직의 상태를 인지하고 해당 문제점을 분석하는 것을 경영분석 또는 재무분석이라고도 한다.
>> ㉡ 재무분석의 경우 포괄손익계산서 또는 재무상태표 등의 자료를 활용해서 분석하므로 비율분석이라고 한다.
>> ㉢ 표준비율은 같은 산업에 속하는 기업 조직들의 평균비율을 활용하거나 또는 분석 대상기업의 기존 평균비율을 활용하기도 한다.
>
> ② 재무비율의 종류
>> ㉠ 레버리지 비율 : 이자보상비율, 부채비율, 고정재무비보상비율 등
>> ㉡ 유동성 비율 : 당좌비율, 유동비율 등
>> ㉢ 수익성 비율 : 총자산순이익률, 자기자본순이익률, 매출액순이익률 등
>> ㉣ 활동성 비율 : 총자산회전율, 매출채권회전율, 재고자산회전율 등
>> ㉤ 시장가치비율 : 주당배당, 주당이익, 주가 대 장부가치비율, 주가수익비율 등
>
> ③ 재무비율분석의 특징
>> ㉠ 비교적 용이하게 어떠한 기업의 경영성과 및 재무 상태를 살펴볼 수 있다.
>> ㉡ 기존의 회계정보에 의존하고 있다.
>> ㉢ 회계처리방법이 다른 타 기업들 간의 비교가 어렵다.
>> ㉣ 비교기준이 되는 표준비율에 대한 선정이 까다롭다.
>> ㉤ 종합적 분석이 어렵다.

(2) 스왑(금리 스왑의 기초)

① **헷지목적의 금리스왑** : 자금의 조달 이후 금리의 상승이 예측될 때 고정금리, 반대로 금리하락이 예측될 때 변동금리로 바꾸는 스왑계약을 체결해, 금리변동 위험을 헤지하는 거래를 말한다.

② **베이시스 스왑** : 대다수의 스왑거래가 고정 및 변동금리 지표의 교환이라는 형태를 통해 이루어지는 데 반해 베이시스 스왑은 두 개의 금리지표의 교환으로 인해 두 개의 금리지표의 움직임이 서로 관련은 있지만, 정확하게 일치하지 않을 때 활용이 가능하다.

③ **통화스왑** : 유리한 조건으로 서로 다른 통화를 조달해서 교환하고, 상대방의 이자를 대신 지급하며 활용한 뒤에 만기 시 서로의 자금의 재교환해서 상환함으로써 원상복귀시키는 것을 말한다.

④ **신용부도스왑의 구조 및 특징**

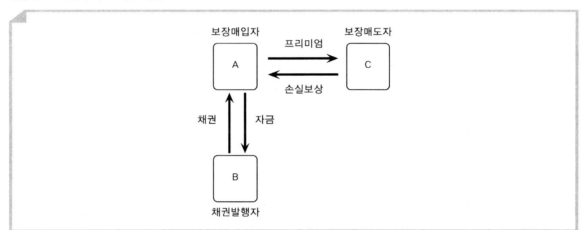

㉠ 자금을 공여한 투자자 (A)가 채권을 발행한 차입자(B)의 신용을 염려하여 일정한 프리미엄을 지급하고, 제3자(C)로부터 B의 발행채권에 대해 원금을 보장받는 거래

㉡ 채무자 B가 파산할 경우에 보장매입자 (A)는 채무자 (B)발행채권을 보장매도자(C)에게 양도하고 원금 인수

㉢ 보장매도자(C)가 책임지는 액수는 채무원금에서 B의 잔여회수가치를 차감한 금액

CHAPTER 11 옵션관리

(1) 옵션(Option)의 개념

① 옵션은 약정한 기간 동안 미리 정해진 가격으로 약정된 상품 및 증권을 사거나 또는 팔 수 있는 권리를 말한다.

② 이러한 권리를 매입하고 보유한 사람은 옵션매입자라 하며, 이 때 지불되는 가격을 옵션가격 또는 옵션프리미엄이라고도 한다.

(2) 종류

① **콜 옵션**(Call Option) : 이는 특정 증권 또는 상품 등을 살 수 있는 권리를 의미한다.

② **풋 옵션**(Put Option) : 이는 팔 수 있는 권리를 의미한다.

(3) 내용

옵션의 경우 결합 형태에 따라 기본포지션, 헤지포지션, 콤비네이션, 스프레드포지션 등으로 구분이 되고 있으며, 주식과의 결합을 통해 적은 금액으로 주식의 투자에 따른 리스크를 줄일 수 있는 수단으로서 주목되고 있다.

(4) 옵션거래의 손익

옵션을 매입하는 경우	옵션가격 만큼의 대가를 지급하게 되므로 옵션 매입자의 만기일 손익은 만기일 가치에서 옵션가격을 뺀 값이다. 따라서 만기일 손익선은 만기일 가치선을 옵션가격만큼 하향 이동시킨 형태가 된다.
옵션을 매도하는 경우	옵션가격 만큼의 대가를 지급받게 되므로, 옵션 매도자의 만기일 손익은 만기일 가치에 옵션가격을 더한 값이다. 따라서 만기일 손익선은 만기일 가치선을 옵션가격만큼 상향 이동시킨 형태가 된다.

☑참고 **풋-콜 등기(Put-Call Parity)**

시장이 균형인 상태에서 모든 조건이 동일한 유럽형 콜옵션과 유럽형 풋옵션의 가격 사이에 성립하여야 하는 균형관계식을 의미한다.

$$S + P - C = PV(E)$$

☑참고 **선물과 옵션 비교**

구분	선물	옵션
권리/의무관계	매입자와 매도자 모두 계약이행에 대한 의무를 부담	매입자는 권리만 갖고, 매도자는 의무만 부담
대가의 수급	매입자와 매도자 모두 증거금을 납부할 뿐 둘 간에 주고받는 대가는 없음	매입자는 매도자에게 옵션의 대가를 지급하고, 매도자는 증거금을 납부
위험의 범위	매입자와 매도자 모두 반드시 계약을 이행해야하는 의무를 부담하므로, 위험에 한계가 없음	매입자는 불리할 경우 권리행사를 포기하여 위험을 한정시킬 수 있음

기출문제분석

2017 서울시설공단

1 일반적으로 경영자들은 여러 다양한 경쟁사의 장단점과 관련하여 자사의 강약점을 밝히기 위해 소위 "고객가치분석"을 빈번히 실행하게 된다. 다음은 고객가치분석의 내용을 서술한 것으로서 분석단계의 순서로 옳은 것을 고르면?

> ㉠ 시간이 지남에 따라 고객가치를 조사한다.
> ㉡ 상이한 속성 및 이점의 정량적 중요성을 평가한다.
> ㉢ 고객이 가치가 있다고 인식하는 중요한 속성과 이점을 확인한다.
> ㉣ 특별한 세분시장의 고객들이 개별속성과 이점기준에서 특별한 주요 경쟁사에 대해 당기업의 성과를 어떻게 등급평가 하는 가를 검사한다.
> ㉤ 등급화 된 중요도에 대해 상이한 고객가치를 기준으로 당기업과 경쟁사의 성과를 평가한다.

① ㉠－㉤－㉣－㉢－㉡

② ㉢－㉡－㉤－㉣－㉠

③ ㉡－㉣－㉠－㉤－㉢

④ ㉡－㉢－㉣－㉤－㉠

⑤ ㉢－㉤－㉡－㉠－㉣

📌**NOTE** 고객가치분석(Customer Value Analysis)은 고객 중에 보다 수익성이 있는 고객, 연계 또는 상승 판매를 유도할 수 있는 고객이 어떤 고객인가에 대해 분석하는 것이다. 즉 어떤 고객이 더 큰 가치를 가지고 있으며 잠재가치가 누가 더 높은지를 분석해 마케팅 자원을 적절히 배분해야 한다. 고객 포트폴리오에 적절한 투자와 서비스를 하려면 고객의 선호도, 특징 등에 대한 지식이 필요하며, 고객가치분석의 순서는 ㉢－㉡－㉤－㉣－㉠로 이루어진다.

⊙ answer 1.②

2 다음의 기사를 읽고 괄호 안에 공통적으로 들어갈 내용에 대한 설명으로 가장 바르지 않은 것을 고르면?

> "냉정하게 말하면, 고객을 모두 줄 세울 수 있다."
>
> 한정적인 자원으로 최대의 효율을 추구해야 하는 기업들이 모든 고객을 대상으로 마케팅 활동을 할 수는 없다. 표적 시장 또는 고객을 선정하는 타깃팅이 기업의 중요한 마케팅 전략 중 하나로 꼽히는 이유다. 한 기업이 제공하는 재화나 상품을 꾸준하게 구매하거나 이용하는 소비자, 즉 충성 고객의 마음을 얼마나 적은 비용으로 사로잡느냐가 관건이 된다.
>
> 빅 데이터를 활용하면 목표 고객을 찾고 그들의 (　　)를 분석해낼 수 있다. (　　)란 한 고객이 기업의 고객으로 있는 동안 기대되는 재무적 공헌도의 총합을 이르는 말이다.
>
> (　　)가 높다는 건 해당 기업과 오래 관계 맺으면서 많은 돈을 쓴다는 뜻이다. 즉, 이 수치가 높은 대상은 그 기업과 맞는 고객이라고 볼 수 있는 셈이다.
>
> 전통적 방식으로 '설정'하는 개념이던 목표 전략도 빅 데이터 시대를 맞아 '예측'하는 쪽으로 변하고 있다는 것이다. 소비자들은 상품을 선택하고 구매한다. 얼핏 보면 간단한 행동이다. 하지만 소비자가 물건을 구매할 때까지는 온라인에서 검색을 하고, 사람을 만나거나 친구들과 대화를 한다.
>
> 매장에 들어선 이후에도 이곳저곳을 들르고, 다른 상품들과 비교도 한다. 겉으로 보기에는 단순한 행동에 불과하다. 그럼에도 구매에 이르기까지의 과정에서는 의식과 무의식의 끊임없는 작용이 일어난다. 빅 데이터는 대량의 데이터를 분석해 특정한 고객들의 성향과 배경을 파악할 수 있게 해준다. 이는 누가 앞으로 어떤 제품을 선택할지 여부를 판단할 수 있는 준거로 활용될 수 있다.
>
> 과거에는 기업이 정보를 손에 쥐고 소비자들의 취향을 스스로 정의하는 마케팅 전략을 썼다. 하지만 빅 데이터로 정보의 비대칭성이 완화되면서 소비자들도 기업이 시장과 고객을 바라보는 시각에 영향력을 행사할 수 있게 됐다. 결국 빅 데이터는 마케팅을 기존의 틀에 박힌 방식이 아닌 세분화된 다수의 시장에 개별적으로 접근하는 방식으로 변화시킨다.

① 실현가치와 잠재가치로 구분된다.

② 한 고객이 한 기업의 고객으로 존재하는 전체 기간 동안 기업에게 제공할 것으로 추정되는 이익의 합계이다.

③ 기존 고객과 잠재고객의 생애가치를 극소화시킴으로써 기업은 자신의 단기적인 이익극대화의 달성이 가능하다.

④ 잠재가치는 실현되지 않은 미래의 잠재적 수익에 대한 순 현재가치를 의미한다.

⑤ 실현가치는 이미 실현된 이익의 순 현재가치를 말한다.

> **🅟NOTE** "(　　)란 한 고객이 기업의 고객으로 있는 동안 기대되는 재무적 공헌도의 총합", "(　　)가 높다는 건 해당 기업과 오래 관계 맺으면서 많은 돈을 쓴다"로 미루어 보아 괄호 안에 공통적으로 들어갈 말은 고객생애가치라는 것을 유추할 수 있다. 이러한 고객생애가치는 기존 고객과 잠재고객의 생애가치를 극대화함으로써 기업은 자신의 장기적인 이익극대화 달성이 가능하다.

⊙ answer 2.③

3 다음에 제시된 A 유통기업의 연간 제품부문별 지표를 보고 기업전체의 수익에 대한 기여도가 가장 높은 제품부문을 고르면?

제품부문	매출액(만 원)	매출이익률(%)	제품회전율(회)	교차주의 비율(%)
①	600	25	4.0	100
②	800	30	5.0	150
③	350	50	3.5	175
④	150	40	3.0	120
⑤	100	35	2.0	70

📖 NOTE 제품별로 매출이익률과 제품회전율을 분석할 때 대체적으로 매출이익률이 높으면 제품회전율이 낮고, 제품회전율이 높으면 매출이익률이 낮은 것이 보통이다. 이런 경우 제품회전율과 매출이익률의 두 가지 측면에서 분석하여 영업효율을 높이는 것을 교차(주의)비율 분석법이라고 한다.
교차주의비율(%) = 매출이익률 × 상품회전율이다. 매출액에 교차주의비율을 곱한 값이 가장 큰 ② 제품부문이 수익에 대한 기여도가 높다.

4 "(주) 다보여"는 검사용 시약을 새로 개발하여 생산 및 판매하고 있다. 해당 시약을 개발하는 데 있어 들어간 고정(투자)비는 총 2억 원이다. 이 회사는 이 시약의 판매가격을 5만 원으로 책정하였고, 단위 당 생산원가는 3만 원이다. "(주) 다보여"는 이 시약을 통해 1억 원의 이익을 목표로 하고 있다. 이 회사의 1인 당 인건비가 250만 원이라면, 목표판매량은 얼마인가?

① 35,000개   ② 28,000개

③ 23,000개   ④ 15,000개

⑤ 11,000개

📖 NOTE 주어진 조건을 계산하면 다음과 같다.

$$목표판매량 = \frac{고정비 + 목표이익}{판매가격 - 단위 당 변동비} = \frac{2억 원 + 1억 원}{5만 원 - 3만 원} = 15,000개$$

⊙ **answer** 3.② 4.④

5 손익분기점(break-even point)은 일정 기간 수익과 비용이 같아서 이익 및 손실이 발생하지 않는 경우를 의미하는데, 다음과 같이 제시된 조건을 참조하여 손익분기점에 도달하기 위한 ㈜ 슈가 커뮤니케이션의 연간매출수량 및 연간매출액을 각각 구하면 얼마인가?

> (주) 슈가 커뮤니케이션은 (주) 쏠트 워크가 생산한 자동차를 유통하는 기업이다. 이 자동차의 판매단가는 150만 원이고 단위 당 변동비는 120만 원이다. 또한 (주) 슈가 커뮤니케이션이 이 자동차를 유통하는 데 연간 고정비는 6억 원이라고 한다.

① 연간매출수량 : 2,000대 / 연간매출액 : 30.0억 원

② 연간매출수량 : 2,500대 / 연간매출액 : 25.5억 원

③ 연간매출수량 : 3,000대 / 연간매출액 : 35.0억 원

④ 연간매출수량 : 3,500대 / 연간매출액 : 40.3억 원

⑤ 연간매출수량 : 4,200대 / 연간매출액 : 45.1억 원

🖹NOTE 주어진 조건에 맞게 계산하면 다음과 같다.

$$연간매출수량 = \frac{고정비}{단위당 판매가격 - 단위당 변동비} = \frac{6억\,원}{160만\,원 - 120만\,원} = 2,000\,대$$

$$연간\,매출액 = 2,000 \times 150만\,원 = 30억\,원$$

6 다음 MM 자본구조이론에 대한 설명 중 바른 것은?

① 투자안 의사결정에 사용되는 적절한 할인율은 기업의 자본조달방법에 따라 결정된다.

② 기업은 영업위험이 동일하지만 자본구조가 다른 집단들은 서로 다른 위험집단으로 구분한다.

③ MM 자본구조이론이 성립할 경우 법인세 절감효과가 없기 때문에 순이익의 크기는 자본구조와 무관하게 결정된다.

④ 부채사용기업의 자기자본비용은 무부채기업의 자기자본비용에 재무위험프리미엄을 차감한 것이다.

⑤ 기업의 가치는 그 기업의 자본구조와 무관하며, 동일한 영업위험을 부담하는 기업집단의 가중평균자본비용은 서로 다르지 않다.

🖹NOTE ⑤ MM의 자본구조이론의 가정에 따르면 기업은 영업위험이 동일한 동질적 위험집단으로 구분가능하며, 기업의 영업위험이 동일하면 자본구조와 무관하게 하나의 위험집단에 속하게 된다. 또한 순이익의 크기는 이자비용과 관련이 있으며, 부채기업의 주주는 무부채기업의 주주에 비하여 재무위험을 추가로 부담하므로 이에 대한 재무위험프리미엄을 요구할 것이다. 따라서 부채기업의 자기자본비용과 무부채기업의 자기자본비용은 재무위험프리미엄만큼 차이가 난다. 또한 투자안 의사결정에 사용되는 적절한 할인율은 기업의 자본조달방법과 무관하게 결정되며, 기업의 자본조달에 관한 의사결정과 투자안에 대한 의사결정은 무관하게 이루어진다.

⊙ answer 5.① 6.⑤

7 다음 자본자산 가격결정모형(CAPM)에 관한 설명 중 바르지 않은 것은?

① 차입이자율과 대출이자율이 다를 경우에는 CAPM 성립이 불가능하다.

② 이질적인 예측을 하는 경우 CAPM은 성립이 가능하다.

③ 자본자산 가격결정모험은 자본시장이 균형의 상태를 이룰 시에 자본자산의 가격과 위험과의 관계를 예측하는 모형을 말한다.

④ 무위험자산을 투자대상에 포함시켜 지배원리를 만족시키는 효율적인 투자선을 찾아내는 것을 자본시장선이라 한다.

⑤ 자본자산 가격결정이론은 세금 및 거래비용이 존재하지 않는 상황을 가정한다.

> NOTE ② 자본자산 가격결정모형은 포트폴리오 선택이론이 개발된 이후 샤프, 린트너, 모신 등에 의해 개발되었다. 이 모형은 주식이나 채권 등 자본자산들의 기대수익률과 위험과의 관계를 이론적으로 정립한 균형 모델로서 커다란 의미를 지니고 있다. 하지만 이질적인 예측을 하는 경우 자본자산 가격결정모형은 성립이 불가능하다. 또한 증권을 비롯한 자본자산의 위험과 수익 사이에 존재하는 균형관계를 설명하는 모형이다.

8 다음 듀레이션에 관한 설명 중 바르지 않은 것은?

① 무이표채의 경우 만기 이전에 아무런 현금흐름이 발생하지 않으므로 듀레이션은 만기와 동일하다.

② 다른 조건이 동일한 이표채의 경우 이자지급 기간이 짧을수록 듀레이션은 길어진다.

③ 듀레이션은 이자율과 채권가격간의 관계를 선형으로 가정하므로 오차가 발생할 수 있는데, 이는 볼록성을 이용하여 줄일 수 있다.

④ 듀레이션은 채권의 실질적인 만기로서, 채권투자시 발생하는 현금흐름의 가중평균 기간을 의미한다.

⑤ 듀레이션은 액면이자율 및 시장이자율과 역의 관계에 있다.

> NOTE ② 다른 조건이 동일한 이표채의 경우 이자지급 기간이 짧을수록 듀레이션은 짧아진다. 듀레이션은 채권의 실질적인 만기로서, 채권투자시 발생하는 현금흐름의 가중평균기간을 의미하며, 액면이자율 및 시장이자율과 역의 관계에 있다. 무이표채의 경우 만기 이전에 아무런 현금흐름이 발생하지 않으므로 듀레이션은 만기와 동일하다. 이자율과 채권가격간의 관계를 선형으로 가정하므로 오차가 발생할 수 있는데, 이는 볼록성을 이용하여 줄일 수 있다.

⊙ answer 7.② 8.②

9 다음 중 시장 포트폴리오의 기대수익률이 16%이고, 무위험자산의 수익률이 10%인 경우에 AB기업 주식의 베타계수가 1.5로 측정되었을 시에 AB기업의 기대수익률은 얼마인가?

① 11%

② 13%

③ 15%

④ 17%

⑤ 19%

> **NOTE** 기대수익률 = 무위험자산 수익률 + (시장 포트폴리오 기대수익률 − 무위험자산 수익률) × 주식의 베타 계수 = 10% + (16% − 10%) × 1.5 = 19%

10 다음 콜옵션과 풋옵션에 대한 설명 중 바르지 않은 것은?

① 옵션 매수자에게는 선택권이 있으므로 자신에게 유리한 경우에만 권리를 행사하고 불리하면 권리를 포기할 수 있다.

② 옵션의 권리만 있고 의무는 없으므로 매입자는 해당 옵션을 매도한 사람에게 일정한 대가(프리미엄)을 지불하지 않아도 된다.

③ 옵션이란 일정 기간이 지난 후 특정 상품을 미리 정한 가격으로 매매할 수 있는 권리를 말하며, 이때 팔 수 있는 권리를 풋옵션, 살 수 있는 권리를 콜옵션이라고 한다.

④ 콜옵션을 매수한 사람은 시장에서 해당 상품이 사전에 정한 가격보다 높은 가격으로 거래될 경우, 그 권리를 행사함으로써 저렴한 값에 상품을 구매할 수 있다.

⑤ 풋옵션을 매수한 사람은 시장에서 해당 상품이 사전에 정한 가격보다 낮은 가격으로 거래될 경우, 그 권리를 행사함으로써 비싼 값에 상품을 팔 수 있다.

> **NOTE** 콜옵션 – 정해진 가격으로 기초자산을 살 수 있는 권리가 부여된 옵션
> 풋옵션 – 정해진 가격으로 기초자산을 팔 수 있는 권리가 부여된 옵션
> 옵션은 권리만 있고 의무는 없으므로 해당 옵션을 매도한 사람에게 일정한 대가(프리미엄)을 지불해야 한다. 반면 옵션 매도자는 옵션 매수자로부터 프리미엄을 받았기 때문에 권리 행사에 반드시 응해야 할 의무가 있다.

answer 9.⑤ 10.②

2018 전력거래소

11 다음 순현재가치법(NPV)과 내부수익률법(IRR)에 관한 설명 중 바르지 않은 것은?

① 내부수익률법(IRR)은 IRR이 자본비용보다 클 때 투자안을 채택한다.

② 내부수익률법(IRR)에서는 가치가법성의 논리가 적용하지 않는다.

③ 둘 다 화폐의 시간가치를 고려하고 있다.

④ 둘 다 투자안의 경제성 분석방법으로 이용된다.

⑤ 순현재가치법(NPV)은 NPV가 0보다 작으면 투자안을 채택한다.

> **NOTE** ⑤ 순현재가치법(NPV)은 NPV가 0보다 크면 투자안을 채택한다.

2016 한국수자원공사

12 다음 재무회계와 관리회계에 대한 설명 중 바르지 않은 것은?

① 관리회계는 객관적이며, 신뢰성 및 정확성을 특징으로 한다.

② 재무회계는 정기적으로 보고하는 것을 원칙으로 하며, 관리회계는 수시로 보고한다.

③ 관리회계는 일반적인 보고서 형식이 없고 특수목적에 맞게 보고서를 작성한다.

④ 재무회계는 주주, 채권자 등 외부보고를 목적으로 한다.

⑤ 관리회계는 경영자가 경영활동에 필요로 하는 모든 회계정보를 생산하고 이를 분석하는 것을 주요 목적으로 하는 회계의 내부보고용 회계라고 할 수 있다.

> **NOTE** ① 재무회계는 외부이용자들을 위해 작성하고 객관적이며, 신뢰성 및 정확성, 검증가능성 등을 특징으로 한다.

○ answer 11.⑤ 12.①

13 다음 자본시장선(CML)과 증권시장선(SML)에 대한 설명이 바르지 않은 것은?

① 증권시장선은 자본시장선이 성립한다는 전제에서 도출된다.

② 자본시장선은 효율적인 자산뿐만 아니라 비효율적인 자산의 균형수익률도 설명해 준다.

③ 자본시장선은 투자자들이 위험자산과 무위험자산에 효율적으로 분산투자를 할 경우에 얻어지는 포트폴리오의 위험과 기대수익률 간의 선형관계를 의미한다.

④ 자본시장선은 무위험자산이 존재할 경우의 효율적 투자선이라 할 수 있다.

⑤ 증권시장선상에 있는 자산이라고 하여 모두 다 자본시장선상에 위치하지는 않는다.

> 📝NOTE ② 자본시장선은 효율적인 자산의 균형수익률만 설명할 수 있으나, 증권시장선은 효율적인 자산뿐만 아니라 비효율적인 자산의 균형수익률도 설명해 준다. 시장이 균형을 이루는 경의 효율적 포트폴리오는 물론 비효율적 포트폴리오나 개별 자산을 포함한 모든 자산의 균형하의 기대 수익률과 체계적 위험 간의 관계를 설명하여 주는 식이 증권시장선이다.

14 다음 부채에 관한 설명이 바른 것은?

① 부채는 결산일로부터 상환기일에 따라 유동부채와 비유동부채로 분류할 수 있다.

② 충당부채는 지급금액에 확정된 부채이다.

③ 선수수익은 금융부채에 해당한다.

④ 우발부채는 재무상태표에 보고한다.

⑤ 상품매입으로 인한 채무를 인식하는 계정과목은 미지급금이다.

> 📝NOTE ① 충당부채는 예측에 따른 미확정부채이며, 지급금액이 확정된 부채는 확정부채이다. 선수수익은 비금융부채이며, 우발 채무는 발생가능성이 매우 높을 경우 주석으로 공시한다.

15 다음 선물거래의 경제적 기능에 해당하지 않는 것은?

① 시장의 공평성에 기여　　　　② 금융시장의 효율적인 자원배분

③ 현물거래의 활성화　　　　　　④ 현물에 대한 가격예시기능

⑤ 가격변동위험의 이전기능

> 📝NOTE ① 공평성은 선물거래의 정책적 기능에 해당된다.

answer 13.② 14.① 15.①

16 다음 기업 매수 및 합병(M&A)에 관한 설명 중 바르지 않은 것은?

① 공개매수제의시 피인수기업 주주들의 무임승차현상은 기업매수를 어렵게 한다.

② 주가 기준으로 교환비율을 정한 경우 두 기업의 PER가 동일하다면 이는 주당순이익기준과 동일하다.

③ M&A시장의 활성화는 주주와 경영자 간의 대리문제를 완화시키는 역할을 한다.

④ 주식의 소유가 분산될수록 적대적 M&A에 성공하기 힘들기 때문에 백지위임장 투쟁을 진행한다.

⑤ 적대적 M&A의 방법으로 기업을 인수하고자 하는 투자자가 경영진의 반대를 회피하기 위해 인수대상기업의 이사진에게 기업매수와 상당히 매력적인 매수 조건 등을 알리는 것을 곰의 포옹이라 한다.

📖NOTE ④ M&A시 주식의 소유가 분산될수록 적대적 M&A가 용이해진다.

17 다음 재무레버리지에 관한 설명 중 바르지 않은 것은?

① 재무레버리지의 지표로는 자기자본비율과 부채비율이 이용된다.

② 기업이 영업비중에서 고정영업비를 부담하는 정도를 의미한다.

③ 기업이 이자비용이나 우선주배당금 등 고정재무비용을 부담하고 있는 정도를 의미한다.

④ 고정재무비용이 0이면 재무레버리지도 1이 되어 재무레버리지는 효과가 없다.

⑤ 고정재무비용이 지렛대의 역할을 하여 영업이익의 변화율보다 EPS의 변화율이 크게 나타나는 현상이 재무레버리지효과이다.

📖NOTE ② 영업레버리지는 기업이 영업비중에서 고정영업비를 부담하는 정도를 의미하며, 재무레버리지는 부채를 보유함으로써 금융비용을 부담하는 것을 의미한다.

🔘answer 16.④ 17.②

18 다음 수익과 비용의 인식에 관한 설명 중 바르지 않은 것은?

① 위판판매의 경우 위탁자는 재화를 수탁자에게 직송한 시점에 수익을 인식한다.

② 일반적으로 수익은 재화의 판매, 용역의 제공이니 자산의 사용에 대하여 받았거나 또는 받을 대가의 공정가치로 측정한다.

③ 재화의 판매에 부수되는 설치용역은 재화판매의 일부로 보아 재화가 판매되는 시점에 수익을 인식한다.

④ 성격이나 가치가 유사한 재화나 용역의 교환이나 스왑거래는 수익이 발생하는 거래로 보지 않는다.

⑤ 설치 및 검사 조건부 판매는 구매자가 재화의 인도를 수락하고 설치와 검사가 완료된 때 수익을 인식한다.

> **NOTE** ① 위탁판매의 경우 위탁자는 재화를 수탁자에게 직송한 시점이 아니라 수탁자가 그 재화를 제3자에게 판매한 시점에서 수익을 인식한다. 왜냐하면 수탁자에게 직송하는 시점에서는 위험과 보상이 실질적으로 이전되지 않기 때문이다.
> 수익·비용 대응의 원칙은 일정기간에 발생한 수익과 이에 대응하는 비용을 대응시켜 당기순이익을 산출하는 것을 원칙으로 한다. 즉 비용은 관계된 수익이 인식되는 동일한 기간의 비용으로 인식해야 한다는 원칙이다. 일정기간의 수익과 비용이 서로 대응이 되어야 기간 손익을 명확히 계산할 수 있고, 또한 그 기간의 경영성과를 올바로 측정할 수가 있게 된다. 수익·비용 대응의 원칙은 일정기간의 경영성과를 보고하는 포괄손익계산서를 작성하는 원칙이다.

19 다음 채권수익률의 기간구조이론에 해당하지 않는 것은?

① 선호영역가설　　　　　　　② MM이론

③ 불편기대가설　　　　　　　④ 유동성 프리미엄가설

⑤ 시장분할가설

> **NOTE** ② MM이론은 기업금융에 관한 이론에 해당된다.

answer 18.① 19.②

20 다음 M&A 방어 전략에 관한 설명으로 바른 것은?

> 적대적 인수의 공격을 받을 때 경영진한테 우호적인 제3자에게 기업을 인수시킴으로써 적대적 인수를 방어하고 경영자의 지위를 유지하는 방법이다.

① 백기사   ② 흑기사

③ 그린 메일   ④ 황금주

⑤ 포이즌 필

📖NOTE | 적대적 M&A에 대한 방어 방법

정관수정	정관을 수정하는 등 새로운 규정을 만드는 것으로 합병승인에 대한 주주총회의 의결요건을 강화하는 방법이다.
불가침계약	인수를 목적으로 상당한 지분을 확보하고 있는 기업 또는 투자자와 시장가격보다 높은 가격으로 자사주를 매입해주는 대신 인수를 포기하도록 계약을 맺는 방법이다.
왕관의 보석	왕관의 보석과 같이 기업이 가장 핵심적인 자산을 매각함으로써 기업 인수의 위험을 피하는 방법이다.
독약처방	기업인수에 성공할 경우 인수기업에게 매우 불리한 결과를 가져다주도록 하는 내규나 규정을 만들어서 인수에 대비하는 방법이다.
황금낙하산	기업이 인수되어 기존 경영진이 퇴진하게 될 경우 이들에게 정상적인 퇴직금 외에 거액의 추가보상을 지급하도록 하는 고용계약을 맺는 방법이다.
팩맨	방어자가 거꾸로 공격자의 주식을 매집하는 등 정면 대결을 하는 방법이다.
사기업화	상장된 목표기업의 주식 대부분을 매입하여 공개기업을 사유화하여 M&A시도를 좌절시키는 방법이다.

② 흑기사: M&A를 시도하지만 단독으로 필요한 주식을 취득하는데 현실적으로 무리가 있는 개인이나 기업에게 우호적으로 도움을 주는 제3자로서의 개인이나 기업을 의미한다.

③ 그린 메일: 경영권을 담보로 보유주식을 시가보다 비싸게 되파는 행위를 의미한다.

④ 황금주: 보유한 주식의 수량이나 비율에 관계없이 기업의 주요한 경영 사안에 대하여 거부권을 행사할 수 있는 권리를 가진 주식을 의미한다.

⑤ 포이즌 필: 기업의 경영권 방어수단의 하나로, 적대적 M&A나 경영권 침해 시도가 발생하는 경우에 기존 주주들에게 시가보다 훨씬 싼 가격에 지분을 매입할 수 있도록 미리 권리를 부여하는 제도이다.

● answer   20.①

21 다음 자본시장선(CML)에 관한 설명 중 바르지 않은 것은?

① 자본시장선의 기울기는 효율적 포트폴리오의 총위험1단위에 대한 시장에서의 위험대가를 나타내는 것으로 위험의 균형가격 혹은 위험의 시장가격이라고 한다.

② 포트폴리오의 기대수익률과 체계적 위험과의 관계를 나타낸 것이다.

③ 위험이 내포된 주식뿐만 아니라 무위험자산이 존재하는 경우, 균형상태의 자본시장에서 효율적 포트폴리오의 기대수익과 위험의 선형관계를 나타내는 선을 의미한다.

④ 정기예금이나 국공채와 같은 무위험자산이 존재하게 되면 위험자산만으로 포트폴리오를 구성할 때보다 더 효율적인 포트폴리오를 얻을 수 있게 된다.

⑤ 자본시장선의 절편은 효율적 포트폴리오의 시간가치를 의미한다.

> **NOTE** ② 자본시장선은 투자자들이 위험자산과 무위험자산에 효율적으로 분산투자를 할 경우에 얻어지는 포트폴리오의 총위험과 기대수익률 간의 선형관계를 의미한다.

22 다음 무형자산에 관한 설명 중 바르지 않은 것은?

① 무형자산의 내용연수는 경제적 내용연수와 법적 내용연수 중 긴 기간으로 한다.

② 내용연수가 비한정적인 무형자산은 상각하지 아니한다.

③ 미래에 경제적 효익이 기업에 유입될 가능성이 높고 원가를 신뢰성 있게 측정가능할 때 인식한다.

④ 손상차손은 장부금액이 회수가능액을 초과하는 경우 인식하며, 회수가능액은 순공정가치와 사용가치 중 큰 금액으로 한다.

⑤ 내부적으로 창출된 영업권은 무형자산으로 인식하지 아니한다.

> **NOTE** ① 무형자산의 내용연수는 경제적 내용연수와 법적 내용연수의 영향을 받는다. 경제적 요인은 자산의 미래경제적 효익이 획득되는 기간을 결정하고, 법적 요인은 기업이 그 효익에 대한 접근을 통제할 수 있는 기간을 제한한다. 내용연수는 두 요인에 의해 결정된 기간 중 짧은 기간으로 한다. 무형자산은 재화의 생산이나 용역의 제공, 타인에 대한 임대 또는 관리에 사용할 목적으로 기업이 보유하고 있는 자산이다.

answer 21.② 22.①

23 다음 투자자산에 해당하지 않는 것은?

① 장기금융상품 ② 투자유가증권

③ 장기대여금 ④ 지분법적용투자주식

⑤ 영업권

> **NOTE** ⑤ 무형자산 – 영업권, 산업재산권, 개발비 / 유형자산 – 토지, 건물, 기계장치, 설비자산, 건설중인자산
> 투자자산이란 기업이 장기적인 투자수익이나 타기업 지배 목적 등의 부수적인 기업 활동의 결과로 보유하는 자산을 의미한다.

24 다음 재고자산에 관한 설명 중 바르지 않은 것은?

① 매입원가는 매입가격에 수입관세와 매입운임, 하역료, 매입할인, 리베이트 등을 가산한 금액이다.

② 표준원가법이나 소매재고법 등의 원가측정방법은 그러한 방법으로 평가한 결과가 실제 원가와 유사한 경우에 사용할 수 있다.

③ 후입선출법은 재고자산의 원가결정방법으로 허용되지 않는다.

④ 정상적인 영업활동과정에서 판매를 목적으로 소유하고 있거나 판매할 자산을 제조하는 과정에 있거나 제조과정에 사용될 자산을 의미한다.

⑤ 취득원가는 매입원가, 전환 원가 및 재고자산을 현재의 장소에 현재의 상태로 이르게 하는 데 발생한 기타 원가 모두를 포함한다.

> **NOTE** ① 매입원가는 매입가격에 수입관세와 제세금, 매입운임, 하역료, 완제품, 원재료 및 용역의 취득과정에 직접 관련된 기타 원가를 가산한 금액이다. 다만, 매입할인, 리베이트 및 기타 유사한 항목은 매입원가를 결정할 때 차감한다.

answer 23.⑤ 24.①

25 다음 순현재가치법(NPV)에 관한 설명 중 바르지 않은 것은?

① 투자와 관련된 모든 현금흐름을 할인하여 고려하고 가치 가산의 원리가 적용되어 기업가치 극대화의 개념과 부합된다.

② 당초 투자액의 현재가치가 그 투자로부터 기대되는 수입액의 가치와 동일하게 되는 할인율을 의미한다.

③ 순현재가치란 투자의 결과로 예상되는 현금유입액을 적절한 할인율로 할인한 금액에서 현금유출의 현재가치를 차감한 금액을 의미한다.

④ 독립된 투자안의 경우는 NPV가 0보다 큰 투자안을 채택하고 상호배타적인 투자안의 경우에는 NPV가 가장 큰 투자안을 채택한다.

⑤ NPV의 유효성은 재투자수익률에 대한 가정이 보다 현실적이다.

🖹NOTE | ② 내부수익률법(IRR)에 관한 설명이다.

◑ answer 25.②

출제예상문제

1 한국상사㈜의 주식은 현재 5만 원이다. 이 주식은 1년 후 5만 원에 매입할 수 있는 콜옵션의 가격이 1만 원이고, 5만 원에 매도할 수 있는 풋옵션의 가격이 5천 원이다. 만기 시(1년 후) 한국상사㈜의 주가가 7만 원이라고 할 경우, 다음 중 옳은 것은? (단, 화폐의 시간가치는 무시한다)

① 이 콜옵션의 매입자는 만기 시 1만 원 손실을 입는다.
② 이 콜옵션의 매도자는 만기 시 1만 원 손실을 입는다.
③ 이 풋옵션의 매입자는 만기 시 5천 원 이익을 얻는다.
④ 이 풋옵션의 매도자는 만기 시 5천 원 손실을 입는다.
⑤ 이 풋옵션의 매입자는 만기 시 7천 원 이익을 얻는다.

> 📄**NOTE** ② 만기 시 한국상사㈜의 주가가 7만 원인데 콜옵션 매도자는 5만 원에 주식을 매도해야 하므로 2만 원의 손해를 본다. 단, 콜옵션 가격이 1만 원이었으므로 최종적으로 1만 원의 손실을 입는다.

2 다음 충당부채와 우발부채에 관한 설명 중 바르지 않은 것은?

① 충당부채의 인식 조건은 당해 의무의 이행에 소요되는 금액을 신뢰성있게 추정할 수 없다.
② 우발자산은 자산으로 인식하지 못한다.
③ 충당부채는 과거 사건의 결과로 현재 의무가 존재한다.
④ 충당부채는 당해 의무를 이행하기 위하여 경제적효익을 갖는 자원의 유출가능성이 높다.
⑤ 의무 이행을 위하여 경제적 효익을 갖는 자원의 유출 가능성이 아주 낮지 않으면 우발부채로 공시한다.

> 📄**NOTE** 충당부채는 당해 의무의 이행에 소요되는 금액을 신뢰성있게 측정할 수 있다. 또한 손실부담계약을 체결하고 있는 경우 관련된 현재의무를 충당부채로 인식한다.

⊙ answer 1.② 2.①

3 다음 수익과 비용의 인식에 관한 설명 중 바르지 않은 것은?

① 수익·비용대응의 원칙은 비용은 수익을 인식하는 기간에 대응하여 인식하는 것을 의미한다.

② 회계기간의 정상적인 경영활동에서 발생하는 경제적 효익의 총유입을 수익이라 한다.

③ 수익은 재화의 판매, 용역의 제공이나 자산의 사용에 대하여 받았거나 또는 받을 대가의 공정가치로 측정한다.

④ 성격이나 가치가 유사한 재화나 용역의 교환이나 스왑거래는 수익이 발생하는 거래로 보지 않는다.

⑤ 제한적인 반품권을 부여하고 재화를 판매한 경우 재화의 인도시점에 비용으로 인식한다.

> 🖐NOTE 제한적인 반품권을 부여하고 재화를 판매한 경우 재화의 인도시점에 수익으로 인식한다. 설치 및 검사 조건부 판매는 구매자가 재화의 인도를 수락하고 설치와 검사가 완료된 때 수익을 인식한다. 위탁 판매의 경우 위탁자는 재화를 수탁자에게 직송한 시점이 아니라 수탁자가 그 재화를 제3자에게 판매한 시점에서 수익을 인식한다.

4 다음 재무비율에 관한 설명 중 바르지 않은 것은?

① 유동비율, 당좌비율, 부채비율, 차입금의존도, 이자보상비율은 재무비율 중 안정성비율에 해당된다.

② 매출총이익률, 매출액순이익률, 총자산순이익률, 자기자본순이익률은 재무비율 중 수익성비율에 해당된다.

③ 총자산회전율, 매출채권회전율, 재고자산회전율은 재무비율 중 활동성비율에 해당된다.

④ 매출채권회전율은 매출액을 평균 매출채권으로 나눈 값이다.

⑤ 배당률은 주당시가를 주당배당액으로 나눈 값이다.

> 🖐NOTE 배당률은 주당배당액을 주당시가로 나눈 값이다. 부채비율은 자기자본을 부채로 나눈 값이다. 자기자본이익률은 당기순이익을 자기자본으로 나눈 값이다.

◦answer 3.⑤ 4.⑤

5 다음 재무관리에 관한 설명 중 바르지 않은 것은?

① 기업가치 극대화가 자기자본 극대화와 일치하기 위해서는 부채가 고정되어야 한다.

② 기업가치 극대화가 회계적 이익의 극대화를 의미하는 것은 아니다.

③ 기업이 현금흐름을 극대화하고, 위험을 최소화할 수 있도록 도와주는 것이 재무관리이다.

④ 재무관리는 기업의 경영활동중에서 자금과 관련된 경영활동을 다루는 분야이며, 기업이 어떤 종류의 자산에 얼마를 투자할 것인가에 대한 의사결정을 한다.

⑤ 재무관리의 목표는 회계적 이익을 극대화하는 것이다.

> **NOTE** 영리를 목적으로 하는 기업의 입장에서는 재무관리의 목표가 이익극대화라고도 할 수 있다. 그러나 회계적 이익 극대화는 여러 가지 한계로 인해 재무관리의 목표로서는 적합하지 않다. 왜냐하면, 이익의 개념이 모호하고, 화폐의 시간가치를 무시하며, 기대이익을 구할 경우 이에 대한 위험을 고려하지 못하고 있기 때문이다.

6 다음 NPV(순현재가치)법과 IRR(내부수익률)법에 관한 설명 중 바르지 않은 것은?

① NPV(순현재가치)법과 IRR(내부수익률)법에 의한 평가결과에 차이가 발생하는 이유는 투자기간 내 현금흐름에 대한 묵시적인 재투자수익률의 가정이 서로 다르기 때문이다.

② 두 방법 모두 화폐의 시간가치를 반영한다.

③ 상호독립적인 투자안인 경우에는 두 의사결정이 일치한다.

④ NPV(순현재가치)법을 적용할 때는 자본비용이 필요없지만, IRR(내부수익률)법을 평가할 때에는 자본비용이 필요하다.

⑤ NPV(순현재가치)법은 투자의 한계수익률을 고려한 분석기법이고, IRR(내부수익률)법은 투자의 평균수익을 고려한 분석기법이다.

> **NOTE** NPV(순현재가치)법을 평가할 때는 자본비용이 필요하지만, IRR(내부수익률)법을 적용할 때에는 자본비용이 필요없다.
> • NPV(순현재가치): 투자안으로부터 발생하는 현금유입의 현재가치에서 현금유출의 현재가치를 뺀 것을 의미한다. 순현재가치가 0보다 크면 투자안을 채택하고, 0보다 작으면 투자안을 기각한다.
> • IRR(내부수익률): 어떤 사업에 대해 사업기간 동안의 현금수익 흐름을 현재가치로 환산하여 합한 값이 투자지출과 같아지도록 할인하는 이자율을 의미한다.

answer 5.⑤ 6.④

7 다음 포트폴리오이론에 관한 설명 중 바르지 않은 것은?

① 포트폴리오이론은 투자기간을 단일기간으로 가정한다.

② 시장포트폴리오가 성립하기 위해서는 무위험자산이 존재해야 한다.

③ 분산투자는 포트폴리오의 기대수익률에 영향을 미치지는 않는다.

④ 완전한 분산투자는 모든 위험을 제거한다.

⑤ 포트폴리오 분산투자는 비체계적 위험을 제거시켜 총위험을 감소시킨다.

> **ⓑNOTE** 완전한 분산투자는 모든 위험을 제거할 수 없다. 분산투자를 통하여 제거할 수 있는 각 주식들의 위험을 고유위험, 체계적위험 또는 분산가능위험이라 부르며, 분산투자를 통하여 제거되지 않는 위험을 시장위험, 체계적 위험, 또는 분산불가능위험이라 부른다.

8 다음 CAPM(자본자산가격결정모형)의 기본가정에 관한 내용 중 바르지 않은 것은?

① 모든 투자자는 위험 회피적이고 기대효용을 극대화한다.

② 모든 투자자는 평균-분석기준에 의해 투자한다.

③ 무위험이자율로 차입과 대출에 제한이 있다.

④ 모든 투자자는 투자대상의 미래수익률에 대하여 동질적 기대를 한다.

⑤ 투자기간은 단일기간이다.

> **ⓑNOTE** 무위험이자율로 차입과 대출에 제한이 없다. 시장은 세금, 거래비용, 정보획득비용 등 거래마찰 요인이 전혀 없는 완전시장이며 모든 자산은 분할가능하다.

ⓞanswer 7.④ 8.③

9 다음 M&A 방어 전략에 관련하여 설명한 전략은?

> M&A를 시도하지만 단독으로 필요한 주식을 취득하는데, 현실적으로 무리가 있는 개인이나 기업에게 우호적으로 도움을 주는 제3자로서의 개인이나 기업을 의미한다.

① 흑기사 (Black Knight)
② 백기사 (White Knight)
③ 그린 메일 (Green Mail)
④ 황금주 (Golden Share)
⑤ 포이즌 필 (Poison Pill)

📝NOTE • 백기사 (White Knight) : 매수대상기업의 경영자에게 우호적인 기업 인수자를 의미한다.
• 그린 메일 (Green Mail) : 경영권을 담보로 보유주식을 시가보다 비싸게 되파는 행위를 의미한다.
• 황금주 (Golden Share) : 보유한 주식의 수량이나 비율에 관계없이 기업의 주요한 경영 사안에 대하여 거부권을 행사할 수 있는 권리를 가진 주식을 의미한다.
• 포이즌 필 (Poison Pill) : 기업의 경영권 방어수단의 하나로, 적대적 M&A나 경영권 침해 시도가 발생하는 경우에 기존 주주들에게 시가보다 훨씬 싼 가격에 지분을 매입할 수 있도록 미리 권리를 부여하는 제도이다.

10 다음 선물거래에 관한 설명 중 바르지 않은 것은?

① 선물거래에서는 거래상대방의 신용위험을 고려할 필요가 없다.
② 선물거래는 일일가격제한폭이 적용된다.
③ 선물거래는 위험회피의 수단으로써 의의가 있다.
④ 선물거래는 매매계약의 체결이 현재시점에서 이루어진다.
⑤ 선물거래는 증거금제도 없지만, 선도거래에는 증거금제도가 있다.

📝NOTE 선물거래는 증거금제도가 있지만, 선도거래에는 증거금제도가 없다.
• 선물거래 : 주로 매입자와 매도자가 품질, 수량 및 규격 등이 표준화되어 있는 특정자산을 미리 정해져 있는 미래의 일정시점에서 정해져 있는 가격으로 인수인도할 것을 조직화되어 있는 거래소에서 약정한 계약을 의미한다.
• 선도거래 : 두 당사자 간의 합의에 의해서 어떠한 자산에 대해서도 성립할 수 있고, 시간과 장소에 관계없이 이루어질 수 있기 때문에 공식적인 시장이 존재하지 않는다.

ⓞ answer 9.① 10.⑤

11 다음 중 부채항목에 해당하지 않는 것은?

① 미지급금

② 예수금

③ 미교부주식배당금

④ 장기지급어음

⑤ 선수금

12 표준원가계산제도의 장점에 해당하는 것은?

① 외부보고서에 표준원가를 실제원가로 수정해야 한다.

② 허용범위 내에서 발생하는 실제원가의 변동을 초기에 발견 못할 수 있다.

③ 개별제품단위의 원가를 계산하기 어려울수록 계산이 효과적이다.

④ 예외관리 수행시 표준원가와 실제원가 간의 차이에 대한 인식에 영향을 받는다.

⑤ 종업원의 성과평가에 유용하지 않다.

13 주식의 기대수익률을 자본자산가격결정모형(CAPM)을 통하여 계산하고자 한다. 어떤 주식의 수익률과 시장포트폴리오 수익률의 공분산이 0.4이고, 시장포트폴리오 수익률의 분산이 0.2라고 한다. 이때 시장포트폴리오의 기대수익률이 4%, 무위험 수익률이 2%라고 하면, 이 주식의 기대수익률은?

① 2%

② 4%

③ 6%

④ 8%

⑤ 10%

14 자금의 부채조달 시의 장점으로 옳은 것은?

① 은행이나 다른 기관과의 개별적인 계약에 의한 자금조달로 필요할 때마다 자유롭게 대규모 자금을 조달할 수 있다.

② 기업의 환경이 나쁠 경우 부채가 많은 기업이 자금조달이 더 유리하다.

③ 부채에 대한 이자비용을 손익계산서상 비용으로 처리하여 절세효과를 누릴 수 있다.

④ 이자비용 등의 발생으로 인하여 위험 투자를 할 수 있으며, 파산비용이 높아진다.

⑤ 주주에게 돌아갈 몫이 크지 않다.

📖NOTE 자금을 부채로만 조달한 경우 이익잉여금이 크기 때문에 주주에게 돌아갈 몫이 크며, 부채에 대한 이자비용은 손익계산서 상 비용으로 처리되기에 절세효과를 거둘 수 있다. 또한 이자비용 등의 발생으로 인하여 위험 투자를 피하며, 파산비용이 낮아진다.

15 ㈜한국은 매출액순이익률이 5%이고, 총자산회전율이 1.2이며, 부채비율(부채/자기자본)이 100%이다. 이 자료만을 활용한 ㈜한국의 ROE(자기자본순이익률)는?

① 6%

② 8%

③ 10%

④ 12%

⑤ 15%

📖NOTE 자기자본이익률(ROE) = 매출액순이익률 × 총자산회전율 × (1 + 부채/자기자본)이므로,
0.05 × 1.2 × (1 + 1) = 0.12
따라서 12%이다.

16 기초 자산을 약정된 만기일에 약정된 행사가격을 받고 매도할 수 있는 권리는?

① 콜옵션(call option)

② 풋옵션(put option)

③ 선물(futures)

④ 선도거래(forward transaction)

⑤ 스왑(swap)

📖NOTE 풋옵션은 기초 자산을 약정된 만기일에 약정된 행사가격을 받고 매도할 수 있는 권리이고, 콜옵션은 이와 반대로 약정된 만기일에 약정된 행사가격을 주고 매입할 수 있는 권리이다.

⊙ answer 14.③ 15.④ 16.②

17 신주인수권부사채에 대한 설명으로 옳지 않은 것은?

① 신주를 매입한 후에 채권은 소멸된다.

② 신주인수권은 분리되어 별도로 거래될 수 있다.

③ 주식의 인수 여부는 투자자의 판단에 달려 있다.

④ 보통주를 매입할 수 있는 권리를 갖게 된다.

⑤ 조건부 사채이다.

> **NOTE** 신주인수권부사채란 발행 기업의 주식을 매입할 수 있는 권리를 부여한 사채로, 당해 사채의 상환 기간 내에 발행 회사의 유상 증자가 있는 경우 주주에 대한 신주배정주식 가운데 일부를 사채권자에게 배정하여 증자에 참여할 수 있게 하는 조건부 사채이다.
> ① 신주를 매입한 후에도 채권은 소멸하지 않는다.

18 다음 증권의 종류 중 이자지급 유무에 따른 분류에 해당하는 것끼리 바르게 짝지어진 것을 고르면?

㉠ 할인사채	㉡ 무담보사채
㉢ 무보증사채	㉣ 정시분할사채
㉤ 연속상환사채	㉥ 쿠폰부사채

① ㉠㉣

② ㉠㉥

③ ㉡㉢

④ ㉢㉥

⑤ ㉤㉥

> **NOTE** 증권의 종류 중 이자지급 유무에 따른 분류에 해당하는 것으로는 할인사채, 쿠폰부사채 등이 있다.

19 다음 괄호 안에 들어갈 말로 가장 적절한 것을 고르면?

( )은/는 기존에 발행되어 소수의 대주주가 소유하고 있는 주식의 일부를 매각해서 다수의 주주에게 주식이 널리 분산될 수 있도록 하는 것을 말한다.

① 종업원 지주제도
② 자본시장선
③ 증권시장선
④ 기업공개
⑤ 자본자유화

📋NOTE 기업공개는 일정한 조건을 지닌 기업 조직이 새로운 주식을 발행하여 이를 일반투자자들에게 동일한 조건으로 공모하거나 또는 기존에 발행되어 소수의 대주주가 소유하고 있는 주식을 일부 매각해서 다수의 주주에게 주식이 널리 분산하도록 하는 것을 의미한다.

20 마이어스(C. Myers)의 자본조달순서이론(pecking order theory)에 따를 경우, 기업이 가장 선호하는 투자자금 조달방식은?

① 회사채
② 내부유보자금(유보이익)
③ 우선주
④ 보통주
⑤ 부채

📋NOTE 기업이 사업에 필요한 자본을 조달할 때는 우선순위가 이를 자본조달 우선순위 이론이라고 하는데 그 선호하는 순위는 내부자금→ 부채→ 전환사채→ 주식 순이다.

⊙ answer 19.④ 20.②

21 다음 중 MM의 자본구조이론에 대한 설명으로 가장 옳지 않은 것은?

① 모딜리아니와 밀러가 자본구조 무관계론을 발표하면서 시작된 이론이다.

② 기업 조직의 가치는 해당 기업이 하고 있는 사업의 수익성 및 위험도에 의해 결정될 뿐 투자에 있어 필요한 자금을 어떠한 방식으로 조달하였는지 무관하다.

③ MM의 수정이론에서는 자기자본에 대한 배당은 비용처리가 되지 않기 때문에 부채를 많이 사용할수록 기업의 가치가 감소하는 것을 의미한다.

④ MM의 명제 중 기업 가치는 자본구조와는 무관하다.

⑤ MM의 명제 중 투자안 평가는 자본조달과는 관련이 없으며, 가중평균자본비용에 의한다.

> 📄NOTE | MM의 수정이론에서는 자기자본에 대한 배당은 비용처리가 되지 않기 때문에 부채를 많이 사용할수록 기업의 가치가 증가한다는 것을 의미한다.

22 100% 자기자본만으로 구성되어 있는 X회사와 Y회사의 현재 기업가치는 각각 70억 원, 30억 원이다. X회사가 Y회사를 합병하여 XY회사가 탄생하면 합병 후 기업가치는 120억 원이 될 것으로 추정된다. X회사의 Y회사 인수가격이 40억 원일 경우 X회사의 입장에서 합병의 순현가는? (단, 다른 조건은 고려하지 않는다)

① 10억 원

② 20억 원

③ 50억 원

④ 80억 원

⑤ 100억 원

> 📄NOTE | 합병의 순현가 = 합병의 시너지 효과 − 합병 프리미엄
> 합병의 시너지 효과 = 합병 후의 기업가치 − (X사의 기업가치 + Y회사의 기업가치)
> 합병 프리미엄 = Y회사의 인수가격 − Y회사의 기업가치
> 따라서 X회사의 입장에서 합병의 순현가 = {120 − (70 + 30)} − (40 − 30) = 10(억 원)

23 두 자산 A, B의 베타(β, 체계적 위험)는 각각 1.35와 0.90이다. 자산 A에 40%, 자산 B에 60%를 투자하여 구성한 포트폴리오의 베타는?

① 0.45

② 1.08

③ 1.17

④ 2.25

⑤ 1.18

> NOTE | $1.35 \times 0.4 + 0.9 \times 0.6 = 1.08$

24 다음 중 옵션에 대한 일반적인 내용에 해당하지 않는 것은?

① 권리를 매입하고 보유한 사람은 옵션매입자라 한다.

② 특정 증권 또는 상품 등을 살 수 있는 권리를 콜 옵션이라 한다.

③ 팔 수 있는 권리를 풋 옵션이라고 한다.

④ 옵션은 약정한 기간 동안 미리 정해진 가격으로 약정된 상품 및 증권을 사거나 또는 팔 수 있는 권리를 말한다.

⑤ 옵션의 경우 주식과의 결합을 통해 많은 금액으로 주식의 투자에 따른 리스크를 줄일 수 있는 수단으로서 주목되고 있다.

> NOTE | 옵션의 경우 주식과의 결합을 통해 적은 금액으로 주식의 투자에 따른 리스크를 줄일 수 있는 수단으로서 주목되고 있다.

25 다음 박스 안의 내용이 설명하는 것은?

> 매매쌍방 간 미래의 어떠한 일정시점에 약정된 제품을 기존에 정한 가격에 일정수량을 매매하기로 계약을 하고, 이러한 계약의 만기 이전에 반대매매를 수행하거나 또는 만기일에 현물을 실제로 인수 및 인도함으로써 그러한 계약을 수행하는 것을 말한다.

① 선물거래
② 옵션
③ 스왑
④ 포트폴리오
⑤ 레버리지 효과

📝NOTE 선물거래는 매매쌍방 간 미래 일정시점에 약정된 제품을 기존에 정한 가격에 일정수량을 매매하기로 계약을 하는 것을 의미한다.

26 다음 중 평균-분산 포트폴리오 이론의 가정으로 보기 어려운 것을 고르면?

① 투자자들은 기대효용을 극대화 시키고자 하는 위험회피형 투자자이다.
② 평균-분산 모형에 따른 포트폴리오의 선택
③ 세금 및 거래비용 등의 시장마찰요소가 없는 상황
④ 전체 투자자들의 투자기간은 3년
⑤ 전체 투자자들은 무위험이자율로 제한 없이 차입 및 대출이 가능

📝NOTE 전체 투자자들의 투자기간은 1년이다.

27 다음 그림에 대한 설명으로 가장 옳지 않은 것은?

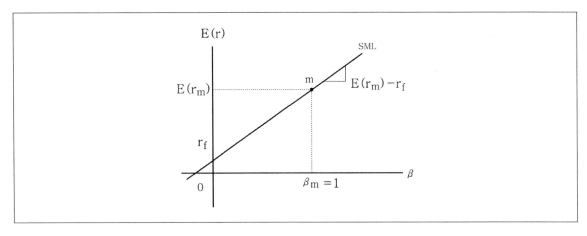

① 증권의 기대수익률의 결정에 있어 오로지 베타만이 중요역할을 수행한다.
② 증권의 기대수익률은 베타와 선형관계를 이룬다.
③ SML의 기울기인 시장위험프리미엄은 음(−)의 값이다.
④ SML의 절편은 명목무위험이자율을 나타낸다.
⑤ 명목무위험이자율의 크기는 실질무위험이자율과 예상인플레이션율에 따라 결정된다.

📄 **NOTE** SML의 기울기인 시장위험프리미엄은 양(+)의 값이다.

28 재무비율 중 레버리지 비율에 해당하지 않는 것은?

① 유동비율
② 부채비율
③ 이자보상비율
④ 고정비율
⑤ 자기자본비율

📄 **NOTE** 레버리지 비율은 기업이 어느 정도 타인자본에 의존하고 있는가를 측정하기 위한 비율로, 크게 부채비율, 고정비율(자기자본비율) 그리고 이자보상비율로 나뉜다.

● answer 27.③ 28.①

29 다음은 현금흐름의 추정원칙에 대해 설명한 것이다. 가장 옳지 않은 것을 고르면?

① 비현금비용의 제외
② 법인세 납부 전 현금흐름
③ 인플레이션의 일관적 처리
④ 증분현금흐름의 기준
⑤ 이자비용 및 배당지급액 등의 재무비용의 제외

🖉NOTE 현금흐름 추정 원칙으로는 비현금비용 제외, 법인세 납부 후 현금흐름, 인플레이션의 일관적 처리, 증분현금흐름의 기준, 잔존 가치 및 고정자산의 처분에 따른 법인세 효과의 고려, 이자비용 및 배당지급액과 같은 재무비용의 제외 등이 있다.

30 자산의 효율적인 활용도를 나타내는 비율은 무엇인가?

① 수익성 비율
② 유동성 비율
③ 활동성 비율
④ 안정성 비율
⑤ 성장성 비율

🖉NOTE 비율 분석에는 수익성 비율과 활동성 비율이 있는데 자산의 효율적 활용도는 활동성 비율과 관련이 있다. 자산 투입 대비 매출 수준인 회전율을 의미하는 각종 활동성 지표를 통해 자산의 효율적 활용도를 측정할 수 있다.

31 다음의 설명 중에서 가장 옳지 않은 것은?

① MM의 자본구조이론은 1958년 모딜리아니와 밀러가 자본구조 무관계론을 발표하면서 본격적 발전을 시작하였다.
② 자본시장선은 무위험자산을 시장포트폴리오와 결합한 자본배분선이다.
③ 콜 옵션은 특정 증권 또는 제품 등을 살 수 있는 권리를 의미한다.
④ 포트폴리오의 구성 목적은 분산투자를 통해 투자에 따르는 리스크를 최대화시키는 데 있다.
⑤ 선물이 거래되는 공인 상설시장을 선물시장 또는 상품거래소라고 한다.

🖉NOTE 포트폴리오의 구성 목적은 분산투자를 통해 투자에 따르는 리스크를 최소화시키는 데 있다.

● answer 29.② 30.③ 31.④

32 다음 중 우선주에 대한 설명으로 옳은 것은?

① 우선주는 회사의 이익에 관계없이 미리 배당금이 정하여져 있다.

② 세금 감면 혜택이 있다.

③ 이자가 확정되어 있다.

④ 우선주에 대해서는 비용을 공제하기 전이라도 우선 배당이 이루어진다.

⑤ 이익 수준에 따라 배당금이 정해진다.

> 🔒NOTE 주식회사의 주식은 크게 보통주와 우선주로 구분할 수 있다. 우선주는 회사의 이익에 관계없이 통상 미리 정해진 수준의 배당금이 지급되는 반면, 보통주는 이익 수준에 따라 배당금이 정해지는 경우가 일반적이다.

33 다음은 CAPM의 가정에 대한 설명이다. 이 중 바르지 않은 것을 고르면?

① 전체 투자자들은 자본자산에 관련한 의사결정에 필요로 하는 변수 등에 대해 동질적인 예측을 하고 있다.

② 전체 투자자들은 무위험이자율로 항상 자유롭게 투자자금에 대한 차입 및 대출 등이 가능하다.

③ 자본시장은 완전시장으로 전체 투자자들은 가격수용자이다.

④ 전체 투자자들은 마코위츠의 이론과 같이 자본자산의 기대수익률 및 표준편차에 따라 투자를 결정한다.

⑤ 자본시장은 불균형상태이다.

> 🔒NOTE CAPM에서의 자본시장은 균형 상태인 것으로 가정한다.

34 다음은 무차익조건에 관련한 내용들이다. 이 중 가장 옳지 않은 것은?

① 무위험 차익거래란 투자액의 부담 및 리스크의 부담도 없이 확실하게 이익을 얻어내는 차익거래를 말한다.
② 밀러와 모딜리아니는 무차익조건을 기반으로 하여 최적자본구조이론을 제시하게 되었다.
③ 어떠한 가격수준에서 차익거래가 완전하게 해소되어 초과공급 및 초과수요가 존재하게 되면 이것이 곧 균형가격이다.
④ 합리적인 투자자 서로가 경쟁하는 시장에서 차익거래의 기회가 존재할 수 없는 것을 무차익조건이라 한다.
⑤ 크나큰 부를 축적하고 싶어하는 투자자는 무위험한 차익거래의 기회가 제공되면 가능한 커다란 규모의 차익거래를 실행해서 더 많은 차익거래에 대한 이익을 얻고자 할 것이다.

🖎NOTE 어떠한 가격수준에서 차익거래가 완전하게 해소되어 초과공급 및 초과수요가 존재하지 않게 되면 이것이 곧 균형가격이다.

35 다음 중 적대적 M&A의 방안으로 적합하지 않은 것은?

① 시장공개매수
② 위임장투쟁
③ 차입매수
④ 역매수 제의
⑤ 그린 메일

🖎NOTE ④번 역매수 제의는 사후적 방어방법으로 적대적 M&A에 대응하는 방어 전략에 속한다.

36 통상적으로 정부 및 공공단체와 주식회사 등이 일반인으로부터 비교적 거액의 자금을 일시에 조달하기 위해 발행하게 되는 차용증서를 채권이라 한다. 다음 중 채권에 관련한 사항으로 보기 가장 어려운 것은?

① 원리금에 대한 상환기간이 발행시점으로부터 정해져 있는 일종의 기한부 증권이라 할 수 있다.

② 채권은 대부분이 단기증권의 성격을 지닌다.

③ 채권은 유통시장에서 현금화를 용이하게 할 수 있는 유동성이 높은 증권이다.

④ 동일한 채권이라 할지라도 만기까지의 기간에 따라 수익률이 달라지기도 한다.

⑤ 채권의 발행 시 상환금액 및 이자가 확정되어 있는 고정금리채권이 대부분이다.

🗐 NOTE | 채권은 대부분이 장기증권이다.

37 어떠한 채권의 약정수익률이 20%이고, 기대수익률이 10%이다. 이 때 무위험이자율을 5%라고 할 때에 해당 채권의 위험프리미엄과 채무불이행위험프리미엄을 각각 구하면?

① 5%, 5%

② 5%, 20%

③ 5%, 10%

④ 5%, 13%

⑤ 5%, 15%

🗐 NOTE | 위험프리미엄(10%-5%)은 5%가 되며, 채무불이행위험프리미엄(20%-10%)은 10%이다.

❶ answer   36.② 37.③

38 이자금액 및 원금의 현가로 가중 평균한 기간합계를 듀레이션(Duration)이라고 한다. 다음 중 듀레이션의 특징에 대한 설명으로 바르지 않은 것을 고르면?

① 만기가 길어질수록 듀레이션도 동일하게 길어지게 된다.

② 만기수익률이 낮아질수록 듀레이션도 길어지게 된다.

③ 영구채권의 듀레이션은 $\dfrac{(1+y)}{y}$ 로 일정하게 된다.

④ 액면금리가 높아질수록 듀레이션도 길어지게 된다.

⑤ 무액면금리채권의 만기는 바로 듀레이션이다.

▤ NOTE 액면금리가 낮아질수록 듀레이션도 길어지게 된다.

39 다음 중 말킬(Malkiel)이 제시한 채권가격의 정리에 대한 설명으로 바르지 않은 것은?

① 동일한 이자율 변동에 의해 만기까지의 기간이 길어질수록 장기채권의 가격은 단기채권의 가격보다 더 큰 폭으로 변동하게 된다.

② 이표이율이 높아질수록 일정한 시장이자율 변동에 의한 채권가격의 변동률은 작아지게 된다.

③ 이자율의 변동이 발생할 시에는 만기까지의 기간이 길어질수록 채권의 가격은 보다 더 커다란 폭으로 변동하게 된다.

④ 채권가격은 이자율 수준에서의 움직임과 동일한 방향으로 변동하게 된다.

⑤ 시장이자율이 동일한 크기로 상승하거나 또는 하락할 때 채권 가격의 하락 및 상승이 비대칭적이다.

▤ NOTE 채권가격은 이자율 수준에서의 움직임과 반대방향으로 변동하게 된다.

40 다음 중 기업이 간접적으로 자본을 조달하는 방법에 해당하는 것으로 올바르게 묶은 것은?

| ⊙ 주식발행 | ⓛ 기업어음 |
| ⓒ 은행차입 | ⓔ 회사채 |

① ⊙, ⓔ   ② ⓛ, ⓒ

③ ⓛ, ⓔ   ④ ⓒ, ⓔ

⑤ ⊙, ⓒ

> 📑NOTE | 주식회사의 자금 조달은 크게 직접 금융시장과 간접 금융시장을 통해 이루어진다. 직접 금융시장은 주식이나 회사채 발행 등 자본시장을 통해 자금을 조달하는 것이다. 반면 간접 금융시장은 어음 발행 또는 차입 등 금융 중개기관을 통해 자금을 조달하는 것이다.

41 다음 중 재무비율이 높아지면 좋아지는 것이 아닌 것은 무엇인가?

① 부채비율   ② 총자본순이익률

③ 매출액순이익률   ④ 이자보상비율

⑤ 매출액경상이익률

> 📑NOTE | 부채비율이 높을수록 재무적 안정성이 악화되는 것으로 볼 수 있다.

42 다음은 기술적 분석에서의 기본적 가정에 대한 내용들이다. 이 중 가장 옳지 않은 것은?

① 주가가 변동하는 이유는 주식에 대한 공급 및 수요의 변화 때문이다.
② 주가는 해당 주식의 공급 및 수요에 의해 결정된다.
③ 주가는 관련되는 정보들을 서서히 반영하고, 특정 추세를 단기간에 걸쳐 형성하면서 변화된다.
④ 주가 및 거래량 등이 변화하는 것은 스스로가 반복하는 경향이 있기 때문이다.
⑤ 시장 주가는 재무적 요인 및 경제적 요인뿐만 아니라 계량화하기 어려운 심리적 요인 등에 의해서도 영향을 받게 된다.

> 📑NOTE | 주가는 관련되는 정보들을 서서히 반영하고, 특정 추세를 장기간에 걸쳐 형성하면서 변화된다.

◎ answer 40.② 41.① 42.③

43 PER(Price Earnings Ratio)는 현 주가가 주당이익의 몇 배인지를 나타내는 정보이다. 다음 중 이에 대한 내용으로 바르지 않은 것은?

① PER는 해당 기업조직에 대한 시장의 신뢰도 지표로는 활용이 불가능하다.

② PER가 높으면 높을수록 주가가 고평가되어 있다고 할 수 있다.

③ PER는 구성요소에 대한 예측이 배당평가모형에 비해서 용이하다.

④ PER는 이익의 크기가 다른 비슷한 기업 조직들의 주가수준을 쉽게 비교할 수 있는 특징을 지니고 있다.

⑤ 주가수익비율 자체는 현 주가를 이익에 의해 상대적으로 표현하는 것으로 좋은 투자지표가 된다고 할 수 있다.

🖺NOTE┃ PER는 해당 기업조직에 대한 시장의 신뢰도 지표로 활용이 가능하다.

44 순현가법에 대한 설명으로 잘못된 것은?

① 화폐시간가치를 고려한다.

② 모든 현금흐름을 고려한다.

③ 할인율이 필요하다.

④ 매출액을 기준으로 삼는다.

⑤ 순현가가 0보다 크면 투자안을 선택한다.

🖺NOTE┃ 순현가법은 매출액이 아닌 현금 흐름을 기준으로 삼는다.

45 매년 영구적으로 동일하게 3,000원의 배당을 지급하는 A회사의 주식이 있다. 요구수익률이 20%일 때 해당 주식의 내재가치를 구하면?

① 10,000원

② 12,000원

③ 13,000원

④ 15,000원

⑤ 17,000원

> **NOTE** $V_0 = \dfrac{D}{k}$ 에 의해 $\dfrac{3,000}{0.2} = 15,000$(원)이 된다.

46 다음 괄호 안에 들어갈 말을 순서대로 바르게 나열하면?

> (㉠)은/는 거래조건 및 계약조건 등이 표준화되어 있으며, 정해진 장소에서 거래된다는 특징이 있는 반면에, (㉡)은/는 거래 장소에는 구애를 받지 않고 더불어 대상 제품이 표준화되어 있지도 않다는 특성이 있다.

① ㉠ 선물계약, ㉡ 현물거래

② ㉠ 선도계약, ㉡ 현물거래

③ ㉠ 선도계약, ㉡ 선물계약

④ ㉠ 현물거래, ㉡ 선물계약

⑤ ㉠ 선물계약, ㉡ 선도계약

> **NOTE** 선물계약은 거래조건 및 계약조건 등이 표준화되어 있으며, 정해진 장소에서 거래된다는 특징이 있는 반면에, 선도계약은 거래 장소에는 구애를 받지 않고 더불어 대상 제품이 표준화되어 있지도 않다는 특성이 있다.

47 채권(bond)에 관한 설명으로 옳지 않은 것은?

① 채권이란 회사에서 발행하는 유가증권으로 일정한 이자의 지급을 예정하여 발행하는 타인자본이다.

② 채권은 주식과는 다르게 만기가 정해져 있다.

③ 채권의 발행기관은 정부와 지자체, 특수법인 등이 있다.

④ 영구채권(perpetual bond)은 일정한 기간 동안 이자만 지급하는 채권으로, 만기가 도래했을 때에는 이자와 원금을 모두 지급해야 하는 채권이다.

⑤ 채권은 이자가 확정되어 있는 확정이자부 증권이라는 성질을 가진다.

> **NOTE** 영구채권은 만기가 정해져 있지 않은 채권이다. 즉 만기가 없이 매년 일정한 금액을 영구히 지불하는 채권을 말한다.

48 파생상품에 대한 설명으로 옳지 않은 것은?

① 콜옵션은 사는 것을 의미하고, 풋옵션은 파는 것을 의미한다.

② 미국형은 만기에만 결제가 가능하고, 유럽형은 언제든지 결제가 가능하다.

③ 선물, 옵션, 스왑계약은 대표적인 파생상품에 해당한다.

④ 파생상품은 거래장소에 따라 장내거래와 장외거래로 구분된다.

⑤ 한국의 장내시장으로는 한국거래소(KRX)가 있다.

> **NOTE** 미국형 옵션은 언제든지 결제가 가능한 반면, 유럽형 옵션은 만기에만 결제가 가능하다.

○ answer 47.④ 48.②

49 다음 중 괄호 안에 들어갈 말을 순서대로 바르게 나열한 것을 고르면?

> 콜 옵션의 만기가치는 기초자산인 주식의 가격이 (㉠), 행사가격이 (㉡), 위험이자율이 커질수록, 만기가 길수록, 분산이 클수록 콜 옵션의 가격은 높아지게 된다.

① ㉠ 높을수록, ㉡ 낮을수록
② ㉠ 낮을수록, ㉡ 높을수록
③ ㉠ 높을수록, ㉡ 높을수록
④ ㉠ 낮을수록, ㉡ 낮을수록
⑤ ㉠ 낮을수록, ㉡ 같을수록

> 📒 NOTE │ 콜 옵션의 만기가치는 기초자산인 주식의 가격이 높을수록, 행사가격이 낮을수록, 위험이자율이 커질수록, 만기가 길수록, 분산이 클수록 콜 옵션의 가격은 높아지게 된다.

50 다음 보기의 영업순이익은 얼마인가?

> 〈보기〉
> 총매출액   2,000,000원
> 매출원가   1,000,000원
> 판매관리비용   400,000원
> 이자비용   30,000원
> 법인세비용   240,000원

① 800,000원
② 600,000원
③ 430,000원
④ 330,000원
⑤ 250,000원

> 📒 NOTE │ 영업순이익 = 총매출액−매출원가−판관비−이자비용−법인세비용 = 330,000

ⓞ answer 49.① 50.④

51 다음 중 국내에서 활발하게 거래되어지고 있는 옵션을 고르면?

① KOSDAQ 100

② KOSPI 200지수

③ KOSDAQ 50

④ KOSDAQ 150

⑤ NYSE 종합주가지수

> **NOTE** 현재 국내에서 활발하게 거래되어지고 있는 옵션은 KOSPI 200지수이다.

52 다음 중 옵션가격의 결정요인에 해당하지 않는 것은?

① 기업 배당정책

② 행사가격

③ 만기까지의 기간

④ 무위험이자율

⑤ 기말자산의 가격

> **NOTE** 옵션가격의 결정요인으로는 기업 배당정책, 행사가격, 만기까지의 기간, 무위험이자율, 기초자산의 가격변동성, 기초자산의 가격 등이 있다.

53 다음 괄호 안에 들어갈 말을 순서대로 바르게 나열한 것을 고르면?

> (㉠)은/는 선택되어진 자산들 중에서 어떠한 산업에 투자할지를 결정하는 것을 말하고, (㉡)은/는 산업 내 종목들 중 어느 기업에 투자하게 될지를 정하는 것을 말하며, (㉢)은/는 채권, 주식, 부동산 등에 대한 분배를 의미한다.

① ㉠ 산업의 선정, ㉡ 자산의 배분, ㉢ 종목의 선정
② ㉠ 산업의 선정, ㉡ 종목의 선정, ㉢ 자산의 배분
③ ㉠ 자산의 배분, ㉡ 산업의 선정, ㉢ 종목의 선정
④ ㉠ 자산의 배분, ㉡ 종목의 선정, ㉢ 산업의 선정
⑤ ㉠ 종목의 선정, ㉡ 자산의 배분, ㉢ 산업의 선정

📝NOTE 산업의 선정은 선택되어진 자산들 중에서 어떠한 산업에 투자할지를 결정하는 것을 말하고, 종목의 선정은 산업 내 종목들 중 어느 기업에 투자하게 될지를 정하는 것을 말하며, 자산의 배분은 채권, 주식, 부동산 등에 대한 분배를 의미한다.

54 다음 중 용어에 대한 설명으로 바르지 않은 것은?

① 증권시장은 일종의 증권을 사고파는 시장을 말한다.
② 증권은 재산상의 의무 및 권리에 대한 내용들을 기재한 문서를 말한다.
③ 유통시장은 3차 시장이라고도 하며, 이는 중개업자인 증권사가 주요한 역할을 한다.
④ 투자는 어떤 한 기간 동안 소득을 미래에 더 커다란 수익을 가져다 줄 수 있는 자산으로 전환하는 과정을 말한다.
⑤ 발행시장은 기업 조직이 증권을 만들어 초기의 투자자에게 팔 때까지의 과정을 의미한다.

📝NOTE 유통시장은 2차 시장이라고도 하며, 이는 중개업자인 증권사가 주요한 역할을 한다.

ⓞ answer 53.② 54.③

55 다음 중 성격이 다른 하나는?

① 국공채

② 양도성 예금증서

③ 통화안정증권

④ 기업어음

⑤ 환매조건부채권

📝**NOTE** ②③④⑤번은 단기 재무성증권에 속하며, ①번은 장기금융상품에 속한다.

56 다음 중 장기금융상품에 속하는 것들끼리 바르게 묶은 것은?

㉠ 기업어음	㉡ 통화안정증권
㉢ 국제채권	㉣ 회사채
㉤ 양도성 예금증서	

① ㉠, ㉡

② ㉠, ㉣

③ ㉡, ㉢

④ ㉢, ㉣

⑤ ㉣, ㉤

📝**NOTE** 장기금융상품으로는 국공채, 회사채, 국제채권, 지방채 등이 있다.

57 다음 중 개방형 펀드에 대한 설명으로 바르지 않은 것은?

① 투자자의 경우 펀드회사에 상시 신규투자 또는 자금 등을 회수하도록 요청이 가능하다.

② 통상적으로 개방형 펀드는 뮤추얼펀드라고도 한다.

③ 한 펀드가 하나의 투자회사로서 투자자가 펀드의 주주이다.

④ 개방형 펀드의 경우 주로 단기에 환매하는 경우에는 일정 기간을 정해서 환매수수료를 부과하기도 한다.

⑤ 개방형 펀드는 추가입금의 여부와 관계없이 환매가 불가능한 펀드이다.

🖹NOTE│ 개방형 펀드는 추가입금의 여부와 관계없이 환매가 가능한 펀드이다.

58 다음은 수익증권에 관한 설명이다. 이 중 가장 옳지 않은 것을 고르면?

① 수익증권에 관련한 투자자는 투자신탁회사의 주주가 아니다.

② 펀드에 대한 운용과 관리에 따른 투명성이 상당히 높다.

③ 수익증권은 재산운용에 있어 신탁을 의뢰하여 해당 수익을 취득할 권리가 표기되어 있는 증권이라 할 수 있다.

④ 펀드의 운용에 있어 중도해지가 쉽지 않다.

⑤ 투자신탁회사는 신탁되어진 포트폴리오에 대한 청구권을 나타내는 수익증권을 발행해서 자금을 모은다.

🖹NOTE│ 수익증권에서는 펀드에 대한 운용 및 관리에 따른 투명성이 낮다.

59 다음 중 상장지수펀드(Exchange Traded Fund : ETF)에 대한 설명으로 바르지 않은 것은?

① ETF는 보다 많은 투자자금으로 분산투자가 가능하다.
② 단위투자신탁 및 펀드 등이 보유하는 포트폴리오에 따른 소유권을 표현하는 증권이다.
③ 펀드의 증권은 증권거래소에서 거래되게 되며, 더불어 펀드로 인한 수요가 변화되어짐에 따라 발행주식수가 변화되어지게 된다.
④ ETF에서 기관투자자는 물론이거니와 증권투자에 대한 경험이 거의 없는 개인투자자들도 용이하게 활용할 수 있다.
⑤ 특정 주가지수의 움직임 및 수익률 등이 연계되도록 만들어진 지수연동형 펀드이다.

🖥NOTE ETF는 보다 적은 투자자금만으로도 분산투자가 가능하다는 특성이 있다.

60 다음 중 코스닥 시장에 관련한 내용으로 가장 옳지 않은 것은?

① 코스닥 시장은 한국증권업협회가 운영하는 유통시장으로 거래소 없이 네트워크 시스템에 의해 주식거래가 이루어진다.
② 독립적이면서 서로 경쟁관계에 있는 독립시장을 형성하고 있다.
③ 성장가능성이 높은 벤처기업 또는 중소기업의 자금조달이 가능하도록 하게 하는 성장기업 중심의 시장이라 할 수 있다.
④ 투자자들의 본인책임의 원칙이 상당히 강조되는 시장이다.
⑤ 우량종목의 발굴에 대한 증권사의 선별기능은 중시되지 않는 시장이라 할 수 있다.

🖥NOTE 코스닥 시장은 우량종목 발굴에 대한 증권사의 선별기능이 중시되는 시장이라 할 수 있다.

⊙answer 59.① 60.⑤

61 다음은 위험(Risk)에 대한 내용들이다. 이 중 가장 옳지 않은 것을 고르면?

① 위험이란 미래에 발생 가능한 상황 및 객관적인 확률을 알고 있는 상태이다.
② 위험의 경우 기대수익률의 변동가능성을 의미하기도 한다.
③ 위험의 측정은 표준편차 혹은 통계학의 분산으로 측정한다.
④ 위험의 측정에서 표준편차 혹은 분산을 위험의 척도로 활용하기는 어렵다.
⑤ 위험의 측정에서는 수익률의 확률분포가 퍼질수록 더 위험하다고 할 수 있다.

> 🖰 NOTE | 위험의 측정에서 표준편차 혹은 분산을 위험의 척도로 활용할 수 있다.

62 다음 중 완전자본시장에 대한 설명으로 틀린 설명은?

① 거래비용이 많이 발생하게 된다.
② 동일한 정보를 투자자들이 가지게 된다.
③ 자본, 배당 및 이자소득에 대한 세금이 없다.
④ 자산의 공매에 있어 제약이 없다.
⑤ 자산을 쪼개어서 거래할 수 있다.

> 🖰 NOTE | 완전자본시장에서는 거래비용이 없다.

63 무차별곡선은 위험 및 수익률의 결합이 서로 동일하게 효용을 가져다주는 투자안들의 집합을 평균-표준편차 평면에 나타낸 것을 의미한다. 이 때 투자자가 위험선호적인 경우에 무차별곡선의 형태는 어떻게 되는가?

① 가파른 형태가 된다.   ② 아래로 오목하게 된다.
③ 위로 볼록하게 된다.   ④ 아래로 볼록하게 된다.
⑤ 직선형태가 된다.

> 🖰 NOTE | 투자자가 위험선호적인 경우에 무차별곡선의 형태는 위로 볼록한 형태를 지니게 된다.

● answer   61.④ 62.① 63.③

64 다음 괄호 안에 공통적으로 들어갈 말로 가장 적합한 것은?

> 무위험자산의 성질 측면에서 보면 아무런 리스크가 없는 자산이기에, 정의 상 수익률의 표준편차는 (   )이 며, 타 자산수익률과의 공분산은 언제나 (   )이 된다.

① 2   ② 1

③ 0   ④ −1

⑤ −2

NOTE 무위험자산의 성질 측면에서 보면 아무런 리스크가 없는 자산이기에, 정의 상 수익률의 표준편차는 0이며, 타 자산수익률 과의 공분산은 언제나 0이 된다.

65 다음 중 무위험자산의 시장이 균형 상태에 이르게 되었을 때, 무위험자산 시장 전체의 순차입액 및 순 대여액은 얼마인가?

① 1   ② −1

③ 0   ④ 2

⑤ −2

NOTE 무위험자산의 시장이 균형 상태에 이르게 되었을 때, 무위험자산 시장 전체의 순차입액 및 순대여액은 0이 된다.

66 다음의 기사 내용을 읽고 이와 관련한 적정한 표본추출방식을 고르면?

> 지역주민 1500명을 대상으로 설문 조사를 실시한 결과 이번 조사는 '지역경기가 상당히 침체되어 있는 상황 하에서' 도민들의 '지역경기 진단과 '제주도 주요정책에 대한 평가'를 중심으로 이뤄졌다. 43개 읍면동의 성, 연령별 인구에 비례해 표본을 할당한 후, 서로 유사한 성격의 마을을 묶는 방식으로 추출된 도민 1500명을 대상으로 했다.

① 계층별무작위 추출방식을 설명한 것이다.

② 할당표본 추출방식을 설명한 것이다.

③ 판단표본 추출방식을 설명한 것이다.

④ 단순무작위 추출방식을 설명한 것이다.

⑤ 군집표본 추출방식을 설명한 것이다.

📝NOTE 군집표본 추출법은 모집단이 여러 개의 동질적인 소규모 집단으로 구성되어 있으며, 각각의 군집은 모집단을 대표할 수 있을 만큼의 다양한 특성을 지닌 요소들로 구성되어 있을 시에 군집을 무작위로 몇 개 추출해서 선택된 군집 내에서 무작위로 표본을 추출하는 방법으로 군집 내 요소들은 서로 이질적으로 다양한 특성을 가지고 있어야 하고 군집들은 서로 동질적이어야 한다.

67 다음 중 현금흐름의 추정 시에 고려사항으로 보기 어려운 것은?

① 기회비용 및 매몰원가에 대한 정확한 조정이 필요하다.

② 세금의 효과를 고려해야 한다.

③ 감가상각 등의 비현금지출비용 등에 대해서도 각별히 유의해야 한다.

④ 증분현금흐름은 반영시키지 않아도 된다.

⑤ 인플레이션을 반영시켜야 한다.

📝NOTE ④ 현금흐름 추정 시에는 증분현금흐름을 반영시켜야 한다.

⊙ answer 66.⑤ 67.④

당신의 꿈은 뭔가요?

MY BUCKET LIST !

꿈은 목표를 향해 가는 길에 필요한 휴식과 같아요.

여기에 당신의 소중한 위시리스트를 적어보세요. 하나하나 적다보면 어느새 기분도

좋아지고 다시 달리는 힘을 얻게 될 거예요.

☐ _____   ☐ _____
☐ _____   ☐ _____
☐ _____   ☐ _____
☐ _____   ☐ _____
☐ _____   ☐ _____
☐ _____   ☐ _____
☐ _____   ☐ _____
☐ _____   ☐ _____
☐ _____   ☐ _____
☐ _____   ☐ _____
☐ _____   ☐ _____
☐ _____   ☐ _____
☐ _____   ☐ _____
☐ _____   ☐ _____
☐ _____   ☐ _____
☐ _____   ☐ _____
☐ _____   ☐ _____
☐ _____   ☐ _____
☐ _____   ☐ _____
☐ _____   ☐ _____
☐ _____   ☐ _____
☐ _____   ☐ _____
☐ _____   ☐ _____
☐ _____   ☐ _____
☐ _____   ☐ _____
☐ _____   ☐ _____

창의적인 사람이 되기 위해서

정보가 넘치는 요즘, 모두들 창의적인 사람을 찾죠.
정보의 더미에서 평범한 것을 비범하게 만드는 마법의 손이 필요합니다.
어떻게 해야 마법의 손과 같은 '창의성'을 가질 수 있을까요. 여러분께만 알려 드릴게요!

01. 생각나는 모든 것을 적어 보세요.

아이디어는 단번에 솟아나는 것이 아니죠. 원하는 것이나, 새로 알게 된 레시피나, 뭐든 좋아요.
떠오르는 생각을 모두 적어 보세요.

02. '잘하고 싶어!'가 아니라 '잘하고 있다!'라고 생각하세요.

누구나 자신을 다그치곤 합니다. 잘해야 해. 잘하고 싶어.
그럴 때는 고개를 세 번 젓고 나서 외치세요. '나, 잘하고 있다!'

03. 새로운 것을 시도해 보세요.

신선한 아이디어는 새로운 곳에서 떠오르죠. 처음 가는 장소, 다양한 장르에 음악, 나와 다른 분야의 사람.
익숙하지 않은 신선한 것들을 찾아서 탐험해 보세요.

04. 남들에게 보여 주세요.

독특한 아이디어라도 혼자 가지고 있다면 키워 내기 어렵죠.
최대한 많은 사람들과 함께 정보를 나누며 아이디어를 발전시키세요.

05. 잠시만 쉬세요.

생각을 계속 하다보면 한쪽으로 치우치기 쉬워요. 25분 생각했다면 5분은 쉬어 주세요.
휴식도 창의성을 키워 주는 중요한 요소랍니다.